인화단결, 일등 LG, 정도경영

LG 오디세이아

백 인 호 지음

도서출판 **정음서원**

구인회 LG그룹 창립 회장

구자경 LG그룹 2대 회장

구본무 LG그룹 3대 회장

구광모 LG그룹 4대 회장

LG 오디세이아

■ 서문

　구인회 LG그룹 창업 회장 신념은 인화(人和)였다. 인화란 여러 사람이 서로 화합하거나 어진 덕을 베풀어 교화한다는 뜻이다. 이 신념은 기업 세계에서는 잘 맞지 않는 듯이 보인다. 기업 세계에서는 이윤 추구 극대화가 기본 정신이기 때문이다. 날카로운 계산만 있는 것이 재계 생리다.

　구인회 회장은 그러나 이 인화의 정신으로 기업 경영에 성공했고 오늘의 글로벌 대기업 LG를 키워냈다. 우리의 관심은 자연히 구인회 창업 회장이 인화를 어떻게 기업 경영에 접목시켰는가에 집중된다. 이 책에서는 모든 자료를 동원해 '인화의 경영' 실체를 밝히려 노력했다.

　LG는 4년 후인 2027년에는 창업 80주년을 맞는다. 우리 재계에서 두세 번째 가는 장수 기업이다. 삼성그룹이나 현대그룹 등과 비슷한 나이를 자랑한다. 장수하는 기업들은 그들 나름대로 장수 비법이 있다. 이 책에서는 그것들을 들여다보는 기회를 갖도록 했다.

　LG그룹은 기업 승계에서도 독특한 기풍을 가지고 있다. 구(具)씨 가문이어야 하고 장자(長子) 상속 원칙이다. 수많은 직계가족과 동업 가문인 허(許)씨 가문이 존재하지만 아무 잡음 없이 4대까지 이 원칙이 지켜지고 있다.

LG그룹은 구(具), 허(許) 두 가문이 동업으로 시작했다. 그리고 이 동업 관계는 47년간이나 화목한 분위기에서 유지돼왔으며 웃으면서 계열 분리에 성공했다. 이 두 가문은 '한국에서는 동업은 성공할 수 없다'는 속설을 깼다.

LG의 70년 성장사는 1, 2, 3대 회장의 절묘한 성장 전략이 조화를 이루고 있다. 구인회 창업 회장은 창업 기반을 다졌고 구자경 2대 회장은 엄청난 양적 팽창 전략을 펴 그룹의 몸집을 키웠으며 구본무 3대 회장은 집중과 선택으로 질적 성장을 추구했으며 전기차용 2차 전지(Recharged Battery) 사업을 성공시켜 21세기를 맞아 그룹의 성장 동력과 국가에 새로운 먹거리를 제공한 업적을 쌓았다. 구본무 회장이 GS그룹인 허(許)씨 가문과의 동업 관계를 아무 마찰 없이 분리한 것도 빛나는 일이었다.

구인회 회장, 이병철 회장, 정주영 회장, 최종현 회장 등의 기업 성공은 우리 대한민국이 자본주의 경제원칙, 시장경제 체제 채택이 아주 적절했다는 것을 상징적으로 말해주는 것이다. 이 원칙과 걸출한 창업 회장들이 없었더라면 오늘의 세계 10위 부국의 번영은 없었을 것이다.

이 책은 'LG 창업회장 연암 구인회의 삶', '연암 구인회, 상남 구자경 연구(한국경영사학회)', '이 길밖에는 없다(구자경 저)', 'SK 오디세이아(백인호 저, 정음서원 간)'의 자료에 많이 의존했다. '구인회 LG그룹 회장 기록(이래호 지음 – 청미디어)'도 많은 참고가 되었다.

특히 구자경 2대 회장의 생전 인터뷰(월간조선 2003년 2월호) 자료가 확보되어 구 명예회장을 좀 더 깊이 이해하는 데 도움을 주게 되었다. 이 책에 나오는 주요 인물은 실명이며 혼동을 피하기 위해 한문을 병기했다. 혹시 실명 인용에 불편을 느끼신다면 많은 이해가 있기를 바라는 바이다.

  정영의(전 재무장관) 전 LG경영개발원 회장, 조명제 전 LG화학(생건 부문) 사장의 좋은 조언에 감사드린다. 교열과 감수를 해 주신 윤승진 박사에게도 감사드린다. 정정욱 LG지주 전무, 김영진 책임님의 자료 협조에 감사드린다. 이 책 발간을 결심해 준 박상영 정음서원 사장과 편집진에게도 감사드린다. 자료 정리와 원고 작성에 수고한 정소영 스태프에게도 고마움을 전한다.

2023. 6. 28

저자 백 인 호

차례

■ 서문 ······ 9

제1부 '인화단결' 기업의 탄생과 발전

1. 「한강의 기적」 주역들 ··· 17
2. 구인회 창업회장 생애 ··· 21
3. 청년기와 협동조합 ·· 25
4. 주식회사 구인회 상회 ··· 42
5. 구인회의 신사업구상 ·· 52
6. 조선흥업사(朝鮮興業社) 시대 ·· 59
7. 허씨가문(許氏家門)과의 만남 ·· 63
8. 럭키 상표의 크림 탄생 – 럭키화학공업사 ························· 74
9. 화장품 연구소 ·· 87
10. 플라스틱 시대 개막 ··· 93
11. 플라스틱을 주 업종으로 ·· 112
12. 서울사무소의 개설 ··· 120
13. 럭키치약 탄생 ··· 128
14. 치약 판매 전략 ··· 136
15. 비닐(Vinyl) 산업 진출 ·· 142
16. 전자(電子) 산업과의 운명적 만남 ································ 150
17. 금성사(金星社)의 탄생 ··· 158
18. 한국케이블 – 섬유 대신 전선(電線) ······························ 176
19. 골드스타라디오 해외 진출 ··· 186
20. 럭키그룹 부상(浮上) ·· 190
21. 방송·신문 분야 진출 ·· 194
22. 국제신보(國際新報) 시대 ·· 208
23. 럭키유지(油脂) 설립 – 글리세린, 세제(洗劑) 개발 ············ 215

24	영농(營農)패턴의 혁명 – 비닐하우스	222
25	고장(故障)이 가져온 행운 – 냉장고와 에어컨디셔너	228
26	신규사업 카본블랙(Carbon black)	235
27	기술자 우대론	242
28	합승버스에서 만나는 회장	246
29	이미지를 팔아라 – 광고탑, 공장견학	264
30	황금알을 낳는 정유(Oil Refining) 사업	272
31	구인회 회장의 행복한 순간들	296
32	호남정유 준공	305
33	콜럼버스의 달걀	310
34	치커링 보고서 – 혈연, 지연을 정리하라	313
35	락희화학 기업공개	318
36	구인회 회장 영면(永眠)	326

제2부 정도(正道)경영을 통한 개혁과 성장

37	구자경(具滋暻) 회장 시대 – 유업 승계	347
38	구자경 호(號) 출범과 확장	353
39	금성사의 약진 – 세계화 추진	363
40	통신과 전선사업 다각화	370
41	사업영역의 대확장 – 종합상사, 보험, 증권	379
42	여의도 트윈타워 시대	394
43	고객을 잃으면 모든 것을 잃는다	399

차례

44 고졸(高卒) 출신에게 맡겨라 – 인공세탁기 ·································· 404
45 전경련 회장 구자경 ··· 418
46 회장님, 이건 전부 회장님 잘못입니다! ·· 421
47 LG로고의 새출발 ·· 426
48 비전의 깃발을 들어라 ·· 432
49 컨센서스(Concensus)의 힘 ··· 438
50 선두주자가 되기 위해 – 21세기를 향한 경영 구상 ························· 446
51 LG반도체는 「현대(그룹)」에 뺏긴 셈이요 ······································ 453

제3부 21세기 일등 LG를 추구하는 LG WAY

52 구본무 회장과 LG 시대 개막 ··· 489
53 구본무 회장 어록 ·· 496
54 구자경 명예 회장 별세, 구본무 회장 타계 ··································· 506
55 구광모 4세 경영시대 ·· 510
56 구광모 회장의 새 틀의 성장 전략 ABC – 인공지능, 바이오, 클린테크 ······ 516

제1부

'인화단결' 기업의 탄생과 발전

1

「한강의 기적」 주역들

　21세기 대한민국은 세계 10大 부국(富國) 중 하나다. 불과 60년 전 세계 빈국(貧國) 중 최하위에 있었다. 서구의 부국들 대부분이 200~300년의 시간을 거쳐 부국 대열에 올라섰다. 세계는 대한민국의 성장 역사를 폭풍 성장이라고 말한다. 폭풍의 속도로 성장했다는 것이다. 그리고 한강(漢江)의 기적이라고 칭송한다. 이것은 2차대전 패전국 독일이 단시간 내에 경제부국이 된 것을 「라인강의 기적」으로 평가하는 것을 빗대어 칭찬하는 것이다.

　한강의 기적은 이것을 이끈 주역들이 있어 가능했다. 현 대한민국의 현대사를 연구하는 사람들은 기적 성장의 주인공으로 박정희 대통령, 구인회 LG그룹 창업회장, 이병철 삼성그룹 창업회장, 정주영 현대그룹 창업회장을 들고 있다. (박정희 대통령을 제외한 세 분은 태어난 순서에 따라 기록하고 있다)

　이 네 분의 태어난 생년(生年)을 보면, 어떤 그림이 보인다.

　구인회 회장은 1907년, 이병철 회장은 1910년, 정주영 회장은 1915년이고 박정희 대통령은 1917년이다. 모두 다 일제강점기에 출생했고 구인회 회장에서 박정희 대통령이 태어날 때까지의 기간은 딱 10년이다. 이 10년이 대한민국의 국운을 바꾼 역사적 기간이다. 이 네 분은 추후 성인이 되어 사회에 진출해 얽히면서 서로 돕고 갈등하면서 대한민국의 격동의 현대사를 이끌었다.

이 중 박정희 대통령은 지도자(Leader)다. 지도자란 집단의 주요 활동을 가장 앞서서 주도하는 사람을 말한다. 박정희 대통령이 지도자이기는 해도 이를 뒷받침해 주는 사람이 없으면 성공하지 못한다. 박 대통령은 대한민국이 몇천 년 동안 지속되어 온 빈곤의 굴레에서 벗어나도록 하기 위해 「경제개발1차5개년계획」이라는 역사적 청사진을 내놓았고 구인회, 이병철, 정주영 세 사람은 그들의 탁월한 능력과 불굴의 의지로 이 청사진에 담겨있는 내용들을 훌륭하게 실현해냈다. 「가난에서의 탈출」은 박 대통령의 염원이었다.

여기서 경제개발1차5개년계획에 「역사적」이라는 표현을 쓴 것은 이 땅에 왕정이 끝나고 공화정이 도입된 이후 국가 차원에서 제시한 최초의 국가 경제 발전을 이끌어가는 그림이었기 때문이다. 그런 의미에서 그 이전의 국가는 나침판을 갖고 있지 않으면서 항해하는 배(船)와 같았다고 할 수 있다. 나침판 없이 어떻게 목적항에 도착할 수 있겠는가?

박정희 대통령과 세 회장은 수평관계였다. 하기 때문에 세평은 박 대통령과 세 분 회장은 경제성장 과정에서 합작 또는 동업관계라고 했다. 박 대통령과 세 분의 만남은 운명적이고 역사의 흐름을 바꿨다.

박 대통령과 구인회 회장의 만남은 최초에는 엇갈렸다. 박정희 대통령은 1961년 7월 초 국가재건최고회의 의장 자격으로 부산시 연지동에 있는 금성사의 라디오 공장을 방문했다. 금성사가 국내 최초로 라디오 국산화에 성공했다는 뉴스를 듣고 격려차 발걸음을 했다. 마침 구인회 회장은 공장 현장에 부재했고 김해수 생산과장의 브리핑을 듣는 데 그쳤다. 박 대통령과 구인회 회장은 그 후 제2정유공장인 호남정유를 건설할 때 만남을 가졌다. 박 대통령은 구인회 회장을 만날 때마다 "구 선배님"이라는 존칭을 썼고 깍듯이 예우했다.

박 대통령과 이병철 회장은 1961년 6월 27일 서울 퇴계로 구 원호처 청사 회의실에서 처음 대면했다. 이병철 회장은 5.16 군사혁명정부에 의해 부정 축재자 신분으로 박 대통령을 만났다. 이병철 회장은 박 대통령을 만나기에 앞서 몹시 긴장했으나 박 대통령의 부드러운 음성을 듣고 마음을 놓았다고 회고했다.

정주영 회장과 박 대통령의 만남은 더욱 극적이었다. 정주영 회장은 김학렬 경제부총리로부터 박 대통령을 만나보자는 권유로 청와대로 갔다. 박 대통령은 정 회장이 자리에 앉자마자 "김 부총리, 앞으로 현대 정주영 회장이 추진하는 어떤 사업도 협력이나 지원하지 마시오." 노기 어린 목소리로 말했다. 박 대통령은 "조선(造船) 사업을 하겠다고 결심했으면 끝까지 밀어붙여야지 중도에 포기하는 법이 어디 있습니까?"라고 말했다. 정주영 회장이 조선 사업을 일으키겠다고 약속하고 차관을 교섭하기 위해 미국과 일본 시장을 두드렸으나 실패하고 돌아와 조선 사업을 포기하겠다고 김학렬 부총리에게 말한 보고를 받고 박 대통령이 정주영 회장에게 화를 낸 것이다.

박 대통령은 "정 회장님. 미국과 일본을 가셨으니, 이번에 유럽 쪽을 한 번 가보십시오." 박 대통령의 이 말은 결정적이었다. 대한민국이 세계 조선 강국으로 가느냐, 못 가느냐의 갈림길이었다. 정주영 회장은 영국으로 갔고 차관 획득과 2척의 대형 유조선을 수주받는 데 성공했다.

이 세 분의 창업회장이 만들어 낸 게 가전, 반도체, 자동차 산업이다. 이 세 분야는 하나같이 세계 1위이고 대한민국을 대표한다. 세계인들이 자국의 공항 야외 광고탑에서 이 세 기업의 브랜드는 알지만 「사우스 코리아」는 모른다는 개그가 있을 정도다.

대한민국은 이들이 있어 세계 10대 부국이고 대한민국 국민은 단군 이래 가장 「번영의 세기」로 기록되고 있는 21세기 현시점에서 부유한 생애를 보내고 있다.

구인회, 이병철, 정주영 세 분은 여러 점에서 공통점을 가지고 있으며 그러면서도 각자 다른 특성도 있다. 우선 세 분은 하나같이 조부들이 개설한 서당에서 생애 최초의 교육을 받기 시작했다는 것이다. 그리고 10여 세가 넘어 신교육 시스템에 의해 설립된 신식학교(초교)에 입학했다.

정주영 회장은 초교를 졸업하고 얼마 후 곧바로 서울로 왔지만, 구인회, 이병철 두 회장은 초교를 같은 학교에서 다녔고, 한 반에서 공부했다. 구인회 회장과 이병철 회장은 고향은 다르지만 기이한 인연으로 초등학교 동기 동창이 되었다. 구인회 회장과 이병철 회장은 중등학교를 서울에서 다녔다는 공통점도 있다. 구인회 회장은 중앙고보, 이병철 회장은 중동고보를 다녔다. 이병철 회장은 일본 와세다대학에 유학했다.

정주영 회장은 빈농의 아들로 서울에서 자수성가했지만, 구인회, 이병철 두 회장은 부유한 집안에서 태어나 가산을 물려받아 창업했다. 구인회 회장과 이병철 회장은 추후 사돈관계가 되어 인척이 되지만 합자에 의한 동업에서 사이가 나빠지기도 했고 그룹의 사업 분야 중복으로 갈등을 빚기도 했다. (이 책에서는 추후 자세히 기술할 것이다)

2

구인회 창업회장 생애

구인회 회장은 1907년 8월 27일 경남 진양군 지수면 승내리에서 연 수확 300석 정도의 지주 구재서와 진양하 씨 사이의 장남으로 태어났다. 아명은 정득이라 불렸고 호는 연암이다.

조부 만회공 구연호는 과거 시험에 급제해 홍문관 교리를 지냈으므로 그의 집은 구 교리(具校理) 댁으로 불렸다. 홍문관이란 조선조 중앙관서의 벼슬 가운데 으뜸으로 꼽았던 삼사(三司) 즉, 홍문관, 사헌부, 사간헌 중의 하나로 경서(經書)와 문한(文翰)과 경연(經筵)을 맡은 관청이었다. 만회공 구연호는 경연청 시독관과 사기를 기록, 관리하는 춘추관의 기주관을 지냈다. 즉, 임금 앞에서 경서를 강론하는 막중한 직책을 맡았다. 고종 임금을 가까이서 모신 측근이었고 많은 아낌을 받았다.

구인회 회장이 태어난 시대적 배경을 보면 1900년대 초기 20세기가 시작되는 시기로 우리나라의 국운이 풍전등화와 같은 어려운 시기였다.

우선 1907년 7월 19일 고종이 헤이그 밀사 사건의 책임을 추궁하는 일본의 강압에 못 이겨 제위를 순종에게 위임했다가 바로 양위했다. 이른바 고종의 양위 사건이다. 연호가 바뀌어 융희 원년이 되는 해였다.

다음 해인 1908년은 일본이 우리나라를 수탈하는 전진기지로 삼았던 동양척식회사(東洋拓殖會社)가 설립되었고 그다음 해 1909년 10월에는 안중근 의사가 하얼빈역에서 일본의 침략 괴수 이토히로부미(伊藤博文)를 사살했다. 다시 1910년 8월 29일은 한·일 합방을 당하고 만 경술국치의 날이다. 무력과 교활한 술책으로 한국을 집어삼킨 일제(日帝)는 소위 그들이 말하는 합법적인 입장에서 이로부터 1919년 3.1운동이 일어나기까지 약 10년 동안을 정치, 경제, 문화 등 다방면에 걸쳐 식민적인 지배체제를 강화, 결속시켰던바, 종래의 통감부가 총독부로 개칭되어 식민지 정책의 중앙 통치기구로 군림하고 그 밑에 헌병, 경찰의 무단을 이용해 항일독립투사 및 그 운동을 탄압하는 가혹한 무단통치를 자행하기 시작한 시기였다.

구인회 회장도 회오리바람이 부는 그 같은 암울한 시기에 출생하여 인생의 첫발을 내디뎠다. 구인회 회장이 태어난 진양군 지수면 승산리는 좋은 땅으로 이름난 곳이었다. 좋은 땅이란 살기 좋은 곳이고 인심이 좋아야 하는데 승산리는 그런 곳이었다.

승산리에는 상동마을과 하동마을이 있다. 상동에는 구씨 문중이 살았고 하동에는 허(許)씨 문중이 있었는데 구씨 문중은 벼슬을 많이 했고 허씨 문중에는 부자가 많이 배출되었다. 한 마을에 두 가문이 살다 보니 자연스럽게 구씨·허씨 가문과 결혼도 많아지게 되었고 친인척으로 맺어지면서 구·허 양가 가문의 관계도 돈독해졌다. 구인회 회장 역시 1920년 14세 때 허씨 집안 대표 부자인 만석꾼 허만정 씨 재종 동생 허만식의 장녀 허을수(許乙壽)와 결혼했다. 신부는 2년 연상이었으며 그 당시까지도 조혼 풍습이 남아 있었다.

보수적 가정에서 태어나 한학을 익히던 구인회는 결혼 후 허씨의 가문과 접하게 되면서 그의 사상에 커다란 변화가 일어났다. 손위 처남이며 후일 중외일보(中外日報) 경영자가 된 허선구의 권유로 보통학교에 편입하게 되는데 그것은 결혼 다음 해였다. 구인회가 편입한 보통학교는 지수보통학교였는데 같은 해 이병철 삼성그룹 창업회장도 지수보통학교에 편입했다.

이병철 회장은 고향이 이웃 의령군이었는데 이곳에는 보통학교가 없었기 때문에 누님이 이곳으로 출가해 살고 있었으므로 누님 집에서 기거하면서 지수초등학교에 다녔다. 두 사람은 이곳에서 함께 공부했고 추후 사업계에 투신해서 많은 접촉이 있게 되었다.

구인회는 3년간 지수보통학교에서 초등 교육을 받고 1924년 4월 17세에 서울 중앙고등보통학교에 입학해 열심히 공부했다. 당시 중앙고보는 고려대학교 설립자이신 인촌 김성수가 인수한 후 학교를 크게 일으키고 유난히 강한 민족정신에 입각한 교육을 베푸는 학원이었다. 시골 청년 구인회는 학교에 들어가자마자 교내 독서클럽에 가입, 동서고금의 유명 서적들을 탐독했다. 이 시절 그가 읽었던 책들이 어떤 것이었으며 수량이 얼마였는지는 공식 기록에 남아있는 게 없지만, 후일 그의 인생을 더욱 풍요롭게 하고 인격을 높이는 바탕이 되었던 것만은 확실하다.

구인회는 중앙고보 2학년에 중퇴하고 귀향했다. 예상하지 못했던 학업 중단이었다. 구인회가 귀향하게 된 사유에 대해 본인이 밝힌 기록은 남아있지 않다. 장인이 작고하고 처가에서 학비를 계속 지원해 줄 수 없게 됨에 따라 학업을 중단하게 되었다는 것이 정설로 전해오고 있다. 구인회가 서울 유학을 시작할 때 처가에서 하숙비 등 모든 학비를 지원해 주기로 한 것은 확실하다. 다른 한편으로는 이 기회에 할아버지가 서울 유학을 청산하고 귀향하라는 명령이 있었기 때문이라는 견해도 있다.

그러나 초대 한국 경영사학회 회장을 지낸 김병하 박사는 "그가 중앙고등보통학교 2학년에 중퇴하고 낙향하게 된 데는 앞에서 지적된 이유도 있겠으나 그 해 장남 구자경이 출생해 가장으로서 책임감도 있고 19세의 나이에 사회인이 빨리 되고 싶은 심정도 작용하여 학업을 중단했을 것으로 생각된다."고 밝히기도 했다. 구인회에게는 서울 유학 중단은 그의 인생행로를 바꾸는 전환점이 된 것만은 확실하다.

3

청년기와 협동조합

　19세의 청년 구인회는 꿈틀대기 시작했다. 대 야망이 그를 자극했다. 구인회는 고향 승산마을에 장근회(將勤會)를 조직, 소비협동조합 운동을 전개하는 것이 마을의 소비생활 행태를 개선하고 마을 주민들을 부유하게 만들어 줄 수 있는 길이라고 판단했다.
　당시 승산마을에는 이미 무라가미(村上)라는 일본 상인이 상점을 개설, 잡화 등을 독점적으로 팔고 있었다. 무라가미는 상술에 매우 능란했으며 마을을 깊이 파고들었다. 청년 구인회는 마을의 상권이 일본 사람에게 독점되어 승산마을의 돈이 일본 사람 수중에 들어가는 것은 우리를 더 가난하게 만든다고 생각, 일본 상인에 대항하는 소비자협동운동을 전개하기로 마음먹고 마을 청년들을 설득했다. 구인회는 마을 소비자들이 협동하여 석유, 비누, 광목, 비단 등 일상생활에 날마다 쓰는 물품을 공동구매 하면 일본인에게서 사는 것보다 싼 값으로 구입할 수 있어 조합원들의 이익이 된다고 역설하였던 것이다.
　구인회는 마침내 1929년 지수협동조합(知水協同組合)을 조직하는

데 성공했고 이사장으로 선출되었다. 구인회는 협동조합을 운영하면서 상업에 대해서 많은 공부를 하게 되었으며 특히 포목의 유통경로와 마케팅 기법을 터득하게 되었다.

우리는 청년 구인회가 포목의 유통경로와 마케팅 기법을 알게 되었다는 사실을 유념해 둘 필요가 있다. 그것은 구인회가 추후 진주로 진출, 비단 가게를 개설하는 것과 연관되기 때문이다.

구인회는 같은 시기에 「동아일보」 진주 지국장이 되었으며 이에 따라 활동 범위가 크게 넓어졌고 대중매체에 대한 관심도 높아졌다. 구인회가 동아일보 지국장이 된 1927년은 경성(서울) 방송국에서 처음으로 이 나라에 라디오 방송이 시작되던 해였다. 언론 대중매체의 개화기였던 것이다. 구인회는 서울 유학생답게 신문도 열심히 읽고 라디오도 끊임없이 청취해 세상이 어떻게 돌아가고 있다는 것을 놓치지 않고 있었다. 구인회는 3년 동안 승산마을 협동조합을 키우는데 열심이었다.

구인회는 어느 날 승산마을 바닥이 너무 좁다는 것을 느꼈다. 구인회는 자신의 야심과 의욕을 채워줄 수 있는 더 넓은 곳으로 가야 한다는 결론에 도달했다. 구인회는 그러나 새로운 곳이 어디이고, 더 큰 일이란 무엇인가를 고민했다.

구인회는 끝내는 새로운 곳이란 진주(晋州)이고 더 큰 일이란 「포목상」을 개설하는 것으로 결심했다. 진주는 자신의 고향과도 멀지 않은 곳이며 서부 경남의 교통 요지이고 인구밀도가 높은 소비의 도시였다.

구인회 상점

청년 구인회가 진주에서 최초의 상업 활동을 시작, 선택한 업종은 포목상이었다. 포목상이란 베와 무명을 파는 상점을 뜻하지만, 비단이 주 상품이었다. 구인회는 당시 진주가 유행의 도시이고 소비의 도시이기 때문에 비단 수요가 많을 것으로 예측했다.

진주는 서부 경남지역의 부유한 사람들이 많이 모여들었다. 특히 진주는 기생 계급과 돈 많은 여인들이 비단과 외국산 포목에 많은 관심을 갖고 소비했다. 진주에 기생 계급이 한 세력으로 군림한 것은 그 뿌리가 왕조시대 진주성의 관기(官妓)에서 비롯된 것이었다. 이런 시대적 배경은 당시 진주에 살면서 러시아 석유 특약점 가게를 차리고 있는 일본인 상인이 진주를 보는 시각과 맥을 같이한다고 볼 수 있다.

구인회는 포목상 분야는 일본인 상인과 경쟁하더라도 성공할 가능성이 높다고 봤다. 구인회가 포목상을 운영하겠다는 결심은 꽤 깊은 의미를 갖는다. 포목상을 개점하는 것은 상인(商人)이 된다는 것인데, 이 시기 사농공상(士農工商)이란 직업 차별 의식을 완전히 깨트리는 파격이었고 대전환이었다. 유교 교육과 신지식을 갖춘 구인회는 치부 욕이 매우 강했다는 것을 알 수 있다.

구인회는 지수협동조합과 거래했던 진주의 천종만(千鐘萬)이라는 사람의 가게「천종만 상점」을 찾아가 포목상 경영에 관한 지식을 습득했다. 천종만 가게는 당시 진주에서 몇째 안 가는 큰 비단 상점이었다. 구인회는 부친께 포목상을 경영하겠다는 의사를 말씀드렸다. 그의 부친은 극구 반대했다.

"우리 집안이 어떤 집안인데 장사를 한단 말이냐."

전혀 허락해 줄 눈치가 아니었다. 그러나 구인회는 할아버지께 간청을 드리면 허락해 주실 가능성이 있을 것도 같다고 생각했다. 할아버지는 장손을 어렸을 때부터 특별히 귀여워하셨고 믿음과 사랑의 연줄이 형성되어 있었기 때문이다.

어느 날 구인회는 아버지 몰래 할아버지 방에 들어가 단정히 꿇어앉아 "할아버님, 집안 형편이 돌아가는 것을 볼 때 허락해 주신다면 타관에 나가 장사라도 해서 아우들을 공부시키는 데 힘이 되고 싶습니다."라고 공손하게 말씀드렸다.

교리 할아버지는 놀라움을 금치 못하면서 한동안이나 손자의 얼굴을 바라보다가 "네 나이 지금 몇 살이더냐."라고 물었다.

"스물다섯 아닙니까."

할아버지는 복잡한 상념이 떠올랐다. 애지중지 키운 어린 장손이 스물다섯의 청년이 되어 집안 걱정, 동생 걱정을 하는 것이 기특하기도 했지만 조상 대대로 유교의 가르침을 받들어 선비 가문, 뼈대 있는 가문을 자랑으로 삼아 온 집안이 돈벌이를 위해 장사 길로 나선다면 세상 사람들이 우리를 어떻게 볼 것인지. 한때는 조정에 출사하여 임금을 가까이서 모셨던 할아버지다. 한편 세상 물정에 어두운 손자가 서툰 장사에 손댔다가 많지도 않은 가산을 탕진한다면 그 뒷일은 어떻게 감당할 것인가. 할아버지는 한·일 합방 이후 싫든 좋든 새로운 문물, 가치관이 봇물처럼 쏟아져 들고 있다는 것을 알고 계셨다. 할아버지는 시대를 앞서가는 지성인이었다. 손자에게 수구적 가치관을 강요할 수도 없었다.

"그래, 장사를 하겠다면 무슨 장사를 할 생각인고?"

"진주에 가보니 포목상이 좋을 것 같았습니다."

할아버지는 더 이상 말이 없었다. 며칠 후 할아버지는 외아들 춘강공을 방안으로 불러들였다.

"인회가 결심을 단단히 세운 모양이니 보내야 안되겠나."

할아버지의 허락이 떨어진 것이다. 이 순간이 우리가 다 알고 있는 럭키금성그룹(현 LG그룹)이라는 대재벌의 씨앗이 뿌려진 것이다. 그로부터 너댓새가 지난 어느 날 인회는 아버지의 부름을 받고 아버지 방에 들어갔다. 아버지는 백지에 싸 차곡차곡 쌓아두었던 돈다발을 내놓으며 "2천 원이다. 내 형편으로는 더는 못 주니 가서 네 생각대로 해라. 세상을 얕보지 말고, 남하고 화목하게 지내고, 신용을 얻고 사는 사람이 되어야 한다. 나는 너를 믿는다."라는 뜻깊은 가르침을 주었다.

그러나 그 자금 규모로는 포목상을 하기에는 부족했다. 구인회는 큰댁으로 양자 입양된 친동생 철회(哲會)를 만나 여러 가지 상의 끝에 "형님 뜻이 그러시다면 저도 따라가겠습니다."라는 동생의 참여 뜻을 이끌어냈다. 구인회는 3,800원의 자본금을 마련하게 되었고 진주 식산은행 건너편의 2층 건물에 '구인회 상점'이라는 간판을 걸게 되었다. 1931년 7월, 구인회의 나이 25세 때였다.

구인회는 협동조합을 운영하면서 포목의 수요와 유통경로를 치밀하게 조사한 후에 가게를 열었으나 소규모 개인 경영은 그리 용이하지는 않았다. 이 무렵 진주의 번화가에는 천종상회라는 이 고장에서는 손꼽히는 큰 포목상이 있었다. 그 가게를 운영하는 삼 형제 가운데 막내인 천종만은 처가가 마침 구인회의 고향 승산마을이어서 가깝게 지내는 터는 아니어도 구면이었다.

작달막한 키에 머리가 영리한 천종만은 어느 날 슬그머니 구인회 상회에 나타나 구씨네 형제의 거동을 살피는 눈치였다.

"어떻소. 장사 잘되요?"

구인회는 웃으면서 "잘되고 뭐고 이제 시작인데요. 아무튼, 동업 선배니까 많이 도와 주소. 부탁합니다."라고 스스럼없이 대꾸했다.

그들은 서로 친해졌다. 포목상들이 태평양전쟁 막바지까지 일제의 통제로 꼼짝 못 하게 될 때까지 우정을 나누면서 서로 돕는 친교를 지속했다.

천종만은 어느 날 헤어질 무렵 "이 가게 자리는 본시 재수가 없다는 자리요. 내 말 서운하게 듣지 말고 조심하시오."라는 말을 했다. 구인회는 '재수가 없는 가게라고? 재수가 없으면 얼마나 없겠나. 그런 거 모두가 미신이지 나는 재수가 없다는 그 가게 터에서 재수를 만들어내고야 말테니 어디 두고 보기나 해라.' 그는 아랫배에 힘을 주고 스스로 타이르듯 결의를 다졌다. 구인회는 풍수지리 설에서 따지는 길지 등에 대해서는 무시하는 편이었다.

삼성그룹 이병철 회장이 자신이 상당 수준의 풍수지리 공부를 했고 주택과 공장부지 선정에 길지 여부를 고려했던 것과는 정반대이다. 장사라는 것은 그리 쉬운 일이 아니다. 굳은 결의나 부지런히 뛰는 것만으로 술술 풀려나가는 것은 아니었다. 자본금도 넉넉해야 하고 길목도 좋아야 하고 시운(時運)도 타고나야 한다는 것을 차츰 느끼게 되었다. 구인회는 어느 날 천종상회를 찾아갔다. 그동안의 가게 형편과 장사 결과를 대충 듣고 난 천종만은 말했다.

"내가 처음에 뭐라 합디까. 그 가게 어려울 거라 안 했소. 우리 형한테 부탁해서 저 건너편 가게를 빌려달라고 해보소. 서로 건너다보면서 장사합시다."

경쟁 동업자치고는 너무 고마운 조언이었다. 같은 포목상이 길 하나를 사이에 두고 마주 보고 있으면 손님이 절반으로 갈라지게 된다는 것은 뻔한 셈이 아닌가. 그런데도 그는 이미 오래전부터 터를 잡아

번성하고 있는 자기네 가게 앞으로 와서 가게를 차려보라는 것이다. 그의 형 천종선도 시원스럽기는 마찬가지였다. 천종선도 "꼭 생각이 그렇다면 서로 바라보면서 장사 한 번 해봅시다."

1932년 한 해가 저물어가는 동짓달에 터가 좋지 않다는 가게를 청산하고 재수가 있을 것으로 기대되는 천종상회 건너편 가게로 옮겼다.

이듬해 3월이 되어 일 년간 결산을 해보니 결손액이 5백 원이나 되었다. 당시 쌀 한 가마 값이 50전이었으므로 무려 쌀 100가마니가 넘는 손실이었다. 구인회는 돌파구를 찾는 게 급한 일이었다. 가게가 적자를 내는 것은 영세한 자본금 때문이었다.

구인회는 여러 대안을 고려한 끝에 금융기관에서 융자를 받을 수밖에 없다고 결론 내고 동양척식회사 진주지사를 찾아갔다. 동양척식이란 일제가 조선 사람의 토지를 수탈하는 악랄한 기관이라는 것이 꺼림직했지만 다른 방법이 없었다.

구인회는 상담 끝에 승산리 본가의 토지를 저당잡히면 8천 원 수준의 융자를 받을 수 있다는 것을 알았다. 구인회는 동양척식의 토지 감정 담당자와 동행, 시골집으로 내려갔다.

자초지종 사업 흐름 이야기를 듣고 난 아버지는 "너 어렵게 되면 우리 집안도 설 자리가 없게 되느니라." 하면서 땅문서를 내놓았다. 토지 자본을 상업 자본으로 전환하는 시대 변화의 한 단면이기도 하지만 한 가문의 사활이 걸린 위험한 순간이기도 했다.

"초반에 일이 잘 안된다고 주저앉으면 아무 일도 못 한다. 무슨 일이든 10년은 해봐야 되든 안되든 결판이 나지 않겠느냐. 조급하게 생각하지 말고 멀리 내다보면서 한 발, 두 발 발전해 나가도록 해봐라."

구인회는 아버지의 말씀을 가슴 깊이 새겨들었다. 당시의 구인회의 집안 사정은 결코 여유 있는 형편은 아니었다. 자라나는 동생들과 자식들은 집안에 가득했고 먹을 것, 입을 것을 아무리 뒤를 대도 항상 모자라는 것이었다. 둘째 아우 정회는 이미 경성전기학교에 입학했지만, 태회(泰會), 자경(滋暻, 큰아들), 평회(平會), 두회(斗會), 자학(滋學, 셋째 아들)이 있고 그 아래로 자두(滋斗)가 어머니 품에 있었다. 만에 하나라도 진주에서 하는 일이 실패로 돌아간다면 집안은 몽땅 망하고 만다는 생각으로 가슴이 떨렸다. 마침내 융자금 8천 원이 손에 들어오자 한결 크게 힘을 쓸 수가 있었다.

구인회는 물건도 대담하게 대량으로 사들이고 팔 때도 이익을 적게 보더라도 많이 파는 이른바 박리다매 방식을 선택했다. 그러다 보니 구인회 상회를 찾는 고객이 늘어났다. 길 건너 천종상회에서 바라보는 천 씨 형제들의 눈초리가 어느새 착잡하고 불안스러운 빛으로 바뀌어가고 있었다. 그리고 그해 7월, 둘째 아우 정회가 결혼식을 올렸으니 구씨 집안은 들뜬 분위기에서 세월을 즐기는 모습이었다.

호사다마, 좋은 일에는 자칫 액운이 끼어들 듯이 그해 여름 줄곧 계속된 장마비로 남강(南江)의 수위가 위태롭기만 하더니 끝내는 강물이 둑을 넘어 시내로 흘러들었다. 많은 가옥이 침수되는 소동이 빚어졌다. 구인회 상점이라고 예외일 수는 없었다. 가게 안에 발 디딜 공간도 없이 차곡차곡 쌓아둔 8천 원어치의 포목과 비단은 물에 잠기고 말았다. 구인회는 땅을 치며 통곡하고 싶지만, 아우 앞에서 그런 약한 모습을 보일 수도 없었다.

구인회는 "우리만 당한 것도 아니고 천재지변인 것을 사람 힘으로 우째할거고. 당한 것은 당한 거고 이제부터 다시 시작하자."라고 철회를 다독였다.

밤낮을 가리지 않고 복구작업이 계속되었다. 호사다마란 말이 있다면 "하늘이 무너져도 솟아날 구멍은 있다."라는 말도 있다. 구인회 상점 형제들을 위한 솟아날 구멍은 있었다. 당초 8천 원어치 피륙을 사들일 때 상점 안이 너무 비좁아서 부피가 있는 융만은 따로 장소를 빌려 보관시켰던 터였다. 그런데 그 해가 수해의 영향으로 융값이 하늘 높은 줄 모르게 치솟아서 그것을 처분하는 것만으로도 피해액을 완전히 보전하고도 남음이 있었다.

일이 이렇게 되고 보니 구인회 상점 형제는 천종상회 형제 앞에서 우리도 비단 장사할 만한 수완도 있고 운도 있다는 것을 보여준 셈이여서 의젓해지는 것이었다. 더더욱이나 논밭까지 몽땅 저당 잡히는데 내놓으신 아버지에게 면목을 세울 수 있게 되었다는 것이 신바람 나는 일이었다. 진주 사람들도 이 소동으로 유명한 포목전 천종상회 건너편에 또 따른 포목전 구인회 상점이 있다는 것을 알게 되었고 자연히 두 상점으로 오가는 발길도 잦아져 이 두 곳은 연중 진주의 포목전 중심거리가 되었다.

구인회는 이 같은 수해를 입고 또 그것을 극복해내면서 마음속에는 더 큰 야심과 자신감이 싹텄다.

"어디 두고 보자. 구인회 상점이 진주에서 제일가는 도매상이 되나, 안되나 두고 보자!"

병자년(丙子年, 1936) 대홍수

구인회 상점의 형제들은 계절이 바뀌든, 해가 넘어가든 아랑곳없이 일만 했다. 하루 세끼 밥 먹는 시간과 잠자는 시간 말고는 그들은 장사에만 매달렸다. 그렇게 열심이었으므로 장사가 잘되지 않을 리가 없었다. 마주 바라보는 천종상회의 종선, 종환, 종만 형제들과도

날이 갈수록 친교가 두터워졌다. 간혹 무료한 시간이 생기면 마주 앉아 장기를 두곤 했다.

구인회가 진주에 옮겨온 지도 3년이 흘렀다. 어려워 보였던 포목상도 어느 정도 요령을 터득하고 보니 이제는 할만하다는 생각이 들었다. 지난 2, 3년 사이 시국은 만주 사변이 일어나고 윤봉길(尹奉吉) 의사의 상해 의거 사건과 백정기(白貞基) 의사의 일본대사 암살 미수 사건 등이 일어났고 나라 밖은 독일에서 히틀러가 총통으로 취임하는 등 내외정세가 급박하게 돌아갔다. 그러나 지방 소도시 진주까지는 그 여파가 미치지 않는 듯 조용했다.

가을이 오면 포목상들이 한 몫을 보는 철이다. 장가가고 시집가는 계절이기 때문이다. 비단, 포목 등의 성수기인 것이다. 농촌에서는 추수가 끝나면 시간적으로나 경제적으로나 약간의 여유가 생기고 그런 때를 이용해 부모들은 장성한 아들, 딸을 짝지어 주는 것이다.

구인회는 가을철을 넘기고 겨울로 접어드는 날 천종선에게 앞으로 콧수염을 기르겠다고 선언했다. 세상을 살아가는데 나이가 젊으니 손해 보는 일이 많을 뿐 아니라 어떤 때는 젊다고 상대조차 안 해주는 경우가 있다는 것이 그의 콧수염 선언의 명분이었다. 천종선을 비롯한 주변 사람들이 그 말에 박장대소했지만, 구인회의 결심은 흔들리지 않았다.

이듬해인 1935년 3월 다섯째 아들 자일(滋日)이 태어난 것을 계기로 구인회는 진주 봉산동(鳳山洞)에 새집을 마련, 승산마을의 전 가족들을 데려왔다. 장사로 확고한 기반을 마련했기에 더이상 홀아비 자취 생활의 불편과 외로움을 겪을 필요가 없었다. 해가 바뀌어 1936년이 되자 아우 태회가 진주 고등보통학교에 입학해 큰 형 집에 합류하게 되었다. 용모가 준수하고 향학열이 왕성했던 태회는 진주에서 살게 된 것만으로 만족해 했다. 구인회는 큰딸 양세를 시집보내는 경사가 있었다. 이로써 20대 후반에 사위를 보게 되었다. 그러나 하늘의 뜻은 언제나 외곬으로 사람들이 잘되는 것만을 허락하지는 않는 것인지도 모른다. 안일에 도취하고 있는 인간에게 더러 의외의 시련과 고난을 주어 더 큰 성장을 유도한다.

1936년 7월 이른바 「병자년 대홍수」로 기록되는 폭우가 쏟아져 진주 전역이 침수되는 대사건이 벌어졌다. 홍수는 거창군에서부터 시작했다. 기록에 따르면 하루에 305mm의 비가 쏟아져 유사 이래 최대의 홍수가 범람했다. 동아일보는 당시 호외를 발행하기까지 했다. 병자년 여름의 폭우는 예년의 그것과는 달랐다. 연일 잠시도 쉬는 일 없이 쏟아붓는 빗줄기는 급기야는 사고를 내고 말았다.

구인회 상점의 형제들은 별 도리없이 눈만 껌벅이며 바깥 풍경을 바라만 보고 있었다. 건너편의 천종상회 형제들도 별 수 없기는 마찬가지였다. 남강물은 시시각각 불어났고 초가지붕이 떠내려가는 것이 보이기도 했다. 촉석루의 언덕 위에는 많은 사람들이 모여들어 두려움과 호기심으로 강물을 지켜보고 있었다. 수마는 막 잠자리에 들려는 한밤중에 결국 남강둑을 무너뜨리고 말았다. "물이야. 사람 살려."라는 비명소리 속에 구인회 상점과 천종상회가 자리잡고 있는 지역 일대는 물에 잠기고 말았다. 마루에 쌓아 놓은 주단이나 인조견이 삽시간에 홍수에 잠겨버렸다.

형제는 다급한 대로 값나가는 것부터 정신없이 높은 곳으로 옮겼다. 전기가 나가버린 칠흑 속에서 형은 아우가 올려주는 피륙을 위에서 받았다. 그러나 급속히 불어나는 탁류에는 속수무책이었다.

"더 이상 안되겠습니다."

"하는 수 없구나. 그만두고 올라오너라."

형도 허탈해 주저앉고 말았다. 구인회는 모든 게 끝장인가 싶었다. 피땀으로 쌓아 올렸던 재산은 사라져 버리고 맨주먹의 옛날로 돌아가는 것인가! 구인회는 아버지께서 마련해 주신 투자금을 그동안 벌어서 갚아드린 것만이 유일한 위안이었다. 그러나 아우 철회가 투자한 돈을 어떻게 해야 할 것인가. 비가 멎고 탁류가 얼마쯤 빠져나가자 행길에 사람들이 오가기 시작하고 소방차들이 왕래하면서 이재민들에게 주먹밥을 나누어 주고 있었다.

재기의 집념

사람이란 자기가 소중하게 여기던 재산이나 명예를 잃으면 오랫동안 애통해하고 미련을 버리지 못한다. 그러나 구인회는 범상한 사람들과는 달랐다. 눈에 보이는 모든 재산은 탁류에 휩쓸려 가고 말았지만, 눈에 보이지 않는 재산인 고객으로부터의 신뢰, 거래처와 맺고 있는 신용, 그리고 자신의 상업적 경험은 고스란히 간직하고 있는 것이다. 구인회에게 기필코 재기해야겠다는 집념이 불같이 타오르고 있었다.

구인회는 썩은 곳을 칼날로 도려내듯 어제의 불행을 몽땅 잘라서 멀리 던져버렸다. 그는 재기의 기회를 붙들고자 멀리 부산까지 발길을 넓혔다. 낮에는 은행을 출입하면서 자금 마련의 길을 모색하고 밤에는 아우 철회와 마주 앉아 앞으로의 계획을 의논하는데 몰두했다.

구인회는 어느 날 철회와 점포를 다시 일으키는 문제를 논의하다 '장마 진 해는 풍년이 든다'라는 전해오는 옛말이 떠올랐다. '옳다. 이거로구나.' 번갯불처럼 머리 속을 스치는 아이디어에 자신도 놀랐다. 풍년이 들면 농가의 소득이 늘고 농민들은 아들, 딸 혼인시키는 데

바쁠 것이다. 그러니 비단이나 광목의 수요가 늘 것이고 포목상은 호황을 맞이할 것이다. 더구나 수해로 의복이나 침구를 망친 사람들이 많으니 포목 수요는 더 늘기 마련이다.

　이와 같은 결론에 도달하자 그는 잠시도 가만히 있지를 못했다. 사업가로서 구인회의 장점은 첫째, 대인관계가 좋아서 남에게 신용을 얻고 산다는 것. 둘째, 매사를 치밀하고 합리적으로 생각하면서 행동하기 때문에 실수가 적다는 점. 셋째, 기회를 포착하는데 날렵하고 과단성이 있다는 점이다. 특히 세 번째의 장점은 남들이 흉내낼 수 없는 것이었다.

　구인회는 알고 지내는 원창약방(元昌藥房)의 원준옥(元準玉)을 생각해냈다. 원준옥은 구인회의 사람 됨됨이와 사업 수완에 대해 호감을 갖고 있었다. 원준옥은 구인회의 구상을 듣고 두말없이 큰 돈을 내놓았다. 구인회 형제는 그날부터 동서남북으로 정신없이 뛰기 시작했다. 포목을 구색을 맞추어 대량 구입하기 위해서였다. 드디어는 물건을 가게 가득 메우게 됐고 창고를 빌려 보관해야 할 만큼 확보했다.

　가을이 시작되었다. 구인회의 예상은 적중했다. 그해 농사는 대풍이었고 9~10월로 접어들자 포목전의 피륙은 없어서 못 팔 지경으로 날개 돋친 듯 팔려나갔다. 동업자들은 즐거운 비명을 지르는 구인회 상회를 구경만 할 수밖에 없었고 전통의 천종상회 형제들도 예외는 아니었다. 구인회 상점은 홍수로 입은 손해를 말끔히 메우고 서서히 일어나기 시작했다. 기적 같은 일이었다. 진주 사람들은 구인회를 다시 한번 쳐다보았다.

　구인회는 진주 상공업계에서 새로운 강자로 떠올랐고 그해 11월에 있었던 진주 상공회의소 의원 선거에 입후보해 3위 득표로 당선되었다. 구인회가 진주 상공업계에 얼굴을 내민 일천한 기간을 고려하면 놀라운 성공이었다. 구인회 30세의 일이다. 우리나라의 손기정 선수가 제11회 베를린 올림픽대회의 마라톤 경기에 출전하여 우승한 바로 그 해의 일이었다.

금융 무역업과의 만남

구인회는 어느 날 식산은행 진주지점의 손해진(孫亥鎭)이라는 외무 행원이 찾아와 만났다. 손해진은 인사를 나눈 후 5천 원짜리 적금에 들어줄 것을 간청했다. 적금의 내용은 3년형인데 6개월을 불입하면 계약금의 반을 대출해 주고 1년을 불입하면 전액을 대출해 준다는 것이었다. 구인회는 가만히 따져보니 나쁜 조건은 아니었다. 눈 딱 감고 한 구좌 가입했다. 생애 처음의 일이었다. 그 한 구좌의 가입은 구인회에게 저축의 묘미를 터득하는 시초가 되었다. 이때의 경험으로 구인회는 사업 생애를 통해 금융의 중요성을 인식하게 됐다.

적금 가입과 은행융자의 묘미를 알게 된 구인회는 그 후 계약금을 6만 원, 7만 원 수준으로 올려 나갔다. 당시 광목 한 필 2원, 쌀 한 되에 10전이었으니 그가 은행 적금을 활용해 장사하는 데 얼마나 큰 힘을 얻었는가는 짐작할 수 있는 일이다. 구인회는 금전거래에 있어서 남의 신용을 얻고 평소 끊임없는 저축을 통해 자금 동원 능력을 확보하는 것이 얼마나 중요한가를 실감했다.

이 무렵 구인회는 새로운 장사의 안목이 생겨났다. 그저 남이 생산한 물건을 받아다가 팔기만 하는 소극적인 장사에 만족할 수 없었다. 구인회는 광목에 무늬를 박는 날염이라든가 비단에 문양을 얹는 문직을 고안하여 공장에 주문하고 이 같은 신개발 제품을 자신의 상점에 진열했다. 고객들은 구인회 상점에 가야만 그런 옷감을 구입할 수 있다는 것을 알게 되었고 호평을 받았다.

후일 구인회가 큰 규모의 기업경영인으로 기존의 틀에만 얽매이지 않고 자유분방한 아이디어를 내고 남보다 앞서 신제품을 개발해 경쟁 상대를 앞서가 성공한 적극적인 자세는 이 시기부터 싹텄던 것이다.

구인회는 처남 허윤구(許允九)가 경영하는 조만물산(調滿物産)에 투자했다. 무역업과 만나는 것이다. 조만물산은 마늘이나 명태 등을 수출하고 대두를 수입하는 것을 주로 했다. 구인회는 이로 인해 서울이나 만주 등지로 여행하는 일이 가끔 있었다.

1937년 늦은 봄이었다. 구인회는 서울에 다녀오는 길에 마산에 들렀더니 연안부두에 일본군의 군마들이 수없이 집결하는 것을 목격했다. 당시는 모든 군수물자 수송은 말을 통해 이루어졌다. 구인회는 수 많은 군마들이 어디론가 떠나기 위해 집결해 있는 것과 이전 만주에서 목격했던 일본군의 심상치 않았던 움직임 등으로 미루어보아 '혹시 전쟁이 터지지 않을까.'라는 생각이 들었다. '전쟁이 터지면 세상살이가 어떻게 변할가?' 혼자 마음속으로 상상해 보았다. 일본군이 전쟁을 일으킨다면 그 상대는 장개석이 이끄는 중국일 것이다. 전쟁이 일어난다면 모든 물건들이 군수물자로 징발되어 생활필수품의 품귀 현상이 일어날 것이다. 고래 싸움에 새우 등 터지듯 일본 침략자들의 전쟁으로 우리 조선 사람만 죽을 고생을 하게 될 것이다. 구인회는 다른 것은 몰라도 옷감만이라도 전쟁물자로 통제되기 전에 비축해 두면 조선 사람에게 다소나마 도움이 될 것으로 생각했다.

구인회의 앞날을 내다보는 생각은 단순 명료하다. 그는 은행융자를 최대한 활용해 자금을 마련하고 광목 1천 짝을 사 모았다. 한 짝은 20필이니 2만 필을 비축하는 것이다. 어마어마한 물량이었다.

그 해 7월 7일 일본은 중일전쟁을 일으켰다.

개전 한 달만인 8월 8일 일본군은 북경(北京)을 점령하고 승전보를 전했으나 조선 사람에게는 우울한 소식일 수밖에 없었다. 전쟁이 일어난 후, 날이 갈수록 생활필수품은 품귀 현상을 보였고 식품이 부족하기 시작하더니 다음으로는 옷감이었다. 실제적인 품귀에다 장래에 대한 불안이 가세해 생필품이라면 무엇이든 팔려나갔다. 구인회 상점에 가득 쌓였던 광목도 순식간에 바닥이 났다. 그해 연말에 결산을 해보니 무려 8만 원이라는 큰돈이 흑자로 기록되었다. 구인회는 이제 진주지역의 거상의 반열에 들었다.

그러나 구인회는 여기에서 그치지 않았다. 구인회는 스스로 무역을 해보겠다는 꿈을 가졌다. 원산지 일본에 가서 물건을 싸게 사다가 소비자에게 직접 팔면 차액도 커지고 소비자에게도 싸게 공급할 수 있을 것이라는 생각이었다.

1938년 8월 셋째딸 자영(滋榮)이 태어나고 다시 한 해를 넘겨 구인회는 오랫동안 벼르던 무역의 꿈을 실현하기 위해 일본에 거주하고 있는 친척 구원회(具元會)를 찾아갔다. 일본에서도 견직물 산지로 유명한 후쿠이현(福井県)에 갔다.

구인회는 구원회를 앞세워 안도오(安藤), 이토오(伊藤), 마루베니(丸紅) 등 전국에 판매망을 가지고 있는 큰 상점을 둘러보고 상담을 시도했다. 그러나 구인회는 그곳에서 상담을 벌인다는 것이 뱁새가 황새의 걸음걸이를 흉내 내려고 하는 것과 같다는 것을 깨달았다. 거래 규모가 차원이 달랐다. 몇천 원 정도의 소자본을 가지고는 접근이 어려웠고 말도 꺼낼 수 없었다. 구인회는 수 주일 동안 구경만 하고 다닌 꼴이 되었으나 마음속으로는 '오냐 지금은 내가 무안을 당하고 물러나지만 언젠가는 너희들이 굽신거리게 될 거다. 그런 날이 틀림없이 올 거다.'라고 스스로에게 다짐했다. 구인회의 일본을 뒤로하고 고향으로 오는 발길은 오히려 가벼웠다.

그해 3월, 둘째 동생 정회는 동경공업고등학교를 졸업하고 평안남도 도청 토목과에 취직했고 셋째 동생 태회는 결혼했다. 그리고 4월에는 넷째 동생 평회와 장남 자경이 나란히 진주고보에 입학하는 경사가 잇따랐다.

한편, 1939년 5월에는 소련과 일본이 만주 국경지대의 노몬한에서 군사적 충돌을 하였고 8월에는 독일과 소련이 불가침 조약을 체결했는가 하면 9월에는 독일이 폴란드를 침공함으로써 제2차 세계대전이 발발했다.

4

주식회사 구인회 상회

구인회는 1940년 사업영역을 넓히기 위해 상호를 「주식회사 구인상회」로 바꾸었다. 이것은 잡화품을 파는 상점에서 근대적 경영 체제를 갖추는 의미 깊은 성격 변화였다. 구인회는 사장에 취임했고 주식도 발행했다.

봉산동에 자리잡고 있는 구인회 집에서는 아침 학교 등교 시간이 되면 한 무리의 중학생과 국민학생들이 쏟아져 나왔다. 태회, 평회, 두회 등 동생들과 자승, 자학, 자두 등 아들들이었고 그 뒤치다꺼리만도 대단한 것이었다. 고향 승산마을을 떠나올 때 "동생들과 자식들은 누가 교육시킵니까. 제가 맡을 수밖에 없잖습니까."라고 말한 맏아들로서의 책임감에 따라 이제 그들을 도맡아 교육시키고 있는 것이다.

구인회는 10년 만에 고향을 찾아보니 할아버지 만회공이 노환을 앓고 계셔서 집안이 수심에 차 있기는 했으나 양친은 한껏 의젓해진 큰아들을 반가이 맞으며 기뻐했다.

"무슨 일이건 10년은 해봐야 결판이 난다는 말. 이제는 알겠제."

아버지는 마주 앉은 아들에게 부드러운 표정으로 말을 걸었다.

"그러나 시국이 갈수록 험악해지고 있으니 이제부터가 문제다. 이런 때일수록 올바로 살아야 하느니라. 과하게 욕심내지 말고 너무 앞질러 가지 말고 차근차근 해나가야 하느니라."

"말씀 안 하셔도 그래하고 있습니다."

부자간의 대화는 끝없이 이어지고 화제는 자식들의 교육 문제로 이어졌다. 그때 마침 조선인 청년들에게도 병역을 부과해 징병을 실시한다는 일제의 발표가 있었던 참이었다.

"이를 어떻게 할 생각이냐. 장손 자경(慈暻)을 전쟁에 내보내서는 안 된다."

"학교 선생을 하면 면제가 된다캐서 사범학교에 보낼까 합니다."

부자간의 의논은 거듭되었고 결론은 사범학교에 진학시켜 장차 교단에 서도록 하는 것이었다.

그와 같은 부자간의 상면이 있은 지 보름도 지나지 않은 1940년 7월 8일(음력 6월 4일) 할아버지 만회공이 80세를 일기로 세상을 떠났다. 당시로써는 장수한 편이었다. 조선조 말엽 뛰어난 재능으로 조정의 요직을 맡았고 임금을 가까이 모셨으나 국운이 기울어져 그것을 통탄하면서 초야에 묻혀 지내기 31년간이었다.

1940년대 초 일본은 미국과 영국에 선전 포고를 했다. 일본은 서쪽으로 샴과 버마를 거쳐 인도 갠지스강까지 진출하는 듯이 보였다. 그들이 침략하는 면적이 넓어질수록 이에 비례해 조선 국민이 가지고 있는 자원과 재력을 수탈하는 양이 증가해 갔다. 1941년 4월 1일부터 공표된 생활필수품 통제령은 서민들의 생활고를 가중시켰고, 상인들에게서 직업을 빼앗아가는 결과를 낳았다. 포목상도 할 일이 없게 됐다. 직물공장은 군복지 이외는 일반 직물은 만들지 못했다.

구인회 사장은 어느 날 오래전부터 알고 지내는 김필수(金必洙)의 어물전 앞을 지나다가 문득 기발한 아이디어가 떠올랐다. 세상의 모든 물건이 전쟁 통제품으로 묶여 있지만 자유롭게 거래될 수 있는 것은 어물(생선)이지 않은가. 쉽게 부패되기 때문에, 전쟁물자로 통제되지 않는다. 구인회 사장은 왜 지금까지 어물에 주목하지 못했던가 하고 가벼운 후회마저 느끼면서 어물전으로 들어갔다.

"요새 장사 잘되나."

김필수는 머리를 긁적이며 "말도 마소. 40여 명이 해왔는데 기업징병인가 뭔가에 걸려서 모두 그만두고 다섯 명만 안 남았습니까. 손이 모자라 정신없심더."라고 말했다.

구 사장은 한번 조용히 만나자고 일러두고 그 자리를 떠났다.

그 후 구 사장과 김필수는 의견을 나눈 끝에 동업을 하자는데 합의했다. 김필수는 어물전을 하자면 넉넉한 자금이 있어야 하고 바다에 나가 어선으로부터 고기를 사 모을 운반선이 있어야 하고, 이 방면에 풍부한 경험도 있고 얼굴도 많이 알려진 동업자가 한 사람 더 있으면 좋겠다는 의견을 내놓았다.

구인회 사장과 김필수는 동업자 한 사람을 구하기 위해 삼천포(三千浦)로 갔다. 삼천포에는 외사촌 되는 하길생(河吉生)이 하신상업주식회사라는 것을 운영하고 있었다. 하길생은 자금 사정으로 영업실적이 부진한 상태였다. 구 사장은 하길생과 상의해서 세 사람이 동업으로 해서 어물과 청과류 판매업을 해보기로 했다. 우리는 구인회 사장이 사업을 시작할 때 동업 형태의 사업을 선호한다는 것을 기억해 둘 필요가 있다. 구인회 사장이 자금을 투자하고 이 법인의 사장이 되었다.

연안 해역에 나가 어선으로부터 선어를 사올 수 있는 80톤짜리 운반선도 한 척 구입했다. 구 사장 등 세 사람은 소금, 고기, 식량, 기름, 술, 담배 같은 필수품을 대량 구입해 배에 싣고 바다에 나갔다. 어로 중인 어선에 접근해 잡은 고기를 넘기라고 하자 처음에는 피하는 눈치였으나 가지고 온 생필품을 보고는 안색이 달라지며 반겼다.

　해상에서의 물물교환 상거래는 화기애애한 가운데 이루어졌다. 일부 어선에서는 왜 자주 오지 않느냐는 항의 아닌 항의를 받기도 했다. 해상 물물교환식의 거래는 어선들에게도 매력이 있었다. 어선들이 스스로 부두의 어물 회사에 물건을 갖다 넘기면 값도 값이려니와 구전(口錢)을 얹어주어야 하는 부담이 생기고 귀찮은 일이 많은데 해상 매매는 값도 후하게 주고 시간 절약의 이점도 있었다.

　구 사장과 동업자들의 예상은 적중했다. 생선을 가득 싣고 진주로 올라오니 조선 사람, 일본 사람 가릴 것 없이 줄을 서서 기다리고 있었다. 생선 한 트럭 분이 순식간에 팔려나갔다.

　김필수는 열여덟 살부터 어물전에서 일한 전문가였다. 생선에 관한 한 아는 것도 많고 다루는 솜씨도 비상했다. 수십 가지의 생선이 가격이 다르고 무게가 차이가 나지만 값을 부르고 합산해 내는 능력이 뛰어났다. 한번은 진주경찰서 경제계에 근무하는 다케무라(竹村)라는 일본인 형사가 가만히 지켜보노라니 척척 집어서 얼마 얼마라고 되는대로 값을 부르는 게 수상하기 이를 데 없었다. 다케무라는 김필수를 경찰서로 연행해 닦달하기 시작했다. 속임수 장사를 한다는 이유였다. 그 무렵 구인회 사장은 진주상공회의소 위원직을 가지고 있는 데다 진주 청과어류조합 대표였기 때문에 김필수가 곤욕을 치르고 있는 것을 그대로 볼 수만은 없었다. 구인회 사장이 김필수의 생선 다루는 솜씨를 경찰서에 넌지시 알려줌으로써 김필수가 풀려나는 에피소드도 있었다.

1942년 봄, 구인회 사장 신상에 자그마한 사건이 일어난다. 3월이면 찬 바닷물에 미지근한 봄기운이 돌고 4월 초순이면 남쪽 다도해는 고기 떼가 몰려든다. 그것을 알고 있는 전국의 어부들은 어장에 몰려든다. 구인회 사장은 기왕에 어물 장사에 손을 댄 이상 어장의 현장이 어떤 것인지를 직접 보기도 하고 일손을 돕기도 할 겸 배에 올랐다. 삼천포항을 빠져나온 80톤 기관선은 황금 어장에서 고기를 쫓고 있을 어선들을 찾아 서쪽으로 서쪽으로 항진했다. 날씨는 좋고 경관은 아름다웠다. 세계의 한 모퉁이에서 태평양전쟁이라는 무서운 폭풍우가 일고 있다는 것은 상상되지 않았다.

일본인 선장이 조타하는 배는 남해를 벗어나 서해로 접어들었다. 배는 전라남도 진도(珍島)를 끼고 서해를 북진하기 시작했다. 거의 반나절 이상의 항해가 계속되던 무렵에 갑자기 기관 소리가 이상해졌다. 선장과 기관사는 기관실에 뛰어 들어가 필사적 노력을 했으나 기관이 멈추고 말았다. 배는 해류에 떠밀려갈 뿐이었다. 어둠이 깔리고 있었다. 이런 가운데 폭풍우라도 만나게 된다면 배는 산산조각이 날 수도 있었다. 김필수는 예비 부품을 준비하지 못한 기관사를 닦달하고 있었다.

구 사장은 "기왕 이렇게 됐는데 나무란다고 무슨 수가 생기나. 아무 말 말고 기다려 보세."하며 만류했다. 김필수와 뱃사람들이 뜬눈으로 밤을 새우고 있었으나 구 사장은 선실에서 무사태평으로 코를 골았다. 날이 새어오자 김필수는 감탄의 목소리로 "부럽습니다 사장님, 우짜면 그래 잠이 잘 옵니까."라고 말했다. 수평선 한쪽에 희미하게 육지의 그림자가 보였다. 섬이었다. 배는 다행히 섬쪽으로 흘러가고 있었다.

기진맥진한 일행이 상륙하고 보니 집이라고는 늙은 부부가 사는 초막 한 채가 있을 뿐이었다. 알고 보니 그 섬은 변산반도 서쪽에 있는 위도(蝟島)였다. 배는 진도로부터 서북쪽으로 2~3백km는 떠밀려 간 것이다. 일행은 위도에서 이틀 밤을 보냈다. 사흘 만에 근처를 지나던 선박이 이들을 발견해 배를 수리해주는 바람에 섬에서 탈출했다. 이 사고는 하나의 위기였다. 이때의 고생으로 배를 타는 것을 극력 피할 수도 있었지만 구인회 사장은 그렇지가 않았다.

구 사장은 얼마 지나지 않아 동해 멀리 울릉도까지 출항해 어물을 구입하는 끈질김을 보였다. 이때에도 기상이 좋지 않아 큰 고생을 겪었다. 구인회 사장의 어떤 목적을 향한 집념이 얼마나 강렬하고 강인하냐는 것을 확실하게 보여주는 단면인 것이다.

1945년 5월 4일 구 사장은 장남 자경을 장가보냈다. 며느리는 단목골(大谷面 丹牧里)에 사는 하순봉(河洵鳳)의 큰딸 정님(正任) 아가씨였는데 한문에 뛰어난 소양을 갖춘 열아홉 살의 규수였다.

독립운동 비자금 「일만 원(壹萬圓)」

구인회 사장은 사무실에서 장부정리를 하고 있었는데 낯선 손님이 찾아왔다는 점원의 전갈을 받고 진열대 쪽으로 나갔다.

"비단을 좀 구해야겠는데 적당한 물건이 있을까요?"라고 손님은 말했다.

구 사장은 손님의 첫마디에 그만 기분이 상하고 말았다. 지금이 어느 때인데 비단을 찾는단 말인가. 시국과는 담쌓고 사는 사람처럼 비단을 찾는단 말인가? 아는 사람도 아니고. 구 사장은 아무 대꾸도 하지 않았다. 그러나 손님은 민망한 기색도 보이지 않은 채 구 사장의 귀에 입을 바싹대고는 속삭이듯 말했다.

"여보게. 나 설뫼의 안희제일세. 알아보겠나?"

고개를 돌려 그 손님을 유심히 바라보던 구 사장의 표정이 달라졌다. 그리고는 짐짓 큰 목소리로 응대했다.

"요즘 시국이 시국인 만큼 비단 구경하기 어렵습니다, 손님. 그러나 일부러 이렇게 어려운 걸음을 하셨으니 안으로 드시지요."

하고 안으로 붙은 사무실로 손님을 모셨다.

사무실 의자에 앉자 두 사람은 감회어린 표정으로 서로를 바라보았다. 구 사장은 근 20년 만에 다시 만나는 이 노신사의 얼굴을 감격 어린 눈으로 바라보았다. 자주 만날 수 있는 처지는 아니었지만, 당시의 유림사회에서는 몇 손가락 안에 꼽았던 인물 안희제(安熙濟)였다.

그는 의령군 부림면(富林面) 설뫼골(立山里)이 낳은 고명한 유림 안 교리(安 校理, 孝濟)의 친척 동생으로 1885년에 태어났으며 아호를 백산(白山)이라 했다. 교리 안효제는 개항기에 지평, 정언, 흥해 군수 등을 역임한 문신으로, 고종의 분노를 사서 제주 추자도로 귀향 갔다. 1895년 복제가 개정되어 검은 옷을 입으라는 명이 내려지자 사임하고 고향으로 내려갔다. 1910년 나라가 일제에 병탄당하자 산중에 들어갔고 일제가 은사금을 지급하려 했으나 이를 거부하여 창녕 경찰서에 갇히기도 했다. 그 뒤에도 일제에 항거하고 투옥되었으나 굴복하지 않았다.

안 교리는 일찍이 만회공과 한양에서 같이 지낸 인연으로 친분을 가지고 있었으며 백산 안희제는 안 교리가 만회공을 만나러 승산에 올 때마다 따라왔기 때문에 소년기의 구 사장과 수차 만난 일이 있었다. 안희제는 양정 의숙과 보성 전문학교(고려대 전신)를 수학한 후 남몰래 항일독립운동의 일선에 몸을 던졌다. 그는 1914년 이유석(李有石), 추한식(秋翰植) 등 뜻이 맞는 동지들과 부산 시내 중앙동에 포목을 거래하는 백산상회라는 가게를 차렸다.

백산상회는 표면상 장사임을 가장했지만 중국대륙에서 활약하고 있는 독립운동가에게 자금을 지원하고 국내 인사들과 비밀 연락망을 구축하기 위한 것이었다. 백산상회는 최준(崔浚), 윤현태(尹顯泰), 최태욱(崔泰旭) 등 영남 일대의 큰 부자들을 규합해 활발한 활동을 벌였다. 백산상회는 상해 대한민국 임시정부에 대해서도 국내 최대 비밀자금 루트였다.

그뿐 아니라 기미년(己未年) 11월에는 의령의 만석꾼 이우식(李祐植)과 더불어 기마육영회를 조직하고 중외일보(中外日報)를 경영하는 한편, 김범부(金凡父), 이병호(李炳虎), 이제만(李濟晩), 전진한(錢鎭漢), 문시환(文詩煥), 안호상(安浩相), 이극노(李克魯), 신성모(申性模) 등 유명한 청년들을 외국에 유학시켜 나라를 위해 일할 수 있는 큰 인물로 키웠다.

1933년에는 발해 고도인 동삼성 즉 만주의 동경성 일대에 발해농장을 경영하여 조선인 농가 3백여 호에 생활의 터전을 잡아주면서 독립운동을 이끌어 오기 10년에 이르렀다.

안희제는 이해 4월 나이 쉰여덟이 되면서 신병 치료차 일시 귀국, 어느 산촌에 몸을 숨기고 정양하고 있는 터였다. 구인회 사장은 그의 근황을 인편을 통해 어렴풋이나마 알고 있었다. 안희제는 신병도 어지간히 치유되어 가을에는 다시 만주로 떠날 예정이어서 거액의 독립운동자금을 마련하라는 밀명을 받고 있었다. 그는 이 밀명을 수행하기 위해 영남 일대의 믿을만한 유림 재산가들을 비밀리에 만나고 있는 중이었다.

안희제는 사냥개처럼 눈과 귀를 번득거리고 있는 일제 고등계 형사들의 감시망을 뚫기 위해 갖은 변장술을 구사했고 그의 행적은 신출귀몰이라 할 만큼 날렵했다. 당대 독립운동계의 거물이자 일제로부터 지명수배를 받고 있는 인물이 감시망을 피해 불쑥 찾아온 데 대해 구인회 사장은 놀라지 않을 수 없었다. 여느 사람 같으면 이 일에 연루되어 화를 입을 것이 두려워 몸을 사리거나 자리를 피하려 했겠지만, 구인회 사장은 그러지 않았다. 가게 안 사무실에서 그가 누구라는 것을 확인한 순간부터 구 사장은 그가 찾아온 목적을 짐작할 수 있었고 또 그에 대처할 각오를 세우고 있었다.

수인사가 끝나자 안희제는 곧 용건을 끄집어냈다.

"자네 정말 오랜만이네만 정담 나눌 시간도 없고 또 자네의 신변 안전을 생각해 이 자리에 오래 머물 수도 없네. 일제의 파멸은 이제 시간문제일세. 그런 만큼 우리 임시정부의 독립운동도 막대한 자금이 필요하네. 그러니 자네도 만원(萬圓) 정도 자금 지원을 했으면 하네."

나라를 위해 목숨을 내걸고 있는 스물두 살 연상의 고향 선배가 낮은 목소리로 뜨겁게 토해내는 말이었다.

구인회 사장은 잠시 깊은 생각에 잠겼다. 「현금 만원」이란 나의 지금 처지로 결코 적은 돈이 아니다. 그리고 돈뿐인가. 핏발 선 눈으로 감시하고 있는 일제가 만에 하나 이 일을 알게 된다면 나와 나의 사업기반, 그리고 고향의 부모 형제까지 모두가 풍비박산의 비극을 면치 못하게 된다. 이 일을 어쩐다? 구 사장의 머릿속은 갈등으로 어지러워졌다. 구 사장은 그러나 '그게 어디 백산의 사사로운 청인가. 나라를 되찾고 겨레를 살리자는 구국의 청이 아닌가. 어떤 이는 목숨을 내걸고 청춘을 불사르고 있는데 나는 이렇게 편안한 밥을 먹고 지낼 수 있는 것은 과분한 일이 아닌가. 힘을 보태야지. 당할 때 당하는 일이 있더라도 이분을 도와야 한다. 부친 춘강공도 1930년경 의령 출신의 독립운동가 일정(一丁) 구여순(具汝淳)에게 거액의 군자금을 기탁해 상해 임시정부의 김구 선생에게 일화(日貨) 5천 원을 기탁하게 한 일도 있지 않았던가.' 부전자전. 구 사장은 결심하고 나니 오히려 홀가분한 마음이 되어 안희제의 얼굴을 똑바로 바라보며 대답했다.

"말씀 잘 알아듣겠습니다. 온갖 고초를 겪고 계시는 선생과 행동을 같이하지는 못할망정 힘이 미치는 한 자금으로나마 동참할 각오입니다."

구 사장은 은밀하게 돈 만원을 만들어 백산 안희제에게 전할 수가 있었다.

인물이 인물을 안다는 말도 있다. 설뫼의 안 씨 집안이나 승산의 구씨 집안이나 유림사회에서 차지하고 있는 비중이나 명성으로 보아 두 사람 사이의 이 같은 일은 흔히 일어날 수 있는 일이 아니었으며 명문의 후예들만이 할 수 있는 「훌륭함」이었다.

이런 일이 있었던 3년 후 백산 안희제가 예언한 일제의 패망이 있었다. 그러나 백산 안희제는 마침내는 일제의 경찰에 잡히는 몸이 되어, 모진 고문을 당한 끝에 1943년 8월 3일 만주 모란강에서 59세를 일기로 숨을 거두게 되었다. 그때 안희제가 국내에서 모금하여 중경(重慶) 임시정부에 보낸 자금이 20여만 원이었다고 하니 그의 활동이 얼마나 대단했던가를 알 수 있다. 1945년 11월 23일 광복을 맞이한 조국에 돌아온 임시정부의 백범 김구(金九) 주석이 맨 먼저 안희제의 유가족 안부부터 물었다는 사실은 까닭없는 일이 아니었다.

젊은 사업가 구인회로서도 그때 그 자리에서 백산 안희제와의 사이에 있었던 독립운동자금 헌납 사실은 평생토록 잊혀지지 않는 긍지로 가슴 속에 남아있을 것이 틀림없다.

5

구인회의 신사업구상

　구인회는 전쟁의 소용돌이가 막바지에 이른 것으로 짐작되는 데다 ㈜구인상회는 날마다 개점휴업 상태여서 전쟁 후의 인플레로 돈이 휴지로 변할지도 모른다는 불안감으로 지내는 날이 계속되었다. 구 사장은 뭔가 뾰족한 아이디어라도 없을까 하고 궁리하는 어느 날 승산으로 내려가 아버지께 의논을 드렸다.
　"세상이 이래 어지러우니 가지고 있는 돈을 부동산으로 바꾸어 두는 게 어떨까 싶다. 세상이 변하면 만사가 다 바뀌지만, 땅덩어리는 어디 가겠나?"
　구인회는 아버님의 말씀이 일리 있다고 생각했다. 옳은 말씀인 듯 싶었다. 전쟁의 북새통에서 쓸만한 물건들은 모두 징발당하거나 파괴되어 버리고 현금은 가치가 형편없이 떨어져 휴지조각이 될 수도 있지만 토지만은 만고 불변으로 그 값어치를 지니고 있을 것이 아닌가.
　거슬러 올라가 8대조 반(槃) 공께서 허씨 가문의 사위가 되어 승산에 정착하신 이후 대대로 선비 가문 양반으로 처신해 오기는 했지만, 대부분이 천석꾼, 만석꾼인 허씨네와 한마을에 살면서 내심 기죽는 일도 없지는 않았다. 구인회는 "어디 이번 기회에 나도 만석꾼 소릴 한 번 들어보자. 하자고 마음먹으면 못 할 것도 없는 형편 아닌가?" 마음속으로 외쳐보았다.

구인회는 진주로 돌아와 예금해 둔 돈 40만 원을 전액 인출, 토지 매입자금으로 돌렸다. 당시 40만 원은 거액이었다. 식산은행 대부계 주임 서병수는 구 사장이 예금을 모두 꺼내는 것을 못내 서운해했지만 어쩔 도리가 없었다. 구 사장은 주변 일가 친척과 직원 등을 동원해 진양(晋陽)을 중심으로 경상남도 일대의 토지를 자금이 허락하는 한 사들였다. 조선반도가 조선인의 의사와 관계없이 일본인에 강점된 것을 생각하면 땅을 소유하는 것도 하나의 방어책이 될 수 있다고 보여졌다. 구인회는 이 같은 확신을 착실하게 실천으로 옮기면서 하루가 다르게 만석꾼으로 변신해갔다.

1945년 1월 태평양전쟁이 막바지에 이른 느낌이 누구에게나 들고 있는 시기에 일제는 조선반도의 문과 계통 전문대학생들을 학도병으로 징집해 전쟁터로 내몰기 시작했다. 일본 후쿠오카고등학교를 졸업하고 명문 동경제국대학에 갓 입학한 아우 태회가 학도병 제도에 걸리게 되었다. 구 사장의 걱정은 이만저만이 아니지만, 진주에 앉아서 동경에 있는 아우를 빼돌릴 수 있는 방법은 없었다.

그런 가운데서도 집에 경사가 있었으니 장남 자경이 아들을 얻은 것이다. 1945년 2월 1일 장손 본무(本茂)가 태어났다. 집안의 경사였다. 구인회 사장도 할아버지가 되었다.

이번에는 장남 자경이 일본의 징집 대상에 걸려들게 되었다. 집안의 장손이 일본 제국주의자들의 싸움터에 목숨을 걸고 총알받이로 나간다는 것은 악몽 중의 악몽이었다. 자경은 여러 가지 궁리 끝에 관립(官立) 진주사범학교 5년 과정을 모두 마친 다음 다시 강습과에 남아서 공부를 계속하기로 했다. 아슬아슬한 곡예 같은 선택이지만 징병만 모면할 수 있다면 무슨 일인들 못 하랴 싶은 심정이었다. 1년 과정의 강습과를 마칠 때까지도 전쟁은 끝나지 않았다.

자경은 졸업하고 나니 진주의 요시노(吉野) 소학교 교사로 발령이 났지만, 마음이 내키지 않아 부임하지 않고 고향의 학교로 발령내 줄 것을 요구했다. 두 달 후 승산마을의 지수(智水) 소학교로 발령이 났다. 그러나 이 교사 생활을 계속할 수는 없었다. 7월 어느 날 자경은 마침내 일본군으로부터 징집영장을 받고야 말았다. 1945년 8월 28일, 진주의 외곽에 자리잡고 있는 육군 0027부대에 입영하라는 명령이었다.

온 집안이 초상난 것처럼 술렁이며 법석이었지만, 정작 자경 본인은 태연했다. 일본의 대본영은 연일 남방과 태평양에서 승리를 거두고 있다고 떠들어댔지만 실제는 정반대였다.

구인회 사장은 시국이 어떻게 돌아가고 있는지 정확하게 알기 위해 부산에 가보았다. 부산도 어수선하고 긴장된 분위기였다.

구인회는 일본이 전쟁에 패하는 것은 불 보듯 명확한데 그렇게 된다면 우리 조선은 어떻게 되고 자신의 장래는 어찌 될 것인가를 생각해보았다. 일본 패망 자체가 조선의 독립으로 이어질 것인지, 또는 전승국의 속국으로 색깔만 달라질지 종잡을 수 없는 일이었다. 어떻든 조만간 나라의 운명에 큰 변화가 있을 것이고 구인회 자신의 신상에도 적지 않은 변화가 올 것만 같았다.

이즈음 어느 날 경상남도 도청에서 중고 화물자동차를 불하한다는 공고문이 길거리에 나붙었다. 당시의 자동차는 휘발유나 경유를 사용하는 것이 아니라 카바이트나 목탄을 태워서 움직이는 이른바 목탄차였다. 목탄차는 자동차의 뒤꽁무니에 커다란 난로 모양의 장치를 가지고 있었다. 그러니 자동차를 굴리자면 불을 피우고 시커먼 목탄을 싣고 다니면서 수시로 그것을 아궁이에 털어 넣어야 했으니 자동차의 성능이 어떠했는지는 상상하고도 남음이 있는 일이었다. 그러나 그 당시 우마차 말고는 동력으로 움직이는 운송 수단은 목탄차가 유일한 것이었으므로 의존도는 얕잡아 볼 수 없는 존재였다.

구인회 사장은 "운송업을 한번 해보면 어떨까." 개점휴업 상태인 포목점 사무실에 앉아 궁리를 거듭한 끝에 노는 것보다는 낫지 않겠느냐는 결론에 도달했다. 이번에 불하 되는 중고 화물차는 일본군이 쓰던 것을 2년 동안이나 굴리지 않고 묵힌 것이었다. 구 사장은 무려 30대나 불하받기로 하고 대금을 납부했다. 구 사장은 이 운송 사업이 큰 실패를 가져올지는 생각도 하지 않았다.

운송업이 그렇게 간단한 것은 아니다. 운송업의 관행, 자동차에 대한 지식 등이 있어야 한다. 불하된 중고자동차는 시도 때도 없이 고장을 일으켰다. 생선을 가득히 싣고가다 도중에 고장이라도 나면 생선이 모두 상하게 되고 그 생선값은 운송업자가 변상해야 하는 것이 운송업계 규약이었다. 썩지 않는 물건이라도 중도에 차가 고장이나 딴 차를 빌려다가 목적지까지 실어다 주게 되면 출혈이 두 곱, 세 곱으로 늘어난다. 구 사장 소유 30대의 화물차들은 서로 경쟁이나 하듯 고장을 일으키는 것이었다. 구 사장은 참고 견디다 못해 마침내 결단을 내렸다.

"운전사들한테 차를 모두 줘버려라. 돈 한 푼 받지 말고 몽땅 줘버려라!" 보통 사람으로서는 상상이 안 되는 깨끗한 체념이었다. 구인회 사장은 오히려 마음이 홀가분해져 날아오를 듯한 기분이었다.

구인회는 일본의 패망이 가까워져 오고 있다는 낌새를 느끼고는 있었지만, 그것이 언제 어떤 형태로 올지 알 수 없었다.

　무덥고 지루한 여름날, 8월 15일이었다. 구인회는 진주경찰서 경제계의 계장 자리에 있는 순사로부터 경찰서로 라디오를 들으러 오라는 귀띔을 받았다. 그들의 천황이 무슨 중대발표인가를 하게 되어 있다고 했다. 라디오는 성능이 좋지 않아 잡음 투성이어서 정확한 내용을 알아 듣기는 쉽지 않았다. 그러나 라디오를 둘러싸고 심각한 얼굴로 귀를 기울이고 있는 일본인 순사들의 표정으로 보아 라디오 방송의 내용이 무엇인지를 짐작하기는 어렵지 않았다.

　구 사장은 그 자리를 슬금슬금 빠져나왔다. 그토록 기다리고 기다렸던 그 날 해방을 맞이하게 된 것이다. 구 사장은 환호했다. 일본은 망했다. 우리 조선은 이제 나라를 되찾고, 말을 되찾고, 성씨(姓氏)를 되찾게 된 것이다. 어디 그뿐인가. 입영 날짜를 불과 열사흘 앞두고 있는 장남 자경이 일본군에 끌려가지 않게 되었다! 구 사장은 경찰서 건물을 뒤로하고 걸어 나오는 발걸음이 마치 구름 위를 걷는 것 같았다. 36년이라는 긴 세월 조선 민족을 그렇게도 괴롭혔던 일제는 물러가고 마는 것이다.

　가게에 들어오니 아우들도 어느새 소문을 듣고 기뻐했고 천종선네 형제들도 기쁨을 감추지 못했다. '한 시대는 가고, 한 시대는 오되, 땅은 영원하도다' 성경의 한 구절이다. 구 사장은 조만물산의 허윤구와 새 시대의 앞날에 대해 많은 이야기를 주고받았다. 조선반도에 38선을 그어 남북으로 갈라놓은 미·소의 협정이란 것이 납득하기 어려우며 북쪽에는 공산주의가 들어서고 남쪽에는 미국식 민주주의가 자리를 잡으면 결국은 서로가 대립하거나 한바탕 퉁탕거리는 일이 생기지 않을지 걱정된다는 의견이 나왔다.

　구인회 사장은 시국이 돌아가는 낌새를 알아보고자 진주 시내를 샅샅이 돌아보고 다시 부산으로 갔다. 부산에는 어느새 많은 미군이 들어와 있었다. 우리 동양인과는 판이하게 다른 모습을 보니 신기한 느낌이 없지 않았다. 그들이 수많은 군용장비를 부두에 쌓아 올리고 있는 것을 보니 시국의 앞날이 혼란스럽게만 느껴졌다.

구인회는 스스로에게 물었다. '구인회의 위치는 어디에 있느냐. 무슨 일을 해야 하느냐.' 그러한 중대한 물음에 조언해 줄 사람은 어디에도 없었다. 스스로 생각하고 판단하며 스스로의 책임 아래 행동하는 길 이외 다른 길은 없었다. 구인회는 밤잠을 이루지 못하며 이리 뒤척 저리 뒤척하다 벌떡 일어났다. 그토록 헝클어져 있던 마음이 가라앉으며 새로운 구상이 떠올랐다.

자신이 가지고 있는 만석꾼 소리를 듣는 많은 토지도 이제 이 강산이 우리 민족에게 돌아왔으니 풀어놔야 되겠다. 되도록 여러 사람이 붙어먹을 수 있도록 큰 덩어리 땅을 쪼개어 풀어야겠다. 가난한 우리 농민들이 자기 땅을 갖게 되고 자신은 사업 밑천을 확보할 수 있지 않은가. 이야말로 일석이조가 아니고 무엇이겠는가.

구 사장의 이런 구상은 훌륭한 것이었다. 토지 자본을 상업 자본으로 전환시키는 혁신이었고 해방정국에서 대지주가 그런 변신을 꿈꾸는 것은 특별한 일이었다.

한번 결심하면 행동으로 옮기는데 누구보다도 빠른 구 사장이었다. 그는 여기저기 흩어져있는 땅을 처분하기 시작했다. 구 사장은 영문을 몰라 어리둥절하는 주변 사람들의 등을 밀다시피 내보냈다.

"값을 많이 받을 생각 말고 살 사람이 줄라카는 대로 받고 팔거라." 구 사장은 지시했다. 당시의 토지 공정가격은 논 한 마지기에 1원 50전이었고 암거래 가격으로는 5원이나 6원 할 때였다. 그런데 고성(固城)으로 심부름을 갔던 김필수는 최모라는 소작인을 만나 2원

50전 쳐주겠다는 데 동의하고 그대로 3백 석을 넘기고 왔는데 그래도 구 사장은 잘했다고 만족해 했다. 의령의 큰 덩어리는 1년 소작료만 받고 그대로 문서를 넘겨주기도 했다. 함안(咸安) 것은 상당히 큰 것이라 본인이 직접 가서 헐값으로 넘겨주고 왔다.

정리하고 변신하는 시기가 온 것이다. 새로운 시대가 눈앞에 닥쳐왔는데 어제까지의 껍질 속에 안주하고 있다면 큰일을 할 수 없다. 구인회 사장은 아우들에게도 말했다.

"진주는 무대가 너무 좁다. 좀 더 넓은 부산이나 서울로 가자." 아우들도 큰 형의 의견에 기꺼이 따랐다. 구인회(具仁會)는 39세 기업인으로 변신하고 대사업가로 성장하기를 갈망했다. 이제 그의 집념과 도전의 대장정이 시작되기 직전이었다.

6

조선흥업사(朝鮮興業社) 시대

　구인회 사장은 부산으로 진출했다. 이번에는 진주에서와는 다르게 가족을 모두 이끌고 왔다. 구인회 사장은 부산시 서대신동 3가 513번지에 대지면적이 꽤 큰 단독주택을 마련했다. 이곳이 부산에서 사업을 전개하는 근거지가 되었다.

　부산항은 옛날부터 무역 요충지였다. 부산은 일본과 가깝기 때문에 인적교류의 관문이기도 했고 경제력이 강한 곳이었다. 해방 당시는 서울보다 경제력이 더 강했다. 이런 대도시에서 사업을 전개하는 것은 성장 가능성이 무한대일 수 있다.

　구인회 사장은 서울에 올라가 있던 아우 철회와 정회에 전보를 보내 부산에서 힘을 모아 일해 보자고 일렀다. 구 사장이 소식을 전하는 수단으로 전보를 이용한 것이 관심을 끈다. 구인회 사장은 부산에서의 사업 시작을 그만큼 신속하게 하고자 한 것이다. 아우들은 맏형의 제의에 이의없이 찬동했다. 형제들이 한자리에 모이자 구 사장은 시국의 변화라던가 시장 경제의 전망, 그리고 자신들이 확보하고 있는 자금 능력 등을 화제로 여러 가지 의견을 모아보았다.

당시의 시대 상황은 8월 28일 한반도의 허리를 가로질러 38선이 그어졌다. 9월 7일에는 남쪽에 미군의 군정(軍政)이 선포되었고 북쪽에는 소련군이 진주했다. 10월 16일에는 이승만(李承晩) 박사가, 11월 23일에는 김구(金九) 선생 등 임시정부 요인들이 환국했다. 12월 30일에는 한민당의 수석 총무 송진우(宋鎭禹) 선생이 괴한의 총탄에 맞아 피살되는 사건이 일어나기도 했다.

구인회 사장의 형제들은 해방된 우리나라에서 당장 필요로 하는 것은 각종 생활필수품이고 그 필수품은 외국이나 타지방에서 교역을 통해 조달하는 것이 급선무라는데 의견을 모았다. 결국 무역의 필요성이 크다는 것이었다. 구인회 사장이 이 같은 의견을 바탕으로 부산으로 근거지를 옮긴 후 최초로 시작한 것이 무역업이었다.

구 사장이 조선흥업사라는 상호로 무역업 허가원을 미군정청에 제출하고 허가증을 받은 것은 1945년 11월이었다. 구 사장이 받은 무역업 허가증은 미군정청이 발급한 무역업 허가 제1호였다. 해방된 조국에서 무역을 통해 국민 생활을 지탱해야 한다는 필요성을 인식하고 맨 먼저 무역업에 손댄 사람은 구인회 사장이었던 셈이다.

구 사장은 이제 무엇인가 사업을 시작해야 하는 처지가 되었다. 여러 사람을 만나면서 사업을 물색하고 다니다 문득 하나의 사업 아이디어를 생각해냈다. 목탄(木炭, Charcoal) 사업이었다.

목탄이란 우리말로는 「숯」이다. 목탄은 목재를 무산소 환경에서 가열하여(탄화하여) 수분과 불순물을 없애고 그 결과로서 만들어진 탄소 덩어리이다. 영어로는 Charcoal, Coal이라는 단어가 들어가지만, 석탄(石炭)과는 관계가 없다. 어떤 나무라도 탄화되면 숯이 될 수 있다. 목질이 단단한 나무가 좋은 숯이 되고 목질이 연한 나무는 전소되어 재가 되어 버린다. 그래서 숯을 만들 때 참나무를 주로 쓴다.

당시 도시 주택들은 대부분 다다미방을 가지고 있었는데 다다미방은 난방을 숯불에 의존해야 한다. 다다미는 일본에서 사용되는 전통식 바닥재를 말한다. 속에 짚을 5cm 두께로 넣고 위에 돗자리를 씌워 꿰맨 것으로 직사각형의 형태를 띠고 있다. 난방을 필요로하는 겨울철에는 목탄의 수요가 크게 늘어난다. 한반도에는 산에 나무가 없었다. 일제가 4년간에 걸친 태평양전쟁을 치르는 동안 나무를 포함한 모든 자원을 수탈해갔기 때문이다. 더구나 일반 주택들의 난방과 취사의 연료를 모두 나무에만 의존했기 때문에 모든 산은 벌거벗은 그대로였다.

구인회 사장은 겨울철로 접어들고 있는 이 시기에 목탄을 가져오면 장사가 되리라고 생각했다. 구인회 사장은 일본 대마도(對馬島)에 가면 목탄을 무진장 구할 수 있다는 이야기를 들었다. 대마도는 부산 앞바다 오륙도를 지나 대한해협을 가로질러 조금만 더 가면 되는 가까운 섬이다. 구인회 사장은 대마도는 일본 땅이지만 해방된 지 불과 2, 3개월밖에 지나지 않아 외국 땅이라는 분명한 의식이 들지 않았다. 그 섬에 우리가 필요로 하는 목탄이 지천으로 있다면 그걸 들여와서 수요자들에게 공급한다면 장사가 되기도 하고 소비자들도 따뜻하게 겨울을 지낼 수 있지 않겠는가.

결심이 서면 그것을 곧 실천에 옮기는 것이 구인회 사장이다. 구 사장은 작은 통통배를 마련해 대마도를 향해 뱃길을 시작했다. 배가 부산 부두를 떠나 두세 시간이 지나자 그토록 잔잔하던 바다가 험악한 모습을 드러내기 시작했다. 거센 풍랑으로 통통배는 마치 나뭇잎처럼 요동하면서 뱃머리를 바로 잡지 못했다. 선장을 비롯 동행한 사람들은 사색이 되어 부들부들 떨었다. 우리는 불과 3년 전 구 사장이 어선을 타고 서해에 나갔다가 전라북도 위도 근처에서 조난당한 것을 기억할 수 있다. 구 사장은 당시 앞으로는 위험한 항해는 다시 않겠노라고 다짐했지만, 또 이 지경이 되었다. 구 사장의 사업 성공을 위한 집념이 얼마나 강한가를 알 수 있는 대목이다.

통통배는 얼마나 많은 시간이 흘렀는지 가늠조차 하지 못한 가운데 운 좋게도 어느 육지에 접근하고 있었다. 통통배가 다다른 것은 목적지 대마도가 아니라 일본 본토인 규슈(九州)의 후쿠오카(福岡)였다. 난파를 면한 것은 천운이었다. 구 사장은 본의 아니게 오게 된 후쿠오카지만 빈손으로 돌아갈 수는 없다는 생각이 들었다. 철저한 상인정신이 번득이는 것이다. 거리를 돌아다녀 보았지만, 길거리는 쓰레기로 뒤덮여있었고 사람들은 영양실조로 유령 같은 모습을 하고 있었다. 구 사장은 삽, 곡괭이 등 농기구(農機具)를 사 가지고 가기로 했다. 일본은 농기구에서는 앞서 있었다.

부산에 돌아와 농기구를 모두 팔았지만 손에 들어오는 이득은 없었다. 구인회 사장은 그럼에도 불구하고 목탄 사업을 포기하지 않았다. 구 사장은 해인사(海印寺) 근처에 화물차를 보내 목탄을 실어 나르면서 1년 동안 부지런히 뛰었다. 큰 이윤이 나는 것도 아니었지만 무슨 일인가를 해야 직성이 풀리는 구 사장이었다. 구 사장은 이문도 시원찮은 숯 장사를 하고 있노라니 지난날 진주에서 포목상을 하던 호시절이 그리워지는 때도 있었다. 구 사장은 황금같이 귀중한 젊은 시절을 뜨내기장사 같은 일로 허송세월하면 어쩌나 하는 생각으로 깊은 고민에 빠지기도 했다.

7

허씨가문(許氏家門)과의 만남

　럭키금성그룹(현 LG그룹)은 구씨 가문과 허씨 가문이 합자 동업해 성장했다. 동업은 어렵기 짝이 없다. 성공하기 어렵다는 이야기다. 그러나 구인회의 럭키금성그룹은 합자 동업에 성공했고 국내 정상 대기업 그룹으로 성장했다.

　구인회 사장은 1946년 1월 어느 날 승산마을에서 첫손가락에 꼽히는 만석꾼 허만정(許萬正) 공이 그의 셋째 아들 준구(準九)를 데리고 사무실로 찾아와 만났다. 준구는 구인회 사장의 아우 철회의 맏사위였으니 허만정 공은 구 사장의 사돈이었다. 허준구는 일본 동경에서 유학을 마치고 귀국했고 교육받은 만석꾼 부유한 집 아들답게 훤칠한 키에 귀공자처럼 잘생긴 청년이었다.

　허만정을 검색해보면 독립운동가이자 대한민국의 기업인으로 나온다. LG그룹의 공동창업자이며 GS그룹의 뿌리이다. 허만정은 1897년 경상남도 진주시 지수면 승산리 김해 허씨 집성촌에서 태어났다. 송시열과 교분이 있으며 무과 급제 후 평안도 병마절도사와 오위도총부 부총관을 지낸 연당 허동립의 후손이다. 경상남도의 이름난 만석꾼 양반이었으며 지역사회 구휼과 독립운동에 힘썼다. 대한민국 임시정부에 독립운동을 지원하는 비밀자금 조달기관인 백산상회 설립에 참여하고 후원금을 지원했다. 1923년 백정들의 해방운동인 진주 형평운동을 지원하기도 했다. 1947년 같은 마을 출신 구인회와 함께 LG그룹 전신인 럭키화학공업을 창업했다.

허만정은 자리에 앉자 구 사장을 똑바로 보며 입을 열었다.

"내가 사돈의 사업 역량을 익히 알고 있는 터라 오래전부터 생각해온 말이니 청을 하나 들어주소. 이 아이 준구를 맡기고 갈 터이니 밑에 두고 사람 만들어 주소. 내 사돈이 하는 사업에 출자(出資)도 좀 할 생각이오"

구·허씨 동업이 시작되는 순간이다.

허만정 씨의 출자비율은 얼마였을까. 구·허씨의 동업에 관한 허만정의 친필 메모지가 존재하고 있다. 「출자참고」라는 제목의 메모지에는 허준구 270,360원, 구철회 257,230원, 구인회 400,000원으로 허준구의 비율은 29% 수준이다.

구인회 사장에게는 뜻밖의 말이었다. 그동안 진주에서 포목상을 하면서 다소의 사업 밑천을 모은 것도 사실이고 어린 아우들과 자식들을 부양하면서 열심히 살아온 것은 사실이지만 고향의 만석꾼 사돈에게서 사업 역량을 평가받는 말을 듣고 보니 계면쩍기도 하지만 기분이 좋기도 했다. 더구나 사업자금까지도 출자하겠다니 겉치레 말이 아닌 것은 분명했다.

구 사장은 두 가지 제안을 모두 받아들였다. 구 사장이 준구를 수하에 두게 된 것은 사돈의 간청이기도 했지만 얼마 전 큰 사위를 잃었던 아픔을 해소하는 데 도움이 되기도 했다. 구 사장은 해방을 맞은 이듬해 정월, 가이없이 아끼면서 미덥게 생각하고 있던 맏사위가 스물일곱이라는 젊은 나이에 횡사한 아픔을 겪었다. 그는 장녀 양세의 신랑이었다. 똑똑한 젊은이 하나가 품에서 사라졌는가 했더니 또 다른 믿음직스러운 젊은이가 그의 곁에 머물게 된 것이다.

이때 허준구는 홍안의 소년티를 간직하고 있는 스물네 살의 청년이었다. 허준구는 훗날 럭키금성그룹의 발전에 이바지하면서 그룹 통합부 회장 및 금성전선 회장의 직위에까지 오르게 된다.

그해 2월 7일 여섯 번째 아들 자극(滋克)이 태어났다. 3월에는 일제의 학도병으로 중국대륙에 끌려가 있던 태회가 광복군으로 편입되어 귀환했고 같은 해 7월 서울대학교 문리과대학에 진학했다. 이와 함께 평회도 같은 대학 예과에 입학하는 경사를 맞이했다. 집안일들은 순조롭게 풀려갔다.

그러나 구 사장이 이끄는 조선흥업사 일은 시원스럽지가 않았다. 구인회 사장을 정점으로 철회, 정회 두 아우와 새로 합세한 허준구 등 네 사람은 매일 조선흥업사의 썰렁한 사무실에서 둘러앉아 이런 궁리 저런 궁리 의견을 나누면서 시간을 보냈다.

그 무렵 정회는 당구에 재미를 붙여 걸핏하면 세 시간이고 네 시간이고 시간을 보내고 오기 일쑤였다. 구 사장은 그러한 아우의 생활태도가 못마땅했지만 달리 시킬 일이 있는 것도 아니니 종일 사무실에 붙들어 놓을 수도 없는 일이었다. 알면서도 모르는 척하고 지내는 수밖에 없었다. 그러나 그러한 관용이 엄청난 행운을 가져오고 거대기업으로 성장하는 시발점이었다는 것은 누구도 상상하지 못했다.

정회는 당구에 정신이 팔려 연일 당구장 출입을 한 것만은 아니었다. 낮 시간에 당구장에 출입하는 사람들은 별의별 신분을 가지고 있었다. 모르는 사람끼리 어울려 당구를 치다 보면 대화를 나누게 되고 대화를 나누다 보면 친숙해진다. 정회는 여러 사람과 얼굴을 익히게 되었고 간혹 차를 마시기도 하고 저녁 무렵에는 포장마차에서 막걸리잔을 기울이는 경우도 있었다. 이렇게 사귄 사람 가운데는 도청 공무원, 군부대 정보요원, 기업체 간부 등 다양한 직종의 사람도 있었다. 정회는 그중에서 김준환(金俊煥)이란 인물과 자주 어울리게 되었고 친숙해졌다. 그는 겨우 1백 점을 치는 초보였지만 정회는 친절하게 가르쳐주곤 했다. 그는 서대신동 구 사장네 집 근처의 흥아화학공업사(興亞化學工業社)라는 이름의 화장품 제조공장의 기술자였다. 정회가 김준환과 어울리게 된 동기는 그가 화장품 제조공장 기술자라는 사실 때문이었는지 아니면 사람 됨됨이가 좋아서였는지는 분명하지는 않다. 공식 기록은 없다.

아무튼, 정회는 친밀해진 김준환을 통해 세상 돌아가는 이야기도 듣고 화장품 제조회사의 여러 가지 내막도 알게 되었다. 흥아화학공업사는 일제 시절 쿠니가다(國方)라는 일본 사람이 경영하는 것을 해방과 함께 종업원이던 박성수(朴性洙)라는 사람이 인수, 운영하는 공장으로 화장 크림이라던가 도란(Dohran, 무대화장에 쓰이는 분), 그리고 머리기름 따위를 만들고 있었다.

정회는 화장품을 만드는 일은 공장에서 하지만 판매하는 일은 누가 하느냐고 물었다. 김준환은 도청 상공과(商工課)에서 판매 허가를 내주는데 허가받은 업체가 판매 대리점을 운영할 수 있다고 대답해 주었다. "하아, 그렇구나!" 정회는 그 말을 듣는 순간 일시에 시야가 확 트이는 것이었다. 아마스 구리무(天津 크림)는 그렇게 만들어지고 그렇게 판매되는구나. 그렇다면 우리도 판매 대리점을 못 할 게 없지 않은가! 정회는 그날 밤 집에 돌아오자마자 큰 형과 마주 앉아 오늘 낮 김준환에게서 들은 정보를 모두 털어놓았다. 그리고 덧붙여 말했다.

"우리도 화장품 해 보입시다. 될성부릅니다."

구인회 사장은 진지한 표정으로 아우의 이야기에 귀 기울였지만, 가타부타 대꾸는 하지 않았다. 이튿날이 되어도 아무 말이 없었다. 나흘째 되던 날 아침 구 사장은 비로소 입을 열었다.

"정회야, 너 오늘 도청에서 그 화장품 판매 허가를 좀 얻어보아라."

정회는 "우리 그거 하는 겁니까?" 하고 기쁜 음성으로 외쳤다.

구 사장은 아우가 입수해 온 정보를 나흘 동안 심사숙고해 보았다. 비록 판매하는 일일지라도 지금까지 포목이나 생선 정도를 다루어 본 경험밖에 없는데 하루아침에 화장품으로 업종을 바꾸어도 해나갈 수 있을까. 한다면 시장을 어떻게 개척해나가야 하는 것일까. 일본은 이 나라에서 철수하면서 기술도 철수해 버리지 않았는가. 화장품은 품질이 생명인데 「아마스 구리무」가 옛날 그 이름과 그 품질로 과연 시장을 유지해 줄 수 있을까. 우수한 미국제 상품들이 쏟아져 들어오고 있는데 국산 크림이 맞서 싸울 수 있을까. 그러나 구인회 사장은 하나의 뚜렷한 목표를 세우고 결심했다.

"손을 댔다 하면 틀림없이 많은 고생을 할 거고 경우에 따라서는 손해를 볼 수 있을 것이다. 그러나 화장품이란 지구상에 여성이 존재하고 있는 한 시장성이 영원한 상품임에 틀림없다. 이것을 우리가 잡자. 남이 손대기 전에 우리가 먼저 손대서 남보다 먼저 달려가야 승리할 수 있다."

구인회 사장의 경영철학은 학문적 뒷받침으로 빚어진 것이 아니고 그의 통찰력과 판별력, 그리고 정감(情感)이 섞여서 빚어낸 것이었다. 달리 말하면 콘크리트 구조물 위의 탑이 아니라 천연의 바위 위에 쌓아 올린 탑이었다.

정회는 며칠 동안 부지런히 도청에 출입하더니 화장품 판매 허가서를 받아들고 왔다.

　구인회 사장은 정회와 허준구를 대동하고 흥아화학에 찾아갔다. 책상 위에 도에서 발급한 허가서와 현금을 올려놓고 "크림 5백 타스만 주소."라고 구인회 사장은 말했다. 흥아화학 관계자들은 놀라움을 금치 못했다.

　김준환은 자신이 정회에게 소개해 새로운 판매 대리점이 나타난 것에 대해 기뻐했다. 더욱이 다른 판매상처럼 외상 거래를 간청하는 것도 아니고 맞돈을 내밀고 큰 물량을 가져가겠다고 하니 반갑지 않을 수가 없었다. 흥아화학은 숙련된 기술을 확보하지 못한 데다 엉성한 영업활동으로 자금회전마저 부족해 경영이 어려운 상태였다.

　크림 5백 타스를 운반해 온 조선흥업사에서는 밤늦게까지 판매 전략을 짜는데 골몰했다. 부산이나 영남 일대는 이미 판매 대리점 망이 구축되어 있어 이 지역에는 개척 여지가 없고 대구를 비롯한 대구 이북 지역이 미개척이라는 분석이 나왔다. 따라서 자신들의 화장품을 소화해 줄 만한 도시는 서울, 대구, 인천 정도였다.

　"기왕 개척을 해 볼 바에야 서울이 좋을 성싶은데 형님 어떠십니까. 중앙돌파로 쳐들어 가십시다."

　정회의 제안에 구 사장과 허준구는 말없이 고개만 끄덕였다. 구 사장은 의견이 모아지고 방침이 결정되자 다음 날 저녁 경부선 야간열차로 서울로 향했다. 구 사장은 차창 밖에 시선을 던진 채 깊은 상념에 빠졌다. 승산마을의 부모님 슬하를 떠나 청운의 뜻을 펴겠다고 진주에 정착해 얼마나 많은 어려운 고비를 넘겼던가. 두 차례나 홍수 피해를 입어 하마터면 빈털터리가 될 뻔했고, 어물 판매업에 손댔다가 서해바다에서 조난으로 죽을 고비도 넘겨봤고 운송업을 한답시고 중고 화물차 30대를 사들였다가 몽땅 날린 적도 있었다.

이제 또 하나의 일이 벌어지고 있다. 나는 지금 「아마스 구리무」 5백 타스를 싣고 서울로 달리고 있다. 누가 사주겠다고 약속한 것도 아니고 팔아주겠다고 손 내미는 사람이 있는 것도 아니다. 가지고 있는 것이 있다면 '한번 부딪쳐 결판을 내보자'는 배짱과 '고생 끝에 낙이 있다'는 기대감뿐이다. 그리고 아랫배가 든든하게 느껴지는 두 젊은이가 있다.

서울대학교에 다니는 태회와 평회는 동대문 밖 창신동에 살고 있었다. 아우들은 아침 일찍 들이닥친 큰형 일행을 보고 눈이 휘둥그레지더니 5백 타스의 크림통 상자를 보고는 두 번째 놀라는 것이었다. "형님, 이거 어떡할라 하십니까?" "서울에는 크림 바르는 사람이 없다던." 구 사장은 동생들 앞에서 태연한 척했지만 속으로는 불안감이 없지 않았다.

구 사장 일행은 아침상을 물리자 곧 남대문 시장으로 갔다. 상인들은 크림을 찍어 발라보기도 하고 요모조모 감정해 보는 듯하더니, 상품은 괜찮은 것 같다면서도 매입하려고는 하지 않았다. 구 사장은 막연하게 기대를 걸고 있었으나 소매상의 반응을 보고 난감해지고 말았다.

구 사장은 고심하던 중 고향 사람인 김여원(金如原)이 종로2가의 명월관 앞에서 큰 화장품 상점을 경영하고 있다는 것을 알게 되었다. 명월관은 서울에서 손꼽히는 요리집이었는데 이곳에는 수많은 권번(券番, 일제 시대의 기생조합) 기생들이 출입하고 있었으므로 화장품 판매의 요지였으며 화장품 소매상들이 그 가게에서 물건을 떼어갈 만큼 이름난 곳이라고 했다.

구 사장은 김여원의 가게를 찾아갔다. 구 사장은 자초지종을 말하고 가지고 온 화장품을 위탁판매해주도록 부탁했다. 구 사장은 김여원이 위탁 판매를 선선히 맡아주었기 때문에 마음이 후련해졌다. 태회에게 뒷 일을 부탁하고 부산으로 내려갔다.

김여원은 그렇게 선한 상인은 아니었다. 그는 태회가 열흘에 한 번, 보름에 한 번 수금을 가면, 이 핑계 저 핑계 대고 돈을 주지 않았다. 분명 물건이 팔렸고 많은 차익을 취했음에도 그러했다. 태회는 울화가 치밀었지만 다른 도리가 없었다.

김여원은 구인회 사장에게 그렇게 장삿속으로만 대해서는 안 될 인연이 있었다. 진주 구인상회 시절이었다. 김여원은 그의 동생 김근원(金根原)을 데리고 와서 구 사장에게 애원하다시피 취직을 졸랐다. 구 사장은 그의 간절한 부탁을 뿌리치지 못하고 구인상회 점원으로 채용했다. 당시 큰 상점의 점원 자리는 누구나 욕심내는 좋은 일자리였다. 김여원은 그 같은 인연이 있는데도 옛 은혜를 손바닥 뒤집듯 했다. 구인회 사장은 후일 락희화학이 크게 성장하고 기업그룹을 이루게 되었을 때 그때의 일을 거울삼아 부하직원이나 하청업체 사람들에 이르기까지 사람을 대함에 있어 각별하게 조신(操身, 몸가짐을 조심)하는 버릇이 생겼다.

늦가을로 접어들자 어느 가게에서나 화장품이 잘 팔려나가기 시작했다. 여염집 여성들까지도 화장품을 쓰게 된 변화였다. 전시 하 일제강점기에는 여성들이 화장이란 것을 아예 잊어버리고 살았는데 해방이 되고 의식주 문제에 다소의 여유가 생기자 일반 가정의 여성들도 화장을 하기 시작한 것이다. 더구나 계절이 늦가을이 되자 거칠어진 피부를 걱정하게 된 것이다. 서울의 각 소매점에서는 화장품(크림)을 팔아주겠으니 위탁해달라는 요청이 귀찮을 정도로 밀려들기 시작했다.

구씨네 형제들은 주문품을 용달하느라 동분서주하는 바쁜 시간을 보냈다. 서울에 가지고 온 물량은 금방 동이 나고 추가 배당을 흥아화학에 독촉했지만, 그들도 원료에 한계가 있어 구 사장네 조선흥업에 배당되는 물량은 너무 적었다. 사정이 그렇기 때문에 안타까운 마음으로 배당되는 물량만 가지고 서울 부산 간을 시계추처럼 왕복해야 했다.

겨울로 접어들자 수요는 더 늘어났다. 옛날에는 제품을 넘겨주고 수금할 때까지 수삼일 걸리던 것이 서울역에서 물건을 넘겨주자마자 대금이 결제되고 그길로 부산으로 되돌아가는 상황이 된 것이었다. 70만 원어치를 가지고 올라와서 1백만 원 현금을 즉시 받아 부산으로 되돌아가는 기분은 이루 표현할 수 없는 기쁨이었다.

"그거 괜찮다. 다른 것은 집어치우고 그쪽으로 힘을 쓰자."

구인회 사장은 적극적이었다.

그러나 제조회사인 흥아화학은 여전히 제품을 신속하게 생산해내지 못했다. 흥아화학은 생산량 가운데 절반 정도만을 할당해주기 때문에 구 사장은 좀 더 많은 물량을 배정받기 위해 자금과 향료(香料) 등을 지원해주기까지 했다. 당시의 크림통 뚜껑은 까만 베이크라이트나 유우라이트가 대부분이었는데 원료를 비싼 것을 쓰면 빨간색도 나왔다. 빨간색 뚜껑은 인기 만점이었다. 김준환은 한 4백 타스쯤 빨간색 뚜껑 크림통을 몽땅 조선흥업 측에 배당해 주었다. 정회와의 친분이 작용했다. 그러나 그것이 문제였다.

박선수 흥아화학 사장은 어느 날 김준환을 불렀다. 박 사장은 김준환과 처남 매부 사이였다.

박 사장은 "자네는 어쩐 일로 조선흥업에만 특별대우를 하는가."라고 김준환에게 따져 물었다.

"그야 조선흥업이 물건을 잘 팔아 줄 뿐만 아니라 우리가 운영자금도 신세졌고, 향료도 큰 도움을 받지 않았습니까?"라고 만만찮게 말을 받았다.

"우리 똑바로 이야기하자. 물건 많이 주어 커미션 받아먹고 원료 구입할 때도 재미를 본다면서." 박 사장은 의외의 말로 공격했다.

이 말에 김준환은 화가 상투 끝까지 올라왔다.

"그걸 말이라고 하시오? 내가 그런 억울한 소리를 들으면서 여기 있어야 한단 말이요. 그만두면 될 거 아니오. 나 그만두겠어요!"

일이 험악하게 발전하고 말았다. 김준환은 분한 마음을 가누지 못하고 회사를 뛰쳐나오고 말았다.

김준환은 자신이 크림 만드는 기술을 가졌으니 어떻게든 여건을 만들어 스스로 공장을 운영해보겠다는 당찬 포부가 있었다. 그는 원료를 입수하려고 여기저기 수소문하고 다녔다.

어느 날 영도(影島)에 있는 공장에 원료가 있다는 소문을 듣고 찾아갔다. 일제강점기 때 비누를 만들던 곳으로 '데지마셋겡 공장'이었는데 찾아가 보니 과연 원료가 있었다. 피마자기름 40드럼에 스테아린산이 약간, 글리세린과 향료까지 있어 도합 3백만 원어치는 된다는 이야기였다. 조금씩 나누어 팔 수 없느냐고 했더니 공장이 곧 남의 손에 넘어가게 되어 있어 한꺼번에 팔아야 한다는 대답이었다.

김준환은 자신에게 그런 큰돈이 없어 고민 끝에 구정회를 찾아와 모든 이야기를 털어놓았다.

"크림은 내가 책임지고 만들어 낼테니 원료를 구형이 좀 어떻게 안 될까요?"라고 김준환이 말했다. 정회는 집에 돌아와 구인회 사장에게 그 말을 했고 원료를 자신들이 구입하기로 했다.

그러나 자금이 문제였다. 당시 3백만 원이란 거금이었다. 구인회 사장은 모든 재산을 처분하는 일이 있더라도 자금을 마련하여 그 원료만은 우리가 꼭 손에 넣어야 한다고 말했다. 구인회 사장은 그때부터 자금 마련에 골몰했다.

고성(固城)에 있는 3백 석 지기 전답이 36만 원으로 바뀌었다. 진주에 있는 구인상회도 50만 원에 남의 손에 넘어갔다. 구인회 사장은 구인상회를 팔면서 미련이 너무 많아 애석해했다. 구인회 사장은 이런저런 재산을 팔아 3백만 원을 마련해 데지마공장의 원료를 전량 확보하는 데 성공했다. 대단한 자금조성 능력이었다. 이 사실을 전해들은 흥아화학 박 사장이 달려와서 이럴 수 있느냐고 하소연했지만 어쩔 수 없는 일이었다. 구 사장은 앞뒤 이야기를 하고 조용한 말로 설득하니 박 사장도 분별 있는 사람이라 체념하고 돌아갔다.

"자 모두 모이거라. 이제 우리 손으로 크림을 만드는 기라!"

구인회 사장은 평소의 그답지 않게 다소 들뜬 목소리로 외쳤다. 이것은 큰 사건이었다. 럭키금성그룹(현 LG그룹) 성장사에 한 획을 긋는 일이었다. 이제 구인회 사장은 일개 판매상에서 제조업자로 격이 높아졌다.

8

럭키 상표의 크림 탄생
(럭키화학공업사)

1947년, 구인회 사장이 41세가 되는 새해가 밝았다. 지난해에는 어려운 일이 많은 가운데에도 '아마스 크림' 덕분에 다소의 사업 이윤을 얻었을 뿐 아니라 크림의 시험 제조에 어느 정도 자신감을 얻은 구 사장이었다. 많은 원료도 확보했으므로 크림 제조에 성공을 거두는 일만 남은 셈이었다.

구인회 사장의 자택은 서대신동에 있는 건평 70평 정도의 단층집이었는데 우선 그곳에 간단한 시설을 설치하고 김준환이 주역이 되어 생산 작업을 시작하기로 했다.

김준환은 여러 가지 원료를 배합해서 이것을 다시 감화조에 넣어 끓이는 등 복잡한 공정을 능숙하게 처리했다. 구 사장을 위시한 정회와 허준구 등 가족들은 기대와 불안이 뒤섞인 표정으로 이를 지켜보았다. 많은 재산을 털어 넣고 시작한 최초의 제조업에서 성공과 실패를 가늠하는 긴장의 순간이었다.

그동안 몇 차례 있었던 가벼운 시행착오를 극복하고 마침내는 향긋한 냄새의 화장크림이 대량으로 생산되어 나오자, 모두들 환호성을 올리며 발을 구르기까지 했다.

구인회 사장이 제조업 기업인으로 첫발을 내딛는 순간이었다. 성공적이었다.

"봐라! 신기하기도 하다. 저게 우리가 만든 크림이다."

"그래 정말 신통하다."

작업에 열중하고 있는 김준환을 둘러싸고 있던 사람들은 저마다 탄성을 올렸다.

홍아화학에서 제품을 받아 판매할 때는 조금이라도 더 많이 받아다 파는 것에 열중했을 뿐 자신들이 크림을 만든다는 것은 엄두도 내지 못한 일이었다. 이제 사정은 완전히 달라졌다. 누구의 눈치나 비위를 맞출 일이 없어졌다. 그날 밤 그들은 밤이 깊어가는 줄도 모르고 술잔을 기울였다.

그들은 앞으로 추진해 나갈 사업의 방향에 대해 토론도 했다. 김준환이 좌중의 인기를 독차지한 것은 당연한 일이었다. 이 자리에서 아주 중요한 의견이 나왔다.

"우리가 만든 크림도 '아마스 크림'이라 부를 수는 없지 않겠느냐. 당당하게 우리의 상품명을 붙여야 되지 않겠느냐."는 것이었다.

"하모, 그 말 맞다. 우리 제품이니 우리 이름을 달아야제."

"그러면 뭐라고 달아야 될꼬." 모두가 머리를 짜 봤지만 즉석에서 신통한 의견이 나오지 않아 좀 더 연구해 보기로 했다. 다음날도, 그 다음날도 그들은 신이 나서 크림을 만들었고 모이기만 하면 상표(商標)를 뭘로 하느냐고 고민을 거듭했다.

그러던 중 정회가 의견을 내놓았다.

"화장품이란 게 대개 서양 것을 쳐주는 경향이 있으니, 우리도 서양 냄새를 한번 풍겨보면 어떨꼬?"

"어떻게"

"가령 예쁜 서양 여배우의 사진을 모델 사진으로 쓰고 상품 이름도 영어에서 따오는 기라."

모두들 그것 참 그럴싸한 아이디어라 생각했다.

영화에서 보아온 여배우는 모두가 이목구비 훤하고 균형이 잡혀있고 영리하고 예뻐 보인다. 그러니 그런 배우 사진을 크림 갑에 붙이면 괜찮게 보일 것이다. 그 크림을 바르면 자신도 라벨의 그 여배우처럼 예뻐질 거라 믿고 싶은 것이 여성 심리라고 누가 말했다. 결국, 그 의견이 채택되고 라벨의 여주인공으로는 당시 만인의 사랑을 받고 있는 미국 여배우 '디아나 다빈'을 채택하기로 했다. 당시 '오케스트라의 소녀'라는 영화에서 주인공 소녀 역할로 큰 갈채를 받았던 디아나 다빈은 의젓한 예비 숙녀가 되어있었다. 아무도 이의가 없었다.

이제 이름을 무엇으로 하느냐의 문제만 남았다. 이번에도 정회가 의견을 내놓았다.

"기왕에 모델로 서양 배우를 쓰기로 했으니 상표도 영어로 따옵시다. 원래 상표나 상호는 부르기 좋고 뜻이 좋고 인상적인 거라야 되는 깁니다. 간결하고 산뜻하고 의미도 좋고, 그런 면에서 "럭키(Lucky)라고 하면 어떻겠습니까."

"럭키라고 했나. 영자로 L.u.c.k.y의 럭키 말이제?"

"맞습니다. 행운이라는 말뜻이니 의미도 좋고 우리말로 쓸 때는 한자로 즐거울 樂, 기쁠 喜, '樂喜'라고 쓰면 제대로 맞아들어가는가 싶습니다."

구 사장을 비롯해 그 의견에 호의적이었다. 樂喜, 밝고 즐겁고 때 묻지 않은 의미와 발음이다. 모두들 입으로 발음을 해보면서 좋다는 의견을 내놓았다. 구인회 사장은 한동안의 생각 끝에 그걸로 하자는 결론을 내렸다.

그 다음에 라벨을 만드는 일이 과제였다. 6.25사변이 일어나기 전 우리나라 인쇄술은 말하기조차 민망할 정도로 수준이 낮았다. 먼저 석판(石版) 인쇄로 찍어봤는데 흑백사진인데도 인쇄 효과가 좋지 않고 초라해서 사용하기가 망설여졌다. 비용이 다소 들더라도 얇은 인화지(印畵紙)에 사진을 인화해 크림통에 부착하기로 했다. 그런데 사진과 글씨 모두가 검은색으로 어딘지 모르게 단조롭고 차가워 보여 라벨 전체에 노랑물을 들였더니 한결 화려한 감이 들었다. 그것을 온 가족이 나서서 재단기와 가위로 일일이 잘라 풀을 발라 크림통에 붙였다. 전형적인 가내수공업의 모양이었다. 이 같은 곡절을 겪은 끝에 「럭키크림」이 탄생했다. 그리고 긴장 속에 시장에 출하되었다.

소비자의 반응은 대단했다. 보통 크림들이 한 타스에 5백 원 수준이었으나 럭키크림은 천원의 정가를 붙여도 서로 달라고 아우성이었고, 날개돋친 듯이 팔려나갔다. 구인회 사장 자신도 놀랐다. 제조업으로 전환하면서 성공에 대한 확신이 서지 않았으나 럭키크림은 그에게 제조업에서도 어떤 가능성이 있다는 것을 각인시켜 주었다. 동녘의 밝은 해가 솟아오르는 새 아침이 찾아오는 듯이 보였다.

축복받은 연말을 보내고 새해에 접어들자 구인회 사장은 날로 증가하는 시장수요와 영업 섭외를 감당하고 능률적인 관리를 위해 조직을 재구성해야 할 필요성을 느꼈다.

1947년 1월 5일 구인회 사장은 럭키화학공업사(樂喜化學工業社)를 창립해 제조회사로서의 기초를 다졌다. 오늘의 LG그룹 최초의 제조회사가 출범한 것이다. 아직 가족회사의 틀을 벗어나지는 못했지만, 구인회 사장을 정점으로 부사장에 구정회, 영업 담당에 허준구, 생산 담당에 김준환으로 진용을 짰다.

「럭키크림」은 순풍에 돛단 배처럼 세 좋게 뻗어 나갔다.

70평 가까운 구 사장 자택 절반을 생산시설이 들어앉은 공간으로 사용하고 있었는데 공장 가동이 활발해지면서 공간이 좁아졌다. 공장면적을 20평 정도 증축했다. 이제 원료를 배합해 끓이는 감화조를 비롯해 감화한 원료를 응고처리 하는 방치 선반, 압착 여과기와 향료 혼합조 등이 순서대로 설치되었고 생산직 직원들도 초기에 남녀 반반으로 20명을 채용했는데 점차 늘어나는 형편이었다. 2백여 평이 되는 정원의 일부는 아예 원료 야적장으로 변모하여 드럼통이나 마대를 쌓아 놓았다.

크림이 출고된 지 1년이 흘러갔다. 제품이 잘 팔린다는 것은 한편으로는 원료 재고가 바닥나는 것을 의미한다. 당초, 데지마 공장에서 사들였던 원료 중에서 가장 많이 쓰이는 글리세린이 소진되었을 때 김준환은 편법으로 글리콜을 써서 만들겠다고 제의했다. 제조전문가인 김준환의 의견에 이의를 제기할 사람은 없었다. 그래서 글리세린 대신 글리콜을 배합해 만들어 보았더니 크림이 흐물흐물 녹아서 액체에 가까운 것이 되고 말았다.

화장크림의 이상적인 상태는 액체도 아니고 고체도 아닌 손가락 자국이 쉽게 나면서도 딱딱하지 않은 부드러운 것이어야 한다. 그런데 글리콜로는 지나치게 유동성이 많은 크림 밖에는 나오지 않았다. 답답한 노릇이었다.

"왜 종전 같은 놈을 안 가져오고 이래 물이 되는 놈을 만들어 오능교." 소매상들은 짜증 섞인 반응을 보이면서 반품하겠다고 아우성을 쳤다.

락희화학공업사는 고민에 빠졌다. 짧은 기간이지만 애써 쌓아 놓은 '럭키'의 신용이 하루아침에 무너져내리는 위기를 맞이한 것이다.

문제는 글리세린이었다. 글리세린만 구하면 종래의 제품을 만들어낼 수가 있는데 원료를 구하지 못하니 진퇴양난이었다. 구인회 사장은 아우 정회에게 관련 서적을 뒤져서 제조 방법을 빨리 연구하라고 닦달했다. 그러나 책을 들여다본다고 하루아침에 해결할 수 있는 문제가 아니었다.

글리세린은 글리세콜이라고 불리기도 하는데 알콜의 한 종류이다. 쓰임새 중 대표적인 건 보습 효과이며 최고의 보습제여서 화장품에 핵심적으로 쓰인다. 기술책임자 김준환도 난처한 입장이 되어 머리를 싸맸지만, 크림이 왜 단단해지지 않고 물같이 되는지 그 까닭을 알 수 없었다. 화학도가 아닌 그에게는 난해한 문제였다.

구인회 사장은 글리콜로 만든 크림 한 통을 부인 허 씨에게 갖다주면서 발라보라고 했다. 몇 시간이 지난 후 부인 허 씨는 크림을 발랐더니 얼굴 피부가 따갑다고 울상을 짓는 것이었다. 구 사장은 질겁을 하며 공장으로 뛰어갔다.

"몽땅 밑져도 할 수 없으니 그 크림 시장에 내놓지 마소. 내 생각으로는 글리콜이라는 것이 원인인 것 같으니 그것 그만두고 글리세린을 구해보소. 글리세린 구하기 전에는 일 중단하소."

구인회 사장의 결단은 적절했다.

모두들 맥이 풀려 일손을 멈춘 채 서로의 얼굴을 바라다볼 뿐이었다. 모두들 글리세린을 구하기 위해 동분서주했다. 허준구는 부산 바닥에는 글리세린이 존재하지 않는다고 결론 내렸다. 그동안 글리세린을 구하기 위해 유지공장의 창고는 말할 것이 없고 미군부대에서 한두병 흘러나오는 것과 약방 진열장에 놓여있는 물건까지도 모두 구해다가 썼기 때문이었다.

구인회 사장은 "없다 없다 해도 찾아보면 있을기다. 우리 노력이 부족해서 그렇지, 세상천지 어딘가에 있을기다. 내일부터 사람 만날 때마다 물어보기로 하자. 누군가가 가지고 있을기다."라고 모두를 독려했다. 구 사장은 막무가내로 신들린 사람처럼 "글리세린." 노래를 부르고 다녔다. "글리세린 있는데 모르요?"라는 질문에 어떤 사람은 그것이 무엇하는 물건이냐고 묻기도 했고 어떤 사람은 이 혼란한 판국에 그런 것 가지고 있는 사람이 있겠느냐고 했다.

　구인회 사장은 어느 날 우연하게도 손중행(孫重行)이란 사람을 만나 점심을 같이 들게 되었다. 당시 미창(米倉, 일본 통제경제 하의 미곡 창고) 관리인이었던 손중행은 식산은행 진주지점에 근무하고 있는 손해진의 친척되는 사람이었다. 우리는 구인회 사장이 진주에서 구인상회를 운영하던 때 손해진씨가 5천 원짜리 적금을 들어달라고 청할 때 그것을 들어주었던 것을 기억할 수 있다.

　둘이 마주 앉아 설렁탕을 들면서 혹시나 하면서 "글리세린 있는데 모르요?" 손중행은 얼굴도 쳐다보지 않은 채 덤덤히 대답한다. "글리세린, 그것 우리 창고에 있지요." 구 사장은 움직이던 숟가락이 딱 멈추었다. 글리세린이 있다고! 손중행 씨는 "16드럼이나 안 있습니까. 우리 창고에..." "글리세린이 16드럼이나." 구 사장은 손바닥으로 밥상을 탁 치면서 벌떡 일어났다. 설렁탕이고 뭐고 지금 밥 먹고 있을 때가 아니지 않는가. 영문을 몰라 어리둥절하는 손중행의 등을 떠밀다시피 하면서 구 사장은 발걸음을 재촉했다. 손중행은 당시 적산기업을 인수한 지 얼마 안 되는 조선 유지로부터 위탁받아 글리세린 16드럼을 자신이 보관하고 있는 터였다.

　그런 인연으로 손중행이 중간에 서서 말이 오고 간 끝에 한 드럼에 16만 원씩, 달라는 대로 다 주고 전량 인수했다. 글리세린 16드럼, 럭키화학이 2, 3년간은 원료 걱정 없이 크림을 만들어 낼 수 있는 물량이 확보되었다. 구 사장은 눈앞이 환해지는 느낌을 받았다. 이제 국제시장에서 미제 구호품으로 들여오는 향료와 한약방에서 사향 등을 사 모으기만 하면 되었다.

서울과 부산, 대구, 광주 시장 상인들은 '럭키크림'이 다시 공급되기 시작하자 환성을 올리며 반가워했다. 럭키화학은 밤늦도록 불을 밝히며 작업을 강행군했다.

럭키화학공업사에게 1948년은 길이 잊지 못할 해가 되었거니와 국가적으로도 뜻깊은 일이 많았던 해였다. 5월 10일에 역사상 처음으로 남한 만의 총선거가 실시되어 제헌국회가 구성되었고 그해 8월 15일에는 마침내 대한민국 정부가 수립되어 이승만 박사가 초대 대통령으로 취임했다. 10월 20일에는 여순 반란사건이 발발하였고 12월 12일에는 유엔총회가 대한민국 정부를 승인했다.

내외 정세가 숨 가쁘게 돌아가는 가운데 국민들의 생활은 어려움 속에서 허덕였다. 국내에서 생산되는 생활용품들은 한결같이 품질이 조악했고 그나마도 공급이 수요를 따라가지 못했다. 품질이 우수하고 디자인이 화려한 미국제나 일본제 밀수품이 인기였다. 그 무렵 메이쇼쿠(明色)라는 상표의 일본 화장품이 우리나라에 들어오기 시작했다. 우리나라 크림보다 광택이 많고 반투명한 아주 우수한 화장품이었다. 이 메이쇼쿠 크림에 대한 여성들의 선호도는 매우 높았다.

파카코트와 고무신

구인회 사장의 닉네임은 파카코트였다. 파카코트란 겨울철 미군 장교들이 입는 군복 상의로 반코트형이다. 구인회 사장은 바깥 출입할 때 이외에는 항상 파카코트 차림이었다. 구 사장의 파카코트는 소매가 닳고 닳아 기름때가 번지르르 묻은 것이었다. 그의 성품은 그만큼 소탈하고 대범했다.

금전을 다루는데 천부적인 재능이 있다는 평을 받고 있는 허준구는 수금하러 거래처를 돌 때 언제나 고무신을 신고 다녔다. 일본 유학까지 한 엘리트가 고무신을 선호하는 것도 특이했다. 그의 성격도 남달리 소탈하고 검소했다.

일본 화장품이 큰 인기를 얻고 있기는 하지만 '럭키크림'의 성과도 높아져 소비자의 수요는 증가일로에 있었다. 그러나 그 화장품을 만들어내는 회사의 책임자인 구인회 사장의 마음은 결코 편하지가 않았다.

"일본 사람들은 그저 우수한 크림을 만들어내는데 우리도 그런 수준의 제품을 만들어내야 하지 않는가."

이것이 구인회 사장이 밤잠을 설치는 이유였다. 세상 사람들은 돈을 내고 화장품을 사서 바르면 그만인 것이다. 여성들은 크림을, 남성들은 머릿기름을 바르고 멋을 내 행복감에 젖으면 그것으로 족하다. 그러나 그것을 만들어내는 장인(匠人)의 마음은 그게 아니다. 장인에게는 장인 기질이 있고 자부심이라는 것이 있다. 남이 나보다 더 좋은 물건을 만들어내고 있는데 더 좋은 물건을 만드는 일을 외면할 수는 없다. 그것이 구 사장의 고민이고 기질이다.

그의 그 같은 기질은 일상 행동에서 나타난다. 구 사장은 식구들 중에서도 맨 먼저 잠자리에서 일어나 종업원들이 그날의 작업을 차질없이 진행할 수 있도록 준비했다. 사무실과 작업장을 말끔히 청소하고 각종 원료를 챙기고 쓰레기를 치우며 심지어는 건물 앞 행길까지도 쓸고 물을 뿌렸다. 종업원들은 남녀 근로자와 기술자 그리고 사무직원의 순서로 출근하지만, 그들이 일터로 출근해 보면 구석구석이 말끔히 치워져 있고 전원 스위치만 누르면 공장이 가동될 정도로 준비되어 있었다. 사장이 하루도 빠짐없이 솔선수범하니 사원들도 근면성실하지 않을 수가 없었다. 현재의 'LG맨 정신'은 이때부터 싹텄다.

구 사장은 서대신동 자택 안마당에 20평을 증축했는데도 꽤 넓은 정원이 남아 있었다. 구 사장은 이 정원을 모조리 밭으로 만들어 배추나 무, 상추 등을 가꾸었다. 승산마을에 살던 청년 시절부터의 부지런함이 되살아났다. 집안 어른이 그러하니 아우들이나 자녀들, 직장 사원들까지 닮아가는 것이었다.

정회는 섭외 업무를 맡아보고 있었는데 한시도 가만히 있을 때가 없었다. 항상 이리저리 바쁘게 돌아다녔다. 그 시절이야말로 구정회, 허준구, 그리고 김준환의 트로이카 시대라고 말할 수 있으리만큼 호흡을 잘 맞추어나갔다. 당시 부산사범대학 부속 초등학교에서 교편을 잡고 있던 장남 자경도 이따금 가장 힘이 드는 프레스 일을 도왔다. 차남 자승은 당시 부산에 주둔하고 있던 미군 수송부대에 근무하고 있었기 때문에 많은 시간을 할애하지는 못해도 틈틈이 스테아린산을 젓는 일 등을 돕곤 했다. 3남 자학은 해군사관학교에 다니고 있었으므로 기업에는 거의 관여하지 못했다. 부산중학교에 갓 입학한 자두는 회사의 잔심부름을 도맡다시피 했고 졸려 죽겠는데 밤중에 숯불을 피우랴 스테아린산을 저으랴 원망스러운 시간을 보낸 적이 한두 번이 아니었다.

글리콜 때문에 온 집안이 우울한 분위기에 싸여있을 때 아버지 춘강공은 이따금 공장 안 화롯가에까지 찾아와 "이렇게 많이 끓여도 아직 안되나."하고 걱정을 해주셨다. 대개의 사람들은 일이 뜻대로 되지 않고 분통이 터질 때 술을 마시거나 울분을 발산할 구실을 찾기 마련인데 구인회 사장은 감정을 밖으로 내비치지 않고 그저 평소처럼 묵묵히 앉아 일만 했다. 낮에는 종업원들의 일을 도와주고 밤에는 장부를 정리했다.

일년내내 묵묵히 일에 몰두하는 구 사장의 근면과 성실에 감동한 사람은 공장장 김준환이었다. 그는 맨 처음 크림 원료를 사도록 귀띔해 주었고 크림 제조기술을 가지고 들어왔기 때문에 총 매상 이익금을 일정 비율로 받고 있었다. 따라서 「럭키크림」이 잘 팔리면 팔린 만큼 많은 액수가 그의 몫으로 돌아갔다. 20대 청년이었던 김준환은 쉽게 벌리는 돈이었기에 헤프게 쓰고 다녔다. 밖에 나가면 누가 사장이냐는 말이 나올 정도였다. 풍류잡기를 즐기고 씀씀이가 많았다.

구인회 사장은 보다못해 하루는 그를 타일렀다.

"돈이란 벌릴 때 저축하는 법일세. 아껴서 쌓아 놓고 완전히 기반이 잡힌 뒤에 써도 늦지 않는기라."

김준환은 머리를 끄덕이며 수긍하는 듯했지만, 그 말의 깊은 뜻을 완전히 이해했는지는 알 수 없었다. 김준환은 구 사장이 항상 전차만 타고 다니고 담배도 비싼 것과 싼 것의 두 가지를 가지고 다니면서 좋은 것은 거래처 손님에게 권하고 싸구려 담배는 자기가 피우는 행동을 멋대가리 없는 노랑이 짓으로만 생각했을 것이다. 당시 나일론 양말이 인기였다. 질기고 색상이 화려해 너도나도 사 신었다. 그러나 값이 면양말 몇 배였다. 구 사장은 돈을 가지고 있는 형편인데도 추레한 양말을 고수했다. 갈 데 없는 촌사람이라 생각했을 것이다. 구 사장의 속마음은 "봉황의 깊은 뜻을 참새들이 어찌 알겠느냐."였다.

구인회 사장의 금전 철학

'천 길 벼랑 위에 외줄에 매달려 있는 처지를 생각해야 한다. 돈이란 있을 때 모아지는 것이지 없는 돈이 우째 모아지느냐.'

구인회 사장의 돈에 대한 철학이다. 이 철학은 평소 아버지 춘강공으로부터 받아온 교육의 산물이기도 했다.

대가족이 한 지붕 아래 모여 사는 일이란 단란하고 풍성한 맛이 있어 좋지만 큰 나라 살림 못지않게 어려운 문제도 적지 않다. 만회공 구 교리 가풍은 대대로 엄격했다. 아버지 춘강공은 아들들에게 천자문을 열심히 가르치면서도 다른 한편으로는 점이라던가 굿 같은 미신을 타파하는데 앞장서 온 분이었다. 20세기 초엽 개화 물결이 승산마을까지 불어닥친 시기에 양력 과세의 합리성을 주장하여 이중 과세를 배척한 분이었다.

슬하에 십 남매를 낳아 길렀으나 어찌 된 일인지 딸들은 한결같이 여덟 살을 넘기기 전에 잃고 말았다. 그래서 그는 아들 육 형제를 가이없이 사랑하며 훌륭하게 키우는 것을 생애의 보람으로 살았다. 사랑스럽다해서 맹목적으로 익애하는 것은 아니었다. 한 손에 사랑을 들었다면 다른 한 손에는 매가 들어있는 훈육이었다. 가령 한 아들이 잘못을 저지른 일이 있으면 아침에 모두를 모아놓고 잘못한 아이를 앞으로 나오게 해 "네가 한 일이 이러이러한데 이것은 있을 수 없는 일."이라며 또 그래서는 안된다는 이유를 밝히고 매를 때리거나 꾸짖는 것이었다. 형제들이 모두 있는 자리에서 그처럼 잘못을 지적받았으니 다음부터는 똑같은 잘못은 되풀이하지 않는 것이다.

아버지 춘강공은 그러는 한편 아들들에게 식산(殖産)에 대한 이치를 깨우치고 지식을 전수하는데 소홀하지 않았다. 조상으로부터 재산을 물려받는 일을 바란다거나 남에게 신세 지고 의지할 생각을 갖는 것은 사내대장부로서 마땅히 부끄럽게 생각해야 될 일이고, 그래서는 안된다는 것을 누누이 가르쳤다. 남아로서 어버이 품을 한 번 벗어나면 어디까지나 스스로의 힘으로 세파를 헤쳐나가겠다는 의지와 용기가 있어야 하며, 그 같은 힘은 어린 시절부터 가져야 한다는 점도 가르쳤다. 돈이나 물건이나 남에게 거저 주는 것과 꾸어주는 것은 분명하게 가릴 것이며 결코 흐리멍텅해서는 안된다는 것도 가르쳤다. 비록 내외간일지라도 주고받는 것은 분명하게 해야 한다고 타일렀으니 돈에 대한 관념을 어릴 적부터 철저하게 심어준 셈이었다. 돈을 아끼고 자율에 대한 금욕 정신을 주입하는 것도 빠뜨리지 않았다. 돈이란 있을 때 아끼는 것이지 없는 돈을 제아무리 아낀들 무슨 소용인가. 손안에 있는 돈은 안 쓰고 모으는 것이 곧 버는 길이며 돈을 아끼자면 돈으로 바꾸는 물건 또한 돈처럼 아껴야 한다는 논리를 어린 아들들에게 설명하기도 했다.

아버지 춘강공은 자신의 철학을 가정생활 속에서 어김없이 행동으로 실천했다. 후일 구인회 사장이 우리나라 경제계에 손꼽히는 존재로 대성을 이룬 후에도 몸에 밴 검소하고 소탈한 생활 자세를 유지할 수 있었던 것도 이 같은 교육의 결과였다.

9

화장품 연구소

 1949년으로 접어들어 '럭키크림'은 여전히 잘 팔리는 인기를 누리고 있었으나 43세의 중년이 된 구인회 사장은 마음이 흡족하지 않았다. 혼란의 틈바구니 속에서 외국의 우수한 제품들이 외항선원이나 미군 PX(Post Exchange)를 통해 불법으로 들어와 시장에 범람하고 있는 때였다. 특히 화장품은 우리나라 제품이 빈약한 까닭도 있고 외국 제품들이 디자인도 화려하고 품질도 좋아서 선호의 대상이 되고 있었다. 그중에서도 일본 크림 메이쇼쿠는 반투명의 새로운 품질이었으므로 인기를 독차지했고 국내 제조업계에서도 '어떻게 하면 우리도 저런 크림을 한번 만들어 보나'하고 부러운 한숨을 짓고 있었다.

 그러나 어느 누구도 그러한 품질의 크림 제조에 도전하는 사람이 없었다. 해방 직후 우리나라에는 일제 때 일본인이 경영하던 화장품 공장을 인수한 업자가 20여 명 남짓 있었고 이들이 전근대적인 수공업으로 몇 가지의 화장품을 근근이 만들고 있었는데 그 품질 또한 보잘것 없었다.

당시의 미 군정 당국은 의약품과는 달리 화장품은 인체에 치명적인 영향을 미치지 않는 것이라는 정책에 따라 화장품 제조에 따른 허가 조건을 크게 통제하지 않고 있었다. 그에 따라 해방 직후 20여 개소의 화장품 제조업체가 해방 4년 후인 1949년에는 94개로 크게 늘어나 있었다. 엄청난 난립이었다. 그런데도 제품의 품질은 향상되지 않았으며 바로 그러한 점들이 구인회 사장의 고민거리가 되고 있었다.

'이제 정부가 수립되었으니 멀지 않아 외국과의 교역이 시작될 것이다. 그렇게 되면 외국의 수준 높은 화장품들이 둑 터진 봇물처럼 밀려들 것이다.' '그 같은 사태를 무슨 힘으로 막겠는가?' '그 같은 사태가 일어나기 전에 우리 제품의 수준을 끌어올려야 한다. 그 길 말고는 다른 길은 없다.' 구인회 사장은 마음속으로 다짐했다.

'그렇다. 누가 가르쳐주고 누가 알려주기를 기다리지 말고 내 힘으로 신제품을 개발하고 내 힘으로 시장을 개척해나가자.' 구 사장은 결심했다.

구인회 사장은 서울에 있는 셋째 아우 태회를 불러들였다. 태회를 지목한 까닭은 명석한 두뇌를 가진 데다 근면 성실한데 서울대학교 정치학과에 다니고 있어서 연구활동을 하는데 여러 가지 유리할 것으로 판단했기 때문이다.

맏형의 포부와 소망을 듣고 난 태회는 흔쾌히 그 일에 앞장설 것을 다짐했다. 대단한 도전이었다. 7~80년 앞선 일본 화장품 산업을 따라잡겠다는 결단은 흔히 있을 수 있는 일이 아니다. 태회는 전공 분야가 달라 다소 생소하기는 해도 고등학교 시절 자연과학 공부를 충실히 했기 때문에 전문서적을 뒤지고 전문가들의 자문만 얻을 수 있다면 해낼 수 있을 것도 같았다. 목표는 일본의 메이쇼쿠 크림에 견줄 수 있는 제품을 만들어내는 것이었다.

　태회는 22평 남짓한 창신동 집에 돌아와 실험 연구를 시작했다. 방안 가득히 외국산 크림통을 모아놓고 이것저것 성분을 알아보고 원료를 추적하고 꼼꼼하게 기록해 나갔다. 이와 함께 서울대 문리대에 다니고 있는 바로 아래 아우 평회까지 합세했는데 평회는 연구소 조수 노릇을 해주었다.

　그들이 방안에서 연구에 몰두하다 의문이 생기면 당시 동숭동에 자리 잡고 있던 국립중앙공업연구소로 찾아가 자문을 얻었다.

　당시 중앙공업연구소 소장은 안동혁(安東赫) 박사였다. 다른 때는 서울대학교 조교수였던 이춘영(李春寧) 박사를 찾아가 자문을 얻었다. 그야말로 최고 수준의 화려한 자문팀을 가진 거나 다름없었다. 당시 안동혁 박사는 서울대 교수 겸 공업연구소의 유지(油脂) 분야 연구를 책임 맡고 있었는데 평회가 경성공업전문학교 응용화학과에 다닐 때 은사였던 인연으로 쉽사리 자문을 얻을 수 있었다. 이춘영 박사는 원로 역사학자 이병도(李丙燾) 박사의 자제였다. 태회가 서울대학교에 입학하면서부터 알게 되어 가까이할 수가 있었다.

　그때의 연구는 투명크림을 만드는 것이었는데 두 분 박사로부터 자문을 받았는데도 별 성과를 얻지는 못했다. 안 박사는 오히려 화장품 제조에 관한 한 태회 군이 자신보다 더 잘 아는 것 같다고 말하기도 했다.

　사실 태회는 연구에 착수하기 이전에 화장품에 관한 외국 서적들을 손에 닿는 대로 수없이 많이 구해 탐독했기 때문에 학술적으로는 화장품 제조 방법에 어느 수준에 올라와 있었다. 태회는 결국 스스로 책과 씨름하면서 실험을 통해 연구를 해 나가기로 하고 스테아린산과 글리세린 등 각종 약품을 구해 창신동 안방에 틀어박혀 불철주야 연구에 몰두했다.

이해 6월 26일, 백범 김구 선생의 암살 사건이 있었고 밖으로는 중국 공산당이 국민당을 격퇴하고 중화인민공화국을 수립하는 등 안팎의 정세는 숨 가쁘게 돌아갔다.

해가 바뀌어 1950년이 밝았다. 창신동 집에는 해마다 동생과 조카들이 올라와 식구가 불어났기 때문에 태회 부부는 따로 장충동에 집을 마련하여 나가기로 했다. 그러나 태회는 날마다 연구에 몰두하는 데다 졸업 논문 준비로 장충동 집을 마련하는 일이나 이사 등은 부인 최 씨의 몫이었다.

장충동 집은 넓지는 않았지만 제법 마당도 있는 일본식 가정집이었다. 이사를 마치자 마당의 빈 공간을 이용해 연구실로 사용할 간이 건물을 지어 각종 실험 기구와 설비 등을 집어넣었다. 그리고 이때부터 「락희화장품 연구소」라는 명칭도 사용하기 시작했다.

장충동 집으로 이사한 후 태회의 끈질긴 노력이 결실을 맺었다. 4월 어느 날 마침내 투명크림 제조에 성공했다. 대단한 일이었다. 투명크림의 제조 방법을 밝혀냈을 뿐 아니라 지방산(脂肪酸)에서 크림 원료를 추출하는 법이나 크림이 인체의 피부에 잘 퍼지게 하는 방법도 알아냈다. 그때까지는 원료를 잘못 사용했기 때문에 실패를 거듭했다는 사실도 알게 되었다. 크림에 관해서는 모든 것이 해명되었다.

투명크림 제조에 관한 보고서는 곧 부산 구인회 사장에게 보고되었다. 낭보였다. 부산공장에서는 서울에서 온 시방서(표준설명서)에 따라 제품을 만들었다.

제조된 제품은 훌륭했다. '럭키크림'은 소비자들로부터 호평을 받았고 판매 실적은 신장되었다.

1950년 5월 14일 태회가 서울대 문리대를 졸업하자 그를 럭키화학공업사의 전무로 발령냈다. 그리고 부산사범대 부속 초등학교 교사로 근무 중이던 장남 자경은 교사직을 그만두도록 하고 이사로 발령해 서울의 화장품 연구소에 올려보내 태회와 함께 연구활동을 하도록 했다.

그러던 어느 날이었다. 부산 서대신동 공장으로 한 지역 도매상으로부터 한 통의 전화가 걸려왔다. "이보소, 크림통 뚜껑들이 절반 이상 깨져서 이걸 어떻게 팔겠능기요. 물건 똑똑히 만드소."라는 질책성 불만의 항의였다.

"미안합니다. 그 크림통 온전한 것으로 바꿔 드릴테니 걱정 마소. 책임지고 바꿔드리겠소."

구인회 사장은 수화기를 내려놓자 눈썹이 삼각형으로 곤두서기 시작했다. 그가 언짢을 때 일로 신경을 돋우었을 때 나오는 버릇이었다. 구 사장은 울화가 치밀었다.

"안 깨지는 뚜껑 좀 만들어내지 못하나? 이거 속상해서 해먹을 수 있느냐 말이다! 누가 그거 한번 연구해 볼 수 없나?" 구 사장은 투덜대며 불평을 내뱉었다.

그러나 한 도매상 주인의 전화 한 통은 운명적인 것이었다. 이 전화 한 통은 구인회 럭키화학공업사의 발전 방향을 대전환시키는 분기점이었으며 한국 산업 구조에 변화를 가져오는 시발점이었다.

깨지지 않는 병, 망가지지 않는 크림통 뚜껑! 이게 문제였다.

그러나 이것은 산업 후진국 한국의 문제였다. 당시 미국에서는 이미 플라스틱 산업이 열려 깨지지 않는 크림통은 말할 것도 없고 무수한 생활 물품을 만들어내고 있었다. 그들은 태평양전쟁의 소용돌이 속에서도 현대 문명의 총아라 할 수 있는 플라스틱 산업을 궤도에 올려놓고 있었다.

그러한 사실을 까마득히 모르고 있는 우리는 우물 안 개구리였다. 플라스틱 산업은 손만 뻗으면 잡을 수 있는 노다지 광맥(鑛脈)이었다. 선진국의 최신 정보를 가지고 있지 못했던 태회는 쉽게 깨지는 크림통 때문에 고생하시는 큰 형의 고민을 해결해 드리고 사업의 어려운 고비를 스스로의 힘으로 해결해야겠다는 의욕과 집념에 불탔다.

그는 장충동 집 뒤뜰에 큰 가마솥 하나를 걸어놓고 베이클라이트 등의 원료를 녹이면서 수없이 실험을 되풀이했다.

베이클라이트는 최초의 인공 플라스틱이다. 1907~1909년 벨기에계 미국인 레오 베이클란트가 최초로 합성한 물질이다. 태회는 어느 정도 플라스틱에 접근했던 것이다.

6월로 접어든 초순 경, 구 사장은 교직 생활을 청산하고 부산에 머물고 있던 자경을 서울로 올려보내 플라스틱 연구활동에 합류하도록 했다. 그리고 6월 15일 서대신동 공장으로부터 크림 제조공정에 의문점이 있으니 잠시 와달라는 전갈이 있어 태회는 열차편으로 부산으로 내려갔다. 태회가 부산으로 내려가 있던 초여름, 정확하게는 6월 25일 새벽 북한 공산군의 남침으로 6.25 동란이 발발한 것이다.

10

플라스틱 시대 개막

　물밀듯이 밀고 내려오는 북한 공산군에 의해 서울은 눈 깜짝할 사이에 함락되고 말았다. 어처구니없는 민족의 비극이고 불행이었다. 이로 인해 서울에서의 깨지지 않는 뚜껑 연구는 기약 없이 중단되고 말았다.

　구인회 사장은 연구활동중단보다는 서울에 올려보낸 장남 자경을 비롯해 경기중학교에 다니고 있던 넷째 자두, 그리고 서울대에 다니고 있는 평회, 고려대에 다니고 있던 두회 등 두 아들과 두 동생이 공산 치하의 서울에 남아 있다는 것이 더 큰 문제였다. 전황에 신경을 곤두세우고 아들과 동생들의 소식을 알아보려 애썼지만 허사였다.

　부산은 서울에서 밀려온 피난민들로 넘쳐흘렀고 전황은 날이 갈수록 불리해졌다. 남한의 주요 도시들은 대부분 공산군의 손에 들어갔고 마침내 낙동강 유역에 최후의 교두보가 구축되었다는 우울한 소식이 전해졌다. 부산 일대는 비장한 위기감이 조성되고 있었다. 구인회 사장이라고 예외는 될 수 없었다. 구인회 사장은 구태회 전무를 불렀다. 구태회 전무는 사실 6월 26일이자 서울행 열차표를 사놓았으나 동란 발발로 부산에 발이 묶여 있었다.

"모두들 일본으로 피난간다고 하는데 너는 못 들었나?"

"저도 듣기는 들었습니다."

"그럼 어째 생각하노?"

태회는 머뭇거리고 있었다. 나름대로 생각하는 바가 있었으나 형의 의견을 먼저 듣고 싶었는지도 모른다.

"봐라. 내일 지구가 파멸한다 해도 오늘 한 그루 사과나무를 심는다는 말이 안 있더냐. 너도 알겠지만, 이 말은 어떤 경우에 처하더라도 희망을 잃어서는 안된다는 말인 거다. 지금 부산 천지에 우왕좌왕하고 있는 사람들은 모두 집 잃고 재산 잃고 가족까지 잃은 사람들이 태반인 기라. 그러나 우리는 여기 집이 있고 공장도 있고 가족도 안 있느냐. 걱정이 있다면 서울 아이들 안부를 몰라 답답하다만 그 아이들 틀림없이 무사할 거다. 그러니 우리가 지금 할 일은 공장 돌리고 제품 만드는 일이다."

아우는 진지한 표정으로 형의 말을 경청했다.

"사람이란 어려운 일을 당했을 때 지금까지는 숨겨져 있던 그 사람의 참모습이 드러나고 진정한 능력도 나타나 보이게 되는 법이다. 지금 나라가 전쟁을 겪고 있어 국민들이 어려움을 당하고 있는 마당에 모두가 뜻을 모아서 살얼음판 같은 시국을 헤쳐 나가야 되지 않겠느냐. 그러자면 군인은 잘 싸워주고 우리같은 기업인은 부지런히 일해서 생산에 힘쓰는 일이 본분을 지키는 일이라 생각 안되나?"

"형님 말씀이 백번 옳습니다."

"그러면 공장 돌리자. 공장 돌리고 제품 만드는 기 우리 일 아니가."

아우는 형의 얼굴을 존경하는 눈빛으로 쳐다보았다. 형의 그처럼 사리 분명하고 신념에 찬 말을 듣고 나니 백만 원군을 만난 것처럼 든든하게 생각되었다.

구인회 사장은 본시 유식한 척하거나 복잡한 이론 따위를 즐기는 사람이 아니고 선천적으로 단순 소박하고 경우가 분명한 논리를 소유하고 있는 사람이었다. 그렇기 때문에 일부 세상 사람들이 패색이 짙어 보이는 전쟁을 피해 해외로 빠져나갈 궁리를 하고 있지만 아우를 일깨우며 스스로 생업에 열중할 것을 다짐할 수 있었을 것이다.

그 무렵 서울 동대문 밖 창신동의 '학생의 집'에서는 젊은 삼촌들과 조카들 사이에서 분분한 의견들이 오가고 있었다. '학생의 집'이란 그 집에는 학생들만 살고 있다 해서 이웃 아주머니들이 그렇게 불러서 붙여진 호칭이었다. 서울이 공산군의 수중에 들어간 이후 무엇보다 견디기 어려운 것은 붉은 완장을 찬 무리들이 가가호호를 뒤지며 다니는 일이었다. 그들은 반동 인사를 색출한다는 구실을 내세웠고 가구 조사를 명분으로 삼기도 했지만, 젊은이들을 의용군으로 내몰기 위한 내사임이 분명해 공포 분위기가 조성되었다.

라디오에서 흘러나오는 뉴스도 갈팡질팡이었다. 애당초 수도 서울을 사수할 것이니 동요하지 말라는 뉴스였지만 발표 몇 시간이 되지 않아 공산군 탱크가 종로거리를 누볐다.

평회, 두회 형제, 조카인 자경, 자두 등 네 젊은이는 전쟁의 소용돌이 속에서 자기들 몸 하나를 어떻게 간수해야 할지 몰라 쩔쩔매고 있었다. 간혹 외출했다가 의용군으로 지원하라는 강요를 받기도 했지만, 용케 빠져나온 일도 있었다. 행운이었다. 그러나 그런 행운이 언제까지나 이어진다는 보장은 없는 것이다.

일일 여삼추라더니 하루가 3년같이 느껴지는 하루하루였다. 자신들의 처지도 딱하지만, 부모 형제의 안부도 못 견디게 염려되는 것이었다.

"나는 부산으로 내려 갈랍니다." 어느 날 자경이 결연하게 말했다.

"아니, 뭘 타고 가려고?" 평회가 걱정스럽게 물었다.

"탈 게 뭐 있습니까. 걸어가야지요. 부모님이 걱정돼서 서울에 도저히 더 못 있겠습니다."

"멀데이."

"멀어도 할 수 있습니까. 가야지."

어느 누구도 뚝심 있는 그의 결의를 꺾을 수 없었다.

한편 부산 서대신동의 구인회 사장도 어수선한 가운데 걱정 많은 나날을 보내고 있었다. 후퇴만을 거듭하고 있는 전세를 만회하고자 유엔군이 속속 도착하고 있어 한 가닥 등불이 보이는 듯했다. 7월 19일에는 새로운 화폐가 발행된다는 발표가 있었고 8월 18일에는 정부가 부산으로 옮겨왔다.

그러한 와중에 자경이 불쑥 구 사장 앞에 나타났다. 지치고 초췌한 모습이었다.

"... 너 자경이 아니냐!"

목이 메인 아버지는 더 말을 이어가지 못했다. 자경은 경부 간 천리 길을 걸어서 온 것이다. 자경이 무사히 부산 집에 돌아와 집안은 축제 분위기로 변했다. 멀쩡하게 돌아온 장손의 인사를 받는 춘강 할아버지는 눈에 이슬이 맺혔다.

우리의 이야기는 다시 화장품 제조업계로 되돌아가야 한다. 화장품 업계의 생산공장들은 거의 파괴되다시피 했고 도매상이나 소매상 그리고 창고에 쌓여있던 재고품조차 대부분 잿더미로 변하고 말았다. 그러나 부산에 자리잡고 있는 락희화학만은 당장에 제품을 만들어 낼 수 있는 유일한 생산업체가 되었다. 뿐만 아니라, 락희화학은 외제에 견줄만한 품질의 반투명 크림을 개발했고 개발의 주역인 구태회 전무가 부산에 와 있었다는 사실은 행운이었다. 구인회 사장은 남의 불행을 딛고 돈을 벌겠다는 그런 부도덕한 사업가는 아니다. 그러나 전쟁으로 파괴된 폐허에서 유일한 생산시설을 가지고 있는 사업가로서 제품을 생산해내는 일은 어떤 사명을 수행하는 일이라고 생각했다.

구인회 사장의 서대신동 공장은 밤낮을 가리지 않고 신바람 나는 작업을 계속할 수가 있었다. 일종의 전쟁 특수를 맞은 것이다. 럭키크림은 부산 국제시장에서 독무대였으며 인근 도시로 속속 팔려나갔다. 그런데 구인회 사장의 락희화학이 6.25 동란의 전후에 화장품 업계에서 공전의 호황을 누릴 수 있었던 데는 또 다른 숨어있는 사연이 있었다.

화장품을 제조하는데 필수 주요 원료는 향료다. 그런데 해방 후 외국 무역이 끊김에 따라 향료는 재고가 거의 바닥을 드러냈다. 이 같은 상황에서 해방 전부터 원료 약품 상에 근무했던 최홍룡(崔弘龍)이란 사람이 을지로 2가에 친화약품양행이라는 향료 도매상을 차리고 화장품 업계에 향료를 공급하고 있었다. 그런데 들여오는 여러 가지 원료 가운데 향료는 마카오에 본사를 둔 중국인 무역상 감신양행으로부터 가져오고 있었다. 락희화학은 다른 업체와 마찬가지로 친화약품양행을 통해 감신양행 향료를 쓰고 있었지만 감신양행의 향료는 일본의 밀수품 향료보다 품질이 좋지 못했다. 크림통 뚜껑을 열면 이루 표현할 수 없는 매혹적인 향기가 구매욕을 자극하는 일제에 비해 마카오 향료는 수준이 다소 떨어졌다.

구인회 사장의 제품에 대한 신념은 언제나 최고의 제품을 만드는 것이었다. 따라서 수준이 떨어진다는 마카오 향료를 사용하는 것은 견디기 어려운 부담이었다. 무슨 수를 써서라도 일본제 크림에 견줄 수 있는 제품을 만들어야겠다는 것은 구 사장의 일관된 신념이었다. 그렇다 해서 밀수꾼과 줄을 대서 몰래 들여온 원료로 상품을 만들 수도 없었다. 딜레마였다. 구 사장은 아예 일제 향료를 정식 수입하겠다는 결심을 했다. 구 사장다운 발상의 전환이었다.

당시 대부분의 화장품 생산업체들은 영세했으므로 외국 원료의 직접 수입은 꿈도 꾸지 못했다. 구인회 사장은 이 과제를 구태회 전무에게 맡겼고 구 전무는 정부기관인 외자구매처(外資購買處) 등을 뛰어다닌 끝에 일본의 향료 제조회사 주소를 입수하는 데 성공했다. 이렇게 얻은 자료를 검토한 후 일본의 10여 개 회사에 견본과 가격 등 자료를 보내 달라는 서신을 발송했다. 그러나 일본의 회사들로부터는 아무런 연락이 없었다. 락희화학이라는 한국 화장품 업체가 이름이 잘 알려지지 않았을 뿐 아니라 규모가 작고 역사도 일천해, 일본 측 회사들이 대단치 않게 여겼으리라 짐작이 되었다. 구인회 사장은 구 전무를 채근해 두 번 세 번 계속해서 서신을 보냈다. 지성이면 감천, 끈질기게 물고 늘어지면 반응을 보이지 않을 수 없으리라는 것이 구인회 사장의 생각이었다.

그 같은 구 사장의 생각은 빗나가지 않았다. 두 달쯤 지나자 일본의 다카사고(高砂)와 시오노(鹽野)라는 두 향료 회사로부터 회답과 견본품이 도착했다. 자료를 검토해보니 값은 마카오 것보다 절반이 싼 데다 품질은 월등히 좋다는 것이 판명되었다. 당시 크림 제조원가 가운데 향료가 차지하는 비중이 70%나 되었다. 일제 향료가 가져다 줄 이득은 이만저만이 아니었다. 구 사장은 시오노 향료 회사와 거래를 트기로 하고 거래를 시작했다. 이때부터 럭키크림은 품질은 훨씬 좋으면서도 값은 싸다는 강점을 가지고 화장품 업계를 휩쓸기 시작했다.

여기서 구인회 사장은 큰 교훈과 함께 용기를 얻었다. '남이 하지 않는 일을 먼저 하는 것. 남보다 더 잘할 수 있는 일로써 소비자에게 더 좋은 제품, 서비스를 제공한다면 어떤 일에서나 성공을 거둘 수 있다'는 확신을 얻은 것이다.

깨지지 않는 뚜껑 만들기

구인회 사장은 이제 하나의 과제, 깨지지 않는 크림통 뚜껑을 만들어내는 일이었다. 내용물이 아무리 훌륭해도 그 용기나 포장이 허술하다면 결국 보잘것없는 상품이 되고 만다.「럭키크림」이 향기 높은 고급 화장품이기 위해서는 그 내용물에 손색이 없는, 아니 내용물을 돋보이게 할 수 있는 그릇에 담아야 하는 것이다. 그렇기 위해서는 쉽게 깨지지 않는 견고한 크림통 뚜껑을 개발해야 하는 것이다.

"깨지지 않는 뚜껑 못 만드나.."

이것은 구인회 사장의 입버릇이 된 말이다.

그러던 중 어느 날 구 사장은 홍콩을 거쳐 우리나라에 입국한 중국인이 인천에서 핸드프레스로 머리빗을 찍어냈다는 것을 알게 되었다. 어렵게 제품을 입수해 검토해 보았지만, 그 원료가 무엇이며 어떻게 합성된 것인지는 알 길이 없었다.

또다시 미군부대의 피엑스에서 흘러나온 크림통을 입수하게 되었는데 그 뚜껑의 색깔이 고우면서도 가볍고 깨지지 않는 재료로 되어 있었다. 알아보니「플라스틱」이라는 합성수지였다.

'바로 이거다!' 구 사장은 무릎을 치면서 회심의 미소를 지었다. 플라스틱이 개발되고 얼마 되지 않은 당시로써는 그것은 누구에게나 생소한 이름이었다.

　사업적 안목이 빠른 구 사장이 그것을 예사로이 간과할 리가 없었다. 구 사장은 구태회 전무에게 다른 일은 그만두고 플라스틱을 만드는 방법을 알아내라고 엄명을 내렸다. 투명크림을 만들어낸 태회의 능력을 인정하고 있는 구 사장이었다.

　구태회 전무는 그날부터 광복동의 서점들을 누비면서 플라스틱에 관계된 책을 찾아 헤맸다. 그러나 결과는 허탕이었다. 해방 직후 혼란기와 6.25 동란 소용돌이 속에 최신 과학 서적이 있을 리 없었다.

　구 전무는 삼성물산의 조홍제(趙洪濟) 부사장이 일본 출장을 간다는 소문을 듣게 되었다. 구 전무는 조 부사장을 찾아가 "플라스틱에 관한 것이면 어떤 것이건 가리지 않고 사주십시오."라고 부탁했다. 조 부사장은 구 전무의 그 같은 부탁을 마다할 처지가 아니었다. 이미 고향 승산마을 시절부터 구인회 사장과 축구 원정 시합을 하는 등 돈독한 우정을 키워온 사이였다. 조 부사장은 출장 간 지 한 달 만에 귀국하면서 6권으로 된「합성수지 총서」라는 책을 들고 왔다.

　구 전무는 밤을 새워가며 책들을 읽고 또 읽었다. 구 전무는 며칠이 지나자 플라스틱이 무엇이며 만드는 공정이 어떠하며 그것의 장래성이 어느 만큼 유망한가를 어렴풋이나마 알게 되었다. 오리무중에 숨어있던 플라스틱의 모습이 서서히 드러나는 순간이었다.

　구 전무는 지체없이 구인회 사장에게 책에서 얻은 지식과 그것을 바탕으로 얻은 플라스틱의 장래 성장성에 대해 소상히 보고했다.

　구 전무는 마지막에 "기계와 원료만 들여올 수 있다면 가망이 있을 것 같습니다."라고 말했다.

　구인회 사장도 희색이 만면해 "그래? 책만 보고도 깨지지 않는 크림통 뚜껑을 만들 수 있다는 거제." 하고 기뻐했다.

구 전무는 사장에게 궁금해하는 것들에 대해 자세한 설명을 했다. 플라스틱이란 비단 크림통에만 그치지 않고 사람들의 일상생활에 필요한 각종 도구까지도 간단히 만들어낼 수 있는 혁명적인 신물질이라는 것, 그것을 만드는 원료는 폴리스티렌(Polystyrene)이라는 것인데 이 원료를 가지고 인젝션 머신(사출성형기)이나 엑스트루데 머신(압출성형기) 등에 금형을 걸고 만들어낸다는 것, 크림통 말고도 빗이라던가 머리핀, 세숫대야 그리고 그릇 등 모든 사람이 필요로 하는 다양한 물건들을 일손 많이 쓰지 않고도 간단히 만들어낼 수 있다는 이야기 등을 곁들였다.

구 사장은 구 전무의 시원시원한 설명이 계속되는 동안 눈 한 번 깜빡이지 않고 귀를 기울이고 있었다. 중요한 대목에서는 궁금한 점을 질문하기도 했다.

구인회 사장은 설명이 끝나자 숙고에 숙고를 거듭했다. 중대한 기로였다. 대규모 새로운 사업을 일으킬 것인가 성공할 수 있겠는가. 실패는 없겠는가.

구인회 사장은 한참 후 "그거 좋겠다. 우리 그 플라스틱 한번 해보면 어떻겠노."라는 긍정적인 생각을 내보였다. 아우를 바라보는 그의 얼굴은 상기되어 있었고 두 눈은 광채를 뿜어내고 있었다.

"그러나 형님! 지금 시국이 전시중인데 막대한 자금을 들여서 생산시설하는 문제는 한번 깊이 헤아려 볼 일인 것 같습니다."라고 구 전무는 말했다. 구 전무의 의견이 틀린 것은 아니었.

1951년 봄, 동란이 발발한 지 반년 남짓한 때였고, 중공군의 개입으로 전세는 일진일퇴하는 가운데 우리 측에게 불리하게 전개되고 있는 염려되는 시기였다. 1.4 후퇴와 함께 정부는 또다시 부산으로 옮겨와 있었고 4월에는 인천상륙작전의 영웅 맥아더 유엔 총사령관이 해임되는 등 뒤숭숭한 시기였다.

　이 같은 시기에 아무리 장래성 있는 사업이지만 전 재산을 털어 투자하는 것은 위험한 일이다.

　"니가 걱정하는 것도 무리는 아니다. 그러나 세상살이란 항상 눈을 크게 뜨고 멀리 보면서 살아야 한다. 눈앞의 사소한 이익을 탐하거나 어려운 일을 피하면서 요령껏 살겠다는 태도는 좋은 기 아니다. 내일 지구가 망한다 해도 오늘 한 그루 사과나무를 심는다고 안 했나. 그 말은 한마디로 사람이란 매사에 신념을 가지고 흔들림 없는 삶을 살아야 한다는 말인기라."

　평소 온화하기만 하던 구인회 사장 얼굴이 다소 상기되어 보이는 것은 벅찬 결단의 순간 때문이었는지도 모른다.

　구 사장은 진지한 표정으로 말을 이었다.

　"나는 결심했다. 이런 사업이 우리가 해야 할 진짜 사업이라는 생각이다. 지금 전쟁의 소용돌이 속에서 국민의 생활필수품은 절대 부족한 실정이 아닌가 말이다. 생산업자가 국민의 생활용품을 차질없이 만들어내는 일도 애국하는 길이고 전쟁을 이기는 데 도움이 되는 길인 기라. 그리고 기업하는 사람으로서 남들이 미처 생각하지 못하고 손대지 못하는 사업을 착수해서 성공시킨다는 것이 얼마나 보람 있고 자랑스런 일인가 생각해봐라. 그래 나는 이 플라스틱 사업에 뛰어들 결심이다. 니들 생각은 어떻노?"

　아우 태회를 비롯하여 어느 사이엔가 주변에 몰려와 사장의 말에 귀 기울이고 있던 정회, 자경 그리고 허준구 등은 한결같이 동감의 맞장구를 쳤다. 새로운 사업에 큰 호기심을 느꼈을 뿐 아니라 큰 형의 생각 깊고 믿음직스러운 말을 듣고 나니 큰 배에 몸을 맡긴 듯 더없이 마음이 놓였던 것이다.

구 사장은 구 사장대로 식구들이 한 사람의 이의도 없이 흔쾌히 동조해 주니 기뻤고 물 만난 물고기처럼 의욕과 힘이 솟아났다.

"그래, 고맙다. 우리 한번 잘 해보자."

이때 구인회 사장이 플라스틱 사업에 진입하기 위해 아우들과 가족, 직원들에게 들려주었던 말이야말로 기업인 구인회의 진면목과 기업관을 엿볼 수 있는 것이었다. 그리고 그 같은 기업이념은 현재에 이르기까지 변함없이 럭키금성그룹(현 LG그룹)의 경영 체질이 되고 기업문화로 발전하고 있다.

그날부터 플라스틱 사업에 진입하기 위한 준비작업은 시작되었다. 마침 구 사장의 먼 친척이 되는 강춘원(姜椿園)이라는 사람이 미국의 오파상바클레이의 한국 지배인으로 일하고 있었다. 또한, 강신체(姜信締)라는 사람이 평소 구 사장의 신세를 많이 지고 있는 사람인데 동광동에서 평화실업이라는 무역회사를 운영하고 있었다. 구 사장은 이 두 사람 도움을 받아 미국에 플라스틱 사출성형기와 금형, 그리고 폴리스티렌 등 원료의 공급 가격과 각종 카탈로그를 요청할 수 있었다.

마음을 졸이며 한 달가량 기다리고 있던 중, 마침내 5월 중순 경회답이 왔다. 회신에는 1.5온스짜리 사출성형기가 7~8천 달러, 금형이 3천 달러, 원료가 2~3천 달러쯤 된다고 적혀 있었다. 이 같은 견적서를 기초로 계산해보니 합성수지 제품의 생산설비에 소요되는 자금은 대충 잡아도 2~3억 원이 넘는 것이었다. 여태까지 착수했던 사업과는 차원이 다른 액수였다. 우선 소요되는 목돈을 마련해야 하고 또 공장부지를 확보해야 하는 것이 문제였다. 그러나 새로운 사업에 도전한다는 의욕으로 신명이 난 젊은 사업가들은 어려운 줄 모르고 밀고 나갔다.

이병철 사장의 방문

바쁜 나날을 보내고 있던 7월 어느 날 구 사장은 뜻밖의 진객의 방문을 받았다. 삼성물산의 이병철 사장이 구 사장의 사무실을 찾아온 것이다. 그들은 이미 40년 전인 1915년 지수보통학교 시절, 같은 반에서 책상을 나란히 했던 죽마고우였다. 무슨 일이든 서로 흉금을 털어놓고 이야기하는 사이였다.

"구 사장, 나와 동업으로 무역업 하지 않겠나?"라고 이병철 사장은 말문을 열었다. 이병철 사장은 자신이 2억 원을 출자할 터이니 공동출자로 외국에서 원당(原糖) 수입을 하는 일을 같이하자는 것이었다. 이병철 사장은 원당 수입은 큰 수익이 발생될 수 있다고 말했다. 원당은 설탕을 만드는 원료다. 이병철 사장은 원당 수입 이후에 추후 제일제당이라는 설탕공장을 지어 설탕 국산화에 성공하면서 대성공을 거뒀다.

구인회 사장은 "나는 기왕 결심한 바가 있어 생산업에 전념하겠으니, 이 형은 무역업을 해보소."라고 완곡하게 거절했다.

구 사장은 "이 사장 자네가 무역업에 손대면 틀림없이 성공을 거둘 거네."라며 격려의 말을 해주었다. 후일 이 두 사람은 대기업 그룹을 이루었고 사돈 간이 되었으니 인연이란 우연찮은 것만은 아닌 것이다.

최초의 플라스틱 머리빗

1953년 전쟁은 마침내 하나의 전기를 맞이하고 있었다. 7월 10일 유엔군 측 대표와 공산 측 대표가 개성(開城)에서 처음으로 휴전회담 본회담을 시작했다.

그해 10월, 락희화학공업사는 미국의 와트슨스틸만사에 플라스틱 사출성형기 1대를 비롯한 빗과 비눗갑 금형 그리고 원료 등을 발주했다. 비록 작은 기계 한 대 주문하는 일이었지만, 구인회 사장으로서는 그동안 알뜰하게 모아온 전 재산인 3억 원을 투자하는 나름대로는 결단의 순간이었다.

구 사장은 주문에 관한 절차를 끝마치자마자, 기계가 도착하기 전에 갖추어야 하는 여러 가지 사전 준비에 골몰하기 시작했다. 무엇보다도 공장 후보지를 물색하는 것이 급선무였다.

마침 구자경 이사가 관리하고 있던 범일동의 조선알마이트공업사 공장 옆에 작은 빈터가 있었다. 구 사장은 그곳을 플라스틱 공장부지로 결정했다. 조선알마이트공업사 건물은 낡은 아파트식 공장이었는데 당시 국방연구소 관계자들이 알미늄에 산화막 염색을 하는 일종의 표면 처리 공장이었다. 그런데 관리 부실로 운영난에 빠져 있는 것을 구 사장이 임대해 구자경 이사에게 관리하도록 맡겨두고 있었던 것이다.

공장 자리가 결정되자 이번에는 업무분장에 들어갔다. 새로운 경영 진영을 짜는 것이었다.

우선 구정회 부사장에게는 기획 업무와 자금운영 업무를, 구태회 전무에게는 연구개발 업무를, 허준구 상무에게는 크림 판매 수금을 통한 공장 건설 자금 확보 책임을 주었다. 그러고도 부족한 일손을 채우기 위해 이연두(李淵斗)와 허학구(許鶴九) 등을 불러 구자경 이사와 함께 공장 건설 업무를 맡도록 했다. 이같이 업무를 분장하고 각기 맡은 일을 추진해보니 능률적으로 업무가 처리되어 나갔다.

1952년 4월 10일 범일동 공장의 건설 공사가 끝나자 구 사장은 운영 실적이 좋지 않은 조선알마이트를 해체하고 그 자리에 알마이트 가공업과 합성수지 가공업을 업종으로 하는 동양전기화학공업사를 설립했다. 두 공장을 하나로 묶고 보니 총 대지가 2백여 평에 연건평은 41평이었고 생산직 종사자는 17명이었다. 이제 플라스틱 제품을 만들어낼 준비가 끝난 셈이었다.

이러는 사이에도 구인회 사장은 전국 화장품 업계에서의 두터운 신망이 발판이 되어 사단법인 대한화장품협회의 이사장으로 선출되었다. 또한, 서울대학교를 졸업한 넷째 아우 평회를 결혼시켰다.

시국은 휴전협정 회담은 지지부진하고 임시수도 부산 일대에 계엄령이 선포되고 야당 국회의원 구금과 김성수 부통령의 사임 등 소위 부산 정치 파동의 회오리바람이 휘몰아쳤다.

이런 가운데 지난해 10월 미국으로 주문한 사출성형기가 10개월 만인 8월 부산항에 도착했다. 이 소식을 알려온 버클레이 회사의 대표 윌컥스도 흥분을 감추지 못할 정도로 기뻐했다. 그가 기뻐하고 흥분하는 데는 사연이 있었다.

이 기계는 발주 후 3개월이면 도착하는 것이 일반적이었는데 락희화학 사람들이 기계설비에 관해 아는 것이 많지 않아 시행착오가 있었던 것이다. 즉, 락희에서 발주한 기계는 양산을 위한 공업용이 아니라 실험실용 기계였던 것이다. 따라서 미국의 납품회사에서도 이미 만들어져있는 기계를 제쳐두고 새로 특별 제작에 들어가느라 시일이 많이 걸렸고, 중간 역할을 한 버클레이 측에서도 애를 먹었던 것이다.

어떻든 기계가 이제 눈앞에 나타난 것이 현실인 만큼 설치하고 가동하는 일이 시급했다. 구 사장을 중심으로 한 락희화학 사람들은 밤낮을 잊은 채 기계 설치에 전념했다. 사출성형기를 만져본 사람은 아무도 없었기에 마치 오늘날 복잡 정밀한 가전제품을 조립하듯이 설명서를 하나하나 읽어가면서 조립하고 이해하는 수순을 밟아나갔다. 영어에 능통한 평회가 영문 설명서를 우리말로 번역해 읽고 설명하면 허학구와 구자경 이사가 부품을 하나하나 맞추어 나갔다.

드디어 제1호 사출성형기가 조립 설치되었다. 설치 과정은 천신만고였다.

구인회 사장을 비롯한 모든 임직원이 숨을 죽이고 전원 스위치를 넣었다. 그러나 기계는 꿈쩍도 하지 않는 것이 아닌가! 탄식이 여기저기서 나왔다. 처음부터 다시 점검에 들어갔다. 그러나 아무리 찾아보아도 이상은 없었다.

이때 구자경 이사가 갑자기 의문을 제기했다.

"전압(電壓)이 낮아서 안돌아가는 것 아닙니까?"

대단한 관찰력이었다. 모두 달려들어 전압을 점검해보니 과연 전압이 낮아도 너무 낮았다. 황급히 변압기를 사다가 전압을 조정하고 두 번째로 스위치를 넣었다. 성공이었다.

기계는 매끄럽게 돌아가면서 이것저것 핸들을 조정하는 데 따라 아름다운 플라스틱 머리빗을 토해내기 시작하는 것이었다.

"만세, 만세."

"봐라, 이게 플라스틱이라는 거다."

누구의 입에서 감격의 함성이 터져나왔고, 목 메인 만세 소리가 공장의 좁은 공간을 뜨겁게 흔들었다. 구인회 사장만은 입을 꼭 다문 채 기계에서 밀려 나오는 빗 하나를 집어 들어 만감이 서린 눈으로 들여다보고 있었다. 마침내 기업인으로서의 긴 고행(苦行)의 시발점에 들어섰다는 진한 감회로 두 눈이 젖어 있었다. 빨간색의 곱고 앙증맞은 빗의 허리에는 동양전기화학공업사의 〈ORIENTAL〉이라는 상표가 선명하게 찍혀 있었다. 구인회 사장의 나이 46세 8월의 일이었다.

공전의 힛트상품

구인회 사장은 플라스틱 사업의 잠재성이 좋으리라는 점은 예견하고 있었지만 이처럼 큰 성공을 얻으리라고는 생각하지 못했던 것이 사실이다. 새로 설치한 사출성형의 시험가동은 곧바로 본격적인 플라스틱 생산 작업으로 이어져 나갔다. 2개가 한 쌍으로 되어있는 금형에서 플라스틱 빗이 45초 간격으로 쏟아져 나왔고 하루의 생산량이 가동 초기에는 대충 3백50개 정도였다.

이렇게 만들어진 빗들은 우선 시험 삼아 부산 국제시장으로 출하되었다. 그런데 이 플라스틱 빗은 상상외의 큰 인기를 끌기 시작했다. 대나무라든가 목재를 가공해 만든 투박한 재래식 빗에 익숙해 있던 소비자들이 값이 싸고 곱상한 신소재의 빗을 보고 모두 신기해하며 갖고 싶어 했으니 인기가 있을 수밖에 없었다. 상인들은 하루에 3백여 개로 한정되어 있는 제품들을 먼저 배정받겠다고 아우성이었다. 그리고 가져간 물건들은 가게에 진열할 틈도 없이 소비자들 손으로 넘어가곤 했으니 상상하기 어려운 진풍경이었다.

구인회 사장은 빗에 이어 비눗갑도 만들어냈다. 비눗갑의 인기도 마찬가지여서 나날이 늘어나는 수요를 채우기에는 공급이 너무 부족했다. 당시 플라스틱 빗은 미국이나 일본에서 들여온 것들이 나돌고 있었지만 한 상자에 1백50원에서 2백 원까지 받는 데 비해 국산 오리엔탈이 2백 원에 팔리고 있었으니 그 인기도가 어느 정도였는지 짐작할 수 있다.

오리엔탈 빗이 외국산 밀수품으로 오인 받아 곤욕을 치르는 에피소드도 있다. 어느 날 밤 저녁 밥상을 받고 있던 구인회 사장에게 전화가 걸려왔다.

"사장님요, 저 방금 공장에서 빗을 싣고 나온 사람인데 경찰이 자전거를 세우고 검문하더니 홍콩 밀수품 카면서 압수하겠다 안합니까. 우째할까예."

"뭐 홍콩 밀수품이라고?"

당시의 세태는 외국제 밀수품이라면 멋지고 좋은 상품이었다. 그런데 경찰관이 우리 공장에서 만든 빗을 밀수품으로 오인했다니 묘하게 기분이 으쓱해져 나쁘지는 않았다. 구 사장이 현장에 나가 경찰관에게 신분을 밝히고 사실을 해명함으로써 사건은 일단락되었다.

빗과 비눗갑은 만드는 대로 팔려나갔고 소매상들의 아우성치는 수요를 감당하기 위해 24시간 철야작업을 했다. 한편 알마이트 가공부에서도 식기, 냄비, 도시락갑과 같은 금형 등의 크롬도금 및 일반도금 작업으로 일이 많이 밀리고 있는 형편이었다. 당시로써는 알마이트 제품에 대한 수요가 급격히 늘고 있었고 또 크롬도금도 국내에서는 최초라 할 만큼 개발 초기였기 때문이다. 비좁고 엉성한 아파트식 공장이었으나 어느 한시도 기계 돌아가는 소음이 멎는 일이 없었고 밤이면 휘황한 전깃불이 꺼질 줄 몰랐다.

구인회의 고뇌

구인회의 매력은 어떤 경우든 겸손해지려고 하는 것이다. 플라스틱 제품들이 날개 돋친 듯 팔려 나가지만, 결코 들뜨지 않았다. 오히려 침착해졌다.

그해 추석이 며칠 후로 다가오고 있는 어느 날 밤 구 사장은 일손을 잠시 멈추고 공장 앞뜰로 나왔다. 넓지 않은 공장 마당에는 여러 가지 원자재와 제품들이 쌓여있어서 어느 한구석 발 디딜 틈도 없었다. 달은 휘영청 밝았다. 그러나 구 사장의 시야에는 이런 낭만적인 풍경도 들어오지 않았다. 머릿속에는 골똘한 생각들이 꽉 차 있어서 미처 다른 생각을 떠올릴 여유조차 없었다.

"지금 나는 내 인생의 어디쯤에 와 있는가?"

구 사장은 스스로 자문하며 그동안 경황없이 뛰어만 왔던 자신의 발자취를 되돌아보는 것이다.

"지금 나는 어디로 가고 있으며 장차 어디로 가야 하는가?"

일제 식민지하의 억압과 소외 속에서 소년기와 청년기를 보냈고 이제 해방된 조국이 앓고 있는 처참한 전란, 2년 연속의 임시수도 부산에서 고생 끝에 어찌어찌 새로운 사업의 실마리를 잡은 셈이 아닌가.

그러나 사람이란 스스로의 분수를 알아야 한다. 어떤 일에서나 좌절을 맛보지 않으려면 먼저 지피지기(知彼知己)하는 슬기가 있어야 한다. 따라서 나는 지금 이 수준으로 만족해야 하는 것일까. 아니면 사업을 더 확장하고 발전시키는 데 매진해야 하는 것일까. 작은 공장이지만 알뜰하게 돌리고 잘 팔리는 제품을 만들어 그 속에서 실속도 챙기고 행복도 찾는다면 한세상 걱정 없이 두리뭉실 살아갈 수 있는 것 아닌가. 공연히 큰 욕심 부리다 이것저것 다 잃고 고생하느니보다는 몸을 사리는 것이 상책이 아닐까. 조심하는 것이 돈 버는 일이라는 옛말도 있지 않은가.

'아니다. 그게 무슨 어림없는 소리냐. 사나이 대장부가 칼을 한 번 뽑았으면 끝장을 봐야지. 이 좋은 길목에서 몸을 사리다니 될 법이나 할 소리냐. 갈 데까지 가야 한다. 그것이 사업하는 사람에게 씌워진 굴레이자 소명임에 틀림없다. 구인회! 너 무엇을 꾸물대고 망설이느냐. 아침 해돋이와 같은 오늘의 운세를 더욱 힘껏 펼쳐나가야 한다. 어서 나가야 한다.'

두 개의 서로 다른 목소리가 구 사장의 귓전을 아프게 때리고 있었다.

몇 달 전 플라스틱 사업에 뛰어들기로 결심할 때도 적지 아니 생각하고 고민했지만 지금 사업이 승승장구 거짓말같이 풀려나가고 보니 운신이 한 차원 더 어렵게 느껴지는 구 사장이었다. 그것은 선택의 갈등이었다. 쉽게 말하자면 지금 이 정도만으로도 장사는 잘되고 있으니 가족들 의식주 걱정은 없는데 공연히 큰 욕심 부려 위험을 자초할 게 뭐냐는 생각이 있었고, 다른 하나는 위험 부담 없는 성장과 발전이란 인류가 이루는 발전사에 어느 대목, 어느 마디에도 찾아볼 수 없으니 인생의 모든 것을 바쳐서라도 밀고 나가는 것만이 선택의 여지 없는 자신의 갈 길이라는 생각이었다.

그러나 구인회 사장에게 있어서 그 같은 갈등의 몸부림은 스스로 조신(操身, 몸가짐)을 위한 하나의 점검이자 성찰이었다. 결코 갈팡질팡 헤매는 것은 아니었다. 구 사장은 어제나 잔잔하고 조용하게 머물러있는 듯 보이지만 사업에 관한 한 안으로 불덩이 같은 정열을 품고 있었다. 레일이 있는 한 멈출 수 없는 기관차였다.

구인회 사장이 달 밝은 밤 공장 앞뜰에서 고민하다 결심한 길은 플라스틱 '사업 확장'이었다. 플라스틱 사업을 더욱 확장하고 키워서 국가의 경제발전에 이바지하고 산업계에 새롭고 획기적인 지평을 열어보자는 결심이 서자 구인회 사장은 비로소 마음의 평정을 되찾았다.

11

플라스틱을 주 업종으로

락희화학의 공장은 잠시도 쉴 틈 없이 돌아가고 제품을 떼러 오는 상인들은 그저 문턱이 닳도록 바쁘게 들락거렸다. 가장 멀리 뛰는 개구리는 가장 많이 몸을 움츠리는 법이다. 구인회 사장은 추석의 짧은 휴가가 끝나고 다시 공장이 시작하는 날 회사 간부 직원들을 불러모았다.

구 사장은 휴가 중에 자신이 생각하고 구상했던 것을 풀어 놓았다. 여러 가지 분야에 유용하게 이용될 갖가지 도구를 만들어내는 플라스틱 산업이야말로 우리나라 같은 후진국에는 필수불가결이 될 것이라는 것, 목재나 금속 산업을 대신하는 제품을 만들어냄으로써 대체 자원 효과를 볼 수 있다는 것, 재질이 가볍고 색상이 아름다울 뿐 아니라 생산원가가 싸기 때문에 상업성이 강하다는 것, 이처럼 장래성이 좋으니 앞으로 플라스틱 사업을 우리의 주력 업종으로 삼는 것이 어떠냐고 물었다.

구 사장이 단독으로 결정한들 어느 한 사람도 이의를 달고 나설 처지는 아니었다. 그러나 그 같은 중요한 결정을 혼자서 하고 무조건 따라오라는 식의 독선을 하지 않는 구 사장이었다. 구 사장은 인화(人和)를 최고의 가치로 존중했으며 이것은 그의 리더십의 근간이었다.

참석자 전원은 구 사장의 의견에 전폭적인 찬성을 보냈다. 참석자들은 지금 사업을 확장하고 시장을 넓혀 나가는 것이 무엇보다 시급하다는 의견이었다.

구 사장은 사업 확장을 위해 손을 쓰기 시작했다. 우선 빗과 비눗갑의 폭발적 수요를 감당하기 위해서는 용량이 큰 사출기를 들여오는 것이 시급했으므로 다시 한번 미국의 와트슨스틸만 제품으로 1만 6천 달러짜리 6온스 기계를 주문하기로 했다.

그리고 빗과 비눗갑을 만들었으니 구색을 맞추기 위해서라도 칫솔도 만들어보자는 의견이 있어 칫솔식모기도 주문했다. 이 칫솔을 만들어보자는 아이디어는 추후 럭키치약을 개발하는 계기를 만들어주는 대단한 것이었다. 이 책에서는 다음에 자세히 다룰 것이다.

그런데 이 과정에서 자그마한 사건이 발생했다.

공장이 확대되는 데 따라 신규 직원이 증원되었다. 신규채용 직원 가운데 서울대 공과대학 기계과 출신의 이모라는 청년이 있었는데 구 사장은 영민해 보이는 그에게 기계 도입 및 기계조작의 책임을 맡겼다. 그런데 그를 통해 상공부에 접수시킨 기계 도입 허가가 아무리 기다려도 감감무소식이었다.

구 사장은 너무도 시일이 많이 걸린다 싶어 사람을 시켜 상공부에 알아본 결과 담당자였던 그 직원이 신청서를 변조해 AID 자금을 따내어 자기 명의로 사출성형기 3대를 몰래 들여왔다는 사실을 밝혀냈다. 락희화학으로서는 청천벽력이었다. 믿는 도끼에 발등 찍힌 격이었다.

이러쿵저러쿵 곡절 끝에 상공부 공무원이 중재에 나섰다. 이모라는 청년의 소행은 괘씸하지만, 그가 저지른 잘못은 불문에 부치기로 하고 사출성형기 3대는 락희화학 측이 인수하는 것으로 사건은 일단락되었다.

이렇게 되자 락희화학 측은 일시에 사출성형기를 3대나 확보하게 되는 전화위복을 맞았다. 락희화학은 공급이 수요를 못 따라 소매상들이 더 많은 물건을 못 받아 애를 태우던 현상을 해소하게 되었고, 회사 수익도 증대되었다. 이때를 계기로 생산제품도 다양해졌는데 빗, 비눗갑 말고도 세숫대야라든가 각종 식기와 칫솔대 등이 생산되었다. 생활용기의 혁명을 가져왔다.

그러나 칫솔을 생산하려고 시도했지만 식모술(植毛術)이 미숙해 제대로 된 제품이 나오지 못했다. 이 무렵 구 사장은 국방과학연구소 관계 일을 보고 있던 일본 출신의 김광식(金光植)이라는 이학박사를 알게 되었는데 그와 많은 이야기를 나누는 사이 김 박사는 기계공학 분야에 폭넓은 지식을 가지고 있을 뿐 아니라, 구 사장이 당장 고민하고 있는 식모기술에도 어느 정도 이해가 있다는 것을 알게 되었다. 그래서 김광식 박사를 고문으로 모시기로 하고 높은 수준의 예우를 했는데 김 박사의 도움과 기술 관련 직원들의 헌신적 노력으로 락키화학의 칫솔 식모 기술은 큰 발전을 이룰 수가 있었다.

이 무렵 범일동 공장관리 업무는 구 사장의 장남 구자경 상무와 허준구의 친형 허학구 전무 담당이었다. 이들 두 사람은 말이 전무, 상무 등 임원급이었지만 공장에서 숙식하며 24시간 붙박이로 근무하는 막일꾼이나 다름 없었다. 이 두 사람은 비좁은 다다미방에서 군용 슬리핑백 하나로 새우잠을 자고 새벽 5시면 반드시 일어나야 했다. 그것은 상인들이 오기 전에 포장해 두어야 하기 때문이었다.

빗은 2천 개 단위, 칫솔은 5백 개 단위로 포장했다. 새벽에 몰려오는 상인들은 이미 구인회 사장에게서 제품의 수량을 배정받은 사람들이었다. 상인들에게 6시경부터 물건을 내주기 시작하면 7시쯤 끝난다. 그리고 7시 반쯤이면 사장으로부터 어김없이 전화가 걸려온다.

"아침에 누구누구 왔다 갔나?"

"물건을 배정한 대로 어김없이 줬나?"

"별다른 일은 없나?"

사장의 질문이나 지시는 간단히 끝나지 않는다. 아침에 찾아왔던 상인 한 사람 한 사람의 성품에 대한 이야기라든가 도매상인들을 응대하는 요령 등 전화를 받는 사람의 손에서 땀이 날 정도로 자상하고 세밀한 지시가 이어진다.

구인회 사장은 대범하지만 작은 것도 챙기는 치밀한 성격의 소유자이기도 했다. 동서고금 가릴 것 없이 설교나 훈화를 좋아하는 젊은이는 없지만, 구자경, 허학구 두 젊은이는 내색하는 일 없이 언제나 다소곳하게 사장의 지시를 따랐다. 구인회 사장도 젊은이들의 눈치를 모를 턱이 없지만 모르는 척했다. 구 사장이 남달리 애지중지하는 장남 자경에게 그토록 어렵고 궂은일만 시키는 까닭은 먼 훗날을 내다보는 넓고 깊은 생각에서였다. 귀여운 자식에게는 매 한 대를 더 주라는 경구를 구 사장은 알고 있었다. 두 젊은이는 이러한 엄한 단련 속에서 사업을 영위해 나가는 요령을 하나하나 터득할 수가 있었다.

실제 두 사람은 우리나라에서는 최초로 들여온 플라스틱 사출성형기이지만 이에 대해 어느 누구 못지 않게 잘 다룰 수 있는 기술을 익혔고, 전문적인 지식을 갖게 되었다. 먼 훗날 구자경이 2대 회장이라는 막중한 책임을 맡게 되었을 때 가장 큰 힘이 되었던 것은 젊은 날 공장에서 온갖 궂은 일들을 혼자 맡다시피 하면서 익힌 경험들이 있었다고 말한 것을 보더라도 그때의 고생들이 얼마나 값진 것이었나를 알 수 있다.

구인회 사장의 당시 가장 시급한 과제는 범일동의 협소한 공장으로부터 벗어나는 일이었다. 더구나 국방과학연구소로부터 전세 내어 쓰고 있던 공장 건물의 전세 기한도 임박해오고 있었다. 공장 이전은 절박한 과제였다. 그러나 마땅한 건물이 구해지지 않아 차제에 넓은 부지를 구해서 큼직한 공장을 새로 짓자는 의견들이 나오고 있을 무렵이었다. 기술직 간부였던 이연두가 부전동 5백 18번지 일대 5백40여 평의 땅을 물색해 왔다. 검토한 결과 모든 조건들이 나쁘지 않아 그 자리에 공장을 짓기로 결정했다. 부전동 시대가 열리게 됐다.

1953년 새해가 밝았으나 시국은 여전히 어수선하기만 했다. 2월 들어 긴급통화조치령의 공포와 함께 원화(圓貨)의 호칭이 환(圜)으로 바뀌면서 1백 대 1로 평가절하되었다. 6월에는 반공 포로 석방, 7월에는 지루하게 끌어오던 휴전협정 조인, 8월에는 정부가 부산에서 서울로 환도했고 9월에는 국회가 환도했다. 숨 가쁜 시국 속에서도 락희화학 공장은 활발하게 가동을 계속했다. 4월 접어들면서 칫솔 군납(軍納)의 길이 뚫려 락희화학의 사기는 한껏 높아졌다.

부전동 공장 신축공사 일은 구자경, 허학구, 이연두 세 사람이 전담했다. 이들 세 사람은 세 손목 한 가래처럼 손발이 맞아 공장건축 공사는 속력이 붙었다.

구인회 사장은 새 공장으로 이전할 때를 대비해 사출성형기 6대와 자동 식모기 등을 새로 발주하고 비누와 치약을 개발하는데 대한 준비도 은밀히 진행시켰다. 바늘 가는데 실(絲)이라고, 칫솔 만드는데 성공했으니 이제 치약을 만들어야 했고 치약이 나온다면 비누도 곁들여야 자연스러운 것이다. 좋은 발상은 좋은 결과를 낳는다. 그러나 당시 국내 치약 시장은 미제 '콜게이트'가 휩쓸고 있었다. 콜게이트란 미국의 기업 콜게이트파몰리브사의 구강용품 브랜드이다. 1806년 창업주 윌리엄 콜게이트가 뉴욕시에서 비누와 양초를 팔면서 시작되었다. 어설픈 국산 치약이 나온다 해도 결과는 뻔한 일이었다.

구인회 사장은 태회와 평회 두 아우로 하여금 그동안 모았던 외국의 참고서적이나 자료들을 연구하도록 했다. 기술 후발국인 우리로서는 선택할 수 있는 최선의 방법이었다. 우리는 구인회 사장이 플라스틱을 시작할 때도 이 방법에 의존했던 것을 기억할 수 있다.

구인회 사장은 콜게이트 치약을 정밀 분석하고 그 과정을 알아내어 동일한 기계, 동일한 원료를 써서 만드는 것만이 콜게이트와 경쟁이 가능하다는 결론을 낸 것이다. 구 사장은 세계 일류 치약들의 제품 정보를 입수하도록 지시하고 다른 한편으로는 기계와 원료를 도입하는 절차를 밟기 시작했다. 또 이 무렵 조선제유(朝鮮製油)가 비누 제조원료를 많이 가지고 있다는 정보를 입수, 산업은행에 근무하던 서병수(徐丙秀)를 통해 우지와 피마자유 등을 전량 사들였다.

6월 30일부터 시작한 부전동 신축공장은 1백 30평의 함석 지붕 건물이 같은 해 9월 말에 완공되어 입주하자마자 10월 5일부터 가동을 시작했다. 구 사장은 부전동으로 옮긴 후 맨 먼저 동양전기화학공업사를 해체해 락키화학공업사라는 명칭을 되살렸고, '오리엔탈'이라는 상표도 '럭키'로 바꾸었다. 아울러 화장품 제조업은 그만두기로 했다. 구인회 사장의 대담한 결단이었다. '럭키크림'이 사업 성공의 기초를 닦았던 것을 감안하면 쉽지 않은 일이었다.

구 사장이 화장품 제조업을 그만두기로 한 것은 나름대로의 깊은 생각 끝에 나온 것이었다. 당시 락희화학의 화장품 시장점유율은

50% 이상 되고 있었지만, 세간에는 이것이 사실 이상으로 과장되어 락희가 떼돈을 번다는 소문이 나돌았다. 화장품 제조업이 떼돈을 번다니까 제조업체가 우후죽순처럼 난립해 시장 질서가 무너졌다. 외상매출 회수 기간이 자꾸 길어져서 채산성이 악화일로를 걸었다. 구인회 사장은 무엇보다 제조업에 전념하는 마당에 군소 소비재 업체와 경쟁한다는 것이 경쟁 윤리에 맞지 않다고 생각했다. 그들에게 자리를 내주는 것이 대기업의 옳은 선택인 것이다. 그래서 구 사장은 자신이 맡고 있던 대한화장품협회 이사장 자리도 1954년 3월에 사임하고 공장과 시설은 친척되는 구문회(具文會)에게 양도했다.

구 사장은 매각대금으로 플라스틱 사출성형기를 추가 도입했다. 새로 도입된 기계들을 설치하고 보니 사출성형기가 10대로 늘어나 있었고 그밖에도 칫솔 자동식모기 등의 기계가 즐비해 제법 공장다운 모습이 되었다. 이와 함께 구인회 사장은 조직을 정비하고 모든 임원들에게 공식 직함을 부여했다. 당시의 임원진은 구인회 사장을 정점으로 구정회 부사장 등 7명이었고 부서 책임자로는 공장장, 경리과장, 생산과장, 그리고 서울사무소 2명 등으로 구성되었다.

생산시설이 급속히 늘고 생산 속도가 빨라지다 보니 많은 인원을 보충했지만, 일손이 상대적으로 부족하고 근로자들의 숙련도도 낮아 어려움이 많았다. 구자경, 허학구, 이연두 등은 공원들에게 기계 조작법을 알려주는 것에서부터 원료 배합비율을 알려주는 등 생산성을 높이기 위해 심혈을 기울였다.

생산활동이 활발하다 보니 원료 수입 업무도 바빠졌다. 서울사무소로 진출한 구평회 지배인은 외국의 합성수지 회사들을 찾아내어 발주 문서를 보내는 일에 여념이 없었다.

서양 영어권 나라에서는 '핫케이크처럼 잘 팔린다'는 말이 있다.

이 말은 어떤 상품이 날개 돋친 듯 잘 팔려나가는 것을 비유할 때 쓴다. 럭키가 만들어내는 빗이나 비눗갑, 그리고 칫솔 등은 만들어내는 대로 신기하리만큼 정말 핫케이크처럼 잘 팔려나갔다. 더구나 통화개혁이 단행된 직후였기 때문에 사람들은 예금조차 동결되어 상거래가 중단되다시피 하고 있는 때였다. 이 같은 시기에 '럭키' 제품을 사겠다고 공장 앞에서 장사진을 치고 아우성이었다. 그야말로 공전의 힛트 상품을 개발해 낸 결과였다. 구인회 사장의 럭키화학공업사는 욱일승천의 기세로 뻗어나가면서 놀라운 변신을 거듭해갔다.

12

서울사무소의 개설

　구인회 사장의 눈은 언제나 앞서 있고 멀리 보고 있다.
　"큰일을 하려면 일을 만들고 인재를 키우면서 신념을 가지고 밀어붙여야제. 안 그렇나. 우선 우리는 남에게 뒤지지 않게 서울에 사람을 올려보내는기요. 멀리 보고 크게 보자면 대처(大處)에 자리를 잡아야 안 되겠나 말이요."
　구 사장의 말이었다. 락희화학의 서울사무소를 열자는 이야기였다.
　1953년 5월, 선발대로 구태회 전무를 서울로 올려보냈다. 사실 사무실 개설을 위한 구체적인 준비도 갖춰지지 않았다. 휴전협정이 성립하기 2달 전이었다. 이때를 전후에 상공부도 서울에 올라가 있었다. 상공부가 떠나고 나니 부산에서는 통관업무라든가 수입 관계 일을 보기가 어려웠고 제품 원료나 기계 등을 도입하는기 위해서는 미국 원조물을 확보해야만 했는데 이것 역시 서울에 상주해야 가능한 일이었으므로 구태회 전무가 선발된 것이었다. 당시는 전시이기 때문에 서울에 들어가는 것 조차 쉽지 않았다.

우선 도강증(渡江證)이란 걸 얻어야 한강을 건널 수 있었다. 여러 곳의 정부기관과 군부대를 거쳐 가까스로 도강증을 손에 넣고 보면, 그다음은 교통편이었다. 편승의 기회를 얻는 것은 행운이 뒤따라야 했다.

구태회 전무는 이 같은 열악한 조건 속에서도 하루하루 자리를 잡아 나아갔다. 학창시절부터 서울이 익숙해 있는 구 전무지만 서울사무소 개설 초기의 어려움은 이만저만한 것이 아니었다. 우선 사무실을 정하는 것이었다. 구 전무는 을지로 4가 '만물상회'라는 가구상을 하고 있던 집안 사람 구명서(具明書)를 찾아가 상의한 끝에 만물상회 옆에다 방 하나를 얻었다. 단출하나마 책상과 의자 몇 개를 들여놓고 미스 표(表)라는 여직원을 채용해 사무보조와 잔심부름 등의 일을 맡겼다. 구인회 사장의 평소 검소하고 겉치레를 좋아하지 않는 성격이 그대로 나타나는 서울사무소 구성이었다. 당시 락희화학 실력으로는 서울 도심부에 사무실을 꾸미는 것도 충분했다.

부산에 본거지를 둔 락희화학이 서울에 사무실을 개설했다는 사실은 나름대로 잘 계산된 획기적인 일이었으나 정작 일을 맡아보는 구태회 전무로서는 여간 벅차고 힘드는 일이 아니었다. 혼자서 매상업무, 주문접수, 제품배달, 수금업무 등에다 상공부를 위시한 관공서 출입업무까지도 수행해야 했기 때문이다.

부산의 구인회 사장이 서울사무소의 그 같은 고충을 모를 까닭이 없었다. 인편을 통해 수시로 들려오는 소식에 의하면 구 전무 혼자서 사방팔방으로 뛰어다니느라 고생이 말이 아니라고 했다. 또 구 전무 자신도 업무의 전문화와 능률화를 위해 인력 보충이 시급한 실정임을 알려오기도 했다. 구인회 사장도 조급한 마음은 구 전무와 다를 바가 없지만, 그는 좀 더 신중한 생각을 가지고 있었다.

지금 가까스로 궤도에 진입하려 안간힘을 쓰고 있는 기업이 장차 대기업으로 성장할 수 있느냐 없느냐는 '사람쓰기'에 달려있다. '모든 일은 사람에 의해 성패가 갈라지는 만큼 사람을 잘 써야 한다. 이른바 인재 발탁이다. 깊은 생각도 없이 사람을 채용했다가 마땅치 않다 해서 잘라내고 다시 새 사람을 썼다가 이용 가치가 적어지면 밀어내는 식의 인사관리는 인간을 존중하는 용병술이 아닐 뿐 아니라 정도도 아니라고 생각했다. 기업이 치열한 경쟁에서 이기기 위한 최선의 길은 사람을 잘 써야 하고, 또, 한번 선택한 인재는 훌륭히 갈고 닦아서 잠재 능력을 십분발휘할 수 있도록 해주어야 한다고 구인회 사장은 믿었다. 구인회 사장의 그 같은 인재관은 「인간존중」이라는 창업이념이 되었다.

어찌 되었건 지금 현재 당장 중요한 것은 함께 일해 나갈 쓸만한 사람을 구하는 일이다. 구인회 사장은 자신의 인재관에 딱 들어맞는 한 사람을 생각해냈다. 허준구 상무의 동생 허신구(許愼九)였다.

승산마을의 만석꾼 허만정의 넷째아들로 태어나 부산 동래중학교를 거쳐 부산대학교를 졸업한 허신구는 당시 조선통운(朝鮮通運)이라는 회사에 근무하고 있었다.

"허신구 좀 보자케라."

결정하기 전에는 퍽이나 신중을 기하지만 생각이 정해지면 한시도 지체하지 못하는 구인회 사장이다. 구 사장은 조선통운으로 급히 사람을 보내 일하고 있는 사람을 불러오게 했다.

"신구, 잘 왔네. 자네 오늘부터 나하고 같이 일하세. 이제 휴전도 곧 될끼라. 정부도 환도하고 피난민들도 모두 고향으로 돌아가고 하면 우리 기업하는 사람이 눈코 뜰 새 없이 바빠질걸세. 자네는 몸도 튼튼하고 재능도 출중하니 기업에 들어와 능력 발휘해서 한번 날려

보지. 내 말이 틀리나?"

숨 쉴 틈도 주지 않고 휘몰아치는 구 사장의 말에 젊은 허신구는 어리둥절했다.

"자네 즉시 서울로 올라가. 서울사무소 맡고 있는 태회 일을 거들어 빗이나 칫솔을 시장에 내보내고 영업의 기반을 잡아주게."

사뭇 사원에게 업무 지시를 내리듯 구 사장의 말은 거리낌이 없었다.

"저 장사라고는 근처에 가본 일도 없는데요."

허신구는 한 발짝 뒤로 물러났다.

이 장면에서 우리는 꽤 오래전 허신구의 아버지 허만정 옹이 구인회 사장을 찾아와 허신구의 형 허준구를 데려와 "이 아이를 맡길 테니 잘 키워주시오." 하던 것을 떠올려 보면 오늘은 그 반대의 장면이 연출되고 있는 것이다.

"딴소리하지 마! 내 자네 뒷조사 다 해봤어. 그만하면 일하겠더라. 물건 갖고 내일 저녁 기차로 떠나게. 증명서 다 만들어주고 기차표도 끊어 줄기라."

그래도 허신구의 얼굴에 망설이는 빛이 보이자 구 사장은 다시 한 번 아주 멋진 비유를 들어 말했다.

"보래, 자네 서부활극 봤제? 아무도 안 사는 그 넓은 황야에 남보다 먼저 가서 말뚝 박고 울타리 쳐서 말도 기르고 씨도 뿌려 개척하는 사람이 안 이기드나. 자네가 패기 있고 용감한 카우보이보다 못할 게 뭐꼬. 청춘을 걸고 한번 해보래! 반드시 해낼 기라!"

멀쩡하게 조선통운에 잘 다니고 있는 사람이 순식간에 직장을 바꾸기로 작정하는 순간이었고 이 선택이 허신구의 생애에 매우 현명했다는 것은 새삼 말할 것도 없다. 허신구는 추후 LG그룹의 금성전선 사장, 럭키 사장, 금성사(현 LG전자) 사장 등을 역임하게 된다.

이튿날 저녁 허신구는 도강증과 기차표를 안주머니에 단단히 넣고 큼직한 화물 보따리와 함께 서울행 야간열차에 올랐다. 허신구는 가슴이 설레고 얼굴은 상기되어 있었다. 그러나 대학시절 운동으로 단련한 그의 건장한 체구에는 미지의 세계에 대한 강한 호기심과 투지가 서려 있었다.

인재영입과 박승찬(朴勝瓚)과의 만남

구인회 사장은 유난히 사람 욕심이 많다. 인재를 키워야 기업이 클 수 있다는 강한 신념을 가진 기업인이었다. 구 사장은 괜찮다 싶은 인재가 눈에 띄면 마음 속에 접어두었다가 훗날 기회가 오면 온갖 설득과 예우로써 맞아들이곤 했다.

사실 락희화학 창업 초기에 참여한 직원들의 면면을 살펴보아도 집안사람이거나 외부 영입의 경우거나 거의가 능력이 뛰어나고 재사들이다. 구인회 사장은 인복이 많은 사람이었다.

1953년만 해도 성장에 크게 기여한 이연두, 허신구가 입사했고 이듬해는 박승찬과 김주홍이 들어왔다. 특히 영어 잘하고 상황 판단 정확하고 사업 추진력이 좋았던 박승찬이 입사한 것은 구 사장에게는 행운이었다. 박승찬의 입사 과정을 보면 구인회 사장의 쓸만한 사람에 대한 애착이 얼마나 강한가의 한 단면을 볼 수 있다.

휴전 직후의 어수선한 시기, 당시 운크라(UNKRA) 국제연합 한국부흥위원단에 근무하고 있던 박승찬에게 구평회로부터 전화가 걸려왔다. 운크라란 UN 산하의 임시기구로 6.25전쟁 중 파괴된 한국의 재건을 목표로 세워졌다. 영향력이 막강했다.

구평회는 무교동에 있는 스타 다방에서 잠시 만나자는 것이었다. 두 사람은 서울대학교 예과 시절부터 동기 동창으로 절친한 사이였다.

"바로 위층이 우리 회사 사무실이야. 내 형님 모시고 내려올 테니 잠깐만 기다려 주게."

평회가 문을 밀치고 나가는 것을 보면서 박승찬은 무슨 일로 구인회 사장이 보자는 것일까 생각에 잠겼다.

구 사장과 박승찬에게는 부산에서 잊기 어려운 특별한 사연이 있었다. 박승찬은 절친한 친구의 맏형인 구 사장을 친형이나 다름없이 대해 오던 터였다. 당시 소규모 인쇄소와 출판사를 경영하면서 어려움을 겪고 있던 박승찬은 심한 자금난에 처해 있었다. 어느 날 동광동에 있는 사무실로 구인회 사장을 찾아갔다.

"형님. 염치없는 부탁이지만 돈 좀 꿔주십시오, 2억 원쯤 있어야 하겠는데 담보물은 아무것도 없고 제 양심밖에 없습니다. 저 좀 도와주십시오."

돈 2억 원을 내놓으라는 말에 구 사장은 내심 놀랐다. 당시 2억 원이란 돈은 거금이다. 그러나 구인회 사장은 얼굴 표정 하나 바꾸지 않은 채 물끄러미 박승찬 얼굴을 바라만 보고 있었다. 박승찬에게는 몇 초의 시간이 몇 시간처럼 길게 느껴지고 있는 순간이었다.

"그러지요."

구인회 사장은 쉽게 한마디 응답하고는 안주머니에서 수표 책을 꺼내어 '一金貳億圓整'이라 쓰고 도장을 눌렀다.

놀란 것은 구 사장이 아니라 박승찬이었다. 손을 내밀러 오긴 왔어도 일이 이렇게 쉽게 성사되리라고는 생각하지 못했던 것이다. 친형 같은 어른과의 대거리에서 밑져봐야 본전이라 말을 꺼냈던 건데 말 한마디로 2억 원짜리 수표가 손에 들어오다니 믿어지지 않는 사실이었다.

"잘해서 성공하시오."

잔잔한 미소를 띄우며 구 사장이 말했다. 박승찬은 떨리는 손으로 차용증서를 쓰려 했다.

"그런 거 필요 없어요. 내가 어데 사람 보고 돈 꿔주는 거지 차용증 보고 주능교. 사업이나 잘해보소."

그때 박승찬은 구인회라는 사람의 그릇 크기와 인간에 대한 신뢰라는 것이 어떤 것인가를 새삼 깨우치게 되었고 구 사장에 대해 진심 어린 고마운 마음을 간직하게 되었다.

박승찬의 사업은 돌파구를 마련하고 성공을 했다. 박승찬은 원금에 이자를 얹어 갚으려 했으나 구 사장은 이자 돈은 극구 사양했다. 박승찬의 사업은 그 후 잘 되었는데 책을 많이 만들어 강원도에 보낸 것이 장맛비에 젖는 바람에 큰 손해를 보고 문을 닫았다.

"어때요, 박형. 서울생활 할만요?"

구 사장은 특유의 온화한 표정으로 승찬의 손을 잡았다. 이런저런 이야기가 오간 끝에 구 사장은 정색을 하며 물었다.

"들리는 말에 박형은 운크라를 그만두고 큰 회사 전무로 발탁되어 간다면서요?"

"아니, 그런 게 아니라 실은 코쟁이 밑에서 언제까지 밥벌이할 건가 불안하기도 하고 또 때마침 같이 일하자는 데도 있고 해서..."

승찬은 잘못이라도 저지른 사람처럼 머리를 긁적였다.

"운크라 그만두고 직장을 옮길 생각이라면 당장 우리 회사로 오소. 내 상무 자리 하나 만들어 놓고 기다릴게요. 어쩔래요 박형!"

"갑작스러운 일이라 생각 좀 해보고 형님들하고 상의도 해서 나중에 말씀드리겠습니다."

"생각은 무슨 생각. 내 말대로 하소. 박형의 그 유창한 영어 실력과 우리 락희화학이 한 번 똘똘 뭉쳐봅시다."

끈끈한 정이 담긴 구 사장의 설득에 박승찬은 머리를 끄덕였다. 두 사람은 활짝 웃는 얼굴로 악수를 나누었다. 1954년 2월의 일이었다. 그때 구태회는 전무였고 구평회는 지배인, 갓 들어온 박승찬은 상무였다. 락희화학 가족에 서울대 문리대 출신의 '브레인 트리오'가 생겼다. 정치과 출신인 태회와 평회, 영문과 출신의 박승찬 세 사람이다. 박승찬은 후일 발군의 실력으로 럭키그룹(현 LG그룹)의 성장에 큰 역할을 하게 된다.

13

럭키치약 탄생

구인회 사장의 예견은 한 치의 오차도 없이 들어맞아 갔다. 휴전으로 각종 생필품에 대한 구매 욕구는 치솟고 있었다. 구 사장은 발빠른 행마로 세태 변화에 대응해 나가야 한다는 것을 절감하고 있었다.

처음 을지로 4가의 서울사무소는 여러 가지 불편한 점이 많아 무교동 스타다방 2층의 10평 남짓한 사무실로 옮겼다. 그러나 전시의 치안 질서 불안으로 무교동 사무실도 주변 환경이 좋지 않아 오래 있을 곳이 못되었다. 이때 마침 전화로 파괴되었던 반도호텔의 보수공사가 마무리되어 524호실을 임대해 들어갔고 다시 얼마 후에는 50평 정도 더 넓은 504호실로 옮겨가 정착하게 되었다. 삼성의 삼성물산도 반도호텔에 입주하는 때였다.

부산에서는 부전동 공장이 본격적으로 가동을 시작하였고 반도호텔의 서울사무소는 반도상사의 전신인 락희산업주식회사를 설립해 무역업에 진출했다.

국내 정세는 전쟁의 포화가 멎자 안정을 되찾아 가는 모습이었다.

1953년 7월 판문점에서는 휴전협정이 조인되고 8월에는 정부가 서울로 환도했고, 이듬해 5월에는 제3대 민의원 총선거가 있었다. 국민들은 잃었던 자기 생활을 되찾으려는 의욕이 넘쳐흘렀다.

구인회 사장은 대구에서 교화(交和)무역주식회사라는 도매상을 경영하며 경북 일원의 판매망을 장악하고 있던 아우 철회를 서울로 불러올려 서울사무소의 인력을 보강했다. 따라서 사장 구인회, 부사장 구철회, 전무 구태회, 지배인 구평회, 상무 박승찬, 업무부장 허신구로 서울사무소의 초기 진용을 짰다. 또한, 급격한 판로확장과 늘어나는 영업업무를 효율적으로 다루기 위해 부산사무소의 운영 책임을 허준구 상무에게 맡기고 구 사장의 차남 자승을 경리 담당으로 배치했다. 이 같은 영업부서의 확충이 말해주듯이 당시의 럭키화학 제품은 대단한 인기를 끌었고 판매량도 폭증하고 있었다.

당시 럭키화학 제품의 인기는 대단했다. 그걸 뒷받침하는 실화가 있다. 이재형(李載瀅) 상공부 장관이 경무대에서 열린 국무회의 석상에서 락희화학 제품인 플라스틱 빗 하나를 이승만 대통령 앞에 내놓으며 "각하, 이것이 우리 기술로 만든 국산 빗입니다."라고 말했다. 이승만 대통령은 빗을 들어 살펴보고 대견스러워하면서 "나에게도 하나를 줄 수 없느냐."고 말한 에피소드가 그것이다. 이 실화는 당시 우리나라의 공업기술 수준이 어느 정도였고 외국 제품에 대한 의존도가 얼마나 컸던가를 짐작할 수 있게 해준다. 또 그런 여건이 구 사장으로 하여금 제품개발과 사업 확장을 위해 노심초사 뛰도록 만든 요인이 되었을 것이다.

돌이켜보면 가장 어려웠던 동란의 와중에서도 서대신동 공장을 일으켜 '럭키크림'을 만들어 기대 이상의 성과를 거두었을 뿐 아니라 부전동 공장을 새로 지어 플라스틱 빗과 비눗갑 그리고 칫솔을 만들어 국민들에게 윤택한 생활을 하게 한 것이다.

서울사무소에서 영업업무를 맡아보고 있던 허신구는 아침부터 밤까지 동대문 시장이다 남대문이다 뛰어다니면서 판로개척에 땀을 흘리고 있었다. 그는 많은 사람들에게서 칫솔을 만들었으면 치약도 만들어야 되지 않겠느냐는 말을 듣고 있었다. 그렇지않아도 하루빨리 치약을 만들어내고 또 우리 온돌방의 장판지를 비닐로 대체하는 방법을 꿈꾸면서 그것들을 만들어내기 위해 필요한 기술과 설비 등 여러 문제들을 궁리하는데 골몰하고 있던 구 사장이었다. 칫솔이 있으면 치약이 있어야 하고 비눗갑을 만들었으면 거기 들어가는 비누를 만드는 것은 극히 자연스러운 일이다.

구인회 사장은 우선 치약 만드는 문제와 씨름하기 시작했다. 치약을 만들려면 치약인 내용물, 그것을 담을 용기, 즉 튜브까지 만들어야 한다. 상당한 수준의 기술이 있어야만 생산 가능한 일이다. 현재는 아이디어만 있을 뿐 아무것도 없다. 구인회 사장은 그렇지만 포기하지 않고 궁리를 거듭했다.

구 사장은 마침내 구정회 부사장과 구평회 지배인을 불러 자신이 구상한 치약에 대해 소상히 설명하고 그에 따른 준비작업을 빈틈없이 수행해 주도록 일렀다. 사장이 의도하는 바를 알아차린 두 사람은 그날부터 동분서주했다. 두 사람은 치약에 대한 정보를 수집하고 공장 건립을 위한 부지 물색에도 힘을 기울였다. 수집된 정보와 의견은 체계있게 정리되었고 그것을 바탕으로 한 구인회 사장의 '치약 만들기' 청사진은 하루하루 무르익어 갔다.

그들은 원료구매와 기계설비 도입을 병행하기로 했다. 시간을 단축하기 위해서였다. 우선 미국의 아베엔지니어링(Abbe Engineering) 회사에 배합기 1대, 그리고 독일 스웨브홀(Schweb Hall) 사에 충전기와 튜브제조기 각 1대씩을 발주했다. 다른 한편으로는 캘린더(Calender)기 등 비닐제품 생산에 필요한 기계 도입과 공장 확장을 위한 준비도 진행시켜나가기로 했다. 이 같은 외곽 주변 여건은 급속도로 착착 진행되고 있었지만, 제품 생산의 핵심이 될 제조기술만은 별다른 진전을 보지 못했다.

당시 국내에서는 미군부대를 통해 유출되는 '콜게이트' 상표의 미국산 치약이 시장을 독점하다시피하고 있었고 국산으로는 종이 봉지에 담겨진 가루 치약과 튜브 치약이 있을 뿐이었다.

치약이란 이를 닦아주는 연마제가 적절히 들어가야 하고 오랫동안 보존해도 크림 상태를 유지해 줄 수 있는 습도제의 배합비율이 중요하며, 적은 양으로도 입안에 많은 거품을 일게 할 수 있는 기포제의 첨가 문제, 치약이 굳어지지 않게 하는 결합제의 적정량을 알아내는 문제, 부패를 막아주는 방부제의 첨가 등 경쟁력을 갖는 좋은 치약을 만들어내는데 필요한 기술적 문제는 이루 헤아릴 수 없이 많았다.

구인회 사장은 치약개발팀으로 구정회 부사장 지휘하에 문영준(文永準) 주임, 이연두(李宴斗) 기사 등을 배정했다. 이들은 표준 처방을 개발하기 위해 밤낮없이 실험실에 파묻혔다. 콜게이트 치약의 성분을 분석하고 이를 토대로 실험을 해보았으나 콜게이트의 은은한 우윳빛 색상, 부드러운 감촉, 그리고 향료의 적정 비율을 찾아내는 것은 풀기 어려운 수수께끼와 같았다. 100년이 넘는 역사를 갖고 있는 콜게이트 제조 노하우가 그렇게 쉽게 풀리지 않는 것은 당연한 일이었다.

별로 어렵지 않으리라 생각했던 튜브 제조 문제도 잘 풀리지 않았다. 의외였다. 당시의 튜브는 납으로 만들어 표면에 주석을 입히고 그

위에 인쇄를 하는 것으로 되어 있었는데, 그것마저도 생각했던 대로 잘되지 않았다. 구 사장은 일찍이 조선 알마이트 공장을 운영하던 시절에 눈여겨 두었던 도금(鍍金)기술과 동양특수공업사에 근무하는 기술자로부터 들었던 단편적 조언을 바탕으로 '냉간압착'이라는 튜브코팅 기술을 개발해 내는 데 성공했다. 이 같은 우여곡절과 진통을 겪으면서 치약 처방은 조금씩 개선되어 갔고, 튜브 제조기술도 향상되어갔다. 그러나 콜게이트 치약에 견주어 상품가치가 형편없는 수준이었다. 품질 개선으로 가는 길은 첩첩산중 같았다.

그때 구인회 사장에게 아주 반가운 소식이 전해졌다. 구평회 지배인이 JCI(국제청년상공인회의) 대회 참가를 위해 남미 멕시코에 가게 되었다는 것이다. 당시는 외환 사정이 어려운 시기여서 외국에 나간다는 것이 매우 귀한 일이었다. 구 사장은 이런 귀한 기회를 그냥 놓칠 리가 없었다. 구인회 사장은 구평회 지배인을 불러 임무를 부여했다.

"구 지배인, 멕시코 가서 JCI 회의 공식 일정을 마치면 곧장 미국으로 가야 한다. 뉴욕에 가서 세계 일류의 치약 제조 정보를 입수해라. 무슨 수를 써서라도 그 처방을 손에 넣어야 우리도 일제(日製) 치약보다 더 좋은 것을 만들 수 안 있겠나?"

구 사장은 구체적으로 세 가지 임무를 손가락을 세어 가며 지시했다.

첫째, 치약 제조에 필요한 정보, 둘째, 플라스틱 원료를 중간 상인을 배제하고 싸게 구입하는 길을 트는 일, 셋째, 새로운 기계제품에 대한 선진기술 정보 입수 등이었다.

세 가지 모두 다 쉽지 않은 것들이었으며 이에 덧붙여 세계 산업계의 흐름을 알아보고 오라는 것이었다. 치약 제조 정보에 관한 정보는 락희화학의 발등에 떨어진 시급한 과제였다. 원료의 직거래 구상은 원료의 안정적 확보로 제품 가격의 상승을 막아 경쟁력을 강화시키겠다는 것이고 선진기술과 지식 그리고 시대 조류를 알아보라는 것은, 항상 남보다 멀리 보고 남보다 앞서가고자 하는 구인회 사장의 평소의 신념이 드러나는 것이었다.

구인회 사장은 구 지배인의 외국 출장이 있는 때를 전후해 새로운 공장 건립을 위한 부지 물색에 들어갔다. 공장부지로 부산 연지동(蓮池洞)에 천 8백 평의 땅을 매입하게 되어 곧 건축공사에 들어갔다.

여기서 잠시 구인회 사장의 아호가 연암(連庵)으로 정해진 것에 대해 말하는 것이 좋은 기회일 것 같다. 새로운 공장부지로 정해진 연지동에는 높지는 않지만 아름다운 뒷산이 있고, 이 산을 따라 올라가면 중간쯤 아담한 암자가 있다. 구인회 사장은 연지동의 '연'자와 암자의 '암'자를 따와 아호로 삼았다.

구평회 지배인은 멕시코 JCI 대회 공식 일정이 끝나자 곧바로 미국 뉴욕으로 달려갔다. 락희화학 앞날의 운명이 걸린 전장(戰場)인 뉴욕, 뉴욕은 정말 넓고 높고 화려하며 깊고 복잡한 한 마리 공룡과도 같았다. 스물아홉 살 젊은 구평회는 가슴을 넓게 펴고 맨하탄의 하늘 높이 솟은 마천루를 돌아보고 세계 금융의 중심지 월스트리트(Wall Street)를 거닐면서 혼자 마음속으로 다짐했다. '한 번 붙어보는거다!'

그날부터 구평회 지배인은 활동을 시작했다. 먼저 수소문 끝에 '콜게이트' 회사를 찾아갔다. 연구소 관계자를 만나 제조자료 입수에 관한 문제를 타진해보았으나 한마디로 거절당하고 말았다.

"우리 콜게이트의 처방은 절대 외부로 나갈 수 없는 회사 비밀입니다. 미안하지만 단념하는 게 좋을 것입니다."

담당자는 더 이상의 대화마저도 인색했다. 그러나 이 정도의 난관 앞에 주저앉자고 멀리 태평양을 건너 온 구평회 지배인이 아니었다.

구 지배인은 몇일 동안이나 콜게이트사 외곽의 연구소와 납품업자 등을 찾아다니며 수집한 정보들을 정리한 끝에, 어렴풋이나마 처방의 윤곽을 알게 되었다. 칼슘분의 습도를 조정하는 글리세린의 함량 비율을 비롯해 기포제의 비밀, 적절한 점도(粘度)를 유지해주는 CMC, 그리고 DCP(인산칼슘)의 배합비율을 알아냈던 것이다.

구평회 지배인의 머리는 명석하고 비상했다. 구 지배인은 그동안 입수한 다른 세가지 처방 정보를 각각 3통의 보고서로 작성해 하나는 부산의 구정회 부사장에게, 다른 하나는 서울의 구태회 전무에게, 나머지 한 통은 자신이 보관했다. 어렵게 손에 넣은 귀중한 자료가 행여 분실되어 헛수고가 되지 않게 하기 위한 배려였다.

구평회 지배인이 보내온 처방 자료를 손에 넣은 락희화학 사람들은 사기 충천해 곧바로 시험 제작에 들어갔다. 구인회 사장도 개발팀 곁에 붙어서서 그들의 작업과정을 감독할 만큼 열성이었다. 그러나 어찌 된 일인지 만들어져 나온 치약이 너무 물러서 쓸 수가 없는 것이었다.

개발팀 사람들은 이상하다, 이상하다 하면서 배합비율을 수십 번을 바꾸고 조정하면서 거의 일 년 가까이나 실험을 거듭한 끝에 마침내 성공을 거둘 수 있었다. 구평회 지배인이 미국에서 보내온 처방전의 원료 내용 가운데 '글리세린'이 '글리콜'로 잘못 기록되어 있었기 때문에 제품이 제대로 나오지 못했던 것이다.

'글리콜'은 락희화학의 성장사에 항상 문제를 일으키는 주범이다. 크림때도 김준환이 글리세린 대신 글리콜을 사용해 실패한 일이 있었다. 그 같은 우여곡절 끝에 만들어져 나온 치약은 콜게이트 치약과 거의 똑같으리만큼 훌륭했다. 모두 기뻐서 들떠 있었지만, 구인회 사장만은 약간 달랐다.

"서양 꺼라고 다 좋은 기 아니다. 지금은 급하니까 이것저것 가리지 않고 다 좋아하지만 빠다 먹는 미국 치약하고, 김치 먹는 한국 사람 치약은 달라야 할 끼라. 우리는 우리 기호에 맞는 물건을 만들어 보자."라고 구 사장은 말했다. 한 발짝 앞선 통찰이었다.

개발팀은 우리에게 맞는 럭키치약이 맛과 향기를 찾아내기 위해 사이다, 비누, 껌들을 분석 실험하고 향료 회사들과 접촉한 끝에 톡 쏘는 맛과 은은한 맛의 중간을 택하기로 했다. 이 맛은 콜게이트나 일제 치약과는 다른 독특하고 개성적인 것이었다.

1954년 가을 들어 연지동 공장의 공사가 끝나고 외국에 주문했던 기계설비들도 속속 들어오기 시작했다. 독일제 주조기 1대, 롤러 2대, 튜브제작용 압출기 1대, 튜브 목 부분에 나사 홈 만들어주는 슬러딩머신 1대, 튜브코팅 오프셋인쇄기 1대, 건조기 1대와 미국제 원료 배합용 믹서기 1대 등이었다. 이 기계들을 신축한 연지동 공장에 들여놓아 생산라인 설치를 완료하고 나니 어느덧 1954년도 저물어 새해가 밝았다.

1955년 1월 5일 구인회 사장은 락희화학의 연지동 공장의 조촐한 준공식을 올리고 직원들을 격려하면서 바로 시험가동에 들어가도록 했다. 이 공장에는 치약 생산시설에 비중을 두면서 합성수지 가공 시설을 대폭 증설했다.

14

치약 판매 전략

구인회 사장은 개발된 치약이 소비자와 만나게 되는 시장 출하를 서두르지 않았다. 새해 들어 연지동 신축 공장의 새 기계들은 시험가동이 끝나고 1955년 3월부터는 '럭키' 상표를 부착한 치약이 생산되어 나왔다. 개발 과정을 돌이켜보면 만감이 교차하고 기쁨이 넘치는 순간이었다.

그러나 구인회 사장은 신중했다. 신제품 럭키치약은 외국 일류 제품과 비교해 볼 때 아무래도 여기저기 미흡한 점이 있었고 그것들을 개선하고 보완하다 보니 시간이 꽤 흘러갔다. 구 사장은 생산된 제품이 시장에 출하되어 소비자의 손에 쥐어졌을 때 호평을 받으며 판매되리라 기대하는 것은 무리라 생각했다.

후일에 와서 생각해 볼 때 시장 출하를 앞둔 시기에 서두르지 않고 제품의 결점들을 꼼꼼하게 보완하고 개선했던 것이 얼마나 잘한 일인지 몰랐다. 만일 다소 미흡한 점이 남아있는 제품을 그대로 출하했더라면 외제 치약으로 길들여진 소비자로부터 외면당했을 것은 불을 보듯 뻔한 일이었고 '국산 치약이 그렇지 별수 있겠나'라는 조소와 멸시가 뒤따랐을 것이다. 그러나 그 같은 결과를 예측한 구 사장의 신중한 대비로 럭키치약은 그해 여름을 넘기면서 상품으로서 홀로서기를 할 수 있으리만큼 제품 수준이 향상되었다. 가을에는 추석 대목에 맞추어 본격 출하하기에 이르렀다.

구인회 사장은 우선 허준구 상무와 구달서(具達書) 과장에게 지시해 직원들이 모두 나가서 제품을 리어카(고무 바퀴가 2개 달린 손수레)에 싣고 다니며 상점과 시장에 깔도록 지시했고 판매대금은 3개월 후에 수금한다는 유리한 조건을 달았다. 그러나 상인들은 미제가 판을 치는 마당에 국산 치약이 어디 끼어들 자리가 있겠느냐며 냉담한 반응을 보일 뿐이었다. 예상했던 대로였다. 직원들은 맥이 풀려 주저앉으려 했지만 구 사장은 물러서지 않았다.

"석 달 후에 돈을 몽땅 떼이는 일이 있어도 하는 수 없는 기라. 내 말만 믿고 가게든 시장 좌판이든 일단 모두 깔아놓고 오소. 승부를 가리자면 그만한 고생이나 위험 부담은 각오해야제."

이렇게 직원들을 격려했고 천신만고의 어려움을 겪은 끝에 판매물량과 대금 회수가 조금씩 늘어나기 시작했다.

한편 서울에서의 판매 전략은 부산에서의 경험을 살려서 다른 방법으로 나가기로 했다. 먼저 부산에서와 같이 시장판매로 나갈 것이냐, 아니면 선전 판매로 전환할 것이냐의 문제였다. 구인회 사장은 시장판매는 경험을 통해 알고 있듯이 시간과 비용, 노력의 부담이 너무 크니 이번에는 선전을 통해 소비자 속에 적극적으로 파고들어 우리 치약에 대한 좋은 인상을 심어놓고 그런 연후에 서서히 시장 개척의 방향으로 전환해 보자는 의견을 제시했다. 구 사장은 우리 상품의 품질이 외제에 비해 손색이 없을 뿐더러 가격이 저렴해 얼마든지 외제와 경쟁이 가능하다는 말도 곁들였다.

이 같은 구 사장의 제안에 모두가 공감해 선전판매 전략이 채택되었다. 당시는 아직 TV라는 매체는 존재하지 않았고 라디오도 국영방송뿐이어서 상업방송 광고가 되지 않았다. 상품 PR은 신문, 잡지에 광고를 내거나 벽보를 만들어 붙이는 것이 고작이었다. 그렇기 때문에 길거리 약장수 차림의 세일즈맨이 백화점이나 큰 점포의 구석을 세내어 상품을 쌓아 놓고 재담이나 마술쇼를 곁들여 상품을 선전하고 즉석 판매하는 것이 하나의 마케팅 기법으로 사용되었다.

락희화학도 마(馬)씨 성을 가진 세일즈맨과 의논해 명동 입구 미도파 백화점 3층의 방을 하나 빌려, 백화점 고객을 대상으로 상품 선전을 하기로 했다. 세일즈맨 마씨는 예쁘장한 아가씨 두 사람을 조수로 거느리고 타사의 화장품이나 의약품 등과 함께 럭키치약을 판매하는 데 열을 올렸다. 그런데 그 PR 방법이 기발하고 재미있었다.

스피커의 볼륨을 한껏 높여서 요란하게 선전해 놓고 치약을 사는 사람에게는 칫솔, 비눗갑, 세숫대야 등 락희화학의 합성수지 제품을 경품으로 나누어 주는 것이었다. 이것이 큰 인기를 불러모았다. 고객들은 재미있는 요술구경도 하고 외제보다 값싼 치약도 얻고 요긴하게 쓸 수 있는 플라스틱 제품을 덤으로 얻을 수 있으니 인기를 얻을 수밖에 없었다.

그 같은 선전을 서너 달 동안 계속한 효과가 나타나 고객들은 꾸준히 늘어났고 시내 도매상으로부터도 주문량이 차츰 늘어났다. 서울의 소비자들이 럭키치약의 품질을 알아주기 시작했다는 증거였고, 근 1년 동안 제품을 빨리 시장에 내보내자는 유혹을 물리치고 품질 향상에 온갖 정성을 쏟은 구 사장의 노력의 대가가 나타난 것이었다.

이처럼 럭키치약의 명성이 서서히 올라가고 있던 1956년 봄, 광복 10주년을 기념하는 산업박람회가 서울 창경궁에서 열리게 되었다.

많은 인파가 몰려드는 자리야말로 상품 PR에 좋은 기회라 판단한 구자경 상무는 박람회장에서 치약을 무료로 배포하는 판촉 전략을 건의했다. 구인회 사장도 이 기발한 아이디어에 동의해 치약 10만 개를 무료 배포해 큰 호응과 성과를 거두었다.

현재에 이르러서는 이 같은 판매 전략이 조금도 새로울 것이 없는 일이지만 판촉이라든가 이미지 홍보와 같은 경영 전략들이 보편화되지 못하고 있던 당시로써는 첨단적 아이디어였다.

그 무렵 럭키치약은 재고가 쌓이고 있었다. 재고 누적을 덜어줄 수 있는 길은 대량판매였다. 그래서 군납(軍納)의 길을 트는 것이 한 방법으로 떠올랐다. 그러나 이미 계림화학이라는 회사가 치약 군납을 독점하다시피하고 있었다. 아주 강한 라이벌이었다.

구인회 사장 이하 간부들이 회의를 거듭한 끝에 돌파구 마련을 위한 아이디어를 찾아냈다. 군납 입찰에 응하되 최저가를 1백 원으로 응찰하는 것이었다. 안화중(安和中) 사원을 현장에 내보냈다.

안화중 사원이 입찰 장소에 나가보니, 분위기로 보아 1백 원 이하가 나올 것 같은 감이 들었다. 1백 원의 지시를 받고 나오긴 했지만, 현장에서 뛰는 사람은 승부욕에 집착하기 마련이다. 안화중 사원은 치약은 개당 88원, 칫솔은 타스 당 2백25원을 써넣었다. 이 정도면 남에게 지지 않을 것으로 판단했다.

뚜껑을 열고 보니 두 품목 모두가 락희화학에 낙찰되었다. 계림 쪽에서는 치약 90원, 칫솔 2백50원이었다. 회사가 정한 대로 1백 원을 써넣었더라면 실패였다.

구인회 사장은 비록 안화중 사원이 회사 지시를 어기긴 했지만, 그를 따뜻하게 맞아들이고 위로하기를 잊지 않았다.

비록 이문은 많지 않았지만 군납의 길이 트이면서, 럭키치약은 국산 치약의 선두를 달리게 되었고 콜게이트를 밀어내는 선봉이 될 수 있었다.

구 사장은 이밖에도 치과의사회에 치약 샘플과 안내문 등을 배포해 국산 치약의 우수성을 홍보하고 구강위생 기간에 즈음해서는 각 초등학교 어린이들을 위해 럭키치약을 대량 기증하기도 했다.

럭키치약은 이 같은 노력의 결과로 출시 3년여 만에 전국 가정에서 애용하게 되었으며 치약의 대명사였던 콜게이트를 시장에서 몰아냈다. 그리고 50년이 흐른 오늘날까지 럭키치약은 정상의 명예를 누리고 있고 이것은 애오라지 기술 개발을 통한 품질 향상과 시장 심리 변화를 놓치지 않는 판매 전략이 주효한 것이다.

아무튼 럭키치약은 전국 어디서나 잘 팔려 나갔다. 연지동 공장의 모든 기계는 24시간 풀가동 됐지만, 전국 각지의 도매상들은 물건을 빨리 보내주지 않는다고 비명을 올렸다.

그러나 회사가 비명을 올려야 할 일이 생겨났다. 치약을 만드는 데 절대 필요한 원료가 글리세린이다. 그런데 럭키화학 창고의 글리세린이 바닥났고, 신규 공급 계획도 막막한 실정이었다. 지금까지는 전매청의 담배제조창에 글리세린을 독점 공급하고 있던 애경유지와 특수계약을 맺어 원료를 할애받고 있었는데, 이제 치약의 대량생산체제로 들어가니 그 정도의 물량으로는 치약 주문량을 감당할 수가 없었다.

"오나가나 글리세린 타령이구나. 도대체 그 글리세린이라는 거 어디서 나는 거고?"

구인회 사장의 큰 목소리에 공과대학 화공과 출신의 조형제(趙炯濟)가 엉거주춤 일어나면서 대답했다.

"그건 비누의 부산물입니다."

"글리세린을 막바로 만들 수는 없는기요?"

"비누를 만들면 자연히…"

"그렇다면 우리도 비누 만들제. 비눗갑 만들었으니 비누 만드는 거 순서 아니오. 그리고 합성수지기계 들여놨으니 기술도입 서둘러서 비닐제품도 빨리 만들어야제."

사장이 제시한 비전에 따라 연구실 사람들은 그날로 미제를 비롯한 외국산 고급 비누들을 구해와서 깎고 녹이며 분석에 들어갔다. 물론 글리세린을 생산하기 위한 사전 준비인 것이다.

한편, 사장의 질문에 응답했던 조형제에게는 유지가공기술 습득 업무를 주어 프랑스를 비롯, 유럽 몇 개 나라로 출장을 보냈다.

15

비닐(Vinyl) 산업 진출

    구인회 사장은 플라스틱 제품 생산으로 적지 않은 성공을 거두었고 이제 플라스틱 계열 제품으로 시야를 넓힐 계획을 세웠다. 한국에서 '비닐'은 플라스틱 필름 포장재를 말한다.

    비닐은 포장재 혁명을 가져왔다. 비닐은 모든 상품을 포장한다. 특히 비닐은 농업에도 혁신을 가져왔다. 못자리 포장에서 비닐하우스까지 농업을 광범위하게 변화시켰다. 우리는 비닐하우스가 4계절 기후변화에 관계없이 일 년 내내 영농을 가능케 해 겨울에도 딸기를 먹을 수 있는 것이 비닐의 덕택이라는 것을 알고 있다. 비닐하우스는 농가의 수익 증대에 결정적 역할을 한다.

    뉴욕에 머무르면서 치약 처방을 위시한 갖가지 기술정보를 회사에 알려오고 있던 구평회 지배인은 영어실력이 뛰어났기 때문에 미국인들과의 사교도 잘하고 자연히 미국 주재원 역할을 맡아하고 있었다. 그는 미국 유니온 카바이드와 셀라니스 회사의 한국 대리점 계약을 맺었는가 하면 락희산업의 대미수출 창구 기능도 개척하기도 했다. 또 원료 구입 등 수입업무도 맡아 보았고 일반 산업정보도 본사에 보내왔다. 해외지사도 설치하지도 못하고 있던 시기에 구평회 지배인은 1인 지사 역할을 하면서 이전에 락희화학과 거래가 있던 강신채(姜信彩)가 설립, 운용하고 있던 아메리텍스(Ameritex.Co.)사를 인수해 운영하기도 했다.

락희화학은 연지동 공장 신축에 들어가면서 비닐 시트 생산을 위한 캘린더롤(Calender Roll)을 일본 회사에 발주하여 들여오게 했는데 문제가 생겼다. 새 기계를 설치하려면 제작회사 기술자의 도움이 필수인데 일본 사람인 기술자를 입국시킬 수가 없었다. 이승만 대통령의 반일 정책으로 일본인의 입국이 일체 허용되지 않기 때문이었다. 거기다가 외화 절약을 위한 해외여행 및 달러 여비 지참도 까다로워서 기술연수를 위한 해외 출장도 쉬운 일이 아니었다. 기계는 수입해 놓았는데 이것을 설치해 줄 기술자를 데려올 수도 없고 우리 기술자가 해외에 나가기도 쉽지 않은 딜레마에 빠져 있는 것이다. 그런데 때마침 구태회 전무가 JCI(한국청년회의소) 일로 홍콩에 가게 되었던 것이다. 구인회 사장은 이 기회를 활용하기로 했다.

1954년 6월, 구태회 전무는 홍콩에 건너가 임무를 끝낸 다음 바로 일본으로 갔다. 고베(神戶) 근처에 있는 시바다(柴田) 고무공업회사에 찾아가니 미리 연락을 해 놓았던 터라 시바다 측에서는 구 전무를 맞이할 준비를 끝내고 기다리고 있었다. 우선 시바다 측이 마련한 인근 하숙집에 여장을 풀고 곧장 기술연수에 들어가 10일간의 캘린더기 운전기술을 중점적으로 실습했다.

다행히도 이 회사는 락희화학이 납품받은 기계와 동일한 기종이 설치되어 있어서 현장실습 하나하나가 큰 도움이 되었다. 기계를 설치하고 조립하는 방법, 운전조작법, 비닐제품을 곱게 뽑아내는 기술 등 새로운 지식들을 무조건 노트에 적어나갔다. 구태회 전무는 남달리 새로운 지식에 대한 호기심이 강했다. 구 전무는 가끔 혼자 실험을 해보기도 하면서 귀국 후 회사 기술자들에게 최대한 정확히 알려줄 수 있도록 습득한 기술 정보는 빠짐없이 기록으로 만들었다. 이것이 락희화학으로서는 최초의 해외 기술연수였다.

구태회 전무가 배워 온 지식을 바탕으로 연지동 공장의 캘린더 기계는 하나하나 설치되어 나갔다. 이연두 공장장은 기계에는 천부적 재능을 가지고 있었다. 이 공장장은 구 전무가 전해준 기록과 메모지 노트에 그려온 회로(回路) 그림만을 보고도 기계를 완벽하게 설치하고 가동시킴으로써 사람들을 감탄시켰다. 기계설치가 끝나자 공장 준공식을 갖고, 본격 가동으로 제품을 생산하기 시작했다.

락희화학은 사출성형기로 여러 제품을 생산해 온 경험을 살려 이번에는 캘린더와 압출기에 의한 비닐제품을 만들려 했다. 그런데 플라스틱 사출 제품이야 락희화학이 선발이었지만 비닐 시트에 있어서는 구 사장보다 앞서 시작한 '한국비닐' 회사가 있었다. 한국비닐은 제품 품질은 조잡한 수준이었고 생산량도 미미했다. 비닐 시트란 일반 수요인 비닐 가방이라든가 포장용 비닐 케이스 등의 제작에 쓰이는 자재였는데 락희화학은 품질, 가격, 판매망에서 한국비닐보다 월등히 앞섰다. 구인회 사장은 고전을 면치 못하고 있는 한국비닐의 간청을 받아들여 한두 번 가격 담합에 응했으나 소비자들이 락희화학 제품만을 선택하는 것은 어쩔 수 없는 일이었다. 한국비닐은 적자 누적으로 도산하고 말았다.

그 후에 나온 회사가 '동신화학'이었다. 동신화학은 비닐에 손대기 이전에는 고무농장을 운영했던 단단한 회사였고 비닐 분야에 뛰어든 이후에도 스폰지를 개발해서 성공한 강력한 경쟁 대상이었다.

동신 화학이 락희화학과 치열한 경쟁을 벌이게 된 것은 비닐 필름의 제조와 판매에서였다. 비닐 필름이란 못자리나 비닐하우스를 만들 때 사용하는 농업용 필름이다. 락희화학은 일찍이 일본에서 압출기(Extruder) 구매와 동시에 기술도입을 해와 국내 처음으로 개발했으며 비닐 농사에 대한 연구도 했다. 락희화학은 농촌을 순회하며 시범 전시도 했다. 한국 농촌에 비닐 농사 혁명이 시작되는 것이다.

그런데 동신화학을 비롯 몇몇 회사들이 뒤늦게 동일한 제품을 만들어내게 되어 경쟁이 격화되었다. 당시 농림부는 못자리용 비닐을 농협을 통해 일괄 구매했는데 구매물량이 엄청나게 많았다. 따라서 경쟁 관계에 있던 3개 회사가 치열한 공방을 벌이자 마침내는 농림부가 중재에 나서 공급 지역을 지정하기로 했다. 그 결과 락희화학은 경남지역을, 동신화학은 강원·경북 지역을 지정받았다. 강원과 경북은 한랭 산악지역이었으므로 전국 비닐 수요의 70%를 차지했다. 대단한 차별이 심한 지역 안배였다. 구인회 사장은 본래 남과 다투며 물의를 빚는 것을 싫어하는 성품이었기 때문에 불공정한 지역 안배를 불평 없이 받아들였다.

다른 한편 락희화학은 비닐 필름의 신제품 개발에 박차를 가했다. 그렇게 해서 나온 것이 와이셔츠 포장용 투명 비닐 필름이었고 PVC파이프였다. 와이셔츠 포장용 비닐은 선풍적인 인기를 끌었으며 PVC파이프도 동란 후의 전재복구 사업과 맞아떨어져 수요가 폭발적이었다.

PVC파이프라면 뭐니뭐니해도 1950년대를 휩쓸었던 '훌라후프' 붐을 꼽지 않을 수 없다. 미국과 일본에서 레저용 운동기구로 크게 히트한 사실을 보고 구평회 지배인 제안으로 국내 최초로 락희화학이 훌라후프를 만들어냈다. 훌라후프는 그야말로 공전의 대히트를 기록하면서 팔리고 또 팔렸다. 도시와 농촌 전국 어디를 가나 어른,

아이 할 것 없이 훌라후프를 돌리는 진풍경이 연출되었다. 마침내 당시의 문교부 장관은 유행을 잠재우고자 "훌라후프가 건강에 해롭다."라고 발언했을 정도였다.

한편 농업용 비닐 필름을 과다하게 배정받았던 동신화학은 제품 납기를 지키지 못해 업계에서 탈락하고 말았다. 그 후속으로 진양화학이 플라스틱 가공 분야의 새로운 경쟁자로 대두되었으나 이미 산전수전을 겪어온 락희화학의 적수는 되지 못했다.

락희화학의 기술진은 캘린더로 비닐 시트를 뽑아내던 방식을 응용하고 여기에 진일보의 아이디어를 더해 비닐 장판을 개발해 냈다. 비닐 시트에 형형색색의 무늬를 넣고 다시 투명 비닐 막을 입힌 비닐 장판은 값싸고 수명이 길고 사용감이 좋다는 장점 때문에 도시와 농촌 가릴 것 없이 큰 인기를 끌었다. 장판 도배의 대혁명이었다.

락희화학의 합성수지계열의 제품들은 하나같이 판매에 호조를 보이며 대성공을 거두었다. 구인회 사장은 그러나 이에 만족하지 않았다. 그의 머릿속은 오로지 새로운 제품, 새로운 사업을 개척해 나가고자 하는 욕구와 구상이 샘물처럼 솟아나고 있었다.

인재 공개채용

기업이 한번 세(勢)를 타면 걷잡을 길 없이 뻗어 나간다. 그러나 그것을 운영 관리하는 것은 결국 사람이다. 사람이 유능하여 세를 유효적절하게 잘 관리하면 발전해가지만 그렇지 못하면 눈앞에 찾아온 기회를 놓치고 만다. 구인회 사장은 이런 걸 누구보다 잘 알고 있었다. 구 사장은 인재를 어떻게 확보하나를 두고 고심에 고심을 했다. 결국 훌륭한 인재를 확보하기 위해서는 대학을 갓 졸업한 젊은이들을 대상으로 공개채용 시험을 통하는 것이 왕도라는 결론을 내렸다. 이 공개채용 방안은 미국에서 돌아온 구평회 지배인이 인재 양성의 중요성을 들어 사장에게 건의한 것이었다.

"근친결혼이란 흔히 열성 유전자가 나타난다 했는데 기업도 영세한 초창기 시절이면 몰라도 성장한 후에도 폐쇄적인 틀을 벗어나지 못한다면 크지 못하는 거요. 그런 뜻에서 공개채용 그거 괜찮을 것 같소. 천하의 모든 수재들을 모두 끌어모으는 기라."

구 사장은 생각했다. 구 사장은 평소 사람을 좋아하는 데다 특히 총명하고 활동력있는 젊은이를 좋아했다. 구 사장은 공개채용 방법을 결정하고 나서부터는 마음속으로 노상 즐거워하고 있었다.

1956년 여름, 락희화학은 서울대학교 공과대학과 법과대학에 우수 졸업생 추천을 의뢰했고 추천되어 온 후보자 가운데 필기시험, 면접 등의 절차를 거쳐`공대 출신 조형제, 남상빈, 법대출신 최영용 등 3명을 채용했다. 소수정예의 원칙이었다.

다시 1957년 봄, 각 대학에서 졸업생들이 쏟아져 나올 시기에 공개채용 신문 광고를 냈다. 수 많은 응시자들이 몰렸다. 당시 대학졸업자의 취업난은 극심했다. 우리나라에서 사원을 공개채용하는 회사가 당시는 극히 드물었고 대부분 지연, 학연 등 연줄에 의해 뽑는 것이 대부분이었기 때문에 지명도가 별로 높지 않았던 락희화학공업사가 채용공고를 신문에 낸 것이 화제가 되기도 했다. 1957년 봄, 이때도 각 대학 우수졸업생 박상호, 임종엽, 홍종우, 한성갑, 양한모, 김종하, 조영원 등 7명이 채용되었다. 시험 문제의 출제와 감독, 그리고 채점 등을 구태회 전무, 구평회 지배인, 박승찬 상무 등 세 사람이 주관했다.

합격자들은 서울과 부산에 분산 배치되었다. 현업 부서의 밑바닥부터 익히고 훈련시키기 위한 것이었다. 이것은 사전 전문지식이 있건 없건 현업 부서의 어려움에 부딪히며 배워야만 그 방면의 프로가 될 수 있다는 구인회 사장의 평소 신념에 따른 것이었다. 이 같은 구 사장의 의도는 적중했다. 공채 신입사원들은 새로운 환경에 잘 적응하면서 쑥쑥 자라나는 눈부신 활동을 해 주었다. 럭키금성그룹(현 LG그룹)이 글로벌 기업으로 대성하기까지에는 여러 요인이 작용했지만, 이 시기에 공채 시험을 거친 우수한 인재 확보가 큰 밑거름이 된 것만은 확실한 것이다. 이런 인재 확보를 거치는 사이 락희화학의 조직과 사업은 항상 젊음과 순발력을 유지할 수 있었고 상하좌우로 끈끈한 인간관계를 유지해나갈 수 있었다.

당시 공채 사원으로 입사한 인사들이 지금껏 구인회 사장에 대해 인상깊게 생각하고 있는 것은 구 사장이 그들 신입사원을 부를 때 "한 형, 또는 이 형' 하고 꼭꼭 형(兄)자를 붙였던 것이었다. 연령 차이로 보나 직위로 보나 이들을 바로 부르거나 군(君)자를 붙여 불러도 이상할 것이 없는데 구 사장은 그렇게 했다. 구인회 사장의 평소 사람을 귀하게 여기고 존대하는 성향에서 비롯된 것이다.

이런 에피소드도 있다. 어느 날인가는 공장에서 구 사장이 하루 일을 마치고 구내 목욕탕에 들어가니 웬 사람이 먼저 탕에 들어가 앉아 있었다. 목욕탕은 사장이 먼저 이용하고 난 다음에 사원들이 사용하는 것이 관행이었는데 먼저 탕에 들어가 있는 사람을 자세히 보니 서울 공대 화공과 출신의 남상빈(南相斌) 사원이었다. 사장과 마주친 남상빈은 당황해서 탕에서 나가려고 했다.

"허어, 누군가 했더니 남 형이구만, 뜨거워도 진득하게 몸을 담그고 있어야 피로가 풀리지 물만 묻히고 나가면 쓰겠소?"

평사원 한 사람을 대하는데도 구 사장은 이렇게 했다.

구인회 사장은 1950년 한국 무역협회 이사, 한국생산성본부 경남지부 회장, 대한합성수지공업협회 이사장 등 업계를 대표하는 얼굴로 추대받거나 선임되었다.

1957년이 밝자 구인회 사장은 당시 해군 소령으로 복무중이던 셋째 아들 자학(滋學)을 삼성그룹 이병철 회장의 둘째 영애 이숙희 씨와 결혼시킴으로써 삼성 가문과 사돈 간이 되었고 뒤이어 6월에는 구인회 사장과 이병철 사장이 합작해 당시 최대 시중은행인 한일은행의 대주주로 참여하기도 했다.

16

전자(電子) 산업과의 운명적 만남

 기회는 준비하고 있는 사람에게만 온다고 했다. 1957년 초는 어느 해 겨울보다 춥고 건조한 날씨가 계속되고 있었다. 구인회 사장을 비롯한 락희화학 사람들은 바쁜 일이 아니면 되도록 외출을 하지 않고 스팀 난방이 훈훈한 반도호텔(현 롯데호텔) 빌딩의 사무실 안에서 일을 처리하고 있었다. 락희화학의 반도호텔 504호실 시대다. 모처럼 모두가 얼굴을 맞대고 있으니 이런저런 이야기로 화제가 끊이지 않았다.

 간밤에 전축 만지느라 충분한 수면을 취하지 못했다는 기획실장 윤욱현(尹煜鉉)의 이야기가 사람들의 관심을 모았다. 그 무렵 윤 실장은 전축(電蓄)으로 음악 감상하는 취미에 훌쩍 빠져있었다. 그가 크게 흥미를 느끼고 있는 것은 새로 출현한 LP 레코드였다. LP(Long Playing Record)란 음반 규격의 일종으로 훨씬 긴 시간 재생시간을 가지고 있어서 LP라는 이름을 붙이게 되었다. 단순하게 소리를 재생하는 재래식 전축과는 달리 하이파이 전축과 LP 레코드가 재생해내는 음악은 밝고 웅장하며 마치 눈앞에서 오케스트라가 연주하는 것으로 착각할 만큼 황홀하다. 윤 실장은 그래서 LP 레코드에 깊숙이 매료되어 있었고 간밤에도 음악 감상에 사로잡혀 수면 시간을 빼앗겼다는 것이었다.

"하이파이 전축이라카는 기 그래 재밌는 기요?"

구인회 사장은 장부에서 눈을 떼며 윤 실장을 바라보았다.

"사장님도 한번 빠져보십시오. 우리나라도 그 정도 제품은 만들어 내야 하는데…"

"…?"

평범한 잡담으로 흘려듣고 있는 구 사장이었지만 혼잣말처럼 중얼거린 윤 실장의 마지막 말이 찡하고 소리를 내며 와닿는 것이었다.

"우리가 그것(전축) 만들면 안되는 기요?"

"안 될거야 없지요, 사장님. 우리 기술 수준이 낮아서 그렇지…"

"그렇다면 문제없구만. 기술이 없으면 외국 가서 기술 배워오고 그래도 안되면 외국 기술자 초빙하면 될 거 아니오. 우리가 하면 될 기라. 그거 한번 검토해 봅시다."

이 짧은 대화는 의미심장했다. 전자산업 불모지였던 대한민국에 전자산업의 씨앗을 뿌렸고 락희금성그룹(현 LG그룹)의 운명도 바꿨다.

윤 실장은 말문이 막혔다. 노변 한담이나 다를 바 없던 한가로운 대화는 어느새 자신도 의식하지 못한 방향으로 뻗어가고 있었다. 모든 일의 시작에는 공통된 속성이 있다. 무슨 일을 하거나 새로운 일을 시작하는데 장애나 역경이 없을 수는 없다. 다만 그 같은 장애와 시련을 바라보는 시각과 극복하려는 의지의 강약에 따라 사람과 기업의 운명이 달라질 뿐이다.

구인회 사장은 "그렇다면 문제 없구만. 우리가 하면 될끼요."라고 했던 자신의 말에 스스로 고무된 듯 정말 자신들이 그 일에 손을 대면 해내고야 말 것 같은 확신이 생기는 것이었다.

사실은 구 사장도 어렴풋이나마 다소의 지식과 전망을 가지고 있는 터였다. 상공부에 드나들던 최영용(崔英鎔)이 가져온 자료들 속에 일본 통상 산업성 발행의 '통상백서'라는 것이 있었는데 거기에는 앞으로 유망한 산업 분야로 석유화학공업과 전자공업이 꼽히고 있었다. 구 사장은 그때 얻었던 토막 지식을 마음 한구석에 잠재우고 있었던 것이다.

"라디오다, 전축이다, 그런 것 만드는 일을 전자공업이라 하지요."
"맞습니다."
"우리나라에서 그 전자공업하는 사람 누구 있어요?"
"아무도 엄두를 내지 못하고 있습니다."
"그래요? 우리가 하면 되겠제."
"기술 문제만 해결되면 얼마든지 가능합니다. 우선 간단한 라디오나 선풍기, 전화기부터 만들어나가면 되니까요."

구인회 사장의 가슴 속에 묻혀 있던 작은 불씨에 기름을 끼얹는 것 같은 대화였다. 우선 국내에선 아무도 손을 대지 못하고 있는 처녀지(處女地) 사업이라는 것, 그리고 백과사전 같은 지식에다 능통한 영어 실력, 번득이는 기지로 '럭키의 제갈량'이라 불리는 윤욱현이 '얼마든지 가능'하다고 장담한 일 등은 기업인 구인회 사장의 마음을 자극하기에 부족함이 없었던 것이다.

"전자공업 해봅시다. 윤 실장이 빠른 시일 안에 조사해서 사업평가서 만들어주소. 검토해서 착수하면 우리가 개척자가 되는 기라."

구인회 사장은 한 톨의 겨자씨를 황량한 들판에 뿌리는 심정이었다.

그날부터 윤 실장은 외국의 신간 서적과 잡지 등을 있는 대로 사들여 책상 위에 쌓아두고 각종 자료를 뽑아내기 시작했다. 그로부터 거의 1년 가까이 락희화학의 몇몇 직원들은 자나깨나 책상 위의 '전자공업'을 붙들고 시간을 보냈다. 구인회 사장이 전자공업이라는 당시 최첨단 산업에 전념하는 데는 자신의 나름대로의 소신이 있었기 때문이지만 시대적 배경 또한 한몫을 했다.

6.25 동란으로 국민들의 뉴스에 대한 욕구는 폭발적으로 증가되고 있었지만, 뉴스를 전하는 언론매체의 공급 수단은 보잘것 없는 수준이었다. 인쇄 매체인 신문, 잡지는 낙후된 기계시설들이 전쟁으로 거의 파괴되어 있었고 신문용지 품귀 현상까지 보여 뉴스 전달 기능을 다하지 못하고 있었다. 이 때문에 시시각각으로 변하는 전황이나 정책 발표 뉴스를 거리와 시간을 뛰어넘어 리얼타임으로 전해주는 것은 라디오 방송이었다.

라디오가 뉴스 매체의 총아로 부상했고 라디오기 자체의 수요도 폭증했다. 그 무렵 KBS의 지방 방송국의 출력 강화와 기독교방송국의 개국, 그리고 TV 방송의 시험방송 및 유선방송 보급정책 등으로 방송 청취에 대한 국민들의 관심이 갈수록 높아졌다. 시대의 이런 현상과 흐름은 전자공업의 싹이 트는데 알맞은 여건으로 성숙되어 간 것이다.

첫째, 전자공업 제품인 「라디오」라는 전자기기 수요가 크게 늘어났고, 둘째, 그에 따라 라디오 수리점이 늘어나 수리 및 조립 기술이 하나의 전문 기술 분야로 자리잡아 갔고, 셋째, 정부의 일인일기(1人1技) 교육을 통해 기술자 양성을 가속화해 나갈 기틀이 마련되고 있었던 것이다.

구인회 사장의 전자산업 구성은 이런 시대적 배경 속에서 익어가고 있었지만, 락희화학 임직원 가운데는 부정적인 의견을 가진 사람도 적잖이 있었다. 전자공업이라는 신산업에 착수하는 것을 선뜻 찬성하지 않거나 회의적인 눈으로 보는 사람들의 생각도 터무니없는 것은 아니었다.

그들은 생판 모르는 분야의 사업에까지 뛰어들 필요가 있느냐. 또 미군 피엑스(PX)에서 매일 산뜻한 최신형 라디오가 수백 대씩 흘러나오고 있는데 무슨 재간으로 그것들과 부딪쳐 싸우겠는가가 회의론자들의 의견이었다. 그리고 락희화학은 현재 벌이고 있는 사업만으로도 적지 않은 수익을 올리고 있는데 무엇 때문에 두 마리 토끼, 세 마리 토끼를 잡으려고 하는가였다.

그와 반대로 전자공업 진출 찬성론자들은

① 락희화학이 지금 기둥으로 삼고 있는 플라스틱 산업은 단순가공업이므로 앞으로 군소업자들과의 경쟁이 불가피하게 되어가고 있어 새로운 기술 집약적 업종으로의 전환이 필요하고

② 가장 취약점이 있는 기술 문제는 외국인 기술자의 채용, 점차적인 기술인력 양성과 기술 축적을 통해 해결하며

③ 경제이론과 산업 정보 등에 있어서 세계적 권위를 인정받고 있는 연구기관들이 「전자공업의 장래」에 한결같이 긍정적 전망을 가지고 있는 것을 보더라도 이 분야는 락희화학이 개척자가 되어 국가산업 발전과 국민의 편익 증대에 이바지해 보자는 것이었다.

더구나 락희화학은 이미 가지고 있는 플라스틱 기술과 설비로 전자제품의 캐비넷(뚜껑)을 만들 수 있다는 것도 큰 이점이 있다는 주장도 있었다.

구인회 사장은 찬반양론이 치열하면 할수록 신중해질 수밖에 없었다. 그러나 구인회 사장은 선구 산업에 대한 집념이 강하고 모험심

도 가지고 있어 새로운 사업에 도전하는 쪽으로 기울어 있었던 것이다.

언젠가 직원들과 대화를 나누고 있던 구 사장은 부산에 있는 미군 하야리아 부대 피엑스에서만 한 달에 1만 5천 대의 라디오가 들어오고 있다는데 어설픈 국산 라디오가 만들어져 나온다고 해서 경쟁이 되겠느냐는 말이 나오자,

"그러면 우리는 영원히 피엑스에서 나오는 외국 물건만 사 쓰고 살아야 한단 말이오? 누군가가 해야 하고 먼저 하는 사람이 고생도 하겠지만 고생하다 보면 일본의 내셔날이나 도시바처럼 될 수도 있지 않겠소? 무서워 앞장서지 못한다면 영원히 일어서지 못하는 기요."라고 타이르듯 말했다.

구인회 사장의 직원들과의 대화에서 우리는 구 사장이 전자공업에 대한 그의 속마음을 내비친 것을 알 수 있으며, 그의 기업철학이 어떻다는 것을 알 수 있다.

아우 태회는 국회의원으로

1958년 이른 봄 구인회 사장은 새로운 사업에 대한 관심이 한창 고조되고 있던 차에 셋째 아우 구태회 전무의 요청으로 조용한 자리에서 마주 앉게 되었다.

"형님, 저 암만해도 정치 한 번 해봐야 되겠습니다."

정공법을 구사하는 아우의 갑작스러운 말에 구인회 사장은 선뜻 대꾸할 말을 찾지 못한 채 물끄러미 그의 얼굴만 바라보고 있었다.

서울대학교 정치과에 들어가 공부한 아우, 나라의 정치 현실에 항상 남다른 관심과 소신을 가지고 있었던 아우, 그의 젊은 가슴 속에

정치적 야심이 자라고 있다는 것을 눈치채지 못할 맏형이 아니었다. 그해 5월 2일에는 제4대 국회의원 총선거가 실시된다. 아우가 정치를 해보겠다고 말한 것은 국회의원 선거에 입후보하겠다는 것을 뜻하는 것이었다.

"왜 나랑 사업하는 거 싫나?"

아우의 마음을 속속들이 알 만큼 알면서도 짐짓 던져보는 형의 물음이다.

"대학 때부터 공부한 것이 정치 아닙니까. 저도 이제 서른다섯이니 40을 바라보는 나이입니다. 하고 싶은 일을 한 번 해봤으면 싶습니다."

구 사장은 담배에 불을 붙여 길게 연기를 내뿜었다. 형제간에 언젠가는 이런 일이 있지 않을까 짚고 있었지만, 막상 그것이 현실로 눈앞에 닥치니 여러 가지 생각을 하지 않을 수 없었다. 정치판은 이전투구나 다름없는데 선비같은 성품의 아우가 잘 적응하면서 스스로의 꿈을 펴나갈 수 있을 것인가. 공연히 상처받거나 후회할 일이 생기지나 않을 것인지.

"정치, 그거 쉽게 보지 말래이. 혹여 회사를 위해 정치적으로 힘이 되어 보겠다는 생각에서라면 아예 그만두던지."

"형님이 언제 정치적 배경 믿고 사업하셨습니까. 그러나 오늘의 현실은 정치적으로 판단해야 할 일 들이 너무 많지만 제가 정치한다고 사업에 지장 줄 일이야 하겠습니까."

구인회 사장은 잘 안다. 할아버지 만회공(晩悔公)의 옛 모습을 떠올릴 때마다 손자들 가운데서 가장 많이 닮은 애가 태회라는 생각을 지울 수 없는 것이다. 조선조 막바지의 풍운 속에서 대나무 같은 절개를 지켜오던 구 교리(具校理)를 닮아 아우 태회는 머리가 총명하고 생각이 깊을 뿐 아니라 할아버지가 못다 이룬 꿈을 이루는 손자가 될지도 모를 일이었다.

"니 생각이 정 그렇다면 말리지는 않겠으니 스스로 판단해서 잘 해봐라. 그러나 정치할려면 어려운 일 많을 낀데 각오는 하고 있제?"

맏형에게서 격려의 말까지 얻어낸 구태회 전무는 정치 입문의 절차를 서둘렀다. 자유당(自由黨)의 공천을 받아 고향 경남 진양 선거구에 입후보하고 보니 경쟁 상대는 무소속 출마의 황남팔(黃南八) 후보였다.

당시 국내외 정세는 미·소 양대 진영 간의 냉전이 절정을 이루는 시기였다. 미 극동군 재편성으로 동경에 있던 유엔군 총사령부가 서울로 옮기면서 주한미군에 핵무기가 도입되는가 하면 소련이 사상 최초로 인공위성 스푸트닉 1호 발사에 성공했는가 하면 미·소가 다 같이 대륙간 탄도탄을 만들어 내고 있었다.

구태회 후보는 이와 같은 주변 정세의 위기감을 후보 정책으로 연결시켰고 개표 결과는 구태회 후보가 30,030표, 황남팔 후보가 22,647표로 구태회 후보가 압승을 거뒀다.

구태회 후보의 당선 소식이 전해지자 고향 승산마을 구씨 집안은 기쁨의 소용돌이가 멎을 줄 몰랐다. 구인회 사장은 아우들과 일가친척을 이끌고 고향으로 내려가 당선에 대한 인사를 정중하게 치렀다.

구인회 사장에게는 이 해 경사가 뒤따랐다. 미국 유학에서 돌아온 막내아우 두회(斗會)가 1월부터 기업 운영에 참가했고, 4월에는 막내아들 자극(滋克)이 명문 서울중학교에 입학했는가 하면 10월에는 두회의 혼례가 있었다.

17

금성사(金星社)의 탄생

구인회 사장은 전자산업에 대한 확신과 열화같은 의욕을 가졌으면서도 지루하리만큼 신중한 자세로 접근했다. 돌다리도 몇 번씩 두드려 보는 것이었다.

그러던 어느 날 구 사장은 주요 간부들을 불러모은 가운데 「전자공업」이라는 새로운 사업에 착수하겠다는 자신의 결심을 밝혔다. 구 사장은 전자공업의 현황이라든가 발전 가능성에 대하여 설명하고, 개척자 정신으로 황무지를 개간하는 어려움과 초창기의 시련을 헤쳐 나가자고 당부했다.

구 사장의 이 같은 결정은 두 가지 의미를 담고 있었다. 하나는 신사업을 일으키고 사운을 개척해 나가는 기업인의 하나의 도전이라는 측면이다. 다른 하나는 기업 활동을 통해 국민 생활과 국가 경제에 이바지하는 좀 더 큰 의미가 있는 것이다. 어떻든 구 사장의 결단은 한국 경제사(史)와 문화사(史)에 하나의 큰 획을 긋는 사건이었다.

이날부터 구 사장과 모든 임직원들은 새로운 사업 준비 작업에 발빠르게 움직였다. 종합 전기기기(電氣機器) 생산공장 건립을 위한 기본 사업계획서를 만들고 필요한 생산시설과 연차 생산품목 및 생산량, 기술, 요원 확보 대책 등을 마련했다.

우선 기계시설 도입을 위해 85,195달러의 예산이 확보되었고 금속부품, 전기부품 등의 생산시설을 설치하고 라디오, 플라스틱, 전기기기, 유라이트 등을 생산하기로 목표를 설정했다.

이 같은 기본 계획의 수행을 위해 당시 우리나라에 와있던 독일 기술자 헨케(H.W.Henke)를 2년 계약으로 기술고문 및 생산 책임자로 채용했다. 당시 보수성이 강한 락희화학에서 외국인을 기술고문으로 영입한 것은 특기할 만한 일이었다.

이 과정에서 새로 회사 이름을 뭐라고 작성하느냐의 문제가 제기되었다. 구 사장은 여러 가지 의견이 많았지만, 금성사(金星社)로 하자는 의견을 받아들였다. 지구라든가 우주 천체(天體)는 화려하고 신비할 뿐만 아니라 무궁한 수명을 상징하고 있으니 전자제품 이미지에 적합하다는 풀이였다.

실제 금성은 태양계의 두 번째 행성이다. 달에 이어서 밤하늘에서 두 번째로 밝은 천체이다. 삼성(三星), 효성(曉星) 등 한국의 재벌들은 별을 사명으로 짓는 경향을 띠고 있다.

그런데 금성사를 사명으로 하는 데는 약간의 법률적 문제가 있었다. 이미 한해 전에 금성합성수지공업사라는 것이 설립되어 있었기 때문이다. 「금성」이 문제였다. 당시 서울에 있던 반도상사의 허신구 영업부장은 금성사 부산공장 허남정(許南正) 씨에게 다음과 같은 공문을 발송했다.

'(전략) 금성합성수지공업사가 금성사로 명의 변경된 후로 정식으로 경남도청을 통하여 상공부에 명의변경서를 제출해야 하는데 아직 제출되지 못하여 허가 사무 수속에 곤란한 점이 많습니다. 지금껏 제출하지 않은 이유는 금성사가 주식회사로 등록한 후에 하려고 하였는데 현재 사정으로는 더 기다릴 수 없사오니, 우선 금성사로 명의 변경서를 제출하고자 합니다. 그러니 부산서 명의 변경 신청서를 작성하여 경남 도청을 경유하여 상공부 앞으로 보내주시기 바랍니다.(후략)'

이것은 금성사의 발족을 공식화하고자 서둘렀던 당시의 움직임을 엿보게 하는 문서이다. 구인회 사장은 금성사를 창사 초기부터 주식회사로 설립하려 했지만, 지방법원의 등기 절차를 밟는데 적지 않은 시일이 걸리기 때문에 우선 개인기업으로 발족시킨 다음 주식회사로 전환하는 방법을 택했다. 회사 설립이 늦어지면 사원 공채라든가 여러 가지 준비작업이 늦어지게 된다. 또 결심이 서면 곧 행동으로 옮겨야 직성이 풀리는 구 사장의 성품 탓도 있었다.

회사는 1958년 10월 1일 발족했다. 영국의 속담에 '기회는 말과 같다(Chance is Horse)'라는 말이 있다. 쏜살같이 달려오는 말은 그 고삐를 잡아채야지 꽁무니를 잡아서는 올라탈 수 없다는 의미인 것이다. 구 사장이 이 속담을 알고 있는지는 모르지만, 전자공업의 새 시대가 질풍노도의 속도로 달려오는 기회의 고삐를 낚아채는데 남다른 열의를 기울이고 있었다. 회사 설립 절차가 대충 끝나고 부산 연지동 공장에 전자제품 시설이 갖추어지면서 사원 공채 준비를 서두르며 구 사장은 자신이 직접 외국 산업계 시찰에 나설 계획을 세우고 있었다. 시의적절한 해외 출장 계획이었다.

우리나라 공업화 특히 전자공업은 선진권에 비해 아득한 후진권에 머물러있다. 거의 황무지였다. 우리나라의 전자공업을 일으키기 위해서는 세계 선진 국가들의 전자공업계가 어떻게 움직이며 어디를 향해 나아가고 있는지, 자신의 눈으로 직접 보고 확인하는 일은 너무 중요한 일이다.

구인회 사장은 윤욱현 실장에게 꼭 답사해야 할 여행지 등 해외순방 계획을 짜도록 지시했다. 윤 실장이 작성한 여행 스케줄은 홍콩을 첫 기착지로 이태리, 스위스, 영국, 불란서, 독일, 미국, 캐나다, 일본 등 9개국이었다. 이 계획에는 견문을 넓히기 위해 각 나라의 사적지와 명승지도 포함되어 있었다. 여행 기간은 4개월이었다.

첫 번째로 기착한 홍콩의 거리는 번화하고 풍요로운 인상이었다. 외국 사람들은 이렇게 살고 있구나 생각하니, 의식주에 쪼들리는 고생을 숙명처럼 받아들이며 살고 있는 우리의 삶이 한층 애처롭게 생각되었다.

구인회 사장은 구룡반도 쪽으로 건너가는 페리 선상에서 "우리도 남들처럼 잘 살 수 있다. 머리를 써서 부지런히 일하고 공업을 일으키면 우리도 남 못지않게 잘 살 수 있다. 내가 지금 지구를 한 바퀴 돌겠다고 나선 것도 앞으로 우리 겨레가 잘 살 수 있는 길이 무엇인가를 알아내기 위한 것이다. 그러기 위해서는 한가지라도 더 보고 배워서 귀국해야 한다."라고 가슴속에 다짐했다.

초로의 나이에 접어든 구 사장이었지만 수학여행하는 학생처럼 보고 들은 일들은 수첩에 꼼꼼하게 적고, 필요한 경우 윤욱현 실장을 채근해 자료를 구해오도록 했다. 로마와 베니스, 제네바, 파리, 베를린과 함부르크, 런던 그리고 대서양을 건너 미국의 관문인 뉴욕에 이르렀다. 이곳에서 충분한 시간 여유를 가지고 그 넓고 깊은 북미대륙을 종횡으로 누비면서 무진장한 자원과 고도의 선진 과학의 힘으로 경이로운 문명의 별천지를 연출하고 있는 미국을 보았다.

"참 잘들 살고 있구만. 윤 실장, 우리나라도 이렇게 잘살게 되는 때가 있을 끼 아니요?"

구 사장은 진정 부러운 마음으로 각종 산업 시설들을 둘러보았다. 구 사장은 우리나라가 이 같은 제품을 만들어 내려면 앞으로 얼마쯤 시간이 필요하고 어떤 절차를 선행해야 할 것인가에 마음이 쏠려있었다.

"사장님, 시찰 여행 나오시길 잘하셨지요?"

"잘 나오고 말고. 이번에 여행 안 나왔더라면 평생 촌사람 노릇 할 뻔했네. 외국 사람들 이래 잘 사는 것 보니 우리 기업인들 앞으로 할 일 정말 많구먼. 일상생활에 필요한 물건 몇 가지만 붙들고 씨름해도 평생 동안의 사업이 되겠네. 안 그렇소, 윤 실장?"

구 사장은 소년처럼 흥분하고 있었다. 구인회 사장은 장기간 세계 일주에도 피로한 기색도 없이 새로운 활력으로 충전되어 있었다. 그는 태평양상 귀국길의 비행기 속에서 금성사의 앞날이 걱정되지 않는 것은 아니지만, 우리나라 전자공업의 앞날은 밝고 쾌청한 아침이 되리라고 확신하고 있었다.

김포공항에 내리니 어느덧 해가 바뀐 1959년 2월이었다. 구인회 사장은 윤욱현 기획실장을 상무로 승진시켜 부산공장 근무로 발령했다. 한편 사장 직무대행을 했던 구정회 부사장은 가장 시급한 과제인 기술인력 확보를 위해 공채사원 모집에 힘을 기울였다.

기술고문 겸 생산책임자로 영입했던 독일인 헨케가 요청한 대로 기술사원 3명과 기능직 사원 20여 명을 모집한다는 사원 모집 광고를 냈다. 공과대학 출신의 기술사원 지망자와 라디오 수리 경력이 있는 기능공 지망자들이 물밀 듯 모여들었다.

구인회 사장은 당초 목표대로 금성사의 법인화 작업을 서둘렀다. 금성사를 우리나라 전자공업의 선도 기업으로 키우기 위해서는 개인 기업보다는 법인체 화가 중요하다. 개인체보다 법인체인 것이 대외 신뢰도면에서 유리하고 외국 차관이나 AID 자금, 또는 은행융자를 얻는 데 도움이 된다. 또한 장래 예상되는 공개 법인으로까지 나아가기 위해서는 법인체는 필수적이다.

1959년 2월 17일, 금성사는 마침내 부산 지방법원에 등기를 완료했다. 등기된 업종은 '통신, 전기, 기타 기계 기구의 제조 및 판매와 합성수지의 제조 가공 및 일체의 사업, 이상 각 사업에 관련한 투자 등'으로 비교적 광범위했다. 금성사의 비전이 얼마나 의욕적인가를 엿볼 수 있는 대목이다.

구인회 사장은 3월에는 락희유지공업(樂喜油脂工業)을 설립했다. 그리고 초읍공장에서 럭키비누가 생산되어 나오기 시작했다. 구 사장은 연지동 공장에서 라디오 생산을 위한 작업에 몰두했다. 계절이 바뀌는 것을 느낄 틈도 없었다.

그런데 가을에 들자 상상을 초월하는 재난이 발생했다. 1959년 9월 17일 한반도를 강타한 태풍 '사라호'가 몰아쳤다. 특히 남해안 지역이 극심한 피해를 입었다. 수많은 사상자가 발생했고 전체적으로 1백29억 원에 달하는 엄청난 재산 피해를 가져왔다.

락희화학과 금성사는 인명 피해는 없었으나 건물 손상과 원자재 유실 등으로 적잖은 타격을 입었다. 구인회 사장은 피해가 채 아물기도 전에 개인적인 큰 슬픔에 처했다.

1959년 11월 12일, 부친 춘강공(春崗公)께서 세상을 뜨셨다. 구인회 사장은 어린 시절부터 소문날 만큼 효성이 지극했다. 부친이 노환을 얻어 오랜 시일 병원에서 투병생활을 하는 동안에도 잠시도 간병을 소홀히 하지 않았다. 춘강공의 향년은 73세, 부산 동래구 온천동 선영에 안장되었다.

최초의 국산 라디오 탄생

그 무렵 연지동 공장에서는 기다리고 기다리던 금성사 최초의 라디오가 탄생했다. 한국 전자공업사(史)의 첫 개가였다. 새로 탄생한 라디오는 〈A-501〉이라 명명되었는데 이것은 AC, 즉 전기전용으로 진공관이 다섯 개인 제1호 모델이라는 의미를 담은 명칭이었다.

아무튼, 금성사가 우리나라 역사상 처음으로 국산 라디오를 세상에 내놓았다는 사실은 사람들의 많은 관심을 끌기에 충분했다. 특히 라디오 제작에 참여한 기술진을 중심으로 금성사와 락희화학 직원들의 사기는 크게 오르고 있었다.

그해 10월 9일 자 '동아일보'는 '국산 라디오 생산'이라는 제목으로 다음과 같은 기사를 싣고 있다. '머지않아 극동 제일의 500kW 출력을 자랑하게 되리라는 우리나라 방송계도 라디오 대수는 10세대에 하나인 35만인, 오래전부터 보급책으로 농촌의 전화(電話)와 값싼 국산 라디오의 생산이 논의되어 왔는데, 이번에 금성사에서 라디오 국내 제작에 성공하여 월말부터는 시장에 등장하게 되었다. (중략) 현재까지의 국내 제작 기술에 전환기를 이룩했으며 우리나라 방송문화 향상을 위해서도 한걸음 전진을 이룩했다'

금성사의 국산 라디오는 '골드스타'라는 상표가 부착되어 서울의 명동 입구 미도파 백화점 쇼윈도에 전시되었고 오가는 시민들의 호기심 어린 발길을 멈추게 하기도 했다. 구인회 사장은 이 같은 분위기에 힘입어 전화기 등의 제작으로 점차 생산범위를 확대하는 채비를 서둘렀다.

금성사의 라디오 개발과 생산 업무가 순풍에 돛 단 듯 순조롭게만 나간 건 아니었다. 우선 몇십 대, 몇백 대의 신제품 라디오를 만들긴 만들었으나 전국의 판매업자들이 선뜻 호의적인 태도를 보여주지는 않았다. 당시는 미군 PX 유출 상품과 밀수품 라디오가 전국에 홍수를 이루고 있을 때여서 판매업자들도 국산 제품에 대해 자신감을 갖지 못하고 가격이나 공급 방법 등 거래 조건에서 이익을 키우려고 밀어붙이기식으로만 나왔다.

금성사로서도 신제품의 성능이나 내구성, 그리고 양산 문제 등에서 자신감을 갖고 있지 못했던 것도 사실이었다. 초기의 자본 투자 등 자금 지출은 불어나는데 영업실적은 부진했다. 따라서 락희화학에서 벌어들인 돈이 고스란히 금성사로 흘러 들어가게 되고 적자는 눈덩이처럼 불어나고만 있었다. 회사 주변의 가게들도 언제 떠날지 모를 금성사 사원에게는 외상을 주지 않는 현상까지 생겨났다.

"그것 보라구, 남들이 손대지 못하는 사업, 공연히 뛰어들어 고생이라니까." 일부 사원들의 입방아 찧는 소리도 들렸다.

금성사가 사업 초기에 고전을 면치 못했던 것은 구매력을 창출할 국민들의 소득 수준이 낮았다는 것. 구매욕을 자극할 전력 사정과 제품의 질이 좋지 못했던 것. 또 밀수 외제품에 대한 당국의 단속이 없었던 점 등 우리 사회의 구조적 문제 등이 도사리고 있었기 때문이었다. 거기다가 한 사람이 하루종일 매달려 라디오 한 대를 겨우 만들어내는 등 양산 체제가 되어 있지 않았기 때문이다.

이 같은 어려움이 겹치고 보니 전자공업을 중단하느냐, 계속하느냐 하는 본질적 의문이 대두될 만큼 일이 심각해지고 있었다. 그러나 구인회 사장의 생각은 전혀 달랐다. 그에게는 남다른 두둑한 배짱이 있었다. 그는 온화하고 침착한 모습으로 사원들을 격려하고 위로하면서 사업 범위를 넓혀 가는데 관심을 기울이고 있었다.

'A-501' 모델에 이어 'A-401', 'B-401' 등 일곱, 여덟 가지의 모델

이 뒤이어 개발되어 나왔고 이듬해 2월에는 국내 최초의 선풍기와 전화기, 그리고 콘센트, 플러그, 소켓 등 전기 배선 기구까지도 생산되기에 이르렀다.

그러던 중 4.19 혁명이 일어났다. 당시 자유당 정권이 장기집권을 위해 3.15 부정선거를 저질렀고 그것이 불씨가 되어 국민적 분노가 폭발한 것이었다. 마침내 이승만 대통령이 12년 집권의 권좌에서 물러나고 민주당의 장면 정권이 들어섰지만, 사회 혼란은 가중되었다.

기업의 생산활동은 둔화되고 산업계는 불경기의 밑바닥을 맴돌고 있었다. 전력 사정도 크게 좋지 않아 오후 5시부터 11시까지는 어떤 생산공장도 전력을 사용하는 것이 금지되었다. 전력 사정이 좋지 않으니 공장은 조업이 단축되었고 가정에서는 전기기기 사용이 제한되었다. 따라서 국산 라디오는 만들어내기도 어려웠고 사용하기도 어려웠다. 밀수품 외제라디오는 건전지용이 있어서 들고 다니기 좋고 성능도 좋아 인기가 오를 수밖에 없었다. 애초에 전자공업의 전도가 유망하다고 역설하며 앞장섰던 윤욱현 상무의 입장이 궁지에 몰릴 수밖에 없었다.

"외제 상품은 면세 혜택을 받는데 국산품에만 꼬박꼬박 세금 물리는 건 말이 안 돼요. 내일은 미군부대 다니는 친구 통해서 밀수품에 대한 통계를 입수해서 당국에 진정할랍니다. 조금만 참고 기다려봅시다."

윤 상무의 작은 목소리는 대세에 먹혀들지 않았다. 사원들의 사기는 날이 갈수록 떨어지고 있었다.

구정회 부사장은 가만있을 수가 없었다.

"어린애가 커가는 과정이나 기업체가 성장하는 과정에서 몇 차례 어려운 고비가 있기 마련이다. 그 고비를 잘 넘기면 오히려 약이 된다."라고 구 부사장은 말하면서 사원 한 사람 한 사람 붙들고 속단하는 것은 어리석은 짓이니 멀리 내다보라고 타일렀다. 사원들 사이에는 언제나 양론이 분분하다. 오래전부터 임직원들의 이야기에 귀를 기울이고 있어 온 구 사장이었다. 어느 쪽 의견이나 틀린 말은 아니었고 회사를 위하는 마음에서 우러나온 말이라는 것을 잘 알고 있는 구 사장이었다.

구인회 사장은 마침내 사원들을 한자리에 모아 회의를 열었다.

"무슨 일이나 시련은 있기 마련이오.「매경한고발청향(梅經寒苦發淸香)이라는 말도 있지 않소! 매화는 모진 추위를 겪어야 비로소 향기를 뿜는다」라는 교훈처럼 고생 안 하고 얻어지는 보물이 있는 기요. 금성사가 지금 불황에 빠져있다는 것은 내가 더 잘 알고 있는 일이지만, 망할 지경은 아니니 걱정들 마소. 지금 우리는 전자공업이라는 길 없는 밀림 속을 헤쳐나가는 개척자인기라. 가까운 시일 언젠가는 고생한 만큼 보람도 얻게 될 테니 그때까지 모두들 마음을 합치고 힘을 모아 일해주소. 일 년 더해보고 안 된다 싶으면 그때 가서 문 닫아도 늦지 않은 기라. 앞으로 1년, 그래도 안 되면 그때는 내 손으로 문을 닫을 끼요."

사원들 모두는 아무 말 없이 사장의 말에 귀를 기울이고 있었다.

초창기 금성사는 최대의 위기를 맞이하고 있는 것이다. 평소 자상하고 온화한 성품이었으나 이렇다 하고 결단을 내리는 일에는 황소 고집이라는 것을 잘 알고 있는 사원들 누구도 이견을 내놓지 않았다.

금성사는 이날 이후 재고가 쌓여가는데도 아랑곳하지 않고 판매망을 넓혀 가는데 동분서주했다. 구인회 사장의 이 같은 비장한 결단이야말로 전자공업의 황무지인 이 땅에 싹을 틔우고「전자 강국」으로 성장하게 하는 밑거름이 되었다.

한편 국내 시국은 혼미를 거듭하여 이 나라가 대체 어디로 표류하고 있는지 짐작조차 할 수 없었다. 4.19로 창출된 민주당 정권은 무위무책이었다. 정권은 풍전등화였다.

5.16 채찍과 당근

1961년 5월 16일 마침내 또 다른 혁명의 군화 소리가 국민들의 새벽 잠을 흔들어 깨웠다. 극심한 사회 혼란이 다시 한번 혁명을 불러들인 악순환이었다. 군사혁명 주체 측에서는 6개 항목으로 된 혁명 공약을 내걸고 '국가재건최고회의'를 발족시키고 「군정」을 선포했다. 군정 당국은 시시각각 각종 성명과 규제를 포고하면서 국정의 모든 분야를 구조적으로 개혁해 나갔다. 그 가운데서도 경제계 정화와 경제윤리 고양을 위한다는 충격적 조치들은 재계에 엄청난 파문을 몰고 왔다.

군정 당국은 거사 10일 뒤인 1961년 5월 26일 최고회의령 제20호로 「부정축재 처리요강」을 발표하고 이날 중으로 기업인 12명, 공무원 12명, 군인 5명 등 29명을 부정축재자로 적발, 그중 24명을 구속했다. 이미 민주당 정권에서도 부정축재자 명단에 '럭키'가 올라 있었기 때문에 구인회 사장은 새삼 놀라지는 않았다. 혁명 전환기 때마다 민심 무마용으로 경제인들을 옥석을 가리지 않고 처단하는 충격 요법은 여러모로 무리한 점이 많았다.

구인회 사장은 시국의 소용돌이를 관망하면서 잠시 피해 있기로 했다. 국가재건 최고회의가 들어와 있는 태평로 정부청사와는 지척의 거리인 사직동 친지의 집에 은거했다.

1차로는 굴지의 기업인 11명이 구속되더니 조사 범위가 확대되고

'부정축재법'이 시행되면서 락희화학공업사의 구인회 사장도 1백20명의 조사대상자 속에 포함되었다. 구인회 사장은 4.19 이후 줄곧 거론되어온 부정축재 기업인 처벌 문제에 대해 '어느 누구이건 간에 부정하게 축재했다면 응분의 처분을 받아야 한다'는 소신을 가지고 있었고, 그 같은 소신을 기회 있을 때마다 역설해 온 사람이다.

1947년 부산에서 회사를 세운 이래 입버릇처럼 되풀이해 온 말이었다.

"좋은 물건을 싸게 공급하는 것이 기업의 바람직한 길이요. 그것이 곧 사회에 봉사하면서 돈을 버는 길이다."

"무리한 사업 확장을 꾀하면 깨끗하지 못한 기업 성장을 하게 된다."

"부정축재 기업을 조사한다고 하지만 밑이 구리지 않으면 걱정할 일이 없다."

이것이 구인회 사장의 기업 신조였고 확신이었다.

그러나 예상과는 달리 부정이득 기업으로 분류된 락희화학을 대표해서 서울사무소의 구평회 상무가 피검되었고, 11월 20일 '반혁명 행위혐의'로 혁명 감찰부에 의해 서대문 형무소에 수감되었다. 당시 36세라는 젊은 나이로 유일점(幼一点, 가장 어린)이란 애칭이 붙여져 경제계 원로들과 함께 6개월간의 구치소 생활을 감수해야 했던 구평회 상무는 당시의 정황을 후일 다음과 같이 피력했다.

"피검 당시 나는 락희화학의 해외업무와 기획업무를 맡고 있었는데, 구인회 사장은 부산에 살면서 자주 서울을 왕래하며 큰일에만 관여했을 뿐 자질구레한 업무는 거의 내가 결정하고 집행했다. 따라서 사장은 회사의 사정을 깊이 몰랐으므로 수사 당국도 나를 핵심 인물로 간주하고 실제로 수사관의 심문에 소상한 답변을 할 수 있었던 건 나쁨이었다. 세상에서 짐작하는 것처럼 내가 사장(구인회) 대역으로 감옥에 갔다는 것은 사실이 아니다."

그러나 당사자의 이 같은 소명에도 불구하고 1982년 6월 〈정치 변혁과 럭키의 대응〉이란 기획 기사를 취재한 '경향신문' 기자의 시각은 사뭇 달랐다.

"재벌의 총수가 아닌 구평회 상무가 구속된 이유를 규명하는 것은 럭키그룹(61년 당시는 그룹이 아님)의 체질을 이해하는 데 도움을 줄 수 있다. 구평회 상무의 설명은 기본 문제의 해답이 되지 못한다. 그의 말대로라면 총수가 수감되는 편이 오히려 좋았을 것이다. 구평회 상무가 친형이기도 한 구인회 사장 대신 속죄양의 역할을 맡았다고 보는 것이 정확한 분석일 것이다. 형 대신 감옥에 갈 수 있었던 구평회의 우애, 그것이 묵시적으로 용인되었던 구씨(具氏) 가문의 분위기에서 그 집안의 가풍과 가훈을 읽을 수 있을 것이다. 그런 가풍이 럭키그룹의 구심점이 되고 있다는 것은 다른 재벌과 대조되는 현상이다."

어찌 되었던 경제인에 대한 혁명정부의 서릿발 같던 자세는 날이 감에 따라 시나브로 누그러지기 시작해 응징의 대상에서 개혁의 동반자로, 그리고 자립경제 구현의 선도자로 대접이 바뀌어 갔다. 그 한 예로 애초에 사용하던 '부정축재자'라는 호칭이 '부정이득자'로 바뀌더니 나중에는 '일반기업인'이라는 표현으로 부드러워진 것이다.

또한, 부정축재 처리법을 제정, 공포하는 과정에서 '환수회사(還收會社) 설립에 관한 조항'을 만들어 넣어 부정이득자로서 국가재건에 필요한 공장을 건설하여 환수액에 해당하는 주식을 정부에 납부하는 것으로 면책한다고 명시함으로써 기업에 대한 유화적 자세를 보여주기도 했다. 채찍과 당근이 절묘하게 맞물린 정책이었다.

이러한 정책의 흐름에 따라 혁명정부가 재벌급 대기업을 대상으로 비료, 정유, 종합제철, 화학섬유, 시멘트 등 5대 기간산업 공장 건설을 종용하게 되었다. 이때의 정부 정책이 후일 대한민국이 경제 부국으로 성장하는데 결정적 역할을 한다.

구인회 사장의 화학섬유 선택

구인회 사장은 5대 권장 산업 중에 화학섬유 계통의 아세테이트 인견사(人絹絲) 공장과 전기기기 공장 건설을 맡겠다는 뜻을 혁명정부에 통고했다.

구인회 사장이 아세테이트 화학섬유에 관심을 갖기 시작한 것은 1954년 구평회 지배인이 미국에 주재하고 있을 때 그곳 시장에서 처음으로 나돌기 시작했던 아세테이트 옷감을 보내온 데서 비롯되었다.

아세테이트는 반합성섬유(半合成纖維, Semi-synthetic Fiber)로써 천연섬유를 대신한 선풍적인 인기를 끈 신소재 섬유였다. 구평회 지배인은 미국에 있는 플라스틱 및 화학섬유 분야에 깊이 관여하여 전문지식을 갖고 있었다. 구평회 지배인은 이 분야에 관해 장래가 매우 밝다는 확신을 갖고 그 같은 정보를 구인회 사장에게 낱낱이 귀띔해오고 있는 터였다.

구겨지지도 않고 물을 빨아들이지도 않는 이 천에 흥미를 느끼고 있던 구인회 사장은 락희화학의 플라스틱 사업과도 관계되는 아세테이트 섬유 공장을 세우고자 결심하고 허준구 상무와 한성갑 과장을 미국에 보내 AID 차관 도입을 교섭하게 한 일도 있었으나, 4.19와 그에 이은 5.16 사태로 실현되지 못하고 말았다.

전자기기 공장 건설 구상은 금성사가 이미 라디오, 선풍기, 전화기 등을 만들어내고도 생산성과 시장성 문제로 고전을 면치 못하고 있는 중이지만, 선진국에서는 각종 전기기구 신제품이 개발되어 세계 시장을 무대로 무한대의 수요에 응하고 있다는 정보에 접하면서부터 생겨난 것이었다. 다른 제품보다 특히 전자기기는 앞선 기술로 새로운 제품을 개발해내는 일이 중요했다. 그러자면 선진기술을 끌어들이는 어떤 새로운 방법이 강구되어야 했고 마침내는 외국과 기술제휴하는 제조공장 설립을 생각하게 된 것이다.

혁명정부는 국정 각 분야의 혁명 과업을 추진하는 데 여념이 없었고 구인회 사장을 중심으로 한 락희화학, 금성사 사람들도 나름대로 구각을 벗어던지고 새 시대로 접어들 수 있는 기업 노선을 정립하는 데 골몰했다.

금성라디오 특수

사람이든 기업이든 행운의 기회가 찾아온다. 5.16 혁명으로 대기업들이 한때 서리를 맞았으나 오히려 그것이 금성사에 행운의 기회를 만들어주는 역설적 결과를 가져다주었다.

군사정권이 혁명공약을 통해 '절망과 기아 선상에서 허덕이는 민생고를 시급히 해결하고 국가 자립경제 재건에 총력을 경주한다'라고 선언했다.

어느 날 박정희 국가재건 최고회의 부의장(최고회의 의장 되기 직전)이 예고도 없이 금성사 연지동 공장을 방문했다. 라디오 생산현장을 시찰하기 위해서다. 혁명 전 부산 군수기지 사령관으로 있을 때 금성사의 라디오 생산에 관한 이야기를 이미 듣고 있던 박 부의장은 금성사 공장을 통한 시찰을 통해 자신의 전자산업의 성공 가능성을 예측해보기 위한 행보였을 것으로 보인다. 박정희 부의장은 군사혁명으로 정권을 장악했지만, 무엇보다도 경제성장 중심의 조국 근대화를 통해 정권의 정당성을 확보하고자 했고 금성사 방문도 그런 맥락에서 이뤄졌다.

구인회 사장은 그 시각에 공장에 있지 않았다. 뜻밖의 권력자 방문을 맞이해 안내를 맡은 사람은 김해수(金海洙) 업무과장이었다. 김 과장은 침착하게 임무를 수행했고 "특별한 애로는 없소?" 하는 박 부의장의 물음에 "밀수품 단속이 무엇보다 시급한 과제인 것 같습니다."라고 대답했다.

박정희 부의장이 다녀간 후 즉각 효과가 나타났다. 민주당 시절 밀수 단속을 탄원하는 진정서를 수차례 보냈지만, 감감무소식이었고 금성사 관계자들은 체념하는 데 익숙해 있었다. 그러나 이번에는 달랐다. 군사정부는 강력한 밀수금지 조치와 함께 밀수품 일제 단속령을 내렸다. 시장에서 판을 치던 외제라디오와 각종 전자제품, 그리고 잡다한 소비재들까지도 된서리를 맞고 자취를 감추게 되었다. 반사적으로 금성사 라디오에 대한 수요가 기지개를 켜고 일어났다. 그동안 재고품으로 쌓여있던 라디오들이 하나둘 팔려나가기 시작했다. 더구나 들고 다니기 간편한 트랜지스터라디오가 나오면서 영업성적은 더욱 개선되었다.

그러던 중 아주 우연하게, 그러나 특별한 형태로 행운의 기회가 찾아왔다. 어느 날 구인회 사장은 혁명정부의 공보부 장관을 방문해 볼일을 마친 다음 세상 돌아가는 이야기를 나누고 있었다. 혁명정부가 깡패들을 붙잡아 조리돌림을 시켜 혼쭐을 내준 이야기, 아침부터 골프나 치면서 무위도식하는 사람들을 끌어모아 송충이잡이에 동원한 이야기, 밀수꾼들을 일망타진 감옥에 보낸 이야기 등이 화제였다. 공보부 장관은 대학교수 출신 이원우(李元雨)였는데, 그는 구평회 상무와 박승찬 상무의 서울문리대 동기 동창이어서 구인회 사장도 가깝게 지내는 사이였다.

"지금까지 어느 정권도 하지 못했던 일인데 참 잘한 일이요. 덕분에 국민들 가슴도 후련하고 정부에 대한 여론도 많이 좋아졌을게요."

구 사장의 말에 이 장관은 머리를 갸우뚱했다.

"그런데 말입니다. 그런 일들을 하고 있다는 것을 농어촌 구석구석까지 알려야 하는데 전달이 안 돼서 죽을 지경입니다."

"와 전달이 안 돼요. 방송으로 계속 얘기하면 될 거 아닙니까?"

"허이 우리 농촌에 라디오가 어디 많이 있어야 방송을 듣지요"

"우리 금성사에서 라디오 안 만드요. 정부에서 그거 좀 많이 사서 보내면 될 거 아니요."

"그러면 좋겠지만 정부에 어디 예산이 있어야지요."

"예산 짜내기가 어려우면 아이디어라도 짜보소. 좋은 일 한번 하고 싶어도 기회가 없어서 못 하는 사람이 얼마나 많은데..."

"...?"

이 장관은 잠시 동안 말문을 열지 못하더니 금세 구 사장의 말뜻을 알아차리고 얼굴이 밝아지면서 "거 좋은 생각인데요. 그럼 락희에서도 농어촌에 라디오 몇 대쯤 내놓겠습니까?"

"당연히 내놓아야지요."

"좋습니다. 우리 기업인들 가난한 농어촌에 선물 좀 보내라고 해야겠습니다."

공보부 장관은 '농어촌 라디오 보내기 운동'의 요강을 만들어 그 타당성과 집행계획 등을 첨부해 상부에 보고했고 곧 승인을 받았다.

혁명정부는 당초 기업체의 성금에 의존해 김포가도 연변의 초가지붕 개량 사업을 벌일 계획이었으나 라디오 보내기 운동이 더 좋겠다 해서 초가지붕 개량 사업이 바뀌었다. 언론매체 중 '신문'은 수송문제 뿐 아니라 구독료 부담과 문맹자(文盲者, 글을 읽지 못하는 사람)가 많다는 이유 때문에 농어촌에 보급이 잘 안되고 있었다. 그러나 방송의 경우는 수신기만 있다면 그 같은 단점을 단번에 극복할 수 있기 때문에 군사정부는 큰 열의를 가지고 라디오 보급에 힘을 쏟았다.

1961년 9월 현재, 전국의 라디오 보급 대수가 89만3천 대였으나 1962년 말에는 1백34만 대로 늘어난 것을 보아도 농어촌 라디오 보내기 운동이 얼마나 활발히 전개되었는지 짐작할 수 있다. 이 운동은 요원의 불길처럼 번져나갔다. 굵직한 기업체와 기관, 단체들은 큰 단위의 금액을 내놓았고 그렇지 못한 사람들은 자신이 사용하던 한 대, 두 대의 라디오를 현물로 내놓기도 했다.

금성사는 눈코 뜰 새 없이 바빠졌다. 국내 유일의 라디오 생산업체인 금성사는 밀려드는 주문량을 생산하느라 주야 4교대로 나누어 작업했다. 금성사는 불과 몇 달 전만 해도 재고 누증으로 문을 닫느냐 마느냐의 위기에 몰렸었다. 상황은 180도 달라졌다. 이로써 금성사는 홀로서기에 성공했고 우리나라 전자공업을 이끌어 나갈 개척자로 확실한 발걸음을 내딛게 된 것이다.

18

한국케이블
섬유 대신 전선(電線)

 군사정권은 자신들이 입안한 경제개발5개년계획 스케줄에 따라 재계에 업종을 떼어 맡기기도 했다. 락희그룹이 한국케이블 설립에 착수한 것은 군사정권의 그런 정책에 의해서였다. 그러나 그것은 행운이었다. 그동안 이렇다 할 혐의도 드러나지 않은 채 원로 경제인들과 함께 수감되어 있던 구평회 상무는 1962년 2월 15일 선고 유예로 풀려났다. 구속된 지 6개월 만이었다. 큰 형인 구인회 사장의 기쁨은 이루 말할 수 없었다.

 구인회 사장은 마치 일정을 짜놓고 기다리기나 했던 것처럼 갓 풀려난 구평회 상무를 대동하고 2월 20일 유럽과 미국, 일본 등을 행선지로 외국 출장길에 올랐다. 정부에 전달해 놓은 화학섬유와 전기기기 두 공장 건설 정부 승인이 떨어졌기 때문에 차관 도입 교섭, 화학섬유업계 시찰을 위해서였다. 서독의 공업 도시 함부르크에 여장을 푼 두 사람은 함부르크를 비롯, 서독의 주요 공장시설과 설비기계 제작소와 연구소 등을 두루 돌아본 후 이태리로 건너가 거기서도 여러 공장들을 시찰하며 20여 일을 보냈다. 다시 돌아온 구 사장 일행은 디디에벨케사 측과 아세테이트 인견사 공장 건설에 필요한 1천3백20만 달러의 차관 계약을 맺은 데 이어 홀마이스터사와는 데크론 인견사 공장시설 도입을 위한 4백98만 달러 차관 계약을 성사시켰다.

차관 교섭을 성공적으로 매듭지은 구인회 사장과 구평회 상무는 곧 미국으로 건너가 미 연구기관에 합성섬유 사업의 사업성에 대해 자문을 받았다. 연구기관으로부터 한국에서의 화학섬유 사업 전망이 매우 밝다는 고무적인 자문 결과도 얻어냈다. 두 형제는 걱정했던 차관 문제도 기대 이상으로 순조롭게 되어 느긋한 기분으로 마지막 여행지인 일본으로 건너갔다. 두 형제는 일본 동경 임페리얼호텔에 여정을 풀고 인근 공업 도시의 공장을 시찰하면서 합성섬유에 대한 견문을 넓혔다. 당시 일본은 섬유 대국으로 합성섬유의 세계적 강국이었다.

구인회 사장은 4월 7일 밤 서울사무소의 구 전무로부터 국제전화를 받게 되었다. '최고회의 고위층으로부터 기왕에 승인된 아세테이트 공장과 전기기기 공장 대신 송배전선(送配電線) 공장을 건설하라는 강력한 지시를 받았는데 우리 쪽의 의견은 전혀 고려되지 않고 일주일 안으로 당장 전선 공장의 차관 교섭을 매듭지으라는 것입니다'라는 내용의 전화였다.

케이블(Cable)이란 여러 가닥의 강철 철사를 합쳐 꼬아 만든 줄로 전기 배전을 위한 철선이었다. 이 전화 한통은 금성럭키그룹(현 LG그룹)의 운명에 중대한 변화를 예고하는 것이었다. 구인회 사장이 꿈꾸던 섬유산업을 포기하게 만들었다.

구인회 사장은 허탈해했다. 주무부인 상공부의 승인과 국무회의 추인을 거쳐 어려운 교섭 끝에 외국과의 차관 계약까지 모두 끝낸 지금 일방적으로 확정안을 뒤집어 놓는 정책 입안자들의 처사에 분노가 치밀기도 했다.

"호사다마라 카더니 일이 우습게 됐구만…"

구인회 사장은 씁쓰레함을 달래며 궤도 수정을 위한 대책 수립에 들어갔다. 구평회 상무는 차관 도입의 실무교섭에 임했기에 실의와 좌절감이 컸다.

구인회 사장은 마침 동경에 체류 중이던 구정회 부사장과 윤욱현 상무에게 지시해 새로운 차관 도입 교섭을 위해 서독으로 가도록 했다. 구평회 상무에게도 차관 교섭단에 합류하도록 권유했으나 마음이 몹시 상했으므로 구인회 사장과 함께 귀국길에 오르고 말았다.

한편 서독 함부르크에 도착한 구정회 부사장 일행은 홀마이스터사 볼거 사장과 만나 송배전(送配電) 및 전선 제조기 도입을 위한 2백50만 달러 차관 계약을 체결했다. 일이 이렇게 신속하게 이루어질 수 있었던 것은 이미 맺어졌던 사업상의 유대뿐만 아니라 구인회 사장과 볼거 사장 사이의 개인적인 친분과 신용관계가 크게 작용한 때문이었다. 따라서 한 달 전에 체결한 인견사 공장 건설을 위한 차관 계약의 실효를 양해하고 전선 공장 건설이라는 새로운 사업 구상을 쉽게 이해해 줌으로써 상담이 어려움 없이 매듭지어졌다.

특히 차관 도입 계약이 정부나 한국은행 지불보증 없이 금성사와 홀마이스터 간의 신용만으로 이루어진 것은 큰 의미를 담고 있다. 당시 한국의 국제 신용등급은 최하위 수준인데도 민간 베이스로 성사된 것이다. 구인회 사장의 국제시장에서의 신뢰가 어떻다는 것을 보여주는 국면이다.

이 차관은 우리나라 민간 차관 1호라는 기록을 세우기는 했으나, 개운치 않은 마무리로 흠결을 남기기도 했다. 이 차관은 계약일로부터 3개월 이내에 양국 정부의 승인을 얻음으로써 발효하는 것으로 되어 있었으나, 국내 건설업계의 거센 반발과 일관성을 잃은 정부 시책 때문에 기계설비의 공식 발주는 계약일로부터 무려 2년 3개월이나 늦어졌다.

구 사장은 그해 5월 15일, 금성전선주식회사의 모체가 되는 한국케이블공업주식회사를 설립하고 공장 건립지를 경기도 안양(安養)에 확보함으로써 생산공장 중앙 진출의 꿈을 실현시켰다. 그러나 이 케이블 공장 건설 사업은 당시의 한국철강과 연합철강의 알력과 함께 '2대 전쟁'이라고 까지 불릴 만큼 기존 업체의 극심한 반발을 겪어야 했다.

한국케이블의 공장 건설 계획이 우여곡절 끝에 상공부의 기술 검토를 통과하자 외자도입촉진위원회는 서독 차관 계약을 승인하면서 대한전선 진정 내용의 조사 처리를 마칠 때까지 승인 통고를 보류한다는 조항을 달았다. 그 후 9개월이 지나서야 정식 승인 절차가 마무리되어 이 사안은 일단락됐다.

한국케이블 공장 건설에 대한 업계의 알력이 어떤 것이었느냐는 4년이 지난 후인 66년 4월 25일 안양공장 준공식 때의 박정희 대통령의 축사에서 그 일단을 엿볼 수 있다.

"..., 신규 전선공장 건설에 대한 반대론 때문에 내가 이 문제를 놓고 열다섯 차례에 걸쳐 회의를 주최해야만 했습니다. 반대하는 사람들은 기존 시설로도 충분히 수요를 충족시킬 수 있다고 했지만 나는 농어촌의 전화(電化) 사업으로 통신 관련 제품의 생산시설 확충이 불가피하다고 판단했습니다. 따라서 최신 기계로 설비된 이 공장을 보고 마음 든든하게 생각합니다. 정부는 특정한 사람을 위해 있는 것이 아니며 또 사업하는 사람들은 독점하겠다는 욕심을 버려야 할 것입니다."

　구인회 사장에게 있어서 1962년은 분주하고 다채로운 일로 점철된 보람스러운 한해였다. 그의 나이 55세 때이다. 회사가 늘어나 경영인도 확충할 필요가 생겨났다. 마침 5.16 혁명으로 국회가 해산되어 정치 방학을 하고 있던 셋째 구태회를 신설 한국케이블의 부사장으로 영입했다.

　구태회 부사장은 해박한 지식, 치밀한 계획성을 발휘해 신생 한국케이블을 궤도에 올리는데 중추적 역할을 했다. 구인회 사장은 7월 창립 1주년을 맞은 한국경제인연합회(현 전국경제인연합회) 이사로 선임되었다. 이는 새로운 강자로 부상하고 있는 럭키와 금성이 중앙경제계에서 차지하고 있는 비중과 위상이 높아졌다는 것을 의미했다.

　8월에는 럭키비닐공업주식회사가 설립되고 부산 동래공장이 섰다. 9월에는 일본 히다치(日立)와 기술제휴한 금성사의 종합전기기기 제조 온천동 공장의 기공식, 10월에는 한국케이블의 안양공장 기공식 등이 있었다. 구인회 사장으로서는 바쁘고 고단한 가운데 가슴 벅찬 감격을 맛보았다. 그중에서도 금성 라디오가 〈골드스타〉 상표를 달고 최초로 해외에 수출되었던 것도 감격적이었다.

케이블의 준공과 합병

　1965년 3월 15일자 신문 광고란에 한국케이블공업주식회사 대표이사 구인회 명의의 '인사말씀'이 게재되었다. 신문기사가 아니고 광고란을 이용한 것이 특이해 보인다. 그리고 기업 오너가 신문 광고란을 통해 기업 설립의 철학과 필요성을 인사말로 국민과 만나는 것도 신선해 보인다.

구인회 사장의 인사 말씀은 "폐사는 정부의 전원 개발과 통신 시설 확장 등의 경제개발 계획의 일단으로 송배전 및 통신용 전선과 케이블 제조공장의 건설에 착수한 이래로 반대 업자의 집요한 진정으로 기인된 무익한 논란이 거듭된 나머지 공장 준공이 일여 년 지연되었습니다.(중략) 폐사는 당초 계획보다 준공이 지연되었으나 수급계획에 의거한 당국의 현명한 판단과 시책 하에 사업 계획은 착실히 추진되어 서독 민간 차관 2백95만 불에 대한 차관 허가 지급보증, 착수금 송금 및 기계 발주를 이미 끝냈고 공장 건설도 거의 완성되었으므로 오는 5월부터 입하 예정인 기계시설의 설치를 10월까지 완료하면 연간 약 4천 M/T의 전력 및 통신용 각종 전선과 케이블을 생산할 수 있는 현대적 공장으로 연내 가동하게 되어 수입 대체산업으로 연간 약 3백만 달러의 외환 절약과 약 5백 명의 고용효과로서 국가 경제발전에 기여하게 될 것입니다.(후략)"였다.

이 광고문과 나란히 한국케이블의 기술사원을 모집한다는 광고가 실렸다. 그러나 우리나라 경제를 주무르다시피 강력한 힘을 가진 미국 AID 측이 한국케이블 건설을 반대한 것은 뼈아픈 기록이다. 이 책에서는 AID의 반대 이유에 대해서는 다루지 않는다. 그러나 우리의 정부의 방침과 후원은 변함없었다.

한국케이블의 준공식은 예정됐던 10월을 지나 1966년 4월 25일에 거행되었다. 식장에는 박정희 대통령, 장기영 부총리, 박충훈 상공부 장관, 김병삼 체신부 장관, 이상철 국회부의장 등 정부 요인과 경제인, 주한 외교사절 등 수많은 내외 인사들이 참석했다.

박 대통령은 치사를 통해 한국케이블이 태어나기까지의 과정을 소상하게 밝히고 소신을 피력했다. 박 대통령 치사의 주요 대목은,

"조금 전의 경과보고에도 있었던 바와 마찬가지로 경제개발제1차 5개년 계획 사업의 하나로써 한국케이블 공장의 건설이 결정되었던 것입니다. 이 회사는 앞으로 나날이 늘어나는 우리나라의 전력 개발과 송배전 시설 또는 농어촌의 전화 사업의 확장, 기타 체신 사업 등등 많은 분야에서 늘어나고 있는 전선과 케이블의 수요를 충당하게 될 것입니다.

이 사업을 경제개발제1차5개년계획의 계획 사업으로 확정했던 그 당시에, 조금 전에 구인회 사장께서도 경위에 대한 언급이 있었습니다만 그야말로 여러 가지 잡음이 많았었습니다. 정부 내에서도 이 공장을 새로 만들 필요가 없다는 반대 의견이 있었습니다. 일부 업계에서도 상당한 반대가 있었습니다. 일부 언론에서도 필요없는 공장을 정부가 공연히 무계획적으로 건설하고 있다, 외화를 낭비하고 있다는 비난이 일었습니다.

민정 이양 후 국회에서도 이 한국케이블에 대해서는 여러 가지 말썽이 많았습니다. 국정 감사에 있어서도 공연히 수요도 없는 공장을 만든다는 문제를 들고 나와서 관계 장관들이 국회에 나가 여러 가지 공격을 받았습니다.

또한 한국에 나와있는 미 유솜(USOM, 한미경제협력위원회) 당국에서도 이 공장은 필요없다는 주장을 최근까지 해왔습니다. 내가 기억하기에는 이 한국케이블에 대해서는 내가 최고회의 의장으로 있을 때 이 공장 때문에 관계자들을 모아서 연 회의만 하더라도 열너댓 번은 됩니다.

당시 우리나라에 있던 기존 업체로서는 대한전선 외에 열 한 개의 중소기업체들이 있었습니다. 일부 반대하는 측에서는 앞으로 경제개발제1차5개년계획이 끝나는 66년도에 가서 우리 한국의 전선 케이블의 수요는 3천 톤 밖에 안된다고 주장했습니다. 그렇기 때문에, 현재 있는 공장시설만 가지고도 이것을 풀가동할 것 같으면 오히려 생산과잉이 된다는 이론이었던 것입니다.

그러나 당시 정부로서는 여러 가지로 검토한 결과 5년 후에 있어서의 우리나라의 전선 수요가 그것보다 훨씬 더 초과할 것이라는 판단 아래 여러 가지 방해를 무릅쓰고 중간에 일단 공장 건설을 한 1년 중단했다가 63년 7월에 다시 계속해서, 햇수로 따지면 만 4년 만에 준공을 보게 된 것입니다.

이에 대해 조금 전에 말씀드린 바와 마찬가지로 이 공장 책임자이신 구인회 사장 이하 직접 이 사업을 담당한 관계관 여러분들의 그동안의 여러 가지 노고와 고충에 대해서 다시 한번 경의를 드리지 않을 수 없습니다.

지금부터 5년 전에는 66년도에 가서 우리나라의 전선과 케이블의 수요가 3천 톤 정도 될 것이라 했는데 조금 전에 구인회 회장은 금년도 우리나라 수요가 5천 톤이라고 했습니다. 그런데 최근에 정부가 파악한 통계에 의하면 금년의 수요만 하더라도 9천 톤을 초과하고 있다는 것입니다.

이러한 문제를 우리가 생각할 때, 우리나라에서 오늘날 경제 건설을 하고 공장을 세우고, 여러 가지 사업을 추진해 나가는데 있어 이런 일을 과거에 해보지 않던 정부의 관계관들이 일하는데 서투른 점도 있을 것이고, 과오도 있을 것이고, 잘못도 있을 수 있는 것입니다. 이런 점에 대해서 국민 여러분들이 정부에 대해서 편달하고, 좋은 충고를 하고, 지도를 하는 것이 국민 여러분들이 의당 해야 할 권리이고 또한 의무입니다.

그러나 이러한 경제 건설에 대한 비판은 어디까지나 자기의 확고한 근거를 가지고 반대하든지 비판해야 되는 것이지, 덮어놓고 확고한 이론적인 근거도 없이 반대하는 따위의 무책임한 발언은 오늘날 우리 한국 경제 건설에 커다란 방해가 되고 있다는 것을 이 자리에서 똑똑히 지적하는 바입니다."

박정희 대통령의 축사는 꽤 길었지만 막강한 권력을 가진 지도자로 국정을 이끌어가는 것이 얼마나 힘든 것인가를 생생히 보여주는 것이었다.

기존 전선(電線) 산업계의 반발은 거세고 끈질겼다. 전선은 경제성장에 있어서 동맥 같은 존재다. 전기라는 에너지를 생산하지만 이를 산업현장으로 연결시키지 못하면 어떻게 되겠는가. 구인회 사장의 고초가 얼마나 컸겠는가는 박 대통령의 고충 토로에서 짐작할 수 있다.

한국케이블은 기업 채산성이라든가 장래성이라는 사업적 관점에서 보다는 기업가 구인회의 집념과 도전이 얼마나 강렬했던가를 엿볼 수 있다. 구인회 사장은 4년간에 걸친 고심참담한 어려운 시간을 끝내면서 대통령으로부터 치하와 격려를 들으면서 모든 것이 시원하게 풀려가는 것을 느꼈다.

준공식이 끝나고 공장시설 시찰이 시작되었다. 대통령을 비롯한 참석자 전원은 자동화된 최신 시설을 둘러보면서 탄성을 금치 못하고 신기해했다. 서독 홀마이스터를 통해 도입한 기계들은 전선 제조에 있어서는 당시 세계 최일류였다. 최신 압연 기계에 900°로 가열된 1백10킬로그램의 동괴(銅塊)를 집어넣으면 불과 30초 만에 8밀리 동선 240m짜리가 한 뭉치로 되어 나오는 것이었다.

"특히 최근의 국제 추세로 볼 것 같으면 구리보다 생산 코스트가 훨씬 싼 알미늄 선으로 바뀌어져 가는데 우리 공장에서는 알미늄 선 자동 생산 기계가 있으므로 모든 전선의 알미늄선 제작이 가능하게 되었습니다. 그밖에도 여태까지 생산하지 못했던 30여 종의 신제품도 개발하게 되었습니다. 우리는 국내 수요에 불편을 주지 않게 되면 베트남 등 동남아 쪽에 수출시장을 개척할 계획이고 제품의 품질이 국제적으로 손색이 없기 때문에 일본과의 경쟁도 가능한 것입니다."

구인회 회장은 설명했다. 구인회 사장은 한국케이블을 건설하면서 호칭이 회장으로 바뀌었다. 한국은 한국케이블(후일 금성전선) 준공으로 전선 제조에 있어서 강국으로 비약하게 되었다.

19

골드스타라디오 해외 진출

　금성사는 '농어촌 라디오 보내기 운동'으로 기술 축적과 기술인력 확보라는 면에서 하나의 전기를 맞이했다. 수지 개선도 이룩했다. 62년 들어 정부기관에 대한 관납과 군납이 순조롭게 이루어졌고 처음으로 해외수출의 길도 열리게 되었다. 국산 라디오의 동남아 통상사절단을 수행했던 구자두(具滋斗) 관리부장이 수출 상담을 성사시켰던 것이다.
　구 부장은 상품 수출에 대한 경험이 전혀 없었으므로 영문 카탈로그조차 준비하지 못한 채 라디오와 플라스틱 제품의 한글 카탈로그만 가지고 나갔다. 그리고 경유하는 외국의 도시마다 라디오를 취급하는 회사를 찾아가 라디오 모델을 설명하고 금성사 제품을 사라고 요청했다. 능수능란한 상담술은 없었지만, 진실하고 성의있는 대화가 먹혀 들어갔다. 결국은 주문을 받는 데 성공했다.
　홍콩의 바노회사로부터 라디오 2백 대를 구입하겠다는 약속을 받았고 말레이시아와 싱가포르에서는 락희화학에서 만든 저금통을 주문받기도 했다. 이것은 락희화학의 첫 해외 수출이기도 했다.

"우리 금성라디오가 드디어 해외로 나가게 되었습니다."

외국에서 돌아온 구자두 부장의 수주 실적을 정리한 구정회 부사장의 보고에 구인회 회장의 얼굴에 희색이 만연했다.

"정말 잘 될 것 같나?"

"홍콩의 바노회사 본점에 10대, 싱가포르 지점에 3대, 방콕 지점에 5대 등 트랜지스터라디오 샘플 18대를 보내 달라고 합니다."

"일본제품 상대로 경쟁할 수 있을까?"

"성능이나 디자인이나 그리 안 떨어질 겁니다. 가격 가지고 경쟁하면 붙어볼 만 합니다."

"잘해보자. 전화기, 선풍기도 내다 팔고 텔레비전 만들면 그것 가지고 대판 붙어보는 기다. 제깐 놈들 인건비 비싸서 우리와 경쟁 안 될끼라."

그러나 동남아에 수출 상담이 진행되고 있는 사이에 미국 쪽에 먼저 라디오가 나가게 되었다. 62년 6월, 락희화학 산하의 반도상사(半島商社)가 뉴욕에 있는 사이렌버그 회사를 미국 시장 총판매대리점으로 계약하고 1차년도에 25만 달러, 2차년도에 50만 달러어치의 판매 계약을 체결하고 우선 두 가지 모델 62대를 수출한 것이다.

신문 매체들은 「금성라디오 해외시장 개척에 성공, 전자공업의 선진국 미국 시장에 드디어 상륙!」이라는 주먹 같은 제목으로 대서특필했다.

구인회 회장은 미국과 동남아 지역 등에 대한 수출을 계기로 해외시장 진출에 자신감을 얻었고 이를 더욱 확대해 나갈 결심을 굳히게 되었다. 당시 트랜지스터 7석 라디오의 국제 시세가 13달러로 우리나라 고정환율로 환산하면 1천6백90원밖에 되지 않아 가격경쟁이 어렵게 되어 있었으나 정부의 수출 장려 정책에 의한 보상 제도가 있어 혜택을 입을 수가 있었다. 그래서 구인회 회장은 대담하게 세계시장 개척의 웅지를 품고 국제 경쟁의 일선에 나선 것이다.

수출 상품이 부산항 화물선 부두로 운반되고 선적되는 자리에 신문사 기자들이 몰려와 사진찍기에 바빴다. 국산 전자기기의 첫 해외 수출의 역사적 순간을 기록으로 남겨두기 위한 것이었다.

반도상사는 계속해 리비아, 나이지리아 등 아프리카 지역과 파키스탄, 아프가니스탄 등 중앙아시아 지역까지 뻗어 나갔다. 이와 때를 같이 해 락희화학 쪽에서도 플라스틱 제품 어린이 장난감 1만 개를 싱가포르에 수출했다. 락희와 금성사의 모든 공장들은 한밤에도 대낮같이 불을 밝히고 제품을 쏟아냈다.

만수의 저수지 물이 수문을 통해 분류하는 역동감을 주는 광경이었다. 이해 초가을로 접어드는 어느 날 락희화학의 구자두 부장은 하나의 아이디어를 내놓았다.

"우리 럭키가 부산을 바탕으로 이만큼 커왔는데 이제 부산 시민에게 뭔가 은혜 갚는 일을 한번 해보면 어떨까요?"

구자경 전무는 아우의 입에서 나온 말이 뜻밖이라 호기심을 느끼며

"어떻게?"

"이를테면 시민위안회라 해도 좋고 사은잔치란 이름 붙여도 좋고, 추석 명절을 기해서 널찍한 장소에서 한바탕 흥겨운 자리를 만드는 겁니다."

"그거 해 볼만하겠다. 부산에 몇천 명 들어갈 수 있는 극장이나 강당이 있나?"

"그런 장소가 어데 있습니까. 공설운동장에서 해야지요. 유명한 가수, 배우, 코미디언 불러오고 교향악단도 동원하고 농악도 한바탕

놀고 사람 많이 모일 겁니다. 그리고 우리 회사 제품으로 상품도 푸짐하게 쌓아놓고 추첨으로 나누어 주고 하면 명절 기분도 나고 모두들 안 좋아하겠습니까."

"너 머리 한번 잘 썼다."

구자경 전무는 아우의 제안이 대견한 듯 칭찬을 아끼지 않았다.

한편 의자에 앉아 장남과 막내아들의 대화에 귀를 기울이고 있던 구인회 사장은 안경을 벗어 책상 위에 놓으며,

"그 생각 좋다. 소비자에게 보답하는 뜻에서 잔치 한 번 벌이는 것도 괜찮겠다. 너 계획 한 번 멋있게 세워봐라."

이렇게 시작된 '시민위안 재건 풍년제'라는 사은잔치는 1961년 9월을 시작으로 해마다 추석을 전후해 부산 공설운동장에서 개최되었다. 흥겨운 잔치가 진행되는 동안, 경비행기가 날며 오색종이 꽃보라를 날려 축제 분위기를 부추겼다. 이 같은 잔치를 통해 소비자들은 기업이 사회에 기여하는 모습을 보게 되었고, 골드스타와 럭키는 한결 친숙해졌다.

20

럭키그룹 부상(浮上)

근대화 작업으로 경제성장이 이루어지면서 거대기업 그룹 집단이 등장하기 시작했다. 락희(樂喜)나 금성사(金星社) 사세가 커지면서 이들 상호를 모르는 사람이 없게 되었고 그와 동시에 기업인 구인회의 지위도 자연히 경제계의 상위권에 랭킹되었다.

4.19혁명 당시 부정축재자로 지목되었던 재계 인사의 명단은 바로 우리나라 재력 분포도라 해도 틀리지 않는다. 그런데 27명에 대한 조치가 있기도 전에 5.16혁명이 일어났고, 그 명단은 다시 한번 재탕되어 기업인들은 곤욕을 치러야 했다.

당시의 신문지상에 오르내리던 한국의 대표적 기업인들은 대한양회의 이정림(李定林), 중앙산업의 조성철(趙性喆), 화신산업의 박흥식(朴興植), 동아상사의 이한원(李漢垣), 금성방직의 홍재선(洪在善), 삼성물산의 이병철(李秉喆), 한국유리의 최태섭(崔泰涉), 삼호방직의 정재호(鄭載護), 대한산업의 설경동(薛卿東), 동양시멘트의 이양구(李洋球), 극동해운의 남궁연(南宮鍊), 조선견직의 김지태(金智泰) 등 대기업 총수들이었다.

그런데 이 대기업 총수들은 혁명 직후인 7월 중순에 「경제재건촉진회」라는 것을 발족시켰다가 다시 한 달 후 '한국경제인협회'라는 간판으로 바꾸어 달고 삼성물산의 이병철을 회장으로 추대하면서 럭키의 구인회(具仁會), 대한물산의 김용성(金龍成), 한국화약의 김종희(金鐘喜), 대한증권의 송대순(宋大淳), 대한발효의 박선기(朴善琪), 삼풍제지의 우창형(禹昌亨), 동양방직의 서정익(徐廷翼), 동림산업의 함창희(咸昌熙) 등 새로운 멤버를 맞아들여 회원 20여 명의 모임을 만들었다.

이것은 객관적 평가를 통해 '럭키'가 국내 20대 기업 속에 들어간다는 것을 처음으로 시사해 주었다는 점에서 주목할 만한 일이었다. 이 경제인협회는 제1차로 국가재건최고회의에 비료, 시멘트, 종합제철, 정유, 인조화학섬유라는 5개 부문 기간산업 건설계획안을 제출했으며, 이듬해 혁명정부는 재계의 이 같은 자료를 바탕으로 경제개발1차5개년계획을 발표하고 외자도입 대상 사업 건설 적격자를 선정하기도 했다.

현재 우리나라 경제계를 이끌어나가는 재계 지도자들의 모임인 전국경제인연합회의 전신이 바로 이 경제인협회다. 우리의 이야기를 다시 구인회의 럭키로 되돌려 보자.

혁명 직후인 1962년 구인회 사장이 이끄는 기업체들의 날카로운 창의력과 왕성한 추진력은 혁명정부의 의욕 넘치는 경제개발계획과 맞물려 하루가 다르게 성장 발전해 나갔다.

1962년 9월 8일 부산 온천동에서 금성사 전기기기 공장 기공식이 열렸다. 서울에서까지 내려온 내외 귀빈이 80여 명이나 되었다. 참석한 귀빈들은 락희화학, 락희유지, 금성사의 여러 공장들을 시찰하면서 줄곧 탄성을 금치 못했다. 킬렌 유솜(USOM) 처장이나 그론트 서독 대사관 일등 서기관도 "원더풀.", "베리 파인." 등 감탄사를 연발했다.

"아니, 구사장. 어느새 이렇게 훌륭한 시설을 마련하였지요! 이게 모두 우리 한국 사람 손으로 이루어진 공장이란 말인가요?"

백발을 나부끼는 어느 원로 경영인은 믿기 어렵다는 듯 물어왔다.

"저도 처음에는 몰랐지요. 우리 한국사람 아무 기술도 없는 것 같았는데 알고 보니 되게 재주 있습니다."

구인회 사장은 웃으면서 대답했다.

"놀라와. 참으로 놀라와. 남의 기술에만 의지해서 살아야 되는 줄 알았는데 이렇게 한국 공업의 장래가 양양하다는 증거가 또 어디있겠소. 구 사장, 애 많이 쓰셨소."

"어데요. 일은 이제 겨우 시작한 것밖에 더 됩니까. 앞으로 열심히 해볼 생각입니다."

"암 그래야지요. 구 사장이 이제 기업을 이만큼 키웠다는 이야긴데, 한가지 염려되는 점이 있소. 지금 구 사장 밑에서 일하는 사람이 수천 명은 되리라 생각되는데, 이제 창업에 동참했던 형제나 자제들도 전문경영인으로 키워나가야 될게요. 자고로 독불장군이란 게 어디 있나요. 밖으로는 널리 인재를 모집해서 키우고 활용하는 용인술을 터득해야 할 것입니다. 구 사장이야 근면하고 실천력이 강한 뛰어난 경영인이라는 점, 나도 잘 알고 있지만 유능한 한 사람의 힘으로 기업 하는 시대는 지나갔고 바야흐로 우수한 과학적 매니지먼트가 필요한 시대로 접어들었다고 생각하는데 구 사장 생각은 어떠시오?"

고마운 조언이었다. 온갖 풍상 속을 겪어온 노 경영인은 진정 어린 조언을 아끼지 않았다.

"다음달 안양에 전선 공장을 세우면 명실상부한 대(大) 럭키가 아니겠소! 대 럭키 다운 스케일과 자부심을 가지시오."

구인회 사장은 노 선배의 진정 어린 충고에 머리를 숙였다.

10월 들어 한국케이블 안양공장의 기공식을 무사히 끝냈다. 서독 홀마이스터 회사에서 들어온 외자 2백95만 달러와 내자 1억 5천만 원을 들여 부지 3만5천 평에 17동 건물을 짓고 서독 크라스테플 회사의 기계를 설치키로 되어 있었다. 이 공장이 준공되면 나선류, 절연 전선류, 그리고 전력케이블, 통신케이블 등을 합쳐 한 해 생산량 4천 톤을 쏟아내게 된다. 이같이 전자, 전기, 통신, 전선, 플라스틱, 유지, 비닐 등 사업 종목이 7개 부문으로 늘어나 다각 경영에 대비한 전문 경영인의 기용이라든가 각 기업체의 운영을 종합조정하는 새로운 차원의 경영이 불가피하게 되었다.

구인회 사장은 산하 각 기업체가 유기적인 관계를 유지해 나가는 것이 조직의 힘을 효율적으로 발휘할 수 있는 길이라는 결론에 도달했다. 결단에 앞서 깊이 생각하고 어떤 결론에 도달하면 신속하게 행동하는 것이 구 사장의 특별한 점이다.

구 사장은 10월의 주주총회에서 금성사와 락희유지의 사장 자리를 내주고 회장(會長)이 되었다(앞으로 이 책에서도 구 회장으로 쓰게 된다). 금성사의 새 사장에 구정회 부사장을 승진시키고 부사장에 구태회, 허준구 등 두 전무를, 전무에 박승찬 상무를 발령하고 락희화학의 사장에는 구철회 부사장, 부사장에 허준구, 전무에 이연두 상무, 상무에 허신구를 승진 또는 유임시켰다.

이로써 구인회 회장은 각 회사의 경영책임을 사장들에게 넘겨주고 자신은 바야흐로 형성되어가는 그룹을 총괄하는 자리에 오른 것이다. 그의 나이 55세 때 일이다. 다만 그룹의 모체인 락희화학 사장 자리는 얼마 동안 더 지켰다.

21

방송, 신문분야 진출

　구인회 회장은 방송, 신문 분야로 사업 권역을 넓히기로 결심했다. 그가 그동안 이끌어왔던 제조업 사업 분야와는 전혀 다른 것이었다. 사업의 성격은 이질적이었다.

　언론은 사회 파급력이 막강하다. 기업 규모가 커지고 계열회사가 늘어날수록 그 그룹의 뉴스 가치가 커지는 것은 당연하다. 국민들은 기업 안팎에서 일어나는 갖가지 뉴스를 알고 싶어하고, 언론매체들은 매체대로 뉴스 소비자들의 그러한 욕구를 충족시키기 위해 좋은 일, 궂은일 가리지 않고 기업체를 취재원으로 삼는다. 기업들은 기업대로 부당하거나 부당하지는 않더라도 세상에 공개하고 싶지 않은 사업상의 은밀한 부분이 있기 마련이어서 언론을 거북한 상대로 보기도 한다. 그러한 상관관계로 언제부터인가 기업은 언론을 불가근불가원(不可近不可遠), 즉 가까이해서도 안되고 멀리 해서도 안되는 사이라는 말이 생겼다. 뚜렷하지 않고 야릇하고 묘한 개념이다.

　본질적으로 언론매체는 공세의 기능이 있는가 하면, 기업체는 숙명적으로 수세의 속성을 지니고 있다. 그렇기 때문에 어느 수준의 기업을 수성한 사람이 언론사에 눈을 돌리고 그것을 운영해 보고 싶어 하는 것은 기업인이면 갖게 되는 속성 같은 것이다.

그런 의미에서 구인회 회장도 예외는 아니었다. 4.19혁명이 일어나자 다소 이름이 알려진 기업체들은 자유당 정권 아래서 이룩한 '부(富)'라 낙인이 찍혔고 5.16혁명이 나자 다시 한번 '부정축재자'로 낙인찍혔다. 그때마다 온갖 수모와 시련을 겪어야 했다. 생성, 발전의 역사가 짧은 우리나라 기업의 경우 정변이 있을 때마다 '동네북'과 같은 신세였다.

그럴 때 마다 구인회 회장이 하는 말이 있다.

"잘못하는 기업은 맞아도 싸다. 그러나 잘못한 일 없으면서도 맞는다면 그거야 이쪽에서도 뭔가 할 말은 해야지. 덮어놓고 기업이 다 잘못했다고 싸잡아 때리고 못살게 굴면 기업은 누가 하노."

기업이 목청을 돋우어 '나는 억울하다'고 소리쳐봐야 알아줄 사람이 없는 것이 우리 사회 풍토의 한 단면이다.

"시비를 공정하게 가려주고 형평의 원칙에 맞게 보도하는 것이 언론의 자세인데 그게 뭐꼬."

구인회 회장은 기업도 최소한 자기 주장을 말할 수 있는 적극성과 능력을 가지고 있어야 한다고 믿고 있었다. 그러기 위해서 할 수 있는 일이 무엇인가를 골똘하게 고민하고 있었다.

삼성그룹 이병철 회장의 제안

그 무렵의 어느 날 삼성그룹의 이병철 회장이 구인회 회장을 찾아왔다. 이병철 회장은 방송 사업에 대한 자신의 구상을 털어놓으며 협력을 요청했다. 당시 1960년대 초는 우리나라 방송 매체의 여명기이자 시발점의 시기였다. 그때까지만 해도 우리나라는 국영(國營)의 중앙방송(KBS)과 기독교 방송이 있었을 뿐 상업 방송은 아예 존재하지 않았다.

1961년 12월에 문화방송이 최초의 상업 방송사로 등장한 것을 계기로 민영 방송의 문이 열리기 시작했다. 동아일보사도 '동아방송국' 설치 허가를 받았다. 1962년 12월 대학교수로 언론사회학을 전공하던 김규환(金圭煥) 박사가 '라디오 서울'이란 방송국 설치 허가를 받았는가 하면 김용우(金用雨) 전 국방부 장관이 텔레비전(TV)방송국 허가를 받았다.

김규환 박사는 서울대 신문학과 교수, 한국 신문학회 초대 회장을 지냈고 언론사에도 몸담아 동양통신 동경특파원, 동양통신 편집국장을 지낸 한국 신문학계 개척자였다. 김용우 전 국방장관이 한국 최초의 TV 방송국 허가를 받은 것은 그의 사회 경력으로 보아 의외였다. 김 전 장관은 대한 올림픽 위원회 위원장, 적십자사 총재 등 언론매체와는 거리가 먼 사회 경력을 가지고 있었다.

신규 전파 매체의 허가를 받은 두 김 씨는 개국을 서둘렀다. 전파 매체 개국에는 자금이 많이 소요된다. 두 김 씨는 자금상의 어려움으로 라디오와 TV 등 방송사 허가권을 삼성그룹 이병철 회장에게 넘기고 말았다.

이병철 회장이 구인회 회장을 찾아온 것은 라디오와 TV 허가권을 매입한 직후였다.

"사돈, 금성사 라디오가 잘 팔린다고 들었는데 우리 둘이 협력해서 상업 방송 한번 해보지 않겠나? 라디오 방송뿐 아니라 앞으로 텔레비전(TV) 방송까지도 같이 해보지."

이병철 회장은 말했다. 구인회 회장은 이때만 해도 사돈 간의 의리에서 자신을 진심으로 위해주는 말이라고 받아들였다. 유교적 가풍에서 자랐고 사돈 간의 정의(情宜)라는 것을 남달리 소중하게 생각하는 구인회 회장이었다.

이병철 회장과는 고향 승산마을의 지수 초등학교에서 짧은 기간이나마 책상을 나란히 하여 어린 시절의 꿈을 키웠고, 셋째아들 자학(滋學)을 그의 둘째 딸 숙희(淑熙)와 짝지어 사돈 간이 된 지도 어느덧 다섯 해이다. 이제 두 사람 모두 재계에서 1, 2위에 올라 뭇 사람의 부러움의 대상이 된 터였다.

구 회장 자신도 언론사업에 각별한 관심을 가지고 있었고, 더욱이 금성사는 라디오에 이어 텔레비전 수상기 생산을 계획하고 있는 때였으므로 방송사 운영은 바람직한 사업이라는 생각이었다. 방송국이 더 생겨야 텔레비전 수상기 시장도 넓어질 것이었기 때문이다.

구 회장은 곧 측근 간부들의 의견을 물었다. 갑론을박이 이어졌고 반대 의견도 있었다. 그러나 한번 도전해 볼 만한 유망 사업이라는데 의견이 모아졌다. 공동출자 제의를 받아들이겠다는 구인회 회장의 화답이 떨어지자, 일은 신속하게 급진전 되었다.

곧 50대 50의 비율로 삼성그룹과 럭키그룹이 공동출자하고 방송사 개국 준비가 진행되었다. 언론계에나 재계에도 빅 뉴스였다. 재계 서열 1, 2위 대기업 그룹이 언론계 진출한다는 것은 국민들의 비상한 관심을 끌기에 충분했다.

두 방송사 화려한 출범

마침내 1964년 5월 9일 당시 태평로의 국회의사당(국회가 여의도로 이전하기 전) 건물 맞은편 안국화재보험 빌딩에 자리잡은 '라디오

서울(RCB)'은 희망에 부푼 개국 테이프를 끊고 역사적인 첫 전파를 발사했다.

이날 시민회관에서 벌어진 개국식전에서 인사말을 했던 구인회 회장은 또 하나의 사업을 순조롭게 출범시킨 데 대한 기쁨을 감추지 못했다. 방송사 발족은 돈만을 벌기 위한 사업은 아니었다. 언론창달과 문화발전에 이바지하고자 하는 의미가 더 컸다.

구인회 회장은 라디오서울의 개국 경험과 자신감을 바탕으로 텔레비전 방송 개국 준비에 전념했다. 그해 12월 7일 시험방송 영상이 나갔고 '채널7' '호출 부호 HLCE'였다.

한국은행 본점 전면에 위치한 신세계 백화점 건물에 위치한 사옥에서 전 사원들이 지켜보는 가운데 주 조정실의 전원(電源) 스위치가 연결되자 출범을 알리는 사가(社歌)의 메아리와 함께 "여기는 채널7로 방송되는 HLCE 동양 텔레비전 방송국입니다."

아나운서의 상기된 목소리가 전파를 타고 퍼져나갔다.

개국 프로그램은 자정 가까이 애국가를 마지막으로 모두 끝났다. 그 시간까지 수상기 화면을 지켜보고 있던 구인회 회장은 온갖 상념에 잡혀있었다.

기업 운영의 어려운 여건 속에서 막대한 자금을 투입, 개국을 보게 된 것까지는 좋지만 앞으로의 과제가 만만치 않아 보이기도 했다. 특히 동수(同數, 50:50)의 두 그룹의 임직원들로 구성되어 있는 방송사가 탈 없이 잘 운영될 수 있을까가 염려되었다. 한국에서 동업이 어렵다는 것은 공지의 사실이다. 삼성그룹과 럭키그룹의 기업문화가 다르고 구성원들의 성향도 이질적이다. 이런 문제점들에 대해서 구인회 회장은 "그러나?" 하고 애써 긍정적인 쪽으로 생각을 몰고 갔다. 설사 일선 직원들 사이에서 약간의 마찰이 일어난다 해도 산전수전다 겪은 임원들이 있고 그 뒤에는 호암(湖巖, 이병철 회장의 아호) 이병철 회장과 내가 있는데 무슨 탈이 나겠느냐고 구 회장은 생각했다.

구인회 회장은 그렇다면 문제는 이제 첫발을 내디딘 민영 TV방송을 어떻게든 잘 가꾸고 키워서 방송예술, 방송언론의 발전에 이바지하고 건전한 시민 생활의 선도적 역할을 하는 것뿐이라고 생각했다.

"보래, 둘이 힘을 합쳐 안되는 일이 있겠나. 호암과 힘을 합쳐 일등짜리 TV방송국을 만들고 말끼다."

구 회장은 마음속으로 다짐했다. 최초의 민간 상업 방송인 동양텔레비전의 개국 프로그램에 대한 시민들의 기대와 호응은 대단했다. 국영 방송의 지나치게 보수적인 프로그램에 식상해 있던 시청자들은 새로 등장한 민영 TV 프로의 대담하고 신선한 화면에 매혹되어 인기는 폭발적이었다.

그러나 경영 면에서는 상승일로에 있는 시청률과는 딴판이었다. 신설 TV 방송이니만큼 광고 수입이 많을 리가 없었다. 더구나 당시의 TV 수상기 보급 대수는 전국을 통틀어 3만 대를 조금 넘는 수준이었다. 재계의 광고를 밀어주는 힘도 미약한 수준이었다. TV 방송국 광고 수입이 적을 수밖에 없었다. TV 매체 초창기이기 때문에 막대한 제작비가 소요되었다. 뭉칫돈이 들어가도 홍로점설(紅爐點雪, 벌겋게 달은 화로에 눈을 뿌리는 것)이었다.

그러나 구인회 회장은 겉으로 내비치는 일 없이 관계 직원들을 격려했다.

"어데 첫술에 배부른 장사 있나. 당초 예상한 결손이니 참고 견디며 일이나 빈틈없이 잘해 주소."

국산 TV 수상기 공급이 가능해지는 단계에 들어가면 TV 방송이야말로 미국이나 일본에서 보듯이 현대 선진문화 생활의 총아가 되리라는 강한 신념을 가지고 있는 구 회장이었다. 또한, 금성사의 TV 수상기 생산 계획도 착착 진행 중에 있었다.

그러나 그 같은 기대와 화려한 출발에 비해 방송사 운영은 삐걱거리는 소리가 나기 시작했고 경영상의 어려움도 가중되어 가기만 했다. 쌍방에서 같은 수의 인원을 파견하고 공동운영하기로 한 정신은 양측에서 나온 직원들 간의 이질적 기업문화에 따른 잦은 충돌로 지켜지기 어려운 상황으로까지 내몰렸다. 가장 나쁜 현상이 나타난 것이다. 삼성과 럭키, 경영풍토가 다르고 사원들의 기질이 다른 데서 오는 사태였다. 사소한 일에서도 미묘한 감정의 대립이 생기고 골이 깊어지기만 했다. 마침내는 간부급 회의에서마저도 충돌이 잦아지게 되었다. 이런 일로 럭키 측의 김상경(金象卿) 상무는 구 회장으로부터 꾸중을 자주 들어야 했다.

"김 상무, 아다시피 좋은 일 하자고 사돈 간에 손을 잡았는데 공연히 의만 상케 되었으니 이 꼴이 뭐꼬! 서로 한 발씩 양보해서 화합해야 일이 되제. 이래 밤낮 충돌만 해 갖고 무슨 일이 된단 말이오."

이 같은 불화의 분위기를 모를 리 없는 구인회 회장과 이병철 회장이었다. 두 회장은 모처럼 좋은 사업 한번 해보자고 손을 잡은 사돈 사이에 아랫사람들 불화로 조금이라도 틈이 생겨서야 되겠느냐는 데 뜻을 같이 했다.

두 회장은 해결책으로 쌍방이 라디오와 텔레비전에 각각 사장 한 사람씩을 보내고 그들로 하여금 단독 경영으로 원만한 운영을 하도록 했다. 이 같은 합의에 따라 텔레비전 사장에는 럭키 측의 이흥배(李興培) 씨가 취임하고 라디오 사장에는 홍진기(洪璡基) 씨가 취임하게 되었다.

두 사람 다 명망있는 수재였으며 관료 출신으로 거물들이었으며,

출신학교도 같았다. 이홍배 사장은 경성제국대학 법학과를 졸업, 제12대 국방부 차관, 경기도 지사를 지냈고 구인회 회장의 4남 자두(滋斗)의 장인이었다. 홍진기 사장도 경성제국대학 법학과를 졸업, 제19대 내무장관을 지냈으며 이병철 회장의 3남 건희(健熙)의 장인이었다. 이건희는 추후 삼성그룹 회장이 된다.

이런 인사 배치는 흔치 않은 것이었다. 공동경영자인 두 사돈 사이에 각기 또 다른 사돈을 배치함으로써 객관적 공정성을 유지하고 마찰을 최소화하자는 조치였다.

미스터리(Mystery)한 결렬

당대 경영의 달인으로 존경받는 두 회장이 지혜를 짜내 양쪽 집안의 사돈을 모셔다 두 방송사 사장으로 화합된 분위기를 만들어 보려고 노력하면 할수록 사정은 더 나쁜 쪽으로 흘러갔다. 새로 모신 사장 두 분 다 사돈이라는 인척 관계를 배제하더라도 개인적으로 출중한 능력과 명망을 가지고 있는데도 회사 내부 분위기를 바꾸는 데는 한계가 있었다. 돈이 걸린 문제였기 때문이다. 텔레비전 방송국 쪽에서는 프로그램 제작비 문제로 양측 의견이 엇갈려 티격태격하는 일이 잦았다.

럭키 측에서는 장래를 내다보고 투자를 늘려나가자는 주장이었고, 삼성 쪽에서는 수지균형은 생각지도 않고 어떻게 투자만 자꾸 늘려 가느냐는 것이었다. 거리가 있는 주장이었다.

그런 상황에서 주주총회가 열리게 되었다. 삼성 측 이사들이 의사(議事)를 일방적으로 진행하려 하자 럭키 측의 이사인 허준구, 박승찬 이사 등이 브레이크를 걸다가 끝내는 총회장을 퇴장해 버리고 말

앉다. 사태가 이렇게 되자 삼성 측에서는 텔레비전국을 럭키가 인수해 단독으로 운영하라고 나왔다. 공동경영(50대 50) 구도를 송두리째 바꾸는 제안이었다. 당시 '라디오서울'은 흑자를 내고 있었고 텔레비전 쪽은 적자였다. 삼성의 제안을 액면대로 받아들인다면 흑자 쪽을 자신들이 차지하고 적자 쪽은 럭키 쪽에 떠넘기는 것이었다.

구인회 회장은 간부들과 회의를 열고 숙의를 거듭한 끝에 경영이 어려운 텔레비전 쪽을 럭키가 인수하고 흑자를 보는 라디오를 삼성 쪽에 넘겨주자는 결단을 내렸다. 텔레비전 쪽은 스튜디오 신축, 최신 방송기자재 도입 등 막대한 신규 투자가 필요하지만, 어차피 착수한 사업이니 단독으로라도 밀고 나가겠다는 비장한 각오였다.

구인회 회장은 이병철 회장을 찾아가 "우리가 이렇게 나가다가는 의까지 상할지 모르겠소. 서로 하나씩 맡아서 독자적으로 경영하는 방법도 나쁘지 않을 것 같소. 그러니 그쪽에서 제안한 바와 같이 TV국은 내가 인수하고 라디오 방송은 삼성이 맡는게 좋을 것 같은데 호암 의견은 어떻소?"라고 물었다.

"그게 좋겠다면 그렇게 해보지."

이병철 회장은 간단하게 대답했다.

이런 과정을 거쳐 공동경영 체제는 종지부를 찍었다. 두 회장은 서로 투자지분에 대한 청산 방법까지도 합의를 보고 헤어졌다.

이에 따라 럭키 측 사람은 라디오국에서 철수하고 삼성 측 사람은 TV국에서 물러났다. 럭키 측에서는 이헌조(李憲祖) 이사를 TV국에 파견, 경영진을 보강하고 인수 태세를 갖추기 시작했다.

그러나 두 회장 사이에 합의된 약속은 지켜지지 않았다. 럭키 측에서는 두 방송사에 대한 출자금을 상계하고 차액을 전달하려고 했으나 삼성 측은 이 핑계 저 핑계를 대고 받으려 하지 않았다. 더구나 결정권자인 이병철 회장은 일본에 건너가 부재중이었고 귀국 일자도 확정된 게 없다고 삼성 측은 말했다.

양쪽 임원들 사이에 부질없는 입씨름만 계속되었는데 그러는 사이 간간이 들려오는 소리는 '럭키가 라디오뿐 아니라 TV까지도 손을 떼는 것이 어떻겠느냐'는 것이었다. 그냥 흘려듣기에는 무게가 실려 있는 것이었다.

삼성 측의 내심이 약간은 드러나 보이는 것이다. 차액 정산금을 차일피일하면서 받지 않는 것과 연관시켜보면 어렴풋이 어떤 윤곽이 드러나는 듯했다. "지금까지 그쪽에서 공동출자로 일을 같이 해보자고 했던 것도 알고 보면 모두 저의가 따로 있었던 것 아닐까요?"라는 말이 주변에서 나왔다.

구인회 회장은 그런 소리에 귀를 기울이기는커녕 노골적으로 못마땅한 표정을 지었다. 구인회 회장은

"쓸데없는 소리 그만 두소! 아무 말이나 하면 말이요? 남을 삐딱하게 보기 시작하면 한이 없는 기라. 옛날 무학대사가 부처님 눈에는 부처만 보이고 돼지 눈에는 돼지만 보인다고 말씀하신 고사를 들어본 일도 없소."

구 회장의 노기 어린 말에 주변은 조용해졌다.

구 회장은 찜찜한 마음으로 이병철 회장이 일본에서 돌아오기만을 기다리고 있었지만 감감무소식이었다. 세간에서는 럭키와 삼성이 방송사 경영권을 둘러싸고 대판 싸움을 벌이고 있다는 소문이 떠돌고 있었다. 재계 1, 2위 사돈 사이인 럭키와 삼성이 싸우고 있다는 소식에 일반은 비상한 관심을 보이고 있었다.

구인회 회장은 이렇게 마냥 시간을 보내고 있을 수만은 없다고 판단하고 본인이 일본에 건너가는 수밖에 없다고 생각했다. 구 회장은

동경행 기내에서 깊은 생각에 잠겼다.

"상대방은 남이 아닌 내 사돈… 양쪽 가문에서 태어난 손자들을 생각하면 두 사람 중 누군가가 깨끗이 물러나는 길밖에 더 좋은 방법이 있을까. 상선약수(上善若水)라 했지. 만사를 물 흐르듯 순리대로 사는 것이 가장 훌륭한 삶이 아니고 뭐겠나."

구 회장은 몇 번이고 생각을 되풀이하며 자신의 마음을 달랬다. 구 회장은 다만 한 가지 마음에 걸리는 것이 있다면, 면밀한 사업 계획을 세우고 큰돈을 출자하고 많은 임직원에게 보직 발령까지 해 놓은 마당에 사돈 간의 사정(私情)에 끌려 간단히 철수를 결정한다는 것은 기업인으로서 할 일이 아니라는 자책이었다.

구 회장은 동경에 도착한 그 날로 이 회장과 마주 앉았다.

"호암이 돌아올 때까지 기다릴 수가 없어서 이렇게 찾아왔네."

"…."

이 회장은 말수가 많지 않았다.

"호암. 이래서는 안 되겠어. TV국을 나에게 넘겨주기로 약속했으면 그 청산 차액을 빨리 인수해 줘야 하지 않겠나. 양가의 불화설이 온 장안에 퍼지고 있으니 창피하고 모처럼 공동 경영키로 한 방송 사업이 이 모양이니 또한 창피해 죽겠네. TV국까지 가지고 싶어서 그러는 것이라면 마저 인수하게나. 양가에 태어난 우리 손자들의 장래를 생각해서 그러는 거네."

구 회장은 낮은 음성으로 간곡히 권유했다. 그러자 이병철 회장이 무겁게 입을 열었다.

"그냥 그대로 같이 해보지!"

다시 한번 공동 운영이라는 원점으로 돌아가자는 대답이었다.

라디오국은 삼성이 맡아 하고 TV국은 럭키에 넘겨주겠다며 청산 절차까지 합의하지 않았던가. 그런데 이제 와서 불화와 갈등의 요인에 대해서는 일언반구의 언급도 없이 원점으로 돌아가 다시 같이하자는 말을 어떤 뜻으로 받아들여야 하는 것일까. 아니 TV국은 럭키에서 맡으라고 말했던 삼성 측의 당초 속셈은 무엇이었을까. 줘도 받지 않거나 받지 못할 것으로 알고 해본 말이었는데 럭키가 그대로 받아들이겠다니 난처해진 것은 아니었을까? 그동안 실무진 사이에서 사사건건 벌어졌던 트집과 말썽을 하나하나 짚어보면 럭키로 하여금 손을 떼게 하려는 의도였다고 의심해볼 수도 있었다. 실망을 느끼지 않을 수 없는 구인회 회장이었다.

"다시 같이 하자는 제안은 거절하겠네. 원한다면 호암이 양쪽 다 맡아 혼자하게."

구 회장은 말을 마치자 조용히 자리를 털고 일어났다. 이병철 회장은 현관까지 따라 나와 헤어지는 자리에서 짤막하게 말했다.

"그렇게 결정해주니 고맙네."

두 사람은 악수를 나누고 웃는 얼굴로 헤어졌다.

구인회 회장과 이병철 회장은 그들의 사업 생애에서 두 번의 공동 경영 찬스가 있었으나 성공으로 이루어지지 않았다. 한번은 이병철 회장이 원당 수입 무역을 제안하면서 2억 원의 출자를 제안했지만 구 회장이 사양했고, 다른 한 번은 언론사업이다. 두 번 다 이병철 회장이 먼저 제안했던 것이 특이하다.

삼성그룹은 이렇게 해서 라디오, TV, 신문(중앙일보) 등 종합 매스컴 센터 체제를 갖추게 되었고 럭키그룹은 희망에 부풀었던 방송 사업에서 물러나고 말았다.

구인회, 이병철 회장의 '동업 결렬'은 흔히 일어나는 일은 아니다. 역사에 남는 일이다. 두 분 다 당대 경영의 신(神)이라 추앙받던 분들이다. 따라서 그들이 사용하는 경영상의 머리싸움도 수가 높다. 우리는 여기에서 몇 가지 추론을 도출해 볼 수 있다.

먼저 이병철 회장은 구인회 회장에게 왜 먼저 언론 사업의 공동 경영을 제안했나이다. 이 회장은 라디오와 TV 두 가지를 묶어 50대 50의 공동경영을 제안했다. 구 회장은 그 제안을 받아들였다. 당시 이병철 회장은 두 사업을 단독으로 꾸릴 수 있는 재정적 능력을 가지고 있었다. 그렇다면 이병철 회장이 구인회 회장을 동업으로 끌어들인 것은 막대한 투자금이 소요되는 TV 부분의 창업 초기의 투자 리스크를 분산시키기 위한 것으로 볼 수 있다. 사실 50:50 동업 투자비율은 일반적으로는 선호되지 않는다. 깨지기 쉽기 때문이다. 보통 51대 49 등의 비율이 선호된다. 그런데도 두 회장은 50:50 비율을 선택했다. 초기부터 결렬의 뇌관이 깔려있었던 것이다.

두 번째는 이병철 회장은 TV 부분을 럭키가 단독으로 하라고 해 놓고 TV 부분의 투자 상계 처리금 수령을 차일피일 피하고 결국 구인회 회장으로 하여금 일본 동경으로 오도록 했느냐이다. 구 회장은 단순하고 사고 체계가 복잡하지 않다. 그리고 인척 관계의 우의를 매우 중시한다. 삼성은 사돈이다. 그의 이런 점을 얼마든지 이용할 수 있다. 이병철 회장은 구 회장에게 조바심을 내도록 하고 결국 TV 사업을 포기하는 쪽으로 유도했지 않나 하는 추론도 가능하다.

다른 하나 아주 중요한 사실을 우리는 발견할 수 있다. 이병철 회장이 라디오와 TV 방송권을 김규환 박사와 김용우 총재(대한적십자사)로부터 인수해서 언론매체 사업에 진출할 때 홍진기 전 법무장관을 라디오서울 사장으로 영입하는 자리에서 "우리 삼성은 앞으로 라디오, TV, 신문 등 종합 매스컴 사업을 합니다."고 말했다. 이 회장은 이때부터 TV 사업에 뜻을 두고 있었음이 확인되는 대목이다.

그런데도 구인회 회장과 동업을 시작하면서 약간의 파열음이 생기자 삼성은 TV에 관심이 없다고 하면서 럭키 측이 단독으로 하라고 한 것은 모순되는 것이다. 그리고는 구인회 회장이 동경에서 TV까지 가져가라고 하자 주저 없이 "그렇게 결정해 주니 고맙네." 하면서 TV 부분도 인수한 것이다. 이 게임은 결과적으로 이병철 회장 승리, 구인회 회장 패배로 끝났지만 많은 여운이 남는 것이다.

22

국제신보(國際新報) 시대

 구인회 회장의 언론사업과의 인연은 끈질기다. 6.25 동란으로 피난민들이 부산으로 밀려들었을 때 국제신보는 우리나라 최대의 일간신문이었다. 서울에서 위세를 떨치던 중앙지(紙)들이 좋은 시설을 모두 버리고 내려와서 셋방살이 처지가 되었으니 그럴 수밖에 없었다.
 국제신보는 1950년 6.25 동란이 일어나기 불과 몇 달 전 산업신문(産業新聞)이란 제호로 창간되었는데 부산이 피난 수도가 되는 바람에 한때 발행 부수가 10만을 넘어서기도 했다.
 그러나 휴전이 성립되고 정부와 피난민들이 썰물처럼 빠져나가자 형편이 달라지기 시작했다. 더구나 4.19, 5.16을 겪게 되자 회사 경영은 수렁에 빠지고 말았다. 극심한 자금 압박으로 3일간 신문을 발행하지 못하는 사태가 생기기도 했다.
 이러한 형편일 때 부산의 각계 유지들 사이에서 부산을 대표하는 「국제신보」를 살리자는 목소리가 높아가고 부산 상공회의소에서는 결의문을 발표하고 인수자 물색을 위한 활발한 섭외 활동까지 펼치고 있었다. 그들의 공통된 의견은 언론사업에 많은 이해를 가졌고 재력이 있는 지역 인사 구인회 회장이 맡아달라는 것이었다.

지방 여론이 고조되자 마침 부산에 내려와 있던 이원우 문공부 장관이 해운대의 조용한 음식점으로 구인회 회장을 초치했다. 이원우 장관과 구인회 회장은 농어촌「라디오 보내기 운동」아이디어로 익히 잘 아는 사이인 것을 우리는 기억할 수 있다.

"국제신보를 살리려면 회장님이 나서는 길밖에 없을 것 같습니다. 돈만 벌어 뭐 하실랍니까. 이런데 돈 좀 쓰시고 멋진 신문사 한번 만들어 보시죠."

"허어 이거 무슨 인연일꼬. 방송에 손댔더니 이번에는 생각지도 못한 신문사라."

구 회장은 웃으며 난처한 표정을 지으면서도 이 일에 손을 댈 것인가 말 것인가 생각했다.

1968년 5월의 일이다. 국제신보의 창간 시절부터 근무해 온 하종배(河鐘培)란 사람이 있었는데 그는 구 회장과는 외가로 인척이 되는 사람이었다. 구 회장은 그를 시켜 국제신보 현황을 보고받고 충무(통영) 출신 국회의원이었으며 민주당 정부의 재무부 차관을 지낸 서정귀(徐定貴) 씨를 사장으로 초청했다. 고향에서 쉬고 있던 서정귀 씨는 지체 없이 달려왔다.

"누가 저 같은 사람을 추천하던가요?"

구 회장은 빙그레 웃으면서 옆에 앉은 구태회 부사장을 턱으로 가리켰다.

"저는 사업은 잘 모르는데요."

"배우면서 하소. 당신 뜻대로 경영하되 내가 당부하고 싶은 것은 이 신문이 없는 것 보다는 낫다는 소리를 듣게 해주고 밑지지 않는 경영을 해주소. 그렇다고 나는 신문사에서 돈 벌 생각은 조금도 없소."

 사장으로 취임한 서정귀 씨는 재선 국회의원이었으며 박정희 대통령과 대구사범 동기동창이었다.

 서 사장은 먼저 적자의 요인이 무엇인지를 면밀히 분석했다. 그 결과 신문의 손실 부수가 많고 경영 면에서 낭비요소가 많다는 것을 발견했다. 그래서 '결손을 추방하자'를 전 사원의 지표로 삼게 해 긴축 재정을 밀고 나가자 몇 달이 지나면서 경영이 호전되기 시작했다. 그때 서정귀 사장은 한 달에 50만 원씩의 경영지원금을 요청했는데 구 회장은 30만 원을 보내주었다. 그러나 서 사장은 얼마 안 가서 훌륭히 자력 경영에 성공하고 흑자를 내기 시작했다.

 후일 서정귀 사장은 세상이 다 아는 대기업인이 되었고 지난날을 회고할 때 항상 이렇게 말했다.

 "내가 기업에 대해 다소나마 안다면 그것은 모두 구인회 회장한테 배운 지식이지요. 꼭 써야 할 곳에는 큰 돈을 아낌없이 내놓는 양반인데 잔돈푼은 어림도 없어요. 하지만 별도로 야금야금 돈 타쓴 것은 아마 내가 제일 많았을 거요."

 서 사장의 그런 실토가 과장은 아니었다. 구 회장은 신문사 경영 문제라면 밤낮 구분 없이 상담에 응해 주었고 서 사장에게 골프를 배우게 하고 그를 골프장에 부지런히 데리고 다닌 사람이 구 회장이었다.

 이와 같이 맺어진 끈끈한 인연으로 후일 럭키가 정유 사업을 유치하는데 서 사장이 받침돌이 되는 것은 당시로서는 누구도 상상할 수 없었다.

 럭키가 국제신보 사를 인수한 뒤의 일이다. 국제신보 자체도 적자 경영의 늪에서 벗어나지 못하고 있을 때 동업의 경쟁사인 「부산일보」

는 좀 더 심각한 경영난을 겪고 있었다. 그런데 당시 부산일보사 임원 중에는 기발한 머리를 가진 김석겸(金奭謙)이라는 전무이사가 있었다. 그는 매일매일 돌아오는 수표와 어음을 막는데 정신을 차릴 수 없을 만큼 자금난에 시달리고 있었다. 마침내 그 일도 한계에 다다라 최세경(崔世卿) 사장을 찾아가 하소연했다.

"터진 봇물처럼 막아도 막아도 끝이 없으니 무슨 수를 쓰든 대책을 세워 주이소."

최 사장도 속수무책이어서 김 전무 얼굴을 쳐다볼 뿐이었다.

"부산에서 제일가는 수표가 누구 겁니까? 럭키 것 아닙니까. 세상 사람들이 보증수표라 카대요."

"보증수표면 보증수표지. 그게 우리와 무슨 상관있노."

"될랑가 모르지만 가서 한번 부딪쳐 볼랍니다."

"라이벌인데 돈을 꿔주겠소?"

"돈이 아니라 그쪽 신용을 좀 빌리자 이겁니다."

"밀어치나 메어치나 매한가지지."

"그래서 될는지 모른다 하잖습니까. 기다려 보이소."

대단한 발상이었다. 김 전무는 즉석에서 락희화학에 전화를 걸어 구자경 전무를 찾았다. 최세경 사장은 영문을 모르겠다는 듯 지켜보고 있을 뿐이었다.

"저는 부산일보 김석겸 전뭅니다. 전화로 인사드려 죄송합니다. 상의드릴 일이 있어 찾아뵐까 하는데요. 시간 좀 내주실 수 있습니까.... 고맙습니다. 지금 곧 그쪽으로 가겠습니다."

최 사장은 수화기를 놓고 일어서는 김 전무를 쳐다보면서

"정말 별난 사람이야. 여하튼 일이나 잘되면 좋겠지만..."

하고 내심 일이 잘되기를 바랐다.

락희화학 쪽으로 달리는 승용차 속에서 김 전무는 거의 불가능해 보이는 일을 행동으로 옮기고 있는 자신이 어처구니 없기도 하고, 또 락희화학에 가서 웃음거리나 되지 않을지 은근히 걱정되기도 했다. 그러나 밑져야 본전, 한번 부딪쳐 봐야 세상 인심도 알 수 있고 락희의 그릇도 알 수 있는 것 아닌가. 스스로를 고무하며 럭키공장의 정문을 들어섰다. 구자경 전무는 태평하고 온화한 표정으로 기다리고 있었다.

"부산일보에서 저에게 무슨 용무가 계실까요?"

자리에 앉자 담배를 권하며 구 전무가 먼저 입을 열었다.

"사실은 저희 사장이 와서 말씀드려야 할 일인데 사정이 있어서 제가 오게 되었습니다. 짐작하시겠지만 지금 저희 신문은 어려운 경영난에 시달리고 있습니다."

김 전무는 회사에서 '별난 사람'이란 별명으로 불리고 있으리만큼 솔직하고 직선적인 사람이다. 그는 부산일보사가 지금 겪고 있는 자금난의 실정과 이유, 그리고 앞으로 타개해 나가려는 시도 등을 숨김없이 털어놓았다. 만일의 사태가 나더라도 럭키 측에 폐를 끼치지 않겠다는 점도 덧붙였다. 구자경 전무는 의외의 말을 듣고 잠시 생각을 가다듬고 있었다. 김 전무는 이 순간이 가장 중요하다고 생각,

"번지수를 잘못 찾아온 게 아니냐 하실지 모르나 번지수를 알고 왔습니다. 생각하고 생각한 끝에 이 길밖에 없다 싶어 안 왔습니까."

라고 말했다. 구자경 전무는 그의 솔직하고 진지한 자세에 표정을 누그러뜨리며,

"얼마를 도와드리면 됩니까?"

"3천만 원 한돕니다."

"좋습니다. 도와드리지요."

간단했다. 김 전무가 제시한 3천만 원은 꽤 거금이었다. 라이벌 사에 아무 조건 없이 이런 자금 융통을 한 예는 찾기 힘든 것이다. 김석겸 전무는 감격했다. 몇 번이고 허리를 굽혀 인사하면서 구 전무의 두 손을 잡았다. 구자경 전무는 나직하게 웃으며 물었다.

"사실 번지수를 잘못 찾아오셨다고 내가 말하려 했는데 김 전무께서 미리 말씀하시니 도리 있습니까. 그런데 이것은 어느 분 아이디어입니까?"

김 전무는 자기 얼굴을 손가락으로 가르켰다. 두 사람은 함께 웃었다. 김석겸 전무가 회사로 돌아가는 승용차 안에서 구자경 전무의 그릇 크기를 어떻게 평가했는지는 궁금한 일로 남아있다.

구인회의 경남일보 인수

1909년 10월, 경남 진주에서 우리나라 최초의 지방지 경남일보가 창간되었다. 우리 언론사에 한 획을 긋는 일이었다. 1920년에 창간된 조선일보나 동아일보보다 10년이나 앞섰다. 1909년 6월 울산 출신 대지주 김홍조와 경남지방 기업인, 실업인들이 진주에 모여 회사명을 '경남일보 주식회사'로 하고 신문을 발행하기로 했다.

이 해 8월 19일 대한제국으로부터 허가를 받고 10월 초대사장에 김홍조, 주필로는 황성신문의 '시일야방성대곡(是日也放聲大哭)' 사설로 유명한 장지연(張志淵)을 모셨다.

1909년 10월 15일, 경남일보는 창간호 8,000부를 발행, 대한민국 신문사의 새 역사를 세웠다. 경남일보는 일제강점기에 강제로 폐간되는 아픈 역사도 가지고 있다.

해방 이후 1946년 3월 1일 경제인들이 주축이 되어 다시 발행했지만 1949년 3월 경영난으로 휴간을 하지 않을 수 없었다. 창간 42년이 지난 1951년 1월 13일이 되어서야 겨우 지령 1,000호를 돌파해 그동안의 휴간, 정간 등 고난의 과정이 참담했다는 것을 알 수 있다.

그 후 설창수, 최재호, 박세제로 경영진은 바뀌었지만, 경영난에서 쉽게 벗어날 수가 없었다. 경남일보의 대주주였던 최재호 회장이 더 이상 경영난을 타개할 방법이 없자 구인회 회장을 찾아갔다. 1969년 7월 최재호 회장은 본인 소유 주식 전부를 구인회 회장이 경영하던 럭키그룹에 양도했다.

구인회 회장은 경남일보 사장을 구자경으로 등기하면서 경영을 시작했다. 구자경 사장은 약 5년간 경남일보를 경영했으나 1974년 6월 진주에서 병원을 운영하던 의사 김윤양 씨에게 양보하고 경영에서 물러났다.

23

럭키유지(油脂) 설립
(글리세린, 세제(洗劑) 개발)

구인회 회장에게 글리세린은 사업 성공에 아주 중요한 물질이었다. 글리세린 자급, 하나의 꿈이었다. 우리는 치약 개발에 성공하자마자 치약의 주요 원료 글리세린의 재고가 바닥나자, 구 회장이 "글리세린이란 게 어디서 오는 거고?"하고 탄식성 질문을 했을 때, "그건 비누 제조의 부산물입니다."라고 서울 공대 출신 조형제(趙炯濟) 사원이 대답했던 것을 기억하고 있다.

글리세린은 치약을 제조하는 데 있어 습윤제로써 비중이 높은 원료였으나 공급물량이 많지 않아 항상 제품 생산에 영향을 끼쳤다. 당시 애경유지가 국내 유일의 글리세린 정제시설을 가지고 있었으며 치약 업계, 화장품 업계 등에 독점 공급하고 있었으나 워낙 물량이 딸려 충분한 양을 배정받을 수 없었다.

구인회 회장은 그런 현실적 어려움을 타파하는 방법으로 아예 글리세린을 만들어내는 유지공장을 건설하기로 했다. 구평회 상무와 실무부서의 조형제 등으로부터 유지공장 건립안이 나왔다. 글리세린이 비누의 부산물인 만큼 비누공장을 지으면 비누도 나오고 글리세린도 만들 수 있다는 데 착안한 것이었다.

구인회 회장은 박승찬 상무에게 ICA와 접촉, 유지공장 건설에 필요한 외자를 확보하도록 지시했다. 박 상무는 마침내 ICA 자금 34만 달러를 획득했고, 1959년 3월 락희유지공업 주식회사를 설립했다.

비누 성형기는 이태리 마초나 회사 제품으로, 감화시설은 스웨덴 드라발 회사의 최신 시설, 글리세린 정제시설은 서독 핀치바막 회사 제품을 들여왔다. 그리고 기계시설의 발주와 동시에 시설 실무자 조형제 사원을 유럽 3개국에 보내 기계 점검과 운전 연수를 받도록 했다. 공장 건설 작업은 연지 공장 공장장이었던 이연두 상무가 총책임을 맡고 토목 및 건축공사는 강동한(姜東漢) 주임이, 기계설치 등은 연수를 받고 온 조형제가 맡았다.

이런 과정을 통해 1960년 4월에 락희유지 초읍(草邑) 공장이 완공을 보자 곧바로 제품 생산에 들어갔다. 그러나 최초로 만들어낸 〈비너스〉, 〈크로바〉, 〈진주〉 등의 화장품 비누들은 만족할 만한 제품들이 아니었다. 비누가 너무 물러서 우리나라 사람들의 기호에 맞을 수가 없다는 것이 구인회 회장을 비롯한 다수 간부들의 의견이었다.

화장비누가 너무 무른 것은 최신 자동기계시설의 구조와 제조 방법 등이 서양인들의 기호와 생활습성에 맞추어 조정되어 있기 때문이었다. 한편, 자동장치들을 배제하고 사람의 손으로 일일이 습도와 온도 등을 조절해 보았으나 번거롭기도 하거니와 실수가 많아서 시행착오를 거듭하기도 했다.

글리세린 정제시설의 경우도 결코 수월하게 넘어간 것은 아니었다. 예기치 못했던 숱한 시행착오를 거친 끝에 정상 가동을 시작한 것은 예정보다 수개월이나 늦은 1960년 8월의 일이었다.

그러나 초읍 공장 초기의 이 같은 어려움은 뒷날 유지업계가 치열한 경쟁 시대로 접어들었을 때, 남보다 한발 앞선 기술로 더 좋은 제품을 생산, 선두 주자로 나서는 데 큰 원동력이 되었다.

1960년 초부터 가동하기 시작한 초읍 공장은 거의 10년 동안 락희유지의 주력 공장으로 화장비누, 세탁비누, 글리세린, 지방산 등을 생산했다. 그러나 당시 비누 업계는 선발업체인 애경, 동산, 무궁화 유지 등의 판로 장악과 중소업체들의 치열한 경쟁으로 시장 진출이 쉽지 않았다.

구인회 회장은 이 같은 어려운 상황을 타개하기 위해 1968년 3월 락희유지를 락희화학에 흡수통합시켰다. 락희유지는 락희화학의 유지사업부가 되었다. 또한, 연지동 공장의 플라스틱 사업부에서 생산되던 치약을 초읍 공장으로 옮겨 유지사업부로 이관시켰다.

치약공장을 이전하고 증설한 이유는 첫째, 각개약진으로 시장 개척에 어려움을 겪고 있던 화장비누, 세탁비누, 합성세제 등을 한 데 묶어 전략 상품화하는데 치약의 역할이 중요했고, 둘째, 치약과 유지 제품의 판매 경로가 동일했기 때문에 영업활동의 효율화를 위해서였다.

구인회 회장의 이 같은 과감한 첨삭 가감의 경영 기법은 빛나는 것이었다. 이후 초읍 공장에서 정제되어 나온 글리세린은 KS 표시를 획득하기에 이르렀고 아울러 럭키비누, 럭키치약이 오늘날까지 전국 소비자들의 사랑 속에 꾸준히 시장을 넓혀 올 수 있었던 것도 초기 초읍 공장 실패와 시련이 약이 되었기 때문이었다.

합성세제의 집념

구인회 회장은 1962년 락희유지가 제품 생산과 시장 개척에서 자신감을 얻게 되자 합성세제 개발로 시야를 넓혔다. 구인회 회장은 이를 위해 허신구 상무에게 해외 출장을 지시했다. 출장 대상 지역은 일본, 홍콩 등 동남아 지역이었다. 제품개발과 시장 개척이 목적이었다.

그러나 이 출장은 일종의 위로 여행이라는 의미도 있었다. 1953년 부산의 조선통운 사원으로 잘 근무하고 있던 사람을 막무가내로 끌어내어 서울지사에 근무하도록 했던 구 회장이었다. 젊은 허신구는 많은 고생을 하면서도 불평 한마디 없이 남다른 뚝심과 추진력으로 락희 제품을 전국 시장에 내보내고 팔리는 상품으로 만드는 데 많은 공을 세웠다. 구 회장은 그에게 견문을 넓힐 기회를 준 것이다. 허신구 상무는 좋아도 좋은 척하지 않고 싫어도 싫은 기색을 보이지 않는 묵직한 사람이었다.

허신구 상무가 동남아 출장을 다녀온 후 어느 날 간부 회의에서 주목할 만한 발언을 했다.

"태국 방콕에 갔을 때 강가에 매어둔 배에서 빨래하는 것을 보았는데 이상한 가루(분말)를 타니까 거품이 많이 나면서 신기하게 때가 말끔히 빠집디다. 물어보니까 '미제 합성세제'라고 해요. 물론 전기세탁기가 있어야 쓸 수 있는 물건이지만 우리나라에서 양잿물에 삶고 방망이질하고 비틀어 짜는 빨래 방식에 비하면 얼마나 세련됐는지 모르겠습디다. 우리나라 주부들 그 추운 겨울에 개울에 나가 빨래하는 것 보면 정말 불쌍합니다. 우리도 그런 합성세제라는 거 하루빨리 만들어내야 한다고 생각합니다."

참석자들은 담배연기만 내뿜고 있을 뿐이었다. 허 상무 이야기를 귀담아 듣지 않은 것이다. 민망하게 생각한 구인회 회장은 다독거리듯 말했다.

"새로운 아이디어 이야기는 얼마든지 좋은데 우리나라에는 아직 전기세탁기가 보급되지 않았으니 좀 더 두고봐야 되겠다. 언젠가는 할만한 시기가 올꺼 아닌가."

빨래비누를 생산해 대량 판매로 재미를 보고 있는 럭키가 아닌가. 새로운 제품으로 합성세제를 만들어내면 비누 수요가 줄어든다는 것은 물어볼 것도 없는 이치가 아닌가 말이다. 허신구의 제의는 조용한 가운데 묵살되었다.

그러나 허신구 상무는 자기 생각이 옳다고 믿는 한 굽히지 않는 집념의 사나이였다. 럭키비누가 전국의 시장을 휩쓸고 있는 상황 속에서도 굽히지 않고 회의가 열릴 때마다 합성세제 생산의 필요성을 이야기하고 사업 전망을 설명했다. 허신구 상무의 설득이 1년을 끌며 계속되었으나 동료 간부들의 무관심은 여전했다. 그러나 구인회 회장만큼은 그의 그같은 끈기를 높이 샀다.

"사람이 저토록 집념을 가지고 해보겠다고 우길 때는 나름대로 확신이 있는 거 아니겠나. 자네 말대로 해보세! 나는 자네를 믿네."

구 회장은 드디어 허 상무의 아이디어를 채택하겠다고 결심을 드러냈다. 회의석상의 대부분 간부들의 얼굴 표정은 반신반의였으나, 허신구 상무는 뛸 듯이 기뻐하고 있었다.

1966년 3월, 경기도 안양에 한국 최초의 합성세제 공장이 들어서고 가동에 들어갔다. 허신구 상무는 밤잠을 설쳐가며 제품 생산에 열중했고 사원들을 독려했다.

마침내 제품이 나왔고 〈하이타이〉라는 상표가 붙은 합성세제가 소비자들에게 첫선을 보였다. 그러나 소비자 반응은 좋지 않았다. 온갖 고생을 겪으며 만들어 낸 신제품은 소비자들의 관심을 끌지 못하면서 창고에 쌓여가기만 했고 광고 선전비로 3천만 원 가까이 지출되었다. 마침내는 제품이 나온 지 한 달도 채 되지 못해 생산을 중단해야 할 지경에 이르고 있었다. 너무도 기대 밖이고 실망스러운 결과였다.

처음부터 탐탁지 않게 생각해오던 사람들은 콧등에 주름을 잡고 있었지만 구인회 회장의 근엄한 표정에 눌려 차마 입을 열지는 못하고 있었다. 재미있는 것은 이런 국면에서도 허신구 상무의 집념과 오기는 사그라지지 않고 있었다. 허 상무는 소비자들이 찾아오지 않으면 이쪽에서 소비자를 찾아가면 되지 않겠느냐는 배짱이었다. 대단한 의지였다.

그는 신문, 라디오, 텔레비전 등 모든 미디어를 통한 광고를 더욱 활발하게 전개하면서 전 사원에게 구멍가게부터 도매상에 이르기까지 침투해 가도록 했다. 럭키치약 출시 초기 부산에서 시행했던 시장 공략법이었다.

또 변두리 주택가와 도심의 골목길을 가릴 것 없이 스피커를 장치한 트럭이 〈하이타이〉 현판을 내걸고 누비고 다니도록 했다. 아울러 그는 영업사원들을 모아 놓고 판매 교육에 열을 올렸다. 주부들 왕래가 많은 골목의 빈터를 찾아다니며 주부들이 보는 앞에서 〈하이타이〉로 세탁하는 시범을 보이도록 했다. 그리고 이일선(李一善) 사원을 앞장세워 외판원들이 보는 앞에서 팔을 걷어붙이고 빨래를 해 보였다.

서울과 부산의 주택가 빈터 곳곳에서는 때아닌 빨래 실연대회가 열리는 진풍경이 연출되었다. 시장바구니를 옆에 낀 아낙네들이 그 진기한 세탁 광경을 보면서 여태까지 자신들이 해오던 빨래 방법보다 수월해 보이고 때가 잘 빠져 보였다. 럭키크림이나 치약을 써봤기 때문에 속을 염려는 없어 보였다. 어느 주부가 한 봉지 사니 눈치를 보며 망설이던 다른 주부가 사고 나머지 사람들도 덩달아 샀다. 드디어 세상의 주부들은 〈하이타이〉라는 이름의 합성세제가 얼마나 편리하고 좋은 물건인가를 알게 되었다.

그해 연말부터 럭키 〈하이타이〉는 시장에 내놓기가 무섭게 팔려나가는 인기 품목이 되었다.

〈하이타이〉 제품 종류도 다양해졌다. 합성섬유류 세탁용의 〈하이타이〉, 견직과 모직 제품의 세탁용인 〈뉴힛트〉, 주방용 세제 〈하이타이퐁〉 등이 나왔고 나중에는 두발용 세제인 〈크림샴푸〉까지도 국내 최초로 개발되어 인기를 모았다. 놀랍게도 다음 해에는 공장시설을 두 배로 확장하지 않을 수 없는 형편에 이르렀다. 기적과도 같은 이 기쁨은 이 사업을 창안한 허신구 상무 혼자만의 것은 아니었다. 처음에 그의 제안을 우습게 알았던 동료들도 차츰 따뜻한 눈으로 지켜보며 협조를 자청해 주었다.

후일 허신구 상무는 어느 모임에서 "이 같은 성공을 거두게 한 것은 자신을 믿어주고 따뜻한 격려로 끝까지 지원해 주었던 구인회 회장 바로 그 분이다."라고 말했다. 그리고 그는 동란 후 서울사무소 사원으로 시작해 임원이 되기까지 직무를 통해 보람을 느낄 기회는 많았지만, 이때처럼 일하는 부하를 알아주는 상사를 모시고 있다는 긍지는 무엇과도 비길 수 없는 큰 보람이었다고 말했다.

24

영농(營農)패턴의 혁명
(비닐하우스)

"비닐하우스가 뭐꼬?" 경상도 농촌에서 노인네가 고개를 갸우뚱하며 묻는다. "비닐하우스 그것이 뭐랑가?" 전라도 농촌에서도 모르기는 마찬가지다. 유리의 사촌쯤 되어보이기도 하고 인견(人絹) 같기도 하고 고무같기도 하고 종이같기도 한 반투명의 두루말이를 놓고 농촌 사람은 신기해 하기만 했다.

1960년대 중반 럭키에서 만들어낸 하우스용 비닐은 사람들의 호기심을 자극하기에 충분했다. 이 비닐로 온실을 만들어 사시사철 계절 구분 없이 야채와 특수작물을 재배한다고 했다. "일본 같은 나라에서는 비닐하우스로 겨울에도 오이나 토마토 그리고 싱싱한 야채를 길러서 농가 소득을 크게 올리고 있답니다."라고 농부들에게 말해줘도 얼른 납득을 하지 못했다.

지금부터 20년 전, 30년 전만 해도 우리나라 농촌의 겨울은 그저 춥고 지루한 농한기(農閑期)였다. 농촌 사람들은 이집 저집의 담배 연기 자욱한 사랑방에 모여 앉아 술추렴이나 화투놀이로 세월을 보내는 것이 고작이었다. 겨울이 가고 봄이 오면 굶주림의 보릿고개를 맞아야 한다. 따라서 겨울에도 품을 놀리지 않을 일거리가 있어서 소득을 올릴 수만 있다면 삶의 구도를 완전히 바꿀 수 있는 최상의 변혁이고 솔깃한 희소식이다. 그러한 변혁과 소득의 바탕을 마련해 준 것이 럭키의 하우스용 비닐이었다.

오늘날 농촌의 어느 산골에 들어가도 비닐하우스 없는 데가 없고 도시의 시장이나 수퍼마켓에서는 철 아닌 채소와 과일이 넘쳐나고 있다. 농촌에서 '농한기'라는 단어는 사라진지 오래됐고 농가 소득은 도시민의 소득과 격차를 줄이고 있고 일부는 능가하고 있다. 이 모든 성과가 비닐하우스에 의해 이루어졌다고 말할 수 있다.

또한, 비닐하우스는 1960년대의 우리나라 농촌에 새마을운동이라는 혁명적 기운이 일어나는 데 큰 기여를 했다. 락희화학은 플라스틱이라는 소재에 주목해 갖가지 생활필수품들을 만들어 시장에 내놓아 생활 도구 혁신을 가져왔고 한 발짝 전진해 여러 가지 비닐제품을 상품화하는 데 앞장섰다.

락희는 이미 1950년대 초부터 일본에서 캘린더기(사출성형기)를 도입해 우리나라 비닐 공업을 선도해 왔다. 락희는 축적된 기술을 바탕으로 비닐장판, 스폰지 레더, 비닐 타일 등을 시장에 내놓았다. 당시 연지동 공장에는 캘린더시설 1개 라인을 비롯, 비닐 타일 생산기 4대 등이 있었으나 공장이 협소해져 더이상 확장은 어려운 형편이었다. 구인회 회장은 고심 끝에 부산시 온천동에 1만3천여 평의 부지를 매입, 동래공장을 건설하고 1962년 8월 락희비닐공업주식회사를 설립했다. 이 동래공장은 가동을 시작한 이후 우리나라 비닐 공업의 중심이 되어 각종 신제품을 개발해 냄으로써 선도적 역할을 수행했다.

당시의 생산품들은 비닐 필름을 비롯, 비닐 시트, 의자용 비닐 레더, 책표지, 앨범용 페이퍼, 자동차 시트용 레더, 신발 및 가방용 스폰지 레더, 비닐 타일, 어업용 부자(浮子), 비닐 경질판 등 다양한 종류였고 그 대부분이 생활과 밀착된 신개발 자재들이었다. 럭키 비닐이 내놓는 제품들의 인기는 대단했다. 전국 각지의 대리점들은 럭키의 제품을 더 많이 받기 위해 애를 태우기도 했다.

구인회 회장은 이 같은 실정을 보면서 제품을 안정적으로 공급하는 일이야말로 돈 버는 일보다 선행되어야 할 기업의 의무임을 절실하게 느꼈다. 농업용 비닐은 제때 공급받지 못하면 농사의 때를 놓치게 되고 어민들이 물때 맞추어 출어하자면 제때에 부자를 구해야만 하는 것이다. 그 밖의 원자재들도 공급이 원활해야 조업이 제대로 이루어질 수 있는 것은 뻔한 일이다. 그래서 동래공장은 제품 생산에 전력을 다하면서 다른 한편으로는 기계설비를 증설하고 신제품 개발 연구에 힘을 쏟았다.

서독에서 도입한 캘린더기는 설치하는데 6, 7개월이 걸린다. 동래공장 기술진이 단 4개월 만에 조립, 시운전에 성공함으로써 현장에 와 있던 서독 기술자들을 놀라게 했다. 이 같은 노력으로 1960년대 후반에는 비닐 벽지, 우레탄 레저(합성피혁)을 개발해 비닐 공업 수준을 크게 올려놓았다. 합성피혁은 '뉴레더', '합피론'이란 상표를 붙여 출시되었는데 가죽 의류의 대용 자재로 가죽 패션계에 활력을 불어넣었다. 특히 농업용 필름인 초박형 시트 및 필름류 개발 생산은 우리나라 농가 소득 증대에 획기적인 기여를 했다. 이후 구인회 회장은 락희비닐공업을 락희화학공업사에 흡수통합시켰다.

교만을 경계하는 회장

"여기 또 기사가 났습니다." 아침 회의가 끝나고 제자리로 돌아와 하루 일정을 챙기고 있는 구인회 회장에게 구자경 전무가 조간신문을 들고 다가왔다.

"어디 보자. 외국 제품을 몰아내는 락희화학 제품이라…"

"거의 매일 이런 기사가 안 나옵니까."

"내용을 한번 읽어봐라."

구 전무는 부친을 위해 소리내어 신문을 읽었다.

"어린이 장난감을 비롯한 플라스틱 제품은 천여 종에 달하고 있다. 오래도록 쓸 수 있으며 올해부터 점차 대중 용품이 생산되어 감에 따라 수요자들의 호평을 받을 뿐 아니라 이용도도 증가일로에 있는 것이다. 수도용 비닐 파이프 등은 오히려 외국산을 능가할 단계에 도달하고 있다. 이제 치약은 외제에 비해 손색이 없게 되었다. 이와 같은 제품들은 주로 락희화학에서 생산되고 있는데 또한 비누 제조에 있어서는 동양 유수의 시설을 갖추고 있는 것이다. 미국 제품인 〈럭스〉 비누를 몰아낼 계획 아래 만들어지고 있는 만큼 질적 면에서 보증을 받고 있는 것인데 첫째, 포장이 가장 우수하다."

"허허허."

회장은 재미있다는 듯이 웃었다.

"겨우 포장 보고 반했구나."

구자경 전무는 또 금성 라디오를 극구 칭찬한 기사를 읽었다. 물밀듯 들어오고 있는 외국 제품의 범람을 막아내는 첨병으로서 금성라디오는 비약적 발전을 보이고 있다는 내용이었다. 그러나 구인회 회장은 그런 칭찬의 말에는 귀 기울이지 않고 기뻐하지도 않는다.

"보래. 너 그런 기사 읽고 좋아서 자기도취 하면 안된다. 한번 도취하면 자신도 모르는 사이에 교만해지고 발전이 중단되는 기라. 쉬지 않고 현장에서 뛰면서 자꾸만 새로운 것, 더 발전시킨 제품을 만들어내는데 전력투구하는 사람만이 선두를 달릴 수 있는 기다. 너는 내대신 공장에서 뛰고 있다는 것을 잊어서는 안된데이."

주야 구별 없이 전력을 다해 뛰고 있는 아들의 고달픈 사정을 속속들이 알고 있으면서도 아버지는 고삐를 늦춰주지 않는다.

"큰 그늘을 만드는 느티나무는 땅속의 뿌리도 그만큼 넓고 깊게 뻗어있는 기라. 뿌리가 허약한 나무는 그늘을 만들지 못하고 바람을 견디지 못해 쓰러지는 것을 안 봤나."

구인회 회장은 구자경 전무가 힘드는 현장 근무에서 벗어나지 못하고 온갖 궂은 일에 관여하고 있는 것을 행여 고생이라 생각하지 말라는 의미깊은 가르침을 주는 것이었다.

당시 락희화학은 헤아릴 수 없는 많은 종류의 제품을 생산하고 있었다. 그중에서도 온실용 폴리에틸렌 필름은 우리 농촌의 영농패턴에 큰 혁명을 일으켰다. 눈이 쌓이는 겨울철에도 화초와 채소를 키워낼 온실을 만드는데 소요되는 이 필름은 20평 온실(비닐하우스)에서 연간 2백만 원 수준의 소득을 올릴 수 있게 해준다.

온실이라면 으레 비싼 유리로 건축하는 번듯한 건축물을 가리키는 것이었지만 비닐이라고 불리는 이 폴리에틸렌 필름이 나오고부터는 누구나 적은 비용으로 손쉽게 설치하고 사용 후에는 간단히 철거할 수 있어 큰 각광을 받았다. 그뿐만이 아니었다. 식기류, 가구류, 제화용, 어망 등 무려 8백여 가지에 걸친 각종 제품이 최고의 기술과 생산량을 기록하고 있었다. 비닐 타일은 건축자재로 인기를 모았고, 우레탄 레더는 천연 가죽보다 저렴하면서 가죽을 대신할 수 있기 때문에 의류, 시트, 모자, 여행구, 장판 등 여러 가지 용도로 활용되었다.

스웨덴과 이태리에서 최신 설비를 도입, 가동하기 시작한 유지 사업은 채 1년도 안 가서 국내 비누업계에서 선풍을 일으켰다. 단 1초에 두 개의 비누를 만들어내는 최신 유지시설은 불과 4명의 종업원으로 글리세린 제조공정까지 통제할 수 있는 완전 자동식이었다. 어느 해 여름에는 비누의 공급이 달려 소동이 일어나기도 했다. 경쟁업체보다 가격 면에서 약간씩 비싼 편이었으나 소비자들은 한사코 럭키비누만을 선호했다. 이유는 간단했다. 단품종 대량생산방식이 아니라 다품종 소량생산방식으로 제품을 내놓았기 때문에 다양한 소비자 기호를 맞출 수 있었던 것이다. 당시 〈비너스〉, 〈흑사탕〉, 〈클로바〉, 〈진주〉, 〈뽀뽀〉, 〈무지개〉 상표의 비누와 〈과즙비누〉, 〈목욕비누〉 등은 향과 색깔이 뛰어나 큰 인기를 끌었다.

폴리에틸렌 양동이도 인기였다. 함석을 두들겨 만든 재래의 양동이는 색상이나 모양새가 단조롭고 녹이 슬며 밑창이 빠지는 불편이 있었으나 폴리에틸렌 양동이는 함석 양동이의 단점들을 없애 주었을 뿐 아니라 모양새가 멋있었다. 각종 식기류도 가볍고 깨지지 않으며 값도 싸 주부들에게 큰 환영을 받았다. '

'럭키' 상표가 붙은 제품은 믿고 쓸 수 있다는 신뢰감이 많은 소비자들의 마음속에 자리 잡아가고 있었다. 해방 직후 락희크림으로부터 시작, 치약, 칫솔, 비누, 비눗갑 등 일련의 생활용품들을 개발해내면서 락희화학은 어느 한 제품에서도 소비자를 배신한 일이 없었다. 구인회 회장은 바로 그 같은 점이 '럭키 상표'는 믿을 수 있다는 우리 사회의 통념이 된 것이라 굳게 믿고 있었다.

25

고장(故障)이 가져온 행운
(냉장고와 에어컨디셔너)

필요는 발명의 어머니다. 사물의 정상적인 기능이 손상된 고장도 어떤 때는 엄청난 행운을 가져다주기도 한다.

1964년 여름 어느 날, 구정회 사장 댁의 미제(美製) 냉장고가 고장을 일으켰다. 수리를 의뢰해야 하는데 당시는 냉장고를 가진 가정이 별로 없었기 때문에 맡길만한 수리점도 없었고 기술자도 없었다. 회사에 출근한 구정회 사장은 금성사 공작과 임종염(林鐘琰) 과장에게 혹시나 하면서 냉장고 고장 이야기를 해봤다.

"냉장고를 만져본 일은 없지만 제가 한번 손봐드리죠."

"정말 그렇게 해주겠나? 거 맡길 만한 수리점이 있어야 말이지…"

구 사장은 웃는 얼굴로 고마워했다. 하지만 그 냉장고의 최후가 될 줄은 아무도 예측하지 못했다.

임 과장은 곧 사장 댁의 냉장고를 공장으로 가져와 수리에 착수했다. 워낙 호기심이 강하고 연구열이 대단한 임 과장은 처음 대하는 냉장고이지만 냉장고의 이곳저곳의 구조와 원리를 살펴보고 부품들의 재질을 조사해 보았다. 그러다 보니 어느새 냉장고는 완전분해가 되었고 결국 냉장고는 재생하지 못할 만큼 망가지고 말았다.

임종염 과장은 서울대 공대 출신으로 락희화학의 공개모집을 통해 입사한 엘리트 사원이었다. 이미 입사 초기에 국내 최초로 압출기(壓出機)를 만들어냄으로써 그의 탁월한 능력을 과시했고 주변 사람들의 촉망을 받아온 터였다.

락희화학의 치약 제조과정에서 뜨거운 치약 반죽을 튜브에 충전하기 전 일단 냉각과정을 거쳐야 한다는 문제가 생겼을 때 임 과장은 뛰어난 능력을 보여 주었다. 기온이 섭씨 30도를 오르내리는 여름철에 가열된 치약 원료를 냉장실에 넣어서 단시간에 5도 이하로 냉각시켜야 하는 매우 어려운 문제가 생겼을 때의 일이다. 임종염 과장은 미군부대에서 흘러나와 빙과점 등에서 쓰고 있던 냉동기를 사다가 제조하여 냉각 회로를 만들었고 그것으로 냉장실을 만드는 데 성공한 일이 있었다. 대학에서 배운 냉동 이론을 바탕으로 적합한 부품을 자작으로 만들어 조립에 성공한 일도 있었다.

구인회 회장은 그의 재능을 눈여겨 보아왔고 어느 날 그를 불렀다.

"임형 가정에서 쓰는 냉장고 그거 한번 만들어 봅시다. 임 형 같으면 만들 수 있지 싶은데…"

"냉장고를요?"

임 과장은 소스라치게 놀라는 시늉을 했지만, 그의 표정에는 회심의 미소가 떠오르고 있었다.

회장실에서 나와 자리에 돌아온 임 과장은 그날부터 '냉장고 제작'이라는 거창한 과제와 씨름을 시작했다. 한국 전자기기 발전사(史)에 한 페이지를 장식하는 순간이었다. 그러나 간단한 일은 아니었다. 이론적으로 충분히 알고 있는 일이었지만 막상 설계와 제작에 들어가려 하니 난관이 한 두가지가 아니었다. 구정회 사장 댁의 냉장고 한

대를 못 쓰게 만든 경험이 큰 도움이 되기는 했다. 임 과장은 시내 고물상에서 부품들을 사 모았다. 사 모은 부품들이 재질과 크기 그리고 가공 정밀도 등이 적합지 않아 단기간의 기능 발휘는 될지 모르지만, 상품으로서의 수명은 보장할 수가 없었다.

구인회 회장은 임 과장의 노력과 가능성을 높이 평가하면서 격려를 아끼지 않았다.

"좋은 물건을 만들어내자면 어차피 선진국과 기술제휴해야 할 테니 외제 냉장고 하나 사다 놓고 모델로 삼아 맨들어 보소."

구 회장은 임 과장에게 조언해 주었다.

곧 외제 냉장고를 사오고 금성사와 락희화학의 기술진이 총동원되었다. 내마모성(內磨耗性) 재질이 필요해 미제 톱날을 잘라 컴프레서의 벨브로 만드는가 하면 병기 부품들을 모아 주물로 용해시키는 등 컴프레서를 자작하는 창의성을 발휘하기도 했다. 이 같은 피나는 노력 끝에 드디어 1965년 4월 국산 냉장고 제1호인 〈CR-120〉의 탄생을 보게 되었다. 이것은 순전한 자체 기술에 의한 개가였다. 제작에 참여한 기술진과 이를 뒷받침해 온 구인회 회장의 감개는 형용할 수 없으리만큼 큰 것이었다.

이 1호 냉장고는 그 후 약 6천 대가 생산되어 국내시장에서 팔려나갔다. 구인회 회장은 이 같은 기술 면의 자신감과 시장성을 바탕으로 일본 히다치(日立) 사와 기술제휴 협정을 맺고 더욱 세련되고 기능이 우수한 냉장고 양산체제를 가다듬었다. 또 이 시기에 락희화학에서 각종 합성 세제가 개발되어 나온 직후였기 때문에 두 상품은 상승작용을 해 시장을 넓혀 가는데 큰 도움이 되었다.

여름 문턱에 다다르자 금성사의 냉장고를 찾는 수요자는 급격히 늘어났고 대리점들은 티켓을 얻으려고 연일 회사 앞에서 장사진을 이루었다. 가정이나 식당, 청량음료를 판매하는 가게들은 금성사 냉장고를 마련하는 것이 하나의 필수조건이 되었다.

구인회 회장은 신규사업 성공에 만족감을 남몰래 만끽하고 있었다. '남이 안 하는 것을 하라. 뒤따라가지 말고 앞서라. 새로운 것을 만들라'는 그의 기업철학은 이번 냉장고에서도 맞아떨어졌다.

냉장고에 이은 또 하나의 계열 제품이 에어컨디셔너(空調機)였다. 이것은 럭키화학 구자경 전무의 아이디어가 결실을 맺은 것이었다. 구 전무는 고층빌딩 증가에 따른 에어컨의 필요성을 예견하고 이의 생산을 제안한 것이다. 1967년 9월, 미국의 제너럴 일렉트릭(G.E)사와 기술제휴하여 국내 최초의 에어컨 생산에 들어갔다.

초기의 생산 계획은 1968년에 국내용 3천 대였으나 차츰 시설을 확충해 1969년부터 본격 생산에 들어가 국내용 4천5백 대와 수출용 1천5백 대를 생산함으로써 금성 에어컨의 명성을 국내외에 떨치는 계기가 되었다. 금성사의 신개발 제품들은 국내시장에서 '후진 한국'이라는 인식을 조금씩 바꾸어 나가는 구실을 했다. 구인회 회장을 특히 만족스럽게 해주는 것은 젊은 기능공들이 열심히 배우고 익혀서 점차 숙련공으로 변모해가는 모습이었다. 그는 기회 있을 때마다 말했다.

"우리 한국 사람 아무것도 못 할 줄 알았지요? 못하긴 왜 못해요. 이래 맨들어 내는데…. 공업 입국하는 데 우리가 선두주자 되어 봅시다. 못할 것 없지요."

조국 근대화 작업이 한창인 시절이었다. 구인회 회장은 더 높은 곳을 향해서 내닫는 국민적 기운(機運)에 적으나마 이바지하고 있다는 것을 큰 보람으로 여겼다.

최초의 흑백 TV 수상기

우리나라 TV 시대는 RCA(KORCAD)와 함께 열렸다. 국내에는 외국제 수상기를 가진 사람이 극히 드물었고, 5.16 혁명 후 KBS가 정식으로 전파를 발사한 때부터 일반 시민은 비로소 텔레비전이라는 것에 관심을 갖기 시작했다.

당시 공보부는 미국 RCA사와 웨스팅하우스사의 흑백 수상기 2만 대를 들여와 월부로 판매하기도 했는데 물량이 적어 수요자를 추첨으로 정하는 일이 벌어지기도 했다. 이 불모의 분야에 TV 수상기 국내 생산을 꿈꾼다는 것은 상상할 수도 없는 일이었다. 그런데도 구인회 회장은 그런 꿈을 꾸었다.

구인회 회장은 자체 기술연구팀을 일본 히다치 제작소에 파견, TV 수상기 제작라인을 완비, 시운전을 끝내는 등 생산태세를 갖추어갔다. 그러나 1963년부터 시작된 외환위기의 시작으로 TV 수상기 국산화 계획은 난관에 부딪치게 되었다. 외환 사정과 전력 사정, 그리고 국민의 생활수준 등을 이유로 국회에서 비판이 일어나고 언론계에서도 부정적 반응을 나타냈다.

한편 1964년 동양텔레비전(TBC) 방송사의 개국은 금성사의 수상기 제작 의욕을 부풀게 하는 자극제가 되었다. 금성사와 실무자들은 발을 동동 구르며 제작허가가 나오기를 기다렸다. 구인회 회장은 그러한 하소연을 들을 때마다 참을 인(忍)자를 상기시켜 주곤 했다.

"'진인사대천명'이라 안 했나. 사람이 제 할 일 다 해놓고 하늘의 뜻을 기다린다는 거지. 안되는 일 같으면 몰라도 이것은 안 될 수가 없는 일 아닌가. 그동안 열심히 연구해 두었다가 제품 나온 후에 금성사 수상기 쓸만하더라는 소리를 듣도록 하소."

1965년 당시 금성라디오의 해외 수출액이 70만4천 달러에 이르렀고 다음 해 상반기 중 40만 달러의 수출 계획을 세워놓고 있을 정도여서 1966년에는 우리 손으로 TV수상기를 만들어낼 자신이 있었다. 구 회장은 이 같은 자신감을 바탕으로 1965년 8월 TV 생산 전담 부서로 생산 2부에 TV과를 신설하고 안상진(安祥鎭) 과장팀을 구성했다. 이해 9월에는 히다치 제작소와 기술도입 계약을 체결했다. 그리고 이듬해 2월에는 안상진 TV과장팀을 히다치 제작소 요코하마 공장에 파견, 기술연수를 받도록 해 언제라도 생산에 들어갈 수 있는 체제를 갖추었다. 상공부는 금성사의 텔레비전 수상기 생산 기획이 무르익어 가자 무역계획 일부를 변경, 텔레비전 부품 도입 기준을 완화해 국산 TV 생산의 길을 열어주었다.

　우선 수상기 5백 대를 만들 수 있는 부품을 도입해 1966년 8월 1일 우리나라 최초의 텔레비전을 탄생시켰다. 진공관식 19인치 제1호 모델을 뜻하는 〈VD-191〉이라는 제품명이 붙은 이 텔레비전은 금성사가 라디오를 처음 개발한 지 7년 만의 쾌거였다. 구 회장은 사실은 이 같은 완제품을 시장에 내놓기 전에 수상기 1백 대 분의 부품을 들여와 부산 온천동 공장 TV실에서 시험생산을 통해 조립라인의 기능공들을 훈련시킨 다음 수요자들에게 떳떳하게 내놓을 수 있는 제품을 생산한 것이었다. 구인회 회장의 돌다리도 두들겨보는 신중함이 드러나는 국면이다.

　〈VD-191〉 수상기는 네 개의 다리가 달린 탁상용이었다. 외국제가 독무대였던 TV 수상기 시장에 우리 손으로 만들어진 수상기에 대한 호기심과 놀라움으로 인기는 폭발적이었다. 1차 생산분 5백 대로는 수요를 감당할 수 없게 되어 생산능력을 월 1천5백 대 수준으로 확대했고 연말에 이르러서는 1만5천 대를 생산하게 되었다.

금성사의 TV 수상기 개발은 전자정밀 제품의 생산이라는 점에서 우리나라 전자공업의 발전에 기폭제가 되었을 뿐 아니라 산업고도화의 지렛대가 되었다. 그뿐만 아니라, 영상매체의 보급 확대를 통한 대중문화를 열게 한 전환점을 이룩했다는 점에서도 큰 의미가 있다. 현대인들은 TV 없는 세상은 상상이 되지 않는다. TV는 삶의 한 부분이 되었다. 금성사의 TV 문화 전개 기여는 그런 의미에서 역사적이었다.

26

신규사업 카본블랙(Carbon black)

구인회 회장은 1960년대 후반 들어 그룹의 사업구조 전환에 고심을 거듭했다. 구 회장은 새로운 사업으로 정유 사업을 개척할 것이냐 아니면 플라스틱 사업을 더 화끈하게 밀고 나갈 것이냐 길게 고민했다. 그룹 성장의 흐름을 바꾸게 되는 고비의 순간이었다.

구 회장은 플라스틱보다는 신규사업 쪽을 선택하자는 측근들의 의견을 받아들여 신규사업을 추진하기로 했다. 럭키의 오랜 숙원인 석유화학 분로 신규 사업에 대한 생각이 기울었고 그렇다면 석유화학의 어느 공정을 선택할 것인가가 문제였다. 석유화학(Petro Chemistry)는 연료가 아니라 석유의 성분인 탄화수소 등을 합성원료로 해서 각종의 유기화합 물질을 만들어내는 공업이다. 석유화학공업은 2차대전 이후 급속히 발전하여 오늘날 석유는 화학공업의 지주(支柱)의 하나이다. 그때 가장 강력히 대두한 프로젝트가 '카본블랙'이었다.

카본블랙이란 고무에 탄력과 강도를 더해 주는 보강제로서, 고무공업, 특히 타이어 생산 등에는 없어서는 안 될 원료이다. 카본블랙 사업은 독립적이고 채산성이 좋으며 바로 착수가 가능하다는 잇점도 있었다.

구인회 회장은 카본블랙 사업을 마음에 두고 한성갑(韓聖甲) 부장으로 하여금 기초자료를 수집, 조사하도록 지시했다. 그러나 당시 국내에는 관련 자료들이 매우 미비해 새로운 사업을 기획하기 위해 통계자료를 찾아보려 해도 정리된 자료를 가지고 있는 곳이 거의 없었다. 한 부장은 한국은행 조사부를 찾아갔다. 한국은행 조사부는 금융자료를 비롯, 산업 자료 일체를 가지고 있는 곳이었다. 한성갑 부장은 진지한 설명 끝에 자료 열람 허가를 받아 약 3개월에 걸쳐 카본블랙 수입실적 등 자세한 통계자료를 뽑아왔다.

구인회 회장은 이 자료들을 검토한 후 "이 사업 뭔가 되겠구나." 하고 확신을 가졌다. 대사업가들만이 갖는 육감이었다.

마침 그 무렵 미국 컨티넨탈카본 사는 일본에서 합작회사를 설립해 운영 중이었는데 이웃나라 한국에서 많은 양의 카본블랙을 수입해가는 사실을 주목하고 있었다. 그래서 컨티넨탈카본 사 레인케 부사장이 한국 시장도 일본 못지 않게 넓어 플랜트 하나 세울 수 있지 않겠느냐는 생각으로 우리나라에 시장조사차 오게 되었다. 그는 여기저기 다니면서 카본블랙에 대한 이야기를 꺼냈지만 알아듣거나 이해해 주는 사람이 거의 없어서 마지막으로 찾아간 곳이 한국은행이었다.

레인케 부사장은 한국은행 조사부장을 만나 이야기를 나누던 중 럭키에서 카본블랙에 관해 몇 달 동안 조사해 갔으며, 럭키는 우리나라 화학 산업 분야에서 가장 앞서가는 회사이고 재정적으로도 튼튼한 회사라는 귀띔을 받게 되었다. 그 말을 들은 레인케 부사장은 곧 럭키의 한성갑 부장과 만나게 되었다.

구인회 회장이 어느날 한성갑 부장을 급히 찾았다.

"거 카본인지 뭔지 때려치우소. 없던 일로 합시다."

"아니 회장님 별안간 무슨 말씀입니까? 컨티넨탈카본 측하고 지금 일이 잘 진행되고 있어 곧 합작회사 설립의 도장 찍는 일만 남아 있는데 뭣 땜에 포기해야 합니까?"

"그걸 누가 몰라서 하는 소리요."

구 회장은 짐짓 태연한 척했지만, 입맛이 쓰다는 표정으로 그동안 있었던 사연을 들려주었다.

평소 친분이 있는 이동영(李東寧) 국회의원이 구 회장을 찾아왔다. 그는 당시 국회의원으로 봉명실업(鳳鳴實業)을 가지고 있었는데 그 산하 업체인 삼주개발에서 컨티넨탈카본과 접촉해 상담을 진행시키고 있는데 럭키가 중간에서 뺏으려 하는 것으로 알고 있었다. 이 의원은 그러니 삼주 측에 돌려주던지, 아니면 동업을 하자고 말했다.

"그 정도 규몬데 같이 할 생각은 없고 삼주 쪽에서 꼭 해보겠다는 생각이라면 우리가 빠지겠으니 삼주가 맡아 하시오."

구 회장은 앉은 자리에서 선선히 양보해주고 말았다. 지난날 삼성그룹의 이병철 회장과 방송사를 동업으로 시작했다가 유종의 미를 거두지 못했던 경험이 구 회장의 처신을 한결 담백한 것으로 승화시켰는지 모를 일이었다.

그러나 카본블랙 프로젝트는 그것으로 마무리되지는 않았다. 정작 합작회사의 상대가 되는 미국 컨티넨탈카본 측에서 삼주개발과는 동업할 생각이 없다고 나왔다. 레인케 부사장은 거리낌 없이 대놓고 말했다.

"우리는 한국에 와서 사업을 할 생각이니 한국 측 파트너는 우리가 선택해야 할 것이다. 그런데 우리가 원하는 파트너는 럭키인데 자꾸 삼주개발이 하겠다고 나서니 우리는 싫다. 한다면 럭키고 아니면 손을 떼겠다."

명쾌한 의사표시였다. 삼주개발 실무진도 럭키가 맡는 수밖에 없다고 말해오기도 했다.

1967년 5월 호남정유가 설립되면서 카본블랙의 실무자로 뛰던 한상갑 부장이 그쪽으로 진출하자 반도상사 동경출장소장으로 있던 이헌조(李憲祖) 상무가 후임으로 부임했다. 해가 바뀌고 가로수들이 녹음으로 변해가는 어느 날 노크 소리와 함께 회장실 문이 열렸다.

"회장님. 이제 등기 모두 끝났습니다."

이헌조 상무가 서류뭉치를 회장 앞에 펼쳐 놓았다.

"음 벌써." 구인회 회장은 감회어린 목소리로 말을 이었다.

"그만큼 어려운 사연을 많이 겪었으니 본격 가동에 들어갈 때까지 마음을 놓지 말고 잘 해야 될걸세."

"염려마십시오 회장님. 잘하겠습니다."

회장과 상무는 이심전심, 서로의 속마음을 너무 잘 알고 있기 때문에 많은 대화가 필요치 않았다.

구인회 회장은 간부 회의에서

"호남정유 문제는 일이 잘 되어가는 듯한데 어떻게 한다? 카본블랙 프로젝트는 어떻게 했으면 좋겠소." 하고 입을 열었다. 아무도 대답하는 사람이 없었다.

"컨티넨탈카본 측이 우리하고 꼭 하고 싶다 그러는데 이것은 하나의 기회가 아닌가 싶소. 자금 사정이 좋지는 않지만, 매우 유리한 사업이니 한 번 밀고 나가볼까요?"

간부들은 컨티넨탈카본 측과 상당 기간 상담이 오간 사실을 알고 있었다. 당시 우리나라는 모든 고무공업 기초 원료들을 외국에 의존하고 있었다. 그것을 국내에서 생산하자는데 반대할 이유가 없었다. 문제는 자금 사정이 어려운 판국에 카본블랙 때문에 여러 사업들에 주름이 가는 것을 걱정해서였다. 몇몇 간부가 당면하게 될 어려움에 대해 말했지만 힘이 실려있지 않았다.

"어떻게 할꼬? 이야기할 사람 있으면 더 하고 없으면 가부(可否)를 거수로 결정하지."

회장의 말에 참석자들은 일순 놀랐다. 달리 묘안이 있는 것도 아니었다.

"카본 사업에 반대하는 사람 손 들어보소. 괜찮으니 솔직한 의사 표시 해 보소."

몇 명이 손을 들었는데 약속이나 한 듯 모두가 각 회사 경리 담당 임원들이었다. 참석자들 사이에 웃음이 터져나왔다.

"아니, 모두가 경리 담당 아닌가. 되게 겁들 낸다. 당신들 앞으로 프로젝트 정할 때 참여하지 마소. 돈 낼 걱정 때문에 밤낮 반대만 할 거 아닌가…."

모두가 다시 웃는 가운데 이 프로젝트는 채택되었다. 일단 결정이 내려지면 지금까지 반대했던 사람이나 의심했던 사람이나 하나로 뭉쳐서 총력으로 돌진해 나가는 것이 럭키의 기업풍토이고 강점이었다. 이렇게 해서 미국 컨티넨탈과의 합작계약이 이루어졌고 연산 2만3천 톤 생산 규모의 카본블랙 공장이 인천시 북구 갈산동에 들어서기 시작했으며 건설 공사가 1969년 10월 말 완료됐다.

첫 제품의 생산과 함께 한국 고무공업 수준은 한 차원 높아졌고 관련 제품의 품질은 향상되었다.

가운데 토막을 왜 버려

사람의 능력은 주어진 여건과 노력 여하에 따라 무한대로 늘어난다. 기업인 구인회를 보고 있으면 그런 믿음이 생겨난다고 주변에서 말한다. 구인회 회장이 씨앗을 뿌렸던 락희화학공업사는 하나의 계류(溪流)였다. 깊은 산골의 이름 없는 계류는 흐르고 흘러 강으로 변하고 벌판을 가로질러 대하를 이룬다. 락희화학이라는 큰 기간을 밑둥 삼아 뻗어 나온 금성사의 경우도 그러했다. 초기에는 진공관식 라디오 조립부터 시작해 냉장고, 전화기, 텔레비전으로 기술 영역을 넓혀 나가더니 1960년 중반 이후부터는 국민 생활에 필요하고 시장성이 있는 물건이라면 거의 모든 것을 만들어 낼 만큼 기술 수준이 향상되고 축적되었다. 그것은 지칠 줄 모르는 노력과 샘솟는 창의력, 끈질긴 집념의 구인회 회장의 땀방울이었다. 그는 책상 앞에 앉으면 경영인이었고 공장에 들어서면 공원, 시장 바닥에 나가면 세일즈맨이 되는 1인 3역을 해내고 있었다.

어느 날 절친한 친구 한 사람이 찾아와 이야기 끝에 "이 사람아. 회사 그만큼 크게 키웠으면 일은 이제 아랫사람한테 맡기고 편히 쉬지 뭣 땜에 그 고생하고 다니나."고 조언을 했다.

구 회장은 미소를 띄우며 "일이 하고 싶어 하는 일인데 가운데 토막을 왜 버려?" 선문답 같은 대화였으나 그는 일을 생선의 가운데 토막같이 생각하고 부지런히 일하는 가운데 인생의 즐거움을 찾았고 삶의 보람을 느낀 사람이었다. 최고경영자의 그 같은 노력의 당연한 결과로 금성사는 1960년대 후반에는 자타가 공인하는 업계의 선두주자가 되었다.

금성사에 있어서 1960년대 후반은 각종 기술의 이전을 통한 다양한 제품들이 개발되었던 황금기였다. 1969년 3월에는 일본 도시바 기계와의 협력으로 플라스틱 성형기 및 비철금속 주조 기계를 생산하게 되었는데 이 가운데 최초의 플라스틱 성형기는 락희화학을 비롯한 지구레코드사 등에 공급되었으며 플라스틱 가공공업의 발전에 큰 뒷받침이 되었다. 한편 각종 부품 제작 등에 쓰이는 금속가공 기계인 프레스기도 개발해 부품의 자급화를 이루었다. 또, 재래식 금형 제작에서 기술을 한 단계 높여 컴파운드다이(Compound Die)를 제작하는 데도 성공했다.

이러한 많은 기술과 기능의 축적을 통해 각종 기계 및 장치류도 자작하는 일이 많았다. 1966년 한 해 동안 50종 1백50대를 설계하고 제작했다. 그 성과들은 객관적으로도 높은 평가를 받아 각종 포상과 기능 표창이라는 결과를 가져왔다.

1965년 5월 상공인의 날을 맞아 부산 상공회의소가 주최한 상품전에서 금성사 냉장고가 최우수상을 수상했다. 산업전람회와 전자전 등 각종 행사에서 대통령상과 국무총리상 등 화려한 수상 경력을 쌓기도 했다. 전국 기능대회에 출전한 금성사의 젊은 기능공들은 라디오, TV, 기계조립, 선반 등 여러 부문에서 좋은 성적으로 입상해 '기술 금성'의 저력을 발휘했다.

구인회 회장은 입버릇처럼 말했다.

"한국 사람 재주 하나는 세계 최고다. 기능으로 세계 제패하는 날이 있을 끼다."

27

기술자 우대론

　서독(독일 통일 이전)은 우리 경제발전에 많은 도움을 주었다. 서독은 장기 차관이나 상업 차관을 공여해 외환 고갈에 시달리는 한국을 도왔고 용역과 기술 공여도 활발했다.
　1960년대의 서독과 한국은 제2차 세계대전 후 국토가 분단되고 이념과 체제가 다른 두 개의 국가가 서로 대립하고 있다는 데서 공통점을 가지고 있었다. 한국은 남북으로 갈라져 동족상잔의 비극을 겪었고 서독은 패전의 잿더미 위에서 동서로 분할되어 고통을 겪어야 했다.
　그러나 한국과 서독은 크게 다른 점도 있었다. 그들 서독 사람들은 근면과 재능의 바탕 위에서 국민적 응집력을 발휘해 이른바 '라인강의 기적'을 창조하고 다시 한번 세계의 부국으로 발돋움한데 비해 한국은 6.25 동란의 상처 속에 가난과 무기력에서 벗어나지 못했다. 우리도 서독처럼 '한강의 기적'을 이루어야 되겠다는 간절한 포부가 국민들 사이에서 공감대를 형성하고 있었다.
　정치인·행정가·교육자·언론인 그리고 경제인 가운데 그런 의식을 가진 사람들이 앞서야 할 시대 상황이었다. '서독을 본받자', '서독을 배우자'는 사람들의 뜨거운 시선이 서독으로 쏠리고 있었다.

1962년 4월, 최초로 서독 차관을 들여오기로 계약을 맺은 금성사를 비롯, 쌍용시멘트, 비스코스 인견사 공장, 한국케이블 등 서독에서 장기 차관이나 산업용 차관을 들여오는 회사가 늘고 있었다. 탄광 광부를 비롯한 용역과 기술의 교류도 활발해져 한·독의 경제 유대는 미국 다음으로 큰 비중을 차지하게 되었다. 연간 약 3만 명씩 졸업하는 실업 고등학교 출신 기술자를 받아줄 것과 서독 차관으로 세워진 공장에 상주 기술자를 파견해달라는 요청에 대해서도 서독 측은 매우 호의적인 반응을 보였다. 서독은 우리나라의 직업훈련원에 원조를 해주고 우리 기술훈련생을 받아들이기도 했다.

우방의 이런 지원에 힘입으면서 제1차 경제개발5개년계획을 수행하고 있던 우리나라는 '공업 입국'이라는 웅지가 꿈틀대고 있었다. 구인회 회장은 서독이 경제부국으로 성장한 핵심은 기술인들이라고 보았다. 구인회 회장은 '기술 향상을 위한 제언(提言)'이라는 자신의 소신을 글로 엮어 신문에 기고했다.

〈기술자에게〉

현대 생산 공업의 기술이란 일진월보하고 있다. 품질, 성능 면에서, 생산방식과 원가 면에서 선진 공업국에 뒤떨어지지 않고 좋은 제품을 염가로 생산하려면 우리 기술자들은 직장 업무 외에도 끊임없는 노력을 해야할 것이다. 자기가 제일 앞선 기술자라 하여 고개를 들고 올라오는 후진을 견제하는 사람은 없는가. 후배는 또 선배를 받들 줄 아는가. 끊임없는 기술 연마로 완제품을 만들겠다는 정열에 불타있는가.

〈기업인에게〉

　자본과 시설, 기계와 공장 대지 같은 것만 생각하고 기술 대책을 소홀히 하는 것은 한심한 노릇이다. 아무리 기계시설이 좋고 적합한 원료를 확보했다 하더라도 기계를 가동하고 제품을 만들며 품질 성능을 좌우하고 생산 능률의 고하를 정하는 것은 '사람의 손'이다. 그러한 손을 조직화하고 기량을 높이고 관리하며 또 품질을 관리하는 것이 기술자의 역할이라면 어찌 기술 대책을 경시할 수 있겠는가.

　공장을 세우고 고성능 기계를 도입하는 데는 큰돈을 아낌없이 투입하면서 유능한 기술인을 초청하고 양성하는데 필요한 지출에는 인색하다면 본말을 잃은 처사라 아니할 수 없다. 그런 사람일수록 일이 잘 안 되었을 때에는 자기 불찰과 무능을 덮어두고 기술자에게 책임을 전가하기 일쑤이다. 생산 기업체라면 창립기의 시설 투자금의 몇 프로와 정상운영 경비의 몇 프로는 반드시 기술 대책과 기술 향상을 위하여 과감하게 사용되어야 할 것이다.

　내 경우에도 흡족하지는 못했으나 노력해 보았다. 금성사가 작년 초, 서독 민간 차관 1백20만 달러로 전기기기 공장을 신설하기로 결정했을 때 사장과 기술담당 중역을 해외로 출장 가게 하여 저명한 외국 기술상사와 기술협정을 맺게 하고 전후 3개월간이나 걸려서 도입한 기계시설 전반에 걸쳐 상세한 사양 규격에 대하여 검토하고 기술 권고를 받아서 기계류의 확장 설치를 하게 되었고, 그 밖에 기술계 과장급, 주임급에서 도합 12명을 해외로 파견하여 기술제휴 공장에서 3, 4개월간의 훈련을 받게 하고 있다. 이밖에도 전후 2차에 걸쳐 외국 기술자를 2명 초청하여 한 달간씩 금성사 공장에서 묵게 하면서 기술 지도를 하게 하였으며 미구(未久)에 3명의 다른 외국 기술자가 오게 되어 있다. 이와 같은 노력은 직접, 간접으로 상당한 비용이 드는 것인데 기계나 원료 구입 때처럼 지출의 효과가 눈에 보이지 않지만, 공장의 지체 없는 가동, 제품의 품질보장, 생산보장, 생산능률의 향상 등에서 뚜렷한 효과를 볼 것이라고 확신한다.

순수한 기술적 문제와 관련해서 생산방식이나 현장 관리방법 등 기술자들이 건의하는 사항. 요망사항 등은 일소에 붙이지 말고 잘 검토하여 그들의 사기를 높여 주어야 한다. 대국적 견지에서 오랜 시일을 내다보고 필요한 기술자를 양성해 나가되, 그들에게 자기 직책에 전념할 수 있도록 직장 분위기를 조성해 주고 생활 보장도 해 주어야 할 것이다. 필요할 땐 비싼 돈으로 고용하고 이용가치가 없을 땐 무자비하게 해고해 버리는 처사는 이른바 '기술자 근성'을 조장시켜주는 것밖에 더 되겠는가.

정부당국자에게!

정부의 어려운 처지를 안다. 그러나 기술도입을 위한 외환사용 규제를 완화하여 기술자 해외 파견을 위한 수속 절차를 아주 간단하게 해주었으면 한다. 각종 차관, 정부 외환, 수출 달러, AID 자금으로 생산시설을 도입해 놓고 그것을 제대로 움직일 줄 모르는 우리 기술 수준이라면 움직일 줄 아는 사람을 데려다가 배워야 할 것이 아닌가.

28

합승버스에서 만나는 회장

사람의 성품을 말할 때 돈을 벌고 쓰는 행위를 보고 이야기하는 경우가 많다. 돈이란 사람의 밑바닥까지를 노출시키는 마성(魔性)이 있다. 구인회 회장을 가리켜 철저한 서민 의식을 가진 소탈한 성품의 부자라고 말한다.

6.25 동란 후 경향 각지에는 졸부들이 많이 탄생했다. 그들 중에는 땀흘리지 않고 손에 넣은 거금을 감당하지 못해 사치와 낭비로 치닫는 졸부들도 많았다. 그런 풍토 속에서도 돈 쓰는 방법이나 돈에 대한 생각에서 구인회 회장은 좀 특이했다.

부산의 공장들이 활발히 가동하고 럭키치약이 미제 치약 콜게이트를 물리치면서 석권했고 주목받는 대기업 반열에 올랐다. 락희화학은 서울 최 중심가에 위치한 반도호텔에 사무실을 개설하고 있었다. 당시 반도호텔은 미 8군 장성들 지정 숙소였고 사무실 임대료는 시중의 4~5배 수준으로 아무나 이 호텔에 사무실을 낼 수 없었다. 삼성 이병철 회장은 1개 층 전체를 임대해 삼성물산이 들도록 했다. 락희화학은 누가 보아도 일류 회사요, 실적이 탄탄한 회사였다.

구인회 사장은 부산에 상주하면서 한 달에 한두 번씩 서울에 올라와 일주일 정도 체류하곤 했는데 가까운 호텔이나 여관에 묵는 일이 없었다. 당시 교통편이 좋지 못했는데도 그는 으레 동대문 밖 창신동에 있는 아우의 집에 여장을 풀고 회사(반도호텔)에 나가곤 했다. 당시 김주홍 상무는 신당동에 살면서 아침, 저녁 미니 합승버스로 출퇴근하고 있었다.

김 상무는 어느 날 아침 그가 탄 합승차가 동대문에 와서 승객을 태우는데 구인회 사장이 올라타는 것 아닌가.

"아니 사장님! 택시를 이용하시지 왜 이걸 타십니까?"

"왜 나는 합승할 자격도 없단 말이오?"

구 사장은 웃으면서 그의 옆자리에 앉으면서 조용히 이야기를 하는 것이었다.

"세상 사람들은 나를 보고 노랭이니 구두쇠로 부르겠지만 나는 그 말이 나를 칭찬하는 말로 들린다 이거요. 돈 몇 푼 벌었다고 거들먹거리며 흥청망청 쓰는 사람들 내사 딱해서 못 보겠습니다. 돈이란 있을 때 아낄 수 있는 거지, 없는데 무엇을 아낀단 말이요. 그래서 옛말에도 돈이란 벌기보다 쓰기가 어렵다고 안 했소. 부자라 카는 건 많이 벌어서 부자가 아니라 잘 모아서 부자인 기라. 아무리 많이 벌어도 시루에 물 붓기면 아무것도 이룰 수 없는 기라."

사장과 상무 사이에 대화가 무르익어 가고 있는 사이에 합승버스는 반도호텔 건너편 미국 대사관 앞 정류장에 도착했고 두 사람은 내렸다.

"거 보소. 합승 탔어도 편안하게 앉아서 잠깐이면 회사 앞까지 오는데 뭣 땜에 휘발유 때고 길바닥에 돈 뿌리며 택시 탄단 말이요."

"예, 맞습니다."

김 상무는 할 말을 잃고 머리만 끄덕였다. 김 상무도 사장의 구두쇠 철학을 모르는 바는 아니었다. 구인회 사장의 경우 돈을 움켜쥐고 바르르 떠는 그런 인색가가 아니다. 꼭 써야 할 큰돈은 눈썹 하나 까딱 않고 척 내놓는 배포를 가졌으면서도 비록 푼돈일지라도 사치나 허세를 위해 낭비하는 것은 큰 잘못으로 아는 그런 성품이었다.

일제 말기에 일제의 감시가 엄중한 속에서도 백산(白山) 안희제(安熙濟)에게 독립운동 자금으로 거금 1만 원(壹萬圓)을 선뜻 건네주었던 일이나 부산에서 국제신보사를 운영할 때 자금난으로 시달리는 부산일보가 주력 라이벌인데도 3천만 원을 흔쾌히 도와준 일화를 보면 구 사장의 용전 철학이 어떻다는 것을 이해할 수 있다.

김주홍 상무는 어느 날 점심시간에 사장으로부터 전화를 받았다.

"김 상무, 좋은 데가 있는데 점심 약속 없으면 나오소."

김 상무는 근사한 요릿집을 생각하면서 따라나섰다. 그런데 구 사장이 안내하는 곳은 미 대사관 뒤편 좁은 골목길을 한참 들어가 처마가 머리에 닿는 볼품없는 한옥 식당이었다. 좁은 방에는 손님들로 바글바글했는데 두 사람은 자리를 잡아 음식을 주문했다. 보신탕 집이었다. 김 상무는 누군가가 사장의 얼굴을 보고 럭키그룹 총수라는 것을 알까 봐 조바심을 내고 있었다. 구 사장은 천하태평으로 "맛있다." 하면서 한 그릇을 다 들었다.

구 사장은 다음 날에도 김 상무에게 전화를 걸어왔다. 김 상무는 용기를 내 "사장님 보신탕 즐기시는 것은 좋습니다만 그런 수준의 집은 저희들이나 가는 곳이지 사장님이 가실 곳이 못 됩니다"고 말했다.

"뭐가 어때서. 아 몇천 원씩 하는 한정식이나 스테이크보다 싸고 맛있는데. 그것을 안 먹고 뭣을 먹는다 말이요. 공연한 걱정 마소."

그 같은 서민 의식은 구 사장의 본래의 체취였다.

이런 일화도 있었다. 셋째 아우 태회가 국회의원으로 당선됐던 이듬해 구 사장은 고향 사람들에게 사의를 표하기 위해 진주에 내려갔다. 진주 유지들은 진주가 배출한 당대의 거물 경제인이 고향을 찾아왔다 해서 그를 만나러 다방에 모였다. 유지들은 자리를 바꿔 식사나 들면서 이야기하자면서 일어섰다. 구 사장은 먼저 일어나 계산대로 가서 찻값을 냈다.

"5환을 거슬러 드려야 하는데…."

다방 아가씨는 난처한 표정으로 서랍을 뒤졌으나 잔돈이 없었다.

"잔돈이 없는데예. 아래 가서 바꿔와야겠심더. 잠깐만 기다려 주이소."

구 사장은 머리를 끄덕이며 기다리겠다는 의사표시를 했고 아가씨는 아래층으로 뛰어 내려갔다. 단돈 5환! 거지도 안 받아간다는 돈 5환을 거슬러 받기 위해 럭키그룹의 총수가 서서 기다리고 있는 것이다. 이 일은 진주 사회에 두고두고 화제가 되었다.

"재벌이라 카는 사람이 돈 5환을 갖고 거 뭐꼬! 5백 환 팁을 줘도 시원찮을 텐데 말이지."

그렇게 말하는 사람이 있는가 하면,

"그래서 재벌이 안 됐나. 우리한테 대놓고 말할 수는 없고 행동으로 교훈을 준 기라. 푼돈 아끼라고 말이다."

"그 말 맞다. 1백만 환도 1환부터 시작하는 거 아니가. 속이 깊은 사람이라 뭔가 뜻이 있는 행동이 틀림없구마."

구 사장이 허례허식, 낭비를 혐오하는 성격이라는 것은 다음과 같은 경우에서도 잘 나타난다. 당시 외국 나들이는 거창한 행사였다. 한 사람의 출국을 보기 위해 수많은 전송객이 나와서 출영대에서 기다리거나 떠나는 비행기를 보고 손을 흔드는 것이다. 외국 나가는 것이 별따기처럼 어려운 시대의 진풍경이었다. 큰 기업체 총수쯤 되는 신분이고 보면 붉은 카펫이 깔린 VIP룸이 예약되고 회사 중역들이 일렬로 도열해 일일이 악수를 나누고 손을 흔들고 했다. 구인회 사장은 우리 사회의 그런 권위주의 관행을 크게 싫어했다. 회사 안에서도 직원들에게 용무가 있을 때 오라 가라 하는 법이 없고 전화를 걸거나 찾아가서 볼일을 봤다.

어느 때인가 사장이 비행기 편으로 부산에 내려가게 되자 임원들 사이에 의견이 제기되었다. 규모가 조그마한 회사에서도 사장이 움직이게 되면 임직원들이 전송이나 마중을 나가는 것이 하나의 규범이 되고 있는데 유독 럭키그룹 사람들만 그 같은 예의를 소홀히 하고 있는 게 아니냐. 지금부터라도 그렇게 하자는 의견이 모아졌다. 대표자가 그런 뜻을 전하고 지금까지의 결례를 사과했다. 그러자 구인회 사장의 입에서 뜻밖의 말이 나왔다.

"김포공항까지 전송하려 나온다고요? 그만두소, 그런 일. 내가 길 못 찾아갈 까 걱정돼서 나오는 거요, 뭐요. 그 아까운 시간 낭비하고 교통비 들여 주욱 하니 나와서 뭣하겠다 캅니까. 그만 두소."

"그렇지만 사장님. 예의라는 게 있잖습니까! 세상 눈이라는게 있는데 럭키 사람들 위아래 구분도 없는 상것들이라는 말 듣지 않겠습니까? 그러니 저희가 하도록 내버려 두십시오."

"암만 생각해도 그럴 필요 없을 것 같은데요."

"아닙니다. 회사의 체통 문제입니다."

구 사장도 난감한 표정이었다.

"정 그렇다면 좀 생각해 봅시다."

이튿날 아침 사장실에서 짤막한 회람문을 임원들에게 돌렸다.

'바쁜 일이 없는 임원에 한해서 길 건너 합승 정류장까지 나와서 전송해 주시면 고맙겠습니다. 비행장에 나오는 것은 안 됩니다. 앞으로도 안 됩니다.'

솔로몬의 지혜 (장남의 목을 칠까, 창업공신의 목을 칠까)

〈골드스타〉 상표의 금성사 라디오는 날개 돋친 듯 해외로 팔려나갔다. 금성사 임직원들의 사기는 하늘 높이 솟아 있었다. 금성사는 락희공장에서 만든 케이스를 납품받아 라디오 완제품을 만든다. 두 회사는 협업 관계다.

그런데 아주 이상한 사건이 발생했다. 중남미지역으로 수출된 1천여 대의 라디오 케이스가 모두 망가져서 상품 가치를 잃고 클레임(손해 배상 청구)이 접수되었다. 케이스 제작사인 럭키 측에서는 야단이 났다. 엄청난 액수의 손해배상을 해야 하고 국제 신용을 잃게 되었다.

그래서 사고의 원인이 무엇이며 책임이 어디에 있느냐를 규명하는 문제가 제기되었다. 즉각 간부 회의가 소집되었다. 전체 임원과 관련 직원들이 회의실에 모였다. 구인회 사장은 조용히, 그러나 단호한 어조로 이런 사고가 일어나게 된 경위를 묻고 책임소재를 따졌다. 상대측 무역상의 주장은 금성사가 포장한 그대로의 화물을 꺼내 보니 케이스가 이미 망가져 있었다는 것이다. 무역상은 "그렇게 허술한 상품을 수출할 수 있느냐."는 핀잔까지 하는 바람에 회의실 분위기는 더 나빠졌다. "라디오가 아니라 쇳덩이라도 함부로 다루면 망가질 텐데 그 사람들 물건을 거칠게 다룬 건 아닐까?"라며 책임은 그쪽에 있을지 모른다고 의심하는 사람도 있었다. 그러나 포장은 이쪽에서 했으니 제품 파손의 책임을 벗어날 수는 없다는 의견도 있었다.

그렇다면 원인과 책임은 어디에 있는가? 결국, 제품이 깨질 만큼 허술한 점이 있었다면 플라스틱 케이스를 제작한 럭키 측에 잘못이 있었던 게 아니겠느냐. 우리로서는 라디오 내부회로 등 기기 부분 이외는 책임질 일이 없다는 것이 금성사 박승찬 전무의 의견이었다.

그러나 럭키 측에서도 할 말은 있었다. 우리가 케이스를 만든 건 사실이지만 그것은 어디까지나 규격품이었고 불량품을 납품했던 건 아니지 않는가. 더구나 몇몇 개가 깨졌다면 불량품이 끼어들었다고 말할 수도 있겠지만 전량 파손이라면 절대로 케이스 탓이 아니고 제품 포장에 문제가 있었다고 보아야 한다. 완제품의 포장은 금성사가 했으니 우리가 책임을 져야 할 이유가 없다는 것이 럭키 측 구자경 전무의 주장이었다. 박승찬과 구자경의 대결이 되었다.

두 회사 간의 의견은 평행선을 이루며 팽팽히 맞섰다. 논쟁을 벌이다 보니 언성이 높아졌고 그러다 보니 감정이 노출되었다. 마침내 무슨 말 끝에 박승찬 전무는 화를 이기지 못하고 자리를 박차고 회의장에서 나가버렸다. 뜻밖의 사태에 그 자리의 임원들은 숨을 죽인 채 구인회 사장의 눈치만 훔쳐보고 있었다. 그러나 사장은 아무 일도 없었던 것처럼 담담한 어조로 회의를 계속했고 사후 수습에 관한 의견을 제시하고 회의를 마무리했다.

방으로 돌아간 구인회 사장의 심기가 편할 리가 없었다. 구 사장은 이 생각, 저 생각 끝에 구자경 전무를 불렀다.

"봐라, 니가 싸워서 될 일이가? 양보할 건 하고 이해할 건 이해해야 되지 않냐 말이다. 럭키 쪽에서 잘못이 없다 해서 상대방을 그렇게 몰아붙여도 되는 거냐? 덕성있는 경영자는 논쟁하는 가운데서도 항상 인화를 생각해야 한다."

"명심하겠습니다." 아들 전무는 머리를 긁적거리며 멋쩍어했다.

"우리 제품에 하자가 있다면 감독을 소홀히 한 나에게 책임이 있제. 그러나 이번 일은 뭔가 낌새가 이상타 생각된다. 조사해봐야 알 일이지만 우리 물건의 값을 조정하려는 장난 아닌지 모르겠구만."

구 인회 사장은 "이제 너 자리에 가봐라. 내일은 이번 일에 대한 어떤 조치를 할 생각이다."

구 사장은 다시 박승찬 전무를 불러들였다.

"보소, 그래 화내고 그만 둘 작정이요?"

"그만두라 하시면 그만두겠습니다. 사장님도 생각해보십시오. 도대체 금성사가 뭘 잘못했습니까?"

"박 전무는 금성사가 잘못한 일이 없다는 것만 생각했지 럭키도 잘못이 없을지 모른다는 생각은 해본 일 없소? 본시 큰 그릇에 큰 물건 담는다 하지 않소. 내 말뜻 알겠소?"

그리고 구인회 사장은 구자경 전무에 했던 말을 박승찬 전무에게도 똑같이 해주고 별도 조치가 있을 때까지 가서 사후 대책이나 세우라고 일렀다.

수출품 클레임에 관련 어떤 조치가 있을 것이란 소문은 삽시간에 회사 내에 퍼졌다. 더구나 구자경 전무와 박승찬 전무가 날카롭게 부딪치고 박 전무가 회의장을 박차고 나간 사태가 있었기 때문에 비상한 관심을 끌었다.

하루가 지난 다음 날인 1968년 1월 12일, 사원들은 아침 출근길에 임원 보직 발령 사고를 보고 경악을 금치 못했다. 박승찬, 구자경 전무 모두 부사장으로 일 계급 승진되고 두 사람이 서로 자리를 바꾸어 박 부사장은 럭키로, 구 부사장은 금성사로 보직이 바뀐 것이었다. 문책이 아니면서도 두 부사장이 서로를 이해하는 기회를 가질 수 있게 자리를 바꿔준 것이다. 절묘한 인사였다. 사람들은 고대 히브리 왕 솔로몬의 지혜에 버금간다고 혀를 내둘렀다.

박승찬 부사장은 얼마 후 클레임 문제를 수습하기 위해 중남미 현지로 날아가 현지 조사를 시작했다. 박 부사장이 현지 조사를 해 본 결과 사건의 내막은 어이없는 것이었다. 금성사로부터 라디오를 수입하기로 한 무역상이 현품을 바로 현지 밀수꾼에게 넘겼고 밀수꾼들은 야간에 밀림 상공에서 거친 하역 작업을 하는 과정에서 제품들이 파손되었던 것이다. 국제시장에서 신용을 지키게 된 금성사로서는 좋은 경험을 얻었다. 세계시장에서 물건을 잘못 만들면 결코 통하지 않는다는 당연하지만 귀한 경험을 체득한 것이다.

구인회와 골프

구인회 회장의 취미는 축구였다. 소년 시기 축구를 좋아했고 군(郡) 대항 축구시합에서 선수로 뛰기도 했다. 고향 승산마을이 속한 진양군과 인접한 의령군, 함안군과 원정 시합이 있으면 꼭 출전했다. 이때 함안군 출신 효성그룹 창업회장 조홍제와도 친교를 맺었다.

구인회 회장은 1950년대 후반 건강관리를 위해 골프를 시작했는데 골프가 취미라 할 만큼 몰입했다. 골프란 누구나 발을 들여놓기만 하면 곧 침식을 잊을 만큼 빠져드는데 그것이 장점이자 단점이다.

구인회 회장은 50년대 후반 어느 날 박승찬 전무와 구태회 전무에게 골프채 한 세트씩을 사주었다. 당시만 해도 골프는 소수의 사람들만이 하는 스포츠였고 대중하고는 거리가 멀었다. 두 전무는 서울 컨트리 회원이 되었다. 서울 컨트리클럽은 광주군 군자리에 있었다. 미8군 장교들이 주말만 되면 군용기로 일본으로 골프 치러 간다는 말을 듣고 이승만 대통령이 명령해서 생겨난 게 서울 컨트리클럽이었다.

박승찬 전무는 곧 골프마니아가 되었다. 골프 스코어도 좋았다. 박승찬 전무는 어두운 새벽에 일어나 골프장에 나가 한 바퀴 돌고 느지막하게 회사에 출근하는가 하면 12시경에 살짝 빠져나가 골프장에 갔다가 오후 4시 반경 시치미를 떼고 돌아와 그날의 밀린 일을 보곤 했다. 박 전무는 얼마 가지 않아 싱글골퍼가 되었다. 그렇게 자리를 비우며 골프장 출입에 넋을 빼고 있는 박 전무의 거동을 구 회장이 모를 리가 없었다. 전무를 방으로 불러들여 넌지시 꾸짖었다.

"박전무, 거 좀 심하지 않소?"

솔직한 성격의 박 전무였다.

"네. 제가 생각해도 심하긴 심한 것 같습니다. 앞으로는 자제 할랍니다."

이렇게 나오면 씨름이 되지 않는 것은 뻔하다.

"내가 배우라고 권했지만 그래 노상 골프장에만 붙어 살면 회사 일은 누가 한단 말이요. 좀 적당히 하소."

"그렇게 하겠습니다."

구 회장은 언짢은 기분이 다소 풀린 듯 호주머니에서 약 한 봉지를 꺼내 가루약을 입에 털어 넣었다.

"회장님. 그거 소화제 아닙니까. 그거 꼭 잡수셔야 합니까?"

"안 먹으면 어쩌노. 속이 거북한데…"

"약 안 자셔도 소화 잘되는 법이 있습니다. 사실 제가 골프 시작하기 전에는 몰랐던 일인데 이게 참 묘한 것이어서 몸이 찌뿌둥할 때 컨디션을 살려주고 밥맛도 좋아지고 피로도 모르게 되고 참 신통합니다. 회장님의 그 소화 불량도 담박 날 것입니다. 속는 셈 치고 골프

한 번 해 보십시오."

"야단치니까 공연히 나까지 끌어들이려 하지만 내사 풀밭에 나가 공치기할 만큼 한가로운 사람 아니요."

"골프 모를 때는 그렇게 말하시지만 쳐 보시면 아실 겁니다. 일도 활기있게 할 수 있고 건강에 좋고 손님 접대에도 좋고… 좌우간 회장님 시작해 보시고 그게 아니면 제 목을 자르셔도 좋습니다."

이 한마디가 회장의 마음을 돌리게 될 줄이야 박 전무도 기대하지 못했던 일이었다. 건강에 좋고 손님 접대에 좋다면 못 할 것도 없지 않느냐는 것이 구인회 회장의 생각이었다.

구 회장은 토요일 오후가 되어 골프 연습장에 나갔다. 그리고 박 전무가 조언하는 대로 레슨을 받기 시작했다. 골프 실력이 하루하루 늘어가는 것과 비례해 회장의 골프 열기도 더해갔다. 박승찬 상무는 자기의 계략이 맞아 떨어져 가는 것에 흐뭇해하면서 회장의 실력과 열기가 더해가는 것을 지켜보았다. 실제 구인회 회장은 골프를 통해 추후 좋은 인연을 맺어가게 된다.

초가을의 쾌청한 날씨에 사무실에 틀어박혀 있는 것은 고역이었다. 그러나 박승찬 전무는 골프 나가는 것을 참고 있었다. 영감님(회장)의 골프 증세가 도지기만을 기다리는 것이었다. 아니나 다를까. 회장이 살며시 방으로 전무를 찾아오더니 의자에 앉지도 않고 이런저런 얘기 끝에 지나가는 말처럼 물었다.

"박 전무, 오늘 바쁘오?"

"무슨 일이 계십니까?"

"안 바쁘면 요거 한번 나가 볼까요?"

회장은 손으로 골프 치는 시늉을 했다.

"저는 안 되겠는데요, 회장님. 결재도 해야 하고 사업 구상도 해야 하고 저 바쁩니다. 회장님 혼자 다녀오시지요."

"예끼 이 몹쓸 사람! 회장 명령에 안 따르면 당장 모가지다."

두 사람은 큰 소리로 웃었다. 회장님 입에서 그런 말이 나오기를 얼마나 기다렸던가. 골프장으로 달리는 승용차 안에서 박 전무는 콧노래를 흥얼거렸고 전무의 들뜬 기분이 싫지 않은 구 회장이었다.

그렇게 해서 구 회장의 골프 실력은 늘어 나갔다. 박 전무의 말대로 소화도 잘되는 듯했고 평소 운동 부족 현상이 해소되었다. 또 사교 면에서 평소 서로 바빠서 회의석상이나 술좌석 같은 데서 잠시 얼굴을 대하기 일쑤였던 경제인들과 만나는 기회가 많아졌고 서로 터놓고 대화할 분위기가 조성되는 것이 좋았다.

그 무렵 제일 은행의 이보형(李宝衡) 행장, 효성그룹의 조홍제(趙洪濟) 사장, 한국경제인연합회 홍재선(洪在善) 회장, 경방의 김용완(金容完) 회장 등 동년배의 사돈이나 친구들과 어우러져 친밀한 시간을 가질 수 있어 무엇보다 즐거웠다. 나중에 한국케이블의 상무로 영입된 홍성언(洪性彦)의 경우도 골프가 인연이 된 케이스다.

1962년 4월 어느 날 일요일, 구 회장은 박승찬 전무 그리고 그의 친구라는 사람과 셋이서 서울 컨트리클럽에서 골프를 치게 되었다. 함께 라운딩하면서 여러 가지 이야기를 나누다 보니 당시 미8군 구매처장의 보좌역을 맡고 있다는 홍성언이라는 인물 됨됨이가 썩 괜찮아 보였다. 출중한 영어 실력을 갖추었고 다방면의 전문지식이 있을 뿐 아니라 인품이 좋아 보였다. 마음에 들면 참지 못하는 구 회장이다.

"홍형, 우리 회사 식구 안될라요?"

얼떨결에 질문을 받은 홍성언은 미소만 띄운 채 대답을 못 하고 있었다.

"미국 사람에게서 대단한 신임을 받고 있다는 말을 듣고 있소만 그 사람들 언제까지 우리나라에 있을지 알 수 없는 일이고 우리끼리 한 번 큰일 해보는 것이 좋지 않겠소. 홍형만 괜찮다면 내 자리 하나 만들어 놓겠으니 잘 생각해 보소."

다소의 우여곡절 끝에 홍성언은 결국 자리를 옮겨왔고 1962년 5월 15일 한국케이블공업주식회사의 설립과 동시에 상무이사로 취임했다.

박승찬 전무집 수양버들나무

초창기 럭키에 몸 담고 있는 사람이라면 누구나 아는 일이지만 자식들이나 측근의 직원들에게는 야단치는 일이 많고 엄격하기로 소문난 구인회 회장이지만 어쩐 일인지 박승찬 전무에게만은 항상 관대했다.

우리는 박승찬 전무가 럭키에 입사하기 전 구 회장을 찾아가 "담보는 제 양심밖에 없습니다. 사업 자금 2억 원만 빌려주십시오." 하는 요청을 받고 두말없이 2억 원짜리 수표를 끊어 주었던 것을 기억할 수 있다. 2억 원은 거금이었다. 머리가 명석하고 사리판단이 빠르며 사교성이 풍부한 박 전무의 장점들을 구 회장은 좋아한 것이다.

그러나 회장과 전무는 때로는 얼굴을 붉힐 만큼의 의견 충돌을 할 때도 있었다. 구 회장의 눈썹은 화가 나거나 기분이 언짢아지면 세모꼴 모양으로 변하는 버릇이 있었다. 임원들은 회장의 눈 모양을 보고 날씨가 흐렸는지 개었는지를 가늠하기도 한다. 다른 사람과 의견이 엇갈려 서로의 주장을 내세우다가도 상대방의 주장이 옳다 싶으면 그 세모꼴의 눈 모양이 사르르 풀리면서 "그 말이 맞다! 왜 진작 그래

말 안 했노?" 하고 되레 나무라기도 했다.

상대방의 의견이 옳다는 것을 깨닫게 되면 곧 그것을 수용하는 구 회장이었다. 박승찬 전무는 회장의 그러한 모습을 누구보다도 존경하고 따르는 사람이었다. 유능한 부하를 아끼는 상사, 상사를 존경하며 따르는 부하가 있다면 모두에게 행운이 아닐 수 없다.

박승찬 전무는 약수동에 자택을 가지고 있었는데 집이 비좁고 헐어서 신당동에 대지를 마련, 집을 새로 지으려고 했다. 신축 공사에 들어가려고 하는데 집 판 돈이 제때에 나오지를 않아 고민하고 있었다. 박 전무는 회장에게 사정 이야기를 털어놓고 돈을 좀 융통해 달라고 했다.

"얼마나 필요한데?"

"6백만 원쯤 있으면 될 것 같습니다."

구인회 회장은 두말없이 자신의 안 주머니에서 예금통장을 꺼내어 건네주었다. 6백만 원은 당시 만만한 돈이 아니다.

"필요한 만큼 꺼내쓰고 돈이 들어오거든 입금시키소." 이야기는 그것뿐이었다.

신축 공사가 시작되는 즈음 박 전무는 2개월여의 해외 출장을 가게 되었다. 출장 여행을 마치고 귀국하자 곧바로 공사장에 들러보니 마당에 서 있던 큰 수양버들 한 그루가 온데간데없이 사라져버린 것이 아닌가!

"아니 어떻게 된 일이여? 여기 있던 수양버들 누가 베어 버렸지?" 화가 상투 끝까지 오른 박 전무는 눈을 부라리며 소리쳤다.

"회장님께서 베라고 하셔서 잘랐습죠. 저희야 시킨 대로 했습니다요."

차근차근 알아보니 전무가 출장 가고 난 사이 구 회장은 일주일에 한 번 꼴로 현장에 들려 이것저것 감독을 했다는 이야기였다. 박 전무는 회사로 달려갔다.

"회장님, 아니 왜 남의 집 풍류 있는 수양버들을 싹둑 자르셨습니까. 저는 그 나무가 맘에 들어서 그 터를 산 건데. 회장님이 잘라버리라고 호통까지 치셨다면서요?"

구 회장은 씩씩거리는 모습을 바라보면서 빙그레 웃었다.

"이 무식한 사람아, 들어보소. 집 안에 있는 수양버들은 미친 여자 머리 흐트러진 형상이라 해서 불길하다 카는데 뭣 하러 그런 것을 마당 한복판에 세워두는가. 내가 당신 대신 잘라 삐리라 했구만. 고맙다 인사나 하소."

구인회 회장의 문 안에 수양버들을 심지 않는다는 말은 전혀 풍수지리설과 틀리지 않는 것이다. 동양 문화에서 가지가 늘어진 수양버들의 모습이 상(喪)을 당하여 머리를 풀어헤친 여인의 모습을 연상시켜 집안에 심으면 불행한 일이 닥친다는 미신과 수양버들이 많은 물가에 도깨비가 나타난다는 미신 때문에 집안에 심지 않는다는 것이다. 특히 양반 집에서는 수양버들의 실가지가 요염한 여자의 허리와 비슷하다고 해 심지 않았다고 한다. 제주도에서는 수양버들의 나뭇가지가 바람에 휘날리기 때문에 부부의 한쪽이 바람을 피우게 된다는 속설이 있어 수양버들을 심지 않았다.

회장의 말을 듣고 보니 틀린 말이 아닌 듯도 싶어 박 전무는 할 말을 잃었다. 구 회장은 여기에 한 말을 덧붙였다.

"내가 가보니 차고 바로 위 2층에 침실을 만들었더구만. 그래 되면 침실은 얼음장 아닌가. 천장을 두껍게 단단히 하라 일렀지."

박 전무는 감격했다. 회장의 그 같은 소상한 보살핌에 박 전무는 어버이 같은 정을 흠뻑 느꼈다.

구인회 회장의 사돈들

구인회 회장은 남이 부러워하는 풍성한 형제와 자녀가 있다. 곁에 내리 다섯 아우가 있고 아래로는 6남 4녀의 아들, 딸을 거느리고 있다. 다복의 상징이다. 그러나 맏형이자 아버지로서의 구 회장은 두 어깨가 무겁지 않을 수 없다. 어린 동생들과 자식들을 키우고 공부시키고 장성하여서는 짝을 지어주는 일이 의무였다. 사업이 바쁘다 하여 이런저런 집안 일을 소홀히 할 수는 없었다.

부산이 피난 수도였던 1952년 5월, 한창 화장품 업계를 주름잡던 시절 구 회장은 넷째 아우 평회를 금릉(金陵) 원예조합 문홍린(文洪麟) 이사장 댁 규수와 짝지어 주었다. 그다음 둘째 아들 자승의 배필감을 물색했다. 많은 규수들이 후보에 올랐으나 그 중 금성방직 홍재선(洪在善) 전무의 장녀가 꼽혔다. 구 회장과 홍 전무는 오래전부터 경영인으로 교제가 있는 사이였다. 혼담은 순조롭게 진행되어 형식적인 의례를 갖추는 일 없이 혼인날이 정해졌다.

"보는 사람에게 가서 날을 받아도 될까요?" 점 치는 사람에게 물어보지 않아도 되겠느냐는 홍 전무의 말이었다.

"날이니, 궁합이니 그런 거 봐서 뭘 하요. 비 오다가 그치고 아들 딸 낳고 잘 살면 그만 아니겠소?"

후일 홍재선 전무는 금성방직 회장까지 지내고 전국 경제인연합회 회장과 쌍용양회 회장 등을 두루 거쳤다.

그 다음은 해군사관학교를 나와 해군 소령으로 복무 중인 셋째 아들 자학의 차례였다. 자학에게는 연줄이 닿아 삼성 이병철 회장의 둘째 규수와 혼담이 이루어졌다. 이병철 회장과는 이미 고향의 지수 보통학교 시절부터 죽마고우 친분이 있는 터였다.

1958년 가을에는 막내아우인 두회를 유찬우(兪燦宇) 씨 댁 규수와 짝 지어주고 다시 1959년 6월에는 둘째 딸 자혜를 대림산업 창설자 이규응(李奎應) 씨의 막내 도령 재연(載淵) 군과 혼인 시켰다. 1960년 봄에는 넷째 아들 자두를 이흥배(李興培) 경기도 지사댁 규수와 혼인하게 했고 다시 1962년 2월에는 다섯째 아들 자일을 김진수(金鎭洙) 씨 댁 규수와 짝지어 독립시켰다.

1962년 가을에는 제일은행 이보형(李宝衡) 행장과 사돈을 맺게 됐다. 이 행장 댁 도령 재원(在源)은 제일은행에 근무하면서 어느날 부산으로 출장을 내려왔다. 부산에서 일 보는 사이에 마침 럭키의 연지동 공장에 근무하며 그의 막역한 친구인 허남목(許南穆)을 만나게 되었는데 잡담 끝에 허남목이 불쑥 말을 꺼냈다.

"너 장가 안갈래? 괜찮은 자리가 한군데 있는데…"

"내가 홀딱 반할만한 여자라도 있나? 있다면 가야지…"

대수롭지 않게 묻고 대꾸한 것이 계기가 되어 구 회장의 셋째 딸 자영의 혼담이 무르익게 되었다. 서울로 돌아온 후 정식으로 박노성(朴魯聖) 제일은행 전무가 중매인이 되어 맞선 보는 자리가 마련됐고, 1962년 10월 27일 결혼식을 거행했다. 맞선 본지 20일 만이었다. 초스피드였다.

1966년 가을, 구 회장은 막내딸 순자의 혼처를 물색하던 끝에 대전지방법원의 유헌열(柳憲烈) 법원장의 도령 지민(志敏)과 결혼하여 출가시켰다.

구인회 회장 혼맥에는 정략결혼 냄새가 풍기지 않는다. 정략결혼이란 애써 권력자나 재력가 아니면 명예있는 유명 인사와 혼맥을 형성해서 그것을 통해서 더 큰 힘을 얻으려는 의도된 결혼이다. 정략결혼의 가장 큰 결합은 결혼 당사자의 의사와는 관계없이 이루어지는 것이다. 그렇게 맺어진 부부가 행복해지기는 어렵다. 그런 측면에서 볼 때 구 회장 가문의 혼인 풍속에는 이해타산적이지 않고 세속에 초연한 고집스러운 가풍이 있다. 아무튼 천생연분의 배필을 찾아 짝지어 준 구 회장은 사돈들과도 두터운 정분을 유지했다. 특히 이보형 행장이나 홍재선 회장 같은 사돈들과는 경제인으로서 또는 골프 친구로서 변치 않는 우정을 나누었다.

29

이미지를 팔아라
(광고탑, 공장견학)

구인회 회장은 이제 소비 대중을 대상으로 제품의 이미지 증진을 목표로 하는 한 차원 높아진 경영 기법에 눈떴다. 아무리 훌륭한 상품을 생산했다 할지라도 그 상품이 존재한다는 것을 소비자가 알지 못한다면 팔릴 까닭이 없다. 양심적이고 기술 수준이 높은 기업이 있다 해도 홍보가 없으면 일반 시민은 알 수 없다.

어느 날 구자두 과장은 새로운 아이디어 하나를 생각해냈다. 그는 구인회 회장의 넷째 아들로 미국에서 공업경영학 석사학위를 받고 귀국해 락희화학에서 관리과장으로 근무하고 있었다.

"미국 같으면 치약공장 앞에는 커다란 치약 광고탑을 세워서 지나가는 사람이 멀리서도 바라볼 수 있는 치약 선전을 하는 게 당연한 일로 되어 있는데, 우리는 마치 군수품 공장처럼 아무런 광고도 하지 않는 이유가 무엇이지요? 우리도 광고탑을 세워서 적극적인 선전을 해 보는 게 어떨까요."

"제품이 좋으면 쉬쉬해도 공장 앞에 줄을 서 아우성인데 그런 거 안 세운다고 사갈 사람이 안 사가나?"

모처럼의 아이디어에 반대하는 사람이 적지 않았다. 반대하는 사람들 대부분은 럭키크림이 불티나게 팔려나가던 시절, 호경기의 꿀맛에 젖어있는 사람들이었다. 광고 선전 분야가 이 땅에 아직 스며들지 않았고 경쟁이란 개념이 없던 때였다. 그러나 구인회 회장은 구 관리과장의 말에 스며있는 숨은 뜻을 알아차렸다.

"그래 맞다. 광고를 해야지."

광고를 통해 생산자의 진실과 사랑이 담긴 메시지를 소비자에게 전달하고 소비자들이 오래오래 기억하도록 만들어야 한다. 지금은 럭키치약이 선두주자지만 10년, 20년 뒤까지 선두주자가 된다는 보장은 없다. 돈이 있을 때 절약하고 저축하는 이치와 마찬가지로 인기가 있을 때 인기관리를 하는 게 맞다. 결심이 서면 빠르게 움직이는 것이 구 회장의 장점이다.

구 회장은 직접 진두지휘해 광고탑 작업에 들어갔다. 얼마 후 연지동 공장 정문에는 럭키치약 모양의 거대한 광고탑이 세워졌고 그것은 상품 선전탑이자 하나의 랜드마크(Landmark)가 되어 부산의 명물이 되었다. 이 광고탑은 기대 이상의 효과를 거두었다. 그 후 럭키화학은 전국 대도시 철로 변에 광고탑을 계속 세워나갔다.

"자두야, 너는 남이 못한 미국 유학하고 학위도 땄으니 그 값을 해야 한데이."

회장은 흡족한 마음으로 아들을 격려했고 아들은 아들 대로 일에 몰두했다. 그가 관리과장으로 재임하는 동안 럭키화학은 처음으로 제품의 품질검사와 포장검사 제도를 도입했고 원가계산과 상표등록을 실시했고 광고 선전비를 책정하여 체계적인 광고를 해나가기도 했다.

그는 어느 날 또 하나의 주목할 만한 의견을 내놓았다. 공장 내부를 일반 시민들에게 공개하자는 것이었다. 즉 치약의 생산공정을 소비자들에게 보여줌으로써 제품에 대한 이해도와 친밀감을 높여가자는 것이었다. 그러나 이 아이디어도 큰 반대에 부딪혔다. 기업에 있어서 공정은 가장 민감한 노하우(Knowhow)이니 만큼 공개하는 것은 어림없는 소리라는 것이었다.

"초등학교 어린이들에게 공장을 보여줘서 무슨 비밀이 새어나간다는 말입니까. 럭키치약 만드는 광경을 보고 간 어린이들은 그것을 자랑스럽게 주변 사람들에게 말할 것이고 또 그가 어른이 될 때까지 평생 잊지 못하는 추억으로 간직할 것입니다. 말하자면 우리 럭키치약 가족을 어린 세대부터 만들어 나가자는 겁니다. 안될 게 뭐 있습니까."

일리가 있는 말이었다.

"그것도 괜찮은 것 같다."

회장이 머리를 끄덕이니 반대하던 사람들도 차츰 수긍하는 쪽으로 기울었다.

마침내 초등학교 어린이들에게 공장을 공개하기로 결정했다. 치약공장을 견학하러 오는 초등학교 버스가 잇따라 들이닥치고 어린이들이 떠드는 소리로 공장 안에는 갑자기 활기가 넘쳐흘렀다. 치약 부문은 이처럼 활기를 띠고 있는데도 문제는 '칫솔' 부문이었다. 칫솔은 웬일인지 판매 실적이 오르지 않고 그저 명맥을 유지하는 저조한 실정이었다. 모두가 머리를 갸우뚱거리며 그 해결책에 고심하고 있었다.

그럴 즈음에 칫솔 털의 색깔을 흰색으로만 만들지 말고 아름다운 두 가지 색으로 바꿔보면 어떻겠냐는 의견이 나왔다. 그거 괜찮겠다는 중론에 따라 시험 생산해 보니 물건이 한결 돋보이는 것 아닌가!

2중색의 럭키 칫솔은 사소한 변화를 주었을 뿐인데도 소비자의 반응은 놀랄 만큼 좋았다. 한 달 매상액 2백만 원에 불과했던 것이 2중색으로 바뀐 후에는 7천5백만 원까지 뛰어올랐다. 폭발적인 인기몰이였다. 당시 럭키화학의 치약 시장점유율은 95%였고 칫솔 부문은 80%의 시장점유율을 보였다. 경이로운 시장 지배였다.

언론과의 만남

럭키화학의 신장세는 눈부셨다. 사람들은 럭키의 성장의 힘이 어디에서 비롯되고 있는가에 대해 비상한 관심을 보였다. 특히 언론계에서 럭키의 '힘'에 대해서 논의가 많았다. '어째서 유독 럭키화학만이 순풍에 돛단 듯 매사 잘 되어 가느냐'였다. 결국, 총수인 구인회 회장의 탁월한 능력과 인품에 대해 논의의 초점이 모아졌다. 구인회 회장의 사람 됨됨이가 빈틈없고 똑똑하기 때문이라는 사람도 있는가 하면, 유독 운이 좋아 그렇다는 견해도 있었다. 호기심 많은 기자들은 어느 날 문제의 장본인을 만나보자는데 의견을 모았다.

구인회 회장은 원래 기자와 회견하는 것을 좋아하지 않았다. 그러나 일단의 기자들이 방에 찾아오자 그것까지는 외면할 수 없었다. 예기치 못했던 언론과의 일문일답이 진행되었다.

"혁명정부는 하나에서 열까지 그저 잘 살아보자는 얘기만 하고 있는데 거기에 대해서 회장님께서는 어떻게 생각하십니까?"

"나는 경제를 잘 모르는 사람이지만 혁명정부가 내세우는 그 말로써 경제가 무엇인지 좀 알 것 같습니다. 어떤 정부이건 정부가 해야 할 제1 목표는 국민으로 하여금 잘 살기 위해 힘을 합치자 이거 아니겠소?"

"그렇다면 잘 살기 위해서 국민은 어떻게 해야 한다고 생각하십니까?"

"그야 여러 가지 방법이 있겠지만 내 생각으로는 제일 중요한 것은 국민들이 사치스러운 생활을 멀리하고 근검절약하면서 소박한 생활을 미덕으로 삼아야 될 줄 압니다. 먹고 싶은 거 다 먹고 입고 싶은 것 다 챙겨 입고 보면 부자가 될 수 없습니다. 우리는 명주옷을 입기 전에 생사(生絲)를 수출해야 하고 외국 물건 비싸게 사 쓰기 전에 우리 물건 아껴 쓰는 것을 생활화해 나가야 합니다. 불편하더라도 참고 견뎌야 합니다…"

기자들은 약속이나 한 듯 구 회장의 옷차림을 보았다. 유행과는 담을 쌓은 듯 보이는 한물간 양복을 입고 굽갈이한 구두를 신고 있었다. 대기업 총수라기에는 좀 심하다 싶은 검소함이었다.

구 회장은 기자들의 시선을 아랑곳하지 않고 말을 이어갔다.

"… 지금 우리는 못 산다고들 사방에서 아우성 아닙니까? 또 못 사는 것이 사실이고요. 그렇다고 남의 눈치만 보고 있으면 누가 먹여주고 입혀 줍니까. 우리 힘으로 우리가 개척해 나가야지요. 그러자면 외국에서 돈을 벌어들여야 합니다. 우리는 어느 나라보다도 싸고 수준 높은 노동력을 가지고 있으니 이것을 활용해서 공업이라든가 이런 것을 해서 국제시장 상대로 대량 수출하는 방향으로 나가야 합니다. 첫째도 외화획득, 둘째도 외화획득 오직 그 길로만 나가야 합니다."

기자들은 다른 궁금한 쪽으로 질문해갔다.

"회장님께서 크게 힘을 기울이고 계신 것으로 알고 있는데 최초의 금성사 실적은 어떻습니까"

"자랑 같지만, 금성 라디오는 60만 달러라는 금년도 목표를 이미 달성하고 연말까지는 1백만 달러는 무난히 넘길 것으로 예측하고 있습니다. 무엇이 그렇게 만들었냐고 묻는다면 우리 한국인의 머리와 부지런함이 모아진 노력의 결과라고 생각합니다."

"그러나 최근 들어 자꾸만 외국 차관들을 들여오는 것을 볼 수 있는데 그래도 되는 겁니까. 나중에 빚더미에 앉아 큰일 내는 것 아닙니까?"

여기서 구인회 회장은 처음으로 웃음을 터뜨렸다.

"여러분이 걱정해주시는 것은 정말 고맙습니다. 그러나 나는 한 푼이라도 얻을 수만 있다면 더 끌어다 쓰자고 주장하는 사람입니다. 무엇이 두려워서 차관을 사양합니까. 어떤 사람들은 외국 빚 많이 얻어 썼다가 나중에 파산한다 하지만 그 돈 꿔다가 잘 먹고 잘 입는데 탕진한다면 모르거니와 산업 일으키는데 쏟아붓고 열심히 키워나가는데 왜 파산을 합니까. 해보지도 않고 겁부터 먹는 패배주의자는 결국 아무 일도 이루지 못합니다. 빚을 얻어서라도 도전하고 노력하다 보면 우리나라도 언젠가는 원자재를 생산하게 될 것이고 기술 수준도 높아져서 세계 수준의 공업국가가 되지 않겠어요? 나는 그것을 확신하고 그날이 오는 것을 낙으로 삼고 일하고 있습니다."

구 회장은 잠시 뜸을 들이고 말을 이어갔다.

"그런데 한 가지 아쉬운 것은 우리나라 무역상들은 하루빨리 수출 체계를 일원화해야 한다는 것입니다. 가령 일차산업 제품인 인삼이나 김 같은 것을 수출할 때 국제시장에 나가서 서로 덤핑을 해 가지고 손해를 보고 나라의 위신에 먹칠을 하는 자살 행위가 적지 아니 있습니다. 상대가 국제시장인데 그래해서 되겠습니까? 단결해서 협동적으로 움직이고 신용을 얻어야 이익도 보고 나라 체면도 세울 수 안 있겠습니까?"

구 회장의 이야기는 계속되었다.

"내 생각 같아서는 우리나라에서도 기업 계열을 확립시킬 필요가 있다고 봅니다. 정부가 완전히 뒷받침을 해주고 중소기업들이 양심적으로 협력한다면 생산 코스트도 싸게 먹힐 것이며 중소기업 발전에도 크게 기여하게 될 것입니다. 가령 미국, 일본, 스위스 같은 나라의 큰 메이커들도 따로 공장시설을 갖지 않고도 훌륭하게 해나가고 있지 않습니까?"

구 회장의 경제관은 소박하지만, 정곡을 찌르는 것이었다. 기자들은 마침 구 회장의 책상 위의 신문에 한·일 국교 수립 반대 데모를 크게 보도하고 있는 것을 보고

"한·일 국교 문제에 대해서는 어떻게 생각하고 계십니까?"라고 질문했다.

"나 같은 실업인의 입장에서는 한·일 국교는 하루속히 정상화되어야 한다고 생각합니다. 왜냐하면 경제 면에서 일본과 기술을 제휴한다면 노동력의 진출을 위시해 우리 산업의 발전을 위해 많은 이득을 가져올 수 있다고 믿기 때문입니다. 내 이야기를 오해 없이 들어주기 바랍니다. 내가 친일적으로 이야기하는 것은 절대 아니고 이 어려운 판국에서 우리 경제를 일으켜 세우자면 감정을 앞세우기 보다는 우리가 얻을 수 있는 이득을 놓치지 말자는 것이지요."

기자들의 질문은 계속되었다.

"결국 잘 살 수 있는 길은 어디에 있다는 말씀입니까."

"결론적으로 말하자면 국민 각자가 모두 자기 본분을 알아서 학생들은 학원에서 진리탐구에 매진하고 기업인은 나라의 산업을 일으켜 세운다는 어떤 사명감으로 열심히 뛰고 정치가는 당리당략이나 사욕에서 벗어나 진실로 백성을 잘살게 하고 나라의 장래를 걱정하는

자세로 나간다면 나라가 잘못되려 해도 잘못될 수가 없을 것입니다. 길은 아주 가까운 곳에 있습니다. 그러나 우리가 길을 보지 못하거나 보려고 노력하지 않을 뿐이라고 나는 생각합니다."

　기자회견은 끝났다. 기자들은 구인회 회장이 어쩌다 돈을 많이 벌어들인 장사꾼 정도로 생각했을지 알 수 없다. 그러나 그렇지가 않았다. 높은 수준의 논리를 갖춘 것은 아니었지만 국가관, 기업관, 시국관 등이 정도에서 벗어나지 않는 건실한 것들이었다. 후일 그 회견에 참여한 어느 기자는 "보통 사람이 아니야. 뭔가 확고한 자기 생각을 가지고 있는 사람이야."라고 토로했다.

30

황금알을 낳는 정유(Oil Refining) 사업

　1965년 초순, 한국 경제는 고속성장을 계속했고 산업구조는 석유 과소비 쪽으로 흐르고 있었다. 석유화학산업은 산업 발전의 핵으로 떠오르고 있었고 정유 사업은 황금알을 낳는 거위였다.

　구인회 회장은 1965년 연초 새로운 사업 구상에 몰두해 있었다. 한국케이블도 정상 가동되어 이제 새로운 사업에 착수할 만한 시기가 온 것이다. '부지런한 목동은 엉덩이 젖을 겨를 없다'는 서양 속담은 구 회장에게 딱 맞는 말이었다. 좋은 풀을 찾아 이 산, 저 산으로 양떼를 몰고 다녀야 할 목동은 앉아 쉴 틈이 없는 것이다.

　구인회 회장은 연초 3일간의 휴무를 끝내고 구평회 전무와 한성갑 기획부장 두 사람을 불렀다.

　"집에서 쉬기도 지루하제?"

　기껏 3일간의 휴무를 "지루했제."로 말하는 회장의 말 뜻이 범상하지는 않았다.

　"새로운 프로젝트에서 손을 놓은지가 꽤 오래되고 하니 답답할 기라. 이제 케이블도 돌아가기 시작했고 여유도 생기고 했으니 뭐 딴거

해봐야 될 거 아닌가. 새로운 것을 한번 검토해 보세. 내가 부탁할 것은 아무것도 없고, 다만 내가 말해둔다면 하루에 구만 리를 나는 대붕(大鵬)은 언제나 멀리 보고 높이 난다는 사실을 잊지 마소."

두 사람은 회장으로부터 신규사업에 대해 연구해 보라는 지시를 받고 그날로부터 각종 조사자료를 뒤지며 작업에 들어갔다. 그들은 석유화학 계통의 프로젝트를 선정해 건의서를 만들어 제출했다.

"뭐니 뭐니 해도, 오늘의 우리나라 산업계 현실에서는 석유화학 사업이 하나의 태풍의 눈이 되어 산업 전반에 막대한 영향을 파급하게 된다고 보아야 합니다. 따라서 그것을 누가 먼저 착안하고 누가 먼저 착수하느냐가 문제입니다. 현재 우리나라 실정으로 볼 때 석유화학산업 자체를 일개 사업가가 맡는다는 것은 어렵습니다. 그렇기 때문에, 다른 기업들이 망설이고 주저하고 있을 때 과감하게 도전하고 개척해 나가는 선발 기업이 되어야 하는 것입니다. 또 그것이 회장님이 말씀하신 바 있는 '멀리 보고 높이 날자'는 정신과도 합치한다고 저희들은 믿습니다."

구 회장은 끝부분의 맺는말을 듣고 미소를 머금었다. 이 친구들이 내 말을 듣고 석유화학 프로젝트를 관철시켜 보겠다는 속셈을 알아차렸기 때문이다. 그들은 또 락희화학의 숙원인 플라스틱 원료의 계열화, 즉 폴리에틸렌 수지가 빠질 수 없고 카본블랙도 석유화학의 부타디엔 계열이니, 이 프로젝트야말로 후퇴할 수 없는 선택이라고 말했다. 브리핑 자료를 짚어나가는 구 전무의 손바닥은 땀이 솟았다. 차트 설명이 모두 끝나자 회의에 참석한 임원들의 시선이 일제히 회장에게로 옮겨갔다. 구인회 회장은 천천히 머리를 끄덕여 긍정의 표시를 한 다음 낮은 목소리로 말문을 열었다.

"방향은 그렇다 치고 범위는 어떻게 설정하노?"

두뇌 회전이 빠른 구평회 전무도 이 질문에 멈칫했다. 왜냐하면, 우리가 흔히 비닐이라고 부르고 있는 폴리에틸렌을 만들려면 에틸렌을 만들어야 하고 에틸렌을 만들려면 석유화학 원료인 나프타를 얻어야 하는데, 나프타는 정유(精油) 과정을 거친 원유의 산물이기 때문이다. 제품의 원자재를 체계적으로 추구하다 보면 결국 첫 번째 공정인 정유 과정부터 손대야 한다는 결론에 도달한다. 그렇다면 사업의 범위를 어디까지로 잡아야 할 것인가! 중요한 문제였다. 그룹의 운명이 바뀔 수 있는 문제였다. 우리가 석유정제 사업을 하겠노라고 진심을 털어놓는다면 사람들은 우리를 웃음거리로 삼을 것이 뻔하기 때문이다. 당시 정유 사업은 국영 형태의 유공(대한석유공사) 1사 체제이고 정유 사업은 허가제였다. 민간기업이 정유 사업에 손댄다는 것은 상상할 수 없는 일인 것이다. 설사 허가를 내준다 하더라도, 천문학적 규모의 소요자금을 어디서 끌어댄다는 말인가?

한편, 정부 투자회사인 울산 유공정유공장이 가동을 시작한 지 2년째 되지만 석유정제 능력이 3만5천 배럴의 50%밖에 되지 않는 파행적 가동률을 보이고 있는 실정이니 어느 누구도 정유 사업을 거론하기는 어려운 상황이었다.

그러나 기획 실무자인 한성갑 부장은 달랐다. 멀리 내다보는 눈이 있었다. 지금은 비록 어려운 여건들이 쌓여 있지만, 조금만 시간이 흐르고 보면 석유 사업은 기간산업으로서의 황금기를 맞이하게 된다고 확신하고 있었다. 구평회 전무도 전적으로 동의하고 있었다. 실무진들의 설명과 배석자들의 의견을 두루 귀담아들은 구인회 회장은 마침내 결론을 내렸다.

"우리가 역사책을 읽어 보면 후세에 남을 훌륭한 업적이라 카는 것은 항상 남보다 한발 앞서 생각하고 이 생각을 과감하게 실천에 옮긴 사람에 의해서 이루어졌다는 것을 알 수 있어요. 석유 사업이라는 것도 지금으로서는 성패가 불투명하고 어려운 것이 사실이지만, 우리 산업의 미래를 위해 뜻있는 사업이 틀림없으니 도전해볼 가치가 있다고 생각합니다."

박수 소리는 비록 들리지 않지만 모두 마음속으로 박수를 보내고 있었다.

석유화학 제품 사업에 들어간다는 방향이 확정되자 실무진은 다음 달부터 구체적인 사업계획서 작성에 들어갔다. 문제는 석유화학 공정의 어느 부분까지를 사업 대상으로 잡느냐 하는 것이었다. 중간 원료 생산공정부터 시작할 것인지 아니면 아예 나프타(Naphta)를 구입하여 석유화학 분해 공장을 건설할 것인지 아니면 더 나아가 나프타를 직접 얻어내는 원유정제부터 시작해 연료유와 모든 석유화학 제품을 생산할 수 있는 석유화학 단지(團地)를 건설할 것이냐의 문제였다.

"한 번 크게 잡았으면 싶은데요. 요는 회장님이 허락하시느냐가 문제이긴 하지만…"

한 부장은 일손을 멈추고 구 전무의 반응을 기다렸다.

'크게 잡아봐?' 구 전무도 마음속으로는 수없이 되풀이해 보는 자문자답이었다. 그래 우리도 한번 멀리 보고 높이 날아볼 수 없을까!

"아무튼, 먼저 회장님을 설득해 봅시다."

구 전무는 한 부장을 바라보며 환하게 웃었다.

선문선답 – '내 힘이 될 수 있겠소?'

구인회 회장은 어느 날 예고도 없이 불쑥 서정귀 사장의 사무실에 찾아들었다.

"서 사장. 우리 큼직한 일 하나 해볼까요?"

인사말을 건네기도 전에 구 회장은 수수께끼 같은 서두를 꺼냈다.

"큼직한 거라니 그게 뭡니까, 회장님?"

우리는 서정귀 사장이 럭키가 운영하던 부산에 있는 국제신보 사장을 지낸 것을 기억하고 있다. 서 사장은 국제신보 사장을 지내면서 한편으로는 서울에다 벙커C유(油)를 취급하는 흥국상사(興國商社)라는 회사를 설립해 운영하고 있었다. 흥국상사는 벙커C유를 독점적으로 운송하는 탄탄한 회사였다. 서 사장이 이 회사를 설립할 때 구인회 회장으로부터 적지 않은 도움을 받았고 이제는 중견기업 기반 위에 올라 있었다.

"요전에 석유화학에 대해 내가 말하지 않았습니까? 그런데 암만 생각해도 지금이 적기가 아닌가 생각되는데요."

서 사장은 구 회장의 이야기를 묵묵히 듣고 나더니 벙커C유를 취급해 본 자신의 경험담을 이야기했고 기름은 단위가 워낙 큰 것이어서 판매 이익의 2%만 이익으로 잡아도 대단한 것이라고 털어놓았다. 구 회장은 정유 사업의 전망과 우리나라 산업 발전에 기여하게 될 비중 등 자신의 견해를 말했다.

"이 일은 누가 하든 꼭 해야 할 일이고 지금이 그 적기라고 나는 믿고 있어요. 다만 문제가 있다면 정부가 에너지 사업 부문을 민간기업에 맡겨 주느냐 그 점이지요. 서 사장이 내 힘이 될 수 있겠소?"

구 회장은 결의에 찬 표정으로 서 사장을 바라보았다.

"여부 있겠습니까."

서 사장은 더없이 간결하게 대답했다.

회사로 돌아온 구 회장은 사업 범위를 '정유 사업'으로 설정하라는 지시를 기획팀에 주었다. 푸른 신호를 받은 기획팀은 환호했고 물을 만난 고기처럼 움직였다. 기획팀이 작성한 가칭 '한국석유화학공업주식회사'의 사업계획서가 완성되었다. 전문 96쪽에 이르는 계획서에는 정유와 나프타, 폴리에틸렌을 비롯한 석유화학 계열 공장을 망라한 내용이 담겨있을 뿐 아니라 치밀한 연구와 해설을 겸한 건의사항이 들어있었다. 사업계획서는 방대하고 완벽했다.

이 엄청난 규모의 프로젝트가 담긴 사업계획서는 곧 경제기획원과 상공부 등 정부에 제출되었다. 사업 계획이 공식화되었다. 그러나 정부의 반응은 냉담했다. 어디서 이런 뚱딴지같은 구름 잡는 이야기가 나왔느냐는 태도였다.

"도대체 뭘 하겠다는거요?"

"정유를 하겠다는 겁니다."

온유한 성품의 한성갑 부장이 조용히 대답했다.

"정유! 원 별소리 다 듣겠구만. 누구나 해도 괜찮다고 합디까? 동력은 다 정부가 한다는 걸 몰라서 그래요?"

"석탄은 동력부문이 아닙니까? 민영 탄광이 있지 않아요?"

"그건 달라요."

"뭐가 다릅니까. 외국의 예를 보더라도 어느 선진국 정부가 정유를 하고 있습니까?"

그것은 분명 자신감에서 우러나온 도전이었다. 한 부장은 정부 실무부서 사람들을 이해시키기 위해 연일 관계부서를 부지런히 출입했다. 구인회 회장은 실망하지 않았다. 애초 각오하고 있었던 터였다.

구평회 전무는 그해 말 선진 여러 나라의 석유산업 실태를 알아보기 위해 미국과 일본을 향해 출장길에 올랐다. 일본에서는 미쓰이(三井) 물산에 들러 석유산업의 현황을 알아보고 미국에 가서는 모빌(Mobil) 등 세계 유수의 석유회사 등과 접촉하고 돌아왔다.

출장에서 귀국한 구평회 전무는 출발 때보다 더 확고한 자신감을 가지고 보고서를 올렸다. 구인회 회장은 보고서를 보고 기뻐하며 정유 사업을 전담해 나갈 부서로 개발부를 신설하도록 지시했다. 이로써 개발부는 구평회 전무를 리더로 하여 한성갑 기획부장이 개발부장을 겸임하고 변규칠(卞圭七)이 이문호(李文浩)의 조력을 받아 각종 자료수집과 계약서 작성 그리고 대정부 업무 등을 맡도록 했다. 또 기술 분야에는 엔지니어인 서성수(徐聖洙)와 김상욱(金相旭)을 배치했다.

개발부의 정예요원으로 선발되어 배치된 변규칠 등은 그야말로 불철주야의 노력을 기울여 사업계획서를 보강하고 다듬어 나갔다. 구평회 전무는 개발부 요원들이 심혈을 기울여 만든 건의서와 도표를 들고 가서 장기영(張基永) 부총리 겸 경제기획원 장관을 만나 설득하고 박충훈(朴忠勳) 상공부 장관을 찾아가 정부의 내인가(內認可)를 촉구하기도 했다.

다른 한편에서는 국제신보의 서정귀 사장이 그룹 자매기업 사장 자격으로, 또 재무차관 출신이라는 이점을 살려 정부의 고위 정책입안자들과 만나는 등 동분서주했다.

구평회 전무는 몇 번째인가 장기영 부총리를 만난 자리에서 일본의 예를 들어가면서 설명하기도 했다. 1940년대 후반에서 1950년대 초반까지 그러니까 일본이 패전한 후 미국과 합작투자로 석유산업을 일으켰더니 국민들이 벌떼같이 일어나 매국노라고 규탄한 일이 있었지만 10년이 흐르고 나니 그때의 일이 현명했다는 평가로 돌아섰다는 이야기였다. 일본 경제가 세계 수준에 오르는데 석유산업이 결정적 역할을 했다는 것이 입증되었기 때문이었다.

구평회 전무는 "오늘날 우리 한국도 비슷한 상황을 맞이하고 있는데 어찌 이 도약의 기회를 앞서서 보고 있어야만 합니까 장관님."

장기영 부총리는 남달리 이해가 빠른 인물이었다. 이야기를 경청하고 가끔 머리를 끄덕이기도 하더니 마지막에 가서 한마디 물었다.

"자금은 어디서 염출할 계획입니까?"

"외국 차관을 얻을 생각입니다."

"교섭이 됐나요."

"정부가 허락만 해주신다면 당장 나가서 얻어오겠습니다."

"차관 얻어온 뒤에 다시 이야기합시다."

당시 차관 도입이 어렵던 시절이었다. 정부는 외자(外資) 도입법이란 것을 공표했는데 그 방식에 따르자면 일본 상사와 이야기를 성사시키거나 재일교포의 자본을 끌어들여야 했다.

1966년 2월 3일 구인회 회장은 서정귀 사장과 구 전무, 한 부장 등을 이끌고 서둘러 출국했다. 플랜트 차관과 원유 도입 문제를 협의하기 위해서였다. 일본 미쓰이 물산과의 상담은 구평회 전무와 이미 지면의 관계도 있고 때마침 한일 국교정상화를 위한 협정 체결을 눈앞에 둔 시점이라 기대 이상으로 순조롭게 풀려나갔다. 플랜트 차관 도입 조건을 매우 유리하게 협의했을 뿐 아니라 필요한 원유의 일부도 공급받기로 가계약을 맺었다. 미국의 모빌과의 협상에서도 깐깐하게 따지고 드는 그들을 설득해 원유의 안정적 공급과 막대한 운영자금을 현금 차관으로 확보하기에 이르렀다.

일행의 기쁨은 이루 말할 수 없으리만큼 컸다. 구인회 회장은 아우

평회 전무를 새삼스럽게 바라보며 "너도 이제 제법 국제적 수준의 일꾼이 되었구나. 수고했다. 뭔가 일이 될 성싶다. 잘해보자."

구평회 전무는 이제껏 맏형의 이렇게 좋아하는 얼굴을 본 일이 없었다.

"사람들은 우리보고 구름 잡는 짓 한다고 했지만 이제 그 구름에 한발짝 다가선 것 같습니다." 구 전무는 말했다.

"두고 보래, 지금 이 순간이 우리가 세계적 대기업으로 성장할 수 있느냐, 없느냐의 기로가 될 끼다. 꼭 도약을 이루어야 한다. 찬스는 지금 우리에게 와 있으니 말이다."

맏형의 눈에 어떤 범접하기 어려운 예리함이 흐르고 있는 것을 구 전무는 훔쳐보고 있었다.

제2정유를 잡아라

정부는 1966년 5월 8일 제2정유공장 건설 및 경영 희망자의 사업계획서 공모(公募)안을 발표했다. 이것은 정부의 에너지 정책의 대전환을 의미했다. 현재 국영 체제의 정유 1사에서 민간기업에 의한 제2정유공장을 허가하겠다는 것이었다. 정부의 이런 정책의 전환이 럭키 측에서 정유공장 프로젝트를 추진한 데서 촉발된 것인지는 알 수 없지만, 구인회 회장의 석유화학 공업에 대한 예견이 정부를 앞선 것만은 확실하다.

우리의 이야기를 잠시 뒤로 돌려보자. 구인회 회장 일행이 미쓰이 물산, 그리고 모빌과의 협상에서 큰 실적을 거두고 귀국한 것은 출국한 지 3주 정도가 된 2월 말이었다. 이제 남은 일은 차관 도입에 따른 새로운 계획서를 만들어 정부로부터 사업 허가를 얻어 내는 일이었다. 따라서 구 회장은 돌아오자마자 그가 이미 선발해 두었던 개발부의 변규칠과 이문호를 오리엔탈 호텔에 합숙시키면서 공장 건설 계획과 제품 생산 및 판매 계획 수립에 필요한 각국 자료를 수집하고 분석 종합하도록 해 완벽한 계획서를 만드는데 심혈을 기울였다. 새 계획서는 한 달쯤 걸려 완성되었다. 때마침 현대그룹에서 국산자동차가 생산되어 나오기 시작했고 석유의 수요는 날이 갈수록 늘어났다. 제2정유의 필요성이 확실해졌다.

구인회 회장은 새 계획서를 통해 사업추진체 명을 반도(半島)석유주식회사로 바꾸고 공장 입지 후보로 여수(麗水), 비인(庇仁), 삼천포(三千浦)를 점찍었다. 구인회 회장은 이 계획서를 4월 말 경 기획원과 상공부에 제출하고 진인사대천명의 심정으로 정부의 허가를 기다렸다.

그 무렵 세간에는 '호남 푸대접'이라는 말이 나돌았다. 경상도 출신인 박정희 대통령이 들어서더니 경상도 지방은 여러 가지 정책 면에서 혜택을 입고 있는데 반해, 호남 지방은 상대적으로 소외되고 있다는 말이었다.

실제 그런 현상이 일어나고 있었다. 1963년 민정 이양 이후 처음으로 청와대에 들어간 박정희 대통령은 호남 푸대접이라는 말이 더 이상 나돌지 않게 하기 위해 고심하고 있었다. 대통령이 지방 순시를 위해 호남을 찾게 되면 그곳 유지들의 입에서 어김없이 나오는 말이 있었다.

"각하, 우리 호남에도 공업단지 하나 만들어주셔야지요."

박 대통령은 지역민들의 이 같은 염원을 정책에 반영시키고자 마음을 썼고 호남에는 곧 공업단지가 들어설 것이라는 소문이 나돌기도 했다.

구인회 회장은 이 같은 흐름을 보고만 있지 않았다. 그는 전국지도를 구해다 책상 위에 펼쳐놓고 정유공장의 입지로 적합한 지리(地理)를 탐색하는 데 마음을 썼다. 전라남도 여수시 일대 지역이 적합할 것 같다는 결론이 나왔다. 이유는 호남지역으로 호남 푸대접론을 잠재울 수 있고 이미 1964년부터 가동하고 있는 울산 정유공장과 원거리에 있어 국토의 균형 발전 측면에서 타당하고 바다에 인접해 10만 톤급 대형 유조선이 들어올 수 있는 점 등이었다. 물론 교통, 용수 등의 조건도 좋았다. 구평회 전무는 이 같은 요건들을 직접 확인하기 위해 한성갑, 변규칠 등 요원을 대동하고 남해안 일대의 현지답사를 나섰다. 그들은 공군 지도를 어렵사리 입수해 물망에 오른 후보지 하나하나를 답사하고 세밀한 검토를 거듭해 나갔다. 도중에 때마침 우리나라를 방문 중이던 일본 운수성 항만 국장이라는 사람과 건설부 조사요원을 만나게 되었는데 그들도 여수 북쪽에 위치한 삼일면(三日面)의 한적한 어촌을 추천하는 것이었다. 럭키의 개발부 현지답사 결과는 구인회 회장의 도상(圖上) 답사 소견과 크게 다르지 않았다.

그러나 경제기획원과 상공부에 제출한 사업계획서에 대한 반응은 감감무소식이었다. 동력 부문을 민간기업에 맡길 분야가 아니라는 인식이 굳어져 있는 정부 부처에서 그 인식을 뒤집으려면 시간이 좀 걸리겠지 하는 생각으로 기다려 봤지만, 너무도 긴 시간이 흘러 조바심이 났다.

우리의 이야기는 다시 정부의 제2정유공장 사업자 공모 발표 후로 되돌아온다.

구인회 회장은 "도대체 이게 우찌 된 일이고? 우리가 낸 서류는 무효란 말이가." 일순 눈앞이 깜깜해졌다.

"아니다. 이게 오히려 잘된 일인지도 모른다. 우선 우리의 설득으로 동력자원을 민간에게 맡기겠다는 점을 정부가 밝히고 나오지 않았나 말이다. 그리고 '공모'를 통해 민간 자본주를 뽑겠다는 것도 오히려 떳떳한 일일 것이다."

구 회장은 다시 현실에 나타난 사태를 긍정적으로 생각했다.

정부의 공모 공고가 발표된 다음 날부터 재계는 제2정유공장을 둘러싸고 불을 뿜는 경쟁이 시작되었다. 열기는 활화산처럼 타올랐다. 신문들은 '요즘 재계에서는 제2정유공장 사업허가권을 둘러싸고 공전의 쟁탈전이 벌어지고 있다. 이 쟁탈전은 이미 초반을 지나 중반의 막바지에 들어서고 있다. 공모를 통한 실수요자 선정을 서두르고 있는 기획원 당국도 초긴장 상태…'라고 쓰면서 경제계의 피나는 각축전을 부채질하듯 대서특필했다. 일부 신문은 특집기사를 내보냈다.

〈이 제2정유공장 공모가 왜 이다지도 열기를 띠게 되었을까. 그 이유는 무엇보다도 석유산업이 아닌 고도의 이윤성에 있다고 보아야 할 것 같다. 원래 석유는 서부영화 '자이언트'에서 보듯 목동의 발자국에서 분수처럼 솟아오르게 하여 주인공을 하루아침에 억만장자로 만들어 일확천금의 대명사가 된 마물(魔物)이다. 그리고 중동의 석유는 알라신(神)이 내려준 대표적 선물로 늘 거친 풍운을 몰고 오게 하고 있다. 석유산업이란 채유권과 함께 정제권, 수송권, 판매권이 제각기 고도의 이윤성을 지니고 있다.

지금 전개되고 있는 우리나라의 건설권 쟁탈전은 그와 같은 석유의 사업성 외에도 또 하나의 요인이 작용하고 있다. 국내의 유수한 재벌들이 경합한 데다 그 배후에 국제 석유자본의 경쟁이 작용하고 있다는 사실이다. 국내 산업구조로 볼 때 정유 산업은 울산정유에 의해 독점되어 있는, 말하자면 불완전 경쟁의 처녀지인 데다 세계 석유자본의 입장에서 볼 때 역시 한국은 코스코의 판매시장으로부터 전환하여 울산정유(대한석유공사)가 독점하고 있는 처녀 시장이나 다를 바 없는 것이다. 이렇게 낙후한 시장성이 공전의 기업 전쟁을 유발시키고 있는 것이다. 더욱이 정유산업은 가장 이윤도가 높은 근대 산업, 즉 석유화학 공업과의 콤비나트를 용이하게 한다는 점에서 쟁탈전을 한층 자극하고 있다. 안으로는 재계의 판도를 바꾸게 될 패권을 위해서, 밖으로는 경쟁이 치열한 신규 시장의 개척을 위해서 내외 자본의 기업 전쟁이 벌어지고 있는 것이다.

자본의 관능을 자극하고 있는 가장 큰 요인은 3만5천 배럴 규모의 울산정유가 지난해 20억, 올해에 13억 원의 이익을 올렸다는 사업 이윤율이다. 6만 배럴 규모의 제2정유를 둘러싸고 국내외 재계의 막강한 실력자들이 불꽃 튀는 싸움을 벌이고 있는 것도 당연한 일이라 아니할 수 없다.〉

구인회 회장은 당황하거나 애타게 생각하지 않았다. 그는 이미 사업 구상 단계에서부터 이런 날이 올 수도 있다는 것을 각오하였고 또 마음의 준비를 해왔던 까닭에 오히려 침착하게 상황을 판단하고 대처해 나갈 수 있었다.

수면위로 드러난 라이벌들

제2정유 사업자 모집 신청 마감은 1966년 6월 10일 오후 6시까지였다. 경제기획원 접수창구에는 오후 4시까지도 한 건의 접수도 없었다. 접수 시간을 정하는 것부터 상대방을 탐색하는 날카로운 눈치 전쟁이었다. 잠잠하던 접수창구는 5시부터 6시 사이에 무려 6건의 신청서가 밀려들었다. 구인회 회장은 반도석유라는 회사 명칭을 '호남정유'로 바꾸어 신청했다. 사명을 '호남'으로 바꾼 것은 의미심장했다.

신청 6사와 해외 제휴사는 다음과 같았다.

   1. 동방석유(東邦石油), 대표 신격호(辛格浩) : 롯데 계열, 일본 이토추(伊藤忠)와 제휴

   2. 삼남석유(三南石油), 대표 서갑호(徐甲虎)

   3. 동양석유(東洋石油), 대표 김종희(金鍾喜) : 한국화학 계열, 미국 스켈리, 일본 스미토모(住友)와 제휴

   4. 삼양석유(三洋石油), 대표 송대순(宋大淳) : 삼양개발 계열, 일본 니치렌(日練)과 제휴

   5. 한양석유(漢陽石油), 대표 김연준(金連俊) : 한양재단 계열, 미국 에소스텐다드와 제휴

   6. 호남정유(湖南精油), 대표 구인회(具仁會) : 락희화학 계열, 일본 미쓰이(三井), 미국 스코니모빌과 제휴

신청 6사를 보면 장안의 내로라하는 대기업들이었고 일전을 각오한 도전장이었다. 신문들은 이들 중 호남정유와 한양석유가 유력시된다고 쓰고 있었다.

어느 신문은 이렇게 보도하였다.

   〈이들 두 신청자는 재력에 있어서나 배경인 제휴사의 실력에 있어 엇비슷하다. 락희는 우리나라의 합성수지계와 전기기계를 석권하고 있는 막강한 실력자이며, 몇 년 전부터 석유화학공업에 관심을 갖기 시작해 치밀한 사전 준비를 해왔다고 한다. 한양석유공업도 학원 재단인 한양재단을 바탕으로 해 증권, 영화, 언론 등에 손을 뻗치고 있고 서울 근교에 광대한 부동산을 소유하고 있는 실력자다. 그러나 이들 모두가 방대한 외자 조달을 어떻게 하느냐가 문제이다〉

언론사들의 그러한 의문을 의식한 탓인지 장기영 부총리도 슬그머니 한 발짝 물러서는 발언을 했다.

"여러분도 알다시피 정유공장 건설자 선정은 상당히 어려운 문제올시다."

그러나 그 같은 주변 분위기 속에서도 구 회장의 집념은 꺾일 줄 몰랐다. 오히려 타는 불 속에 기름을 붓는 것처럼 기세를 올리며 적극성을 띠어 갔다.

"지피지기면 백전불패라 안 했나. 딴 데 회사 신청 내용은 어떻게 되어있는지 자세히 알아보래."

구 회장은 경합에 대한 대책을 강구하면서, 실수요자로 선정된 후의 신속한 대응을 위해 마음을 썼다.

그는 구평회, 허학구, 한성갑 등 세 사람으로 하여금 남모르게 여수 지방에 다녀오도록 했다. 정유공장이 들어서려면 대형 유조선이 접안할 수 있는 항만이 있어야 하기 때문에, 그들 세 사람은 여천군 삼일면 월내리 일대를 다시 한번 샅샅이 정밀조사하고 돌아왔다.

이 흥미로운 각축전을 추적하는 신문기자들은 거의가 정부 당국자의 시각보다 실수요자 선정 과정을 앞서가고 있었다. 신문의 기사 내용은 대충 이러했다.

〈락희화학의 경우는 일 년 전부터 용의주도하게 사업 계획과 공장부지까지 준비해왔고 다른 경쟁자들이 외자선(外資先)으로부터 차관에 대한 의향서만을 얻어다 첨부하고 1일 원유 처리능력도 정부가 공고한 숫자에 맞추어 6만 배럴로 제시한 데 비해, 락희 측은 완벽한 차관계약서를 첨부하고 일산(日産) 원유처리 능력도 5만5천 배럴로 제시하는 등 장기간에 걸친 기술적 검토와 타당성을 고려해 온 충실성을 엿보게 하고 있다〉

그리고 신문기사는 럭키의 탄탄한 기반을 다음과 같이 쓰고 있다.

〈럭키 재벌로 말하자면 합성수지의 럭키화학을 중심으로 한 락희유지와 락희비닐, 전자공업의 금성사, 한국케이블 및 반도상사를 직계로 하여 국제신보와 대한플라스틱을 방계로 욱일승천의 기세를 보이고 있는 산업재벌이다. 연간 매상고는 30억 원대로 한국 최대의 재벌 삼성(參星)의 50억 원대와 격차가 있지만, 그것을 차츰 좁혀가고 있는 고도성장세를 보이고 있다. 그뿐만 아니라, 구인회 씨를 맏형으로 국회 예산결산위원회 위원장인 구태회 의원 등 6형제는 한국 최대 재벌 형성을 위해 일사불란하게 전진하고 있다. 럭키의 성장력은 기술 시대의 총아인 합성수지화학과 전자공업에 그 기반을 두고 있는 만큼 소비재공업에 뒷받침되고 있는 삼성보다 높이 평가하는 사람이 많다〉

이 신문은 한편 한양석유의 실력에 대해서 다음과 같이 쓰고 있다.

〈한양재단은 매 학기 학생들로부터 받아들이는 현금만도 8억 원이 되며 상당한 부동산을 가지고 있어 그 재력이 대단하지만, 기간산업을 갖지 못한 것이 '아킬레스건'이라 말할 수 있다. 오늘날의 재벌이 그 자본 축적의 지렛대를 중화학공업에 두지 않을 경우 얼마나 취약한가를 보여주고 있다. 그런 뜻에서 한양이 제2정유에 걸고 있는 꿈과 기대는 락희화학처럼 여유만만한 것이 아니고 그야말로 기사회생의 온갖 힘을 기울인 전력투구라고 보아야 할 것이다〉

당시 호남정유와 한양석유가 제시한 사업계획서 가운데 자본금 동원 내역을 간추려 보면 다음과 같았다. △호남정유, 내자 10억 8천만 원, 외자 4천1백70만 달러, 합계 1백20억 △한양석유, 내자 17억 7천만 원, 외자 2천7백50만 달러, 합계 90억 원.

1일 원유처리 능력 3만 5천 배럴의 울산정유(유공)를 건설하는데 내외자 80억 원이 소요되었던 것을 감안하면, 제2정유의 건설에는 적어도 1백억 원대가 필요할 것이라는 것이 정부 관계 실무진들의 공통된 견해였다. 따라서 자본금 동원 계획에서도 호남정유는 일단 적정한 계획을 세웠음을 보여주고 있다.

　그러나 당시의 시대적 특성은 실수요자 선정에 경제적 합리성보다는 정치적 배려가 우선하는 풍조였다. 실제로 경쟁자들은 정치적 배경을 동원하는데 전력을 다하고 있었다. 이렇기 때문에 종잡을 수 없는 풍문도 무성했다. 한양은 이미 정부 고위층의 언질을 받았다느니, 럭희는 구태회 국회 예결위원장을 통해 여당의 지원을 받고 있다느니 그럴듯한 말들이 나돌았다.

　이와 같은 소용돌이 속에서 어느 신문은 장문의 해설기사를 쓰면서 말미에 〈아무튼 이 제2정유의 실수요자 선정에 따른 비밀을 알고 있는 사람은 대한민국에서 세 사람밖에 없는 것 같다. 즉 주무부서인 경제기획원 공공차관과 과장과 기획원 장관, 그리고 대통령이다. 락희냐, 한양이냐라는 제2정유를 둘러싼 결정은 이달 안으로 판정이 나는데 달 밝은 한려수도의 풍운은 험악할 대로 험악하다〉

　신문기사와 세상 소문이 온갖 화제를 만들어내고 흥미를 돋우고 있었지만, 구인회 회장은 느긋했다. 아무 흔들림 없이 평상 업무처리에 열중했다. 대외 교섭에 나서고 있는 서정귀 사장과 구태회 예결위원장, 그리고 실무를 관장하고 있는 구평회 전무를 위시한 개발부의 한성갑, 변규칠, 이문호 등이 제 몫을 다하고 있었으며 그들의 보고를 종합해 보면 호남정유의 우세는 의심의 여지가 없는 것 같았다.

　"정부의 제2 심사 과정에서 눈, 코 제대로 갖춘 것은 호남정유뿐이라는 말이 나온 모양입니다."

"그라믄 딴 데는 알만 까놨단 말 아니가."

이런 농담이 오갈 정도로 여유를 가진 구인회 회장은 만에 하나 빈틈이 생기지 않도록 신경을 썼다.

시기는 점점 무르익어 갔다. 그런데 이 무렵 전혀 예기치 못한 난처한 일이 생겼다. 1966년 9월 15일 삼성그룹 계열인 한국비료의 '사카린 밀수' 사건이 발생했는데 이 사건에 호남정유의 차관선인 일본 미쓰이물산이 관련되어 있었다. 그렇지 않아도 일본 상사나 걸프를 탐탁지 않게 생각하고 있던 정부 실무자들은 이 사건으로 태도가 경직되어 가고 있었다. 정부는 차관 조건이 좋은 미국 유니온이나 칼텍스를 권유하는 듯이 보였다.

구인회 회장과 서정귀 사장을 만난 정부 고위층 인사가 "좋은 신붓감이 둘 있는데 신랑은 누가 될지 모르겠군요."라는 알 듯 모를 듯한 말을 던졌다. 그가 말한 두 신붓감은 유니온과 칼텍스였고 그 신부를 택하는 사람이 신랑이 된다는 비유였다.

구인회 회장의 감각도 빠르다. 구인회 회장은 긴급히 미쓰이물산과 모빌 회사에 각각 계약 해지를 통보하고 유니온 측과 접촉하도록 했다. 그러나 유니온은 합작투자를 강력하게 주장했으므로 구평회 전무로 하여금 칼텍스의 아시아지역 책임자인 스톤을 만나도록 지시했다. 칼텍스와의 접촉에서도 일이 쉽게 풀리지 않았지만 네 차례의 회합 끝에 스톤은 마침내 머리를 끄덕였다.

"솔직하게 말하거니와 한국에 와서 많은 사람들을 만났지만 이제야 비로소 진지한 사람들과 대면하게 된 것 같습니다. 당신들의 요구 조건을 확인합니다."

그는 일단 미국 본사로 돌아갔다가 일주일 후인 10월 4일에 내한, 본격적인 협상을 시작했다. 칼텍스 팀과 호남정유 팀은 몇 개월간 워

커힐호텔과 뉴코리아호텔에 묵으면서 기본합의서 등 하나하나 만들어 나갔다. 마침내 구인회 회장은 칼텍스와의 합작투자에 완벽하게 합의했다. 그리고 새로운 제2정유 사업계획서를 당국에 제출했다.

장기영 부총리 겸 경제기획원장관은 1966년 4월 17일 내외신 기자단 앞에서 역사적인 발표를 했다.

"정부는 전남 여수에 건설될 제2정유공장의 실수요자를 락희화학계의 호남정유(대표 구인회)로 결정하였습니다. 명년 착공하게 될 이 제2정유공장의 차관선은 아직 결정되지 않았으나 일본은 제외될 것이며 차관 조건은 계속 조정할 계획이고 시설 규모도 울산정유 시설 확장과 관련되어 있으므로 아직은 유동적입니다. 또 제3정유도 연말까지는 결정할 것이며 호남정유를 제외한 다른 5개 회사가 석유화학공업에 계속 투자하겠다면 제3정유와 석유화학콤비나트의 실수요자 선정에 합작 또는 단독으로 우선적인 고려를 하겠습니다."

최후에 웃는 자가 진실로 웃는 자라고 했다. 구인회 회장은 이때 비로소 큰 소리로 웃었다. 지난 반년간 치열했던 경합을 되돌아보면 감개가 무량했다. 경쟁자들도 우리 재계에서 비중이 만만찮은 존재들이다. 그들을 따돌리고 이길 수 있었던 것은 모든 임직원들이 혼연일체가 되어 헌신적으로 일했기 때문이었다.

"수고들 했소. 이제부터가 진짜 힘써야 할 때인 기라. 세상의 웃음거리가 안 되도록 잘해봅시다. 구름 잡는 이야기라고 걱정을 해주면서도 뒤에서는 온갖 궂은일을 맡아서 하고 자금 대느라고 욕 많이 본 럭키 쪽이나 금성사 사람들 참 고맙소. 하여간 이제 구름을 잡았으니 무엇이건 만들어 봐야제…."

칼텍스와의 조인식

구인회 회장은 1966년 12월 7일 아우 구평회 전무를 대동하고 합작투자 계약에 서명하기 위해 국제호텔에 들어섰다. 칼텍스 측에서는 극동 담당 이사 스톤 일행이 만면에 웃음을 띠며 구 회장 일행을 맞이했다. 양측 대표는 다 같이 감개가 무량했다. 지루한 협상 기간 동안 밀고 당기면서 힘겨루기 했던 일도 이제는 아득한 옛일같이 생각되었다. 옆에 앉은 칼텍스 사람들은 바로 사업 동반자라 생각하니 악수하는 손에 힘이 저절로 들어갔다. 쌍방의 대표는 이미 마련된 합작투자 계약서에 서명했다. 사진 기자들의 플래시가 일제히 불빛을 터뜨렸다.

"됐나?"

구 회장은 옆에 앉은 아우에게 낮은 목소리로 물었다.

"됐습니다."

기자들은 중요한 내용을 빠뜨릴세라 취재에 열을 올렸다. 계약서의 주요 내용은 이러했다.

① 자본금 – 5백50만 달러

② 차관 총액 – 4천9백50만 달러

③ 총 투자액(소요 자금) – 5천5백만 달러

④ 공장, 판매, 정유소 등 시설비 – 3천5백만 달러

⑤ 항만, 도로, 철도, 용수 등 지원 시설비 – 1천만 달러

⑥ 운영자금 – 1천만 달러

⑦ 차관 총액 4천9백50만 달러 중 시설 및 지원 시설부 3천9백50만 달러는 5년 거치, 12년 상환에 연리 5.25%의 무지보(無支保), 착수금 없음.

⑧ 운영자금 1천만 달러는 2년 거치 3년 상환에 연 5.25%, 단 이 자금이 원유 구입에 충당될 때는 무이자

⑨ 자본금 5백50만 달러의 주식은 A 50%, B 40%, C 10% 주로 구분하여 B, C주는 우선주로 미국 측이 갖고 A주 50%를 락희 측 소유로 지주 비율을 정하고 B주는 공장 가동 후 5년간 연 20%씩 락희가 의무적으로 매입하도록 하고 C주는 차관금 상환이 완료된 후 매입토록 한다.

⑩ 지주 배당은 연 12%로 하고 기타이익잉여금은 호유 8, 칼텍스 2의 비율로 분할하며, 원유 공급은 15년간 칼텍스가 80%, 호유가 20% 씩 임의 구매할 수 있다.

⑪ 이사회는 반반씩 차지하되 공동 대표이사 사장은 한국 측 공동 대표 이사, 수석부사장은 미국 측이 맡고 의결은 만장일치의 형식을 취한다.

조인식을 모두 마치고 샴페인 잔을 높이 들었을 때 구인회 회장은 문득 창밖으로 시선을 보냈다. 참으로 뜻있는 한 해였다. 구인회 회장은 회사에 돌아가면 그동안 수고한 직원들을 모두 모아서 성대한 망년회를 열어주어야지, 그리고 말해야지

"뭐 새로 할만한 일 없는 교? 있거든 적어내소. 쉬지 말고 우리 꿈을 꿉시다."

대망의 기공식

1967년 2월 20일 오전 11시, 호남정유의 여수공장 기공식이 있는 날이었다. 구인회 회장은 모든 준비를 끝내고 박정희 대통령의 식장 도착을 기다리고 있었다. 식단에는 서정귀 사장, 구태회 국회 예결위

원장, 구자경 전무와 임원, 그리고 칼텍스에서 나온 터커 부사장 등이 자리 잡고 있었다. 마침내 대통령이 도착했다는 신호가 왔고 사람들이 웅성거리기 시작했다. 구인회 회장은 전용차에서 내리는 박정희 대통령과 만면에 웃음을 띠고 악수를 나누었다.

"먼길 오시느라 수고하셨습니다."

박 대통령도 웃으며 화답했다.

"영남분이 오셔서 호남을 개발하게 되셨군요."

"이렇게 됐으니 아주 호남 사람이 되어 버리겠습니다. 앞으로 경전선(慶全線)이 개통되면 영남이고 호남이고가 있겠습니까? 이제…"

공장이 들어서는 삼일면은 옛날 옛적에는 별 쓸모 없이 버려진 존재였던 쓸쓸한 어촌이었다. 이런 곳에 이날 오랜 침묵을 깨고 현대문명의 큰 물결이 밀어닥친 것이다. 삼일면 월내리 일대는 여수를 비롯, 순천, 승주, 광양, 여천 군민들과 호남 각지에서 몰려온 인파가 박 대통령의 얼굴을 보고 전라도의 경사인 기공식을 보려고 물결쳤다.

대통령을 수행한 장기영 부총리와 장경순(張坰淳) 국회 부의장, 김정렴(金正濂) 재무부 장관, 박충훈 상공부 장관, 안경모(安京模) 교통부 장관, 김윤기(金允基) 건설부 장관과 브라운 미국 대사 등은 국내외 강력한 경쟁자들을 물리치고 최후의 승자가 된 구인회 회장에게 다가와 축하의 말들을 한마디씩 건네며 손을 꽉 잡았다.

박정희 대통령은 치사의 서두에서, 4백 년 전 임진왜란이라는 역사적 유래가 있는 이곳에 후손인 우리가 조국 근대화라는 큰 목표를 세우고 거대한 정유공장을 건설하게 된 것은 참으로 뜻깊은 일이 아닐 수 없다고 말했다. 그리고 "정부는 앞으로 8천만 달러 내지 1억 달러를 집중투자해 석유화학공업을 개발할 계획이며, 이 곳의 제2정유공장 설치는 호남 지방이 특별히 공업시설의 혜택을 받지 못했기 때문에 이루어진 것입니다. 정부는 금년에 34억 원을 투자하여 경전선의 건설을 마칠 것이며 이렇게 되면 여수, 순천, 진주 지역이 새로운 공업권으로 발전하게 될 것입니다."라고 말했다.

청중들에게서 우레와 같은 박수소리가 터져 나왔다. 식장인 월내 초등학교 교정이 좁아서 학교 주변의 높고 낮은 보리밭까지 꽉 들어찬 지역민들은 정유공장이 들어서게 된 것을 진심으로 반가워하고 있었다.

구인회 회장은 대통령에 이어 연단에서 오늘에 이르기까지의 경위를 이야기하고 이를 지원해 준 당국에 사의를 표하며 인근 주민에게 감사한다는 말을 했다. 또 칼텍스의 터커 부사장은 세계 역사상 가장 오래된 인쇄물인 다라니경문을 가진 한국의 공업개발에 참여하게 된 것을 자랑스럽게 생각한다고 말했다.

기공식의 절정은 박 대통령과 구 회장, 그리고 터커 부사장이 단추를 누르는 시공 발파로 장식되었다. 단추를 누르는 순간, 지축을 흔들 것 같은 폭발음은 수천 년 고요 속에 잠들어 있던 산과 바다를 흔들어 깨우며 하늘 끝까지 울려 퍼져나갔다. 해상에서는 수많은 어선들이 오색의 풍어기를 나부끼며 흥을 돋우고 있었다.

우리는 여기서 한 기업가의 업종 선택이 어떤 신비한 이끌림에 의해서 결정되지 않는가 하는 생각을 갖지 않을 수 없다. 우리는 구인회 회장이 진주에서 부산으로 사업 근거지를 옮겨와 착수한 사업이 '숯'이었던 것을 기억할 수 있다. 즉 에너지 사업이었다. 정유 사업도 에너지다. 락희와 칼텍스는 이 해 5월 19일, 마침내 회사 등기를 마치고 이를 공고했다. 이 공고문의 인사말에서 호남정유 주식회사 공동 대표이사 구인회 사장은 다음과 같이 적고 있다.

"(전략) 총 투자액 5천5백만 달러로 원유 처리능력 일산 6만 배럴의 최신 시설을 갖추게 될 이 공장의 건설은 우리나라 에너지 수급을 원활히 하고 석유화학 공업을 위시한 산업 근대화의 기반을 마련하며 또한 지역 사회 개발에 기여하게 될 것입니다. 특히 이 사업은 민간업체로써 외국자본과 합작한 최초, 최대의 것이며 우리나라 외자도입의 신국면을 개척하는 계기가 될 것이므로 폐사는 이 부과된 중책을 깊이 인식하여 공장의 조기 준공을 기하고 합리적 경영을 함으로써 국가 경제발전에 기여할 것을 다짐하며 관계당국 및 지방민의 지대한 협조를 바라옵고 회사 설립을 공고하면서 인사 말씀을 드립니다."

31

구인회 회장의 행복한 순간들

　사람의 일이란 아무리 애쓰고 노력해도 운이 따르지 않으면 안 되는 경우가 있는 법이다. 또 그 반대의 경우가 있을 수도 있으니 묘한 것이다. 1966년 5월 12일, 제2회 상공인의 날 기념식에서 구인회 회장은 '대법원장' 상을 받았다. 뜻밖의 상이었다. 뒤이어 6월 5일 시민회관에서 열린 전국 세무공무원 대회에서 개인부문 고액 납세자로 '국무총리' 상을 받았다. 이 상은 뜻이 있는 것이었다. 정부가 제2차 경제개발5개년계획을 앞두고 세수 목표 7백억 원 돌파를 격려하고 있을 때였기 때문이다. 다시 며칠 뒤 6월 8일에는 청와대에서 5.16 민족상 유공부문의 감사장을 받았다. 8월에 접어들어 금성사가 대망의 텔레비전 수상기 5백 대를 한국 최초로 생산해 시장에 내놓는 경사가 있었다. 9월에는 셋째 아우 구태회 의원이 국회 예산결산위원회 위원장으로 선출되었고, 넷째 아들 자두에게서 두 번째 손자를 봤고 11월에는 넷째딸 순자를 출가시켰다. 그뿐이 아니었다. 며칠 뒤에는 호남정유가 실수요자로 선정되는 숙원이 성취됐고 11월 30일 제3회 수출의 날엔 금성사가 표창을 받았다. 그리고 12월 7일에는 호남정유와 칼텍스는 합작 문서에 최종적인 서명을 함으로써 구인회 회장에게는 1966년은 축복받은 한 해였다.

1967년 새해가 밝았다. 구 회장이 60세를 맞이한 해였다. 정부는 월남(현 베트남) 전선에 경제계 대표들의 위문단을 보내는 계획을 세웠고 구인회 회장은 한국경제인협회 임원 자격으로 10여 명의 경제인들과 위문단 속에 끼었다.

1967년 2월 1일 홍재선 경제인협회 회장을 비롯한 이정림(李廷林) 사장 등 10명의 위문단은 NWA기편으로 사이공을 향해 떠났다. 사이공은 섭씨 30°를 오르내렸다. 사이공 중심가에 위치한 엠버시 호텔에 여장을 푸는데 교전 중인 포성이 손에 잡힐 듯 따가웠다. 구 회장은 군에서 마련해 준 군복과 군모, 군화로 갈아입고 군 통합사령부를 위시한 각 부대를 위문했다. 소총만 들지 않았을 뿐 모습이 역전의 노병 같았다. 위문단 일행은 중기관총으로 무장한 헬리콥터를 타고 '맹호 8호작전' 지역 등 전투가 벌어지고 있는 최전방까지 가 장병들을 위로했다.

어느 최전방 야영 천막에서 하룻밤 자게 되었을 때의 일이었다. 막사에서 꽤 떨어진 위치에 있는 화장실을 찾아가는 일이 문제였다. 포탄이 전후 좌우로 날아드는 속에서 낯선 길을 더듬어 화장실을 가는 것은 으스스한 일이었다. 여기서도 구인회 회장의 대담성이 나타났다. "군인들은 모두 잘 다니는데 우리라고 못 다닐 게 뭐고." 지난날 서해 위도에 표류했을 때에나 대마도 가는 길에 태풍을 만나 일본 본토에 표류했던 때에도 무사태평으로 낮잠을 즐긴 구 회장이었다. 이 같은 낙천적 기질과 담대한 배포가 구 회장 인생 행보의 뼈대인 것이다.

서독 뤼프케 대통령의 금성사 방문

구 회장이 월남 위문행사를 마치고 귀국한 지 며칠 되지 않아서 서독의 뤼프케 대통령이 우리나라를 공식 방문했다. 나치 독일의 무모한 도발로 제2차 세계대전을 일으켰고 마침내는 치명상을 입고 패전했으나 패전 후 불과 20년 만에 또다시 경제대국으로 일어선 독일 연방공화국 대통령 내외가 한국을 방문한 사실은 그 의미가 매우 컸다. 그렇기 때문에, 뤼프케 대통령 내외가 외국 원수로서는 처음으로 부산을 방문하자 50만의 부산 시민이 열렬한 환영을 했다. 그중에서도 누구보다도 기쁘고 영광을 누린 것은 금성사였다. 대통령 내외는 50명의 수행원과 100명의 내외귀빈, 그리고 수많은 보도진을 대동하고 금성사 공장을 방문했다.

1967년 3월 5일 아침, 공장 안팎이 말끔하게 정돈된 가운데 구인회 회장을 비롯한 4천여 사원들의 정중한 환영 속에 대통령 내외는 도착했다. 뤼프케 대통령은 방명록에 서명한 후 구 회장의 안내로 공장 구석구석을 시찰했다. 대통령은 독일에서 파견되어 와 있는 기술진 책임자 트라우트만을 통해 궁금한 점을 묻기도 하고 공장을 시찰하는 태도가 진지하고 자상해 예정시간을 훨씬 초과하기까지 했다.

시찰을 마친 대통령은 자신의 서명이 들어있는 사진을 구 회장에게 선물로 주었으며 구 회장은 금성사의 특제 라디오와 비단 옷감을 선물했다. 극동호텔에서 열린 오찬 석상에서 뤼프케 대통령은 다시 한번 금성사를 화제에 올리기도 했다.

"금성사를 시찰하고 특히 우리 독일과 굳건한 유대관계가 맺어졌다는 것을 알았으며 이것은 대단히 반가운 일입니다."라고 말했다. 이 오찬사를 듣고 있던 구인회 회장은 더할 나위 없이 감격스러웠다.

칼텍스의 미국 방문 초청

호남정유 동업자가 된 칼텍스는 구인회 사장 내외와 서정귀 이사 내외에게 미국을 친선 방문해달라는 초청장을 보내왔다.

"초청을 해준다 카니 임자도 같이 한 번 나가볼까요?" 구 회장은 허 씨 부인에게 미소를 지으며 넌지시 물었다.

"어떻게 나하고 같이 외국에 나갈 생각이 나셨어요?"

허 씨 부인은 미상불 싫지는 않지만 한 번 튕겨본다.

"아따 같이 늙어가는 처지에 나 혼자만 좋은 구경하고 다니는 거 미안해서 안 그렇소. 가봅시다. 구경할 거 정말 많을꺼요."

구 회장 내외, 서 사장 내외, 한성갑 기획실장을 포함한 일행 5명은 3주간의 예정으로 미국 여행길에 올랐다. 허을수 부인은 열여섯 어린 나이에 시집와서 10남매를 낳아 기르는 동안 온갖 어려운 일을 겪으면서도 불평 한마디 하지 않고 인종을 부덕으로 삼고 살아왔다. 그런 부인을 동반하고 처음으로 외국 여행길에 오르는 구 회장의 감회는 비길 데 없으리만큼 벅찼다.

허 씨 부인은 풍요의 나라 미국, 그리고 칼텍스가 성의를 다해 극진히 모시는 호텔이며 교통편의 호화롭고 빈틈없는 영접을 받으면서 그저 꿈만 같았다. 힐튼호텔 45층 특실에 앉아서 발아래 펼쳐지는 도시 풍경에 허 씨 부인은 현기증이 난다고도 했다. 구인회 회장은 빙그레 장난기 있는 웃음으로 즐거워하는 나이든 아내를 바라보았다.

"하늘에 붕 뜨면 어지러운 게 당연하지 않소. 이것이 다 구인회한테 시집온 덕분 아니요."

오랜만에 맛보는 부부간의 다정한 대화였고 행복한 나날이었다.

백화점 구경 길에서 부인이 1천 달러짜리 밍크 목도리를 만지작 거리는 것을 본 구 회장은 슬며시 그의 구두쇠 본능이 살아났다.

"여기 사람들에게 어울리는 물건이지 한국 사람에게는 안 어울리는 기라. 한국 사람은 한국 사람답게 차려입어야 제격이지. 임자가 구리 반지를 끼고 다녀도 남들은 백금 반지로 봐줄 끼고 없는 사람이 백금 반지 끼고 다니면 사람들은 구리 반지로 아는 세상 아니요. 가만 있으소. 내가 한번 실컷 호강시켜 줄낀께."

허 씨 부인은 잠자코 웃기만 했다. 구멍 난 양말도 기워 신어야 직성이 풀리고 담배도 접대용 비싼 것과 자신이 피울 싸구려 두 가지를 가지고 다니는 남편이 매사에 근검절약을 앞세우는 성품을 너무 잘 아는 부인이었다. 이역만리 미국 땅까지 와서 내 주장할 생각은 없었다. 서울을 떠나올 때 공항에는 가족들만 나왔을 뿐 회사 사람들은 한 사람도 못 나오게 한 남편이다.

서정귀 이사 내외와의 여행길은 그지없이 즐거웠다. 특히 미국 땅에서 막내딸 순자 내외와의 여행길 상봉은 감격적이었다. 그때 순자는 첫애 희영(喜英)을 임신하고 있는 만삭의 몸이었으니 그럴 수밖에 없는 어버이 마음이었다. 순자는 남편 유지민과 앞장서서 여기저기 부모님을 안내하며 많은 구경을 시켜드렸다. 구 회장 부부는 마침 캐나다의 몬트리올에서 열리고 있는 국제박람회에도 갔다. 세계 여러 나라에서 출품된 수많은 훌륭한 공산품들은 후진 한국에서 온 기업인에게는 많은 시사점을 던져주고 있었다.

"지금껏 우리는 우물 안 개구리 같은 자만에 빠져있었던 건 아닐까."

구 회장은 그런 생각에 젖었다. 구 회장은 어서 내 나라로 돌아가고 싶은 생각에 조바심이 났다. 귀국하는 비행기 속에서 구 회장은 허 씨 부인의 귀에 대고 속삭이듯 말했다.

"조금만 두고 보이소. 서울 한복판에 우리 땅이 안 있소. 거기다가 45층 빌딩을 지어 갖고 맨 윗층에 방 두어 개를 내서 하나는 임자가 쓰고 하나는 내 방으로 만들어 늘그막에 친구들 불러서 오순도순 지내고 싶은데 임자 생각은 어떻소?"

"앗따. 이제사 철 드시는 갑다. 그거 싫다 할 사람이 어디있는교. 우짤 뻔했노. 내사 이번에 같이 안 나왔더라면 좋은 세상 하나도 모르고 죽을 뻔 안 했나."

부인이 말하자 구 회장이 받아서 대꾸했다.

"내가 잘사는 것은 당신이 두꺼비 상을 하고 있기 때문이요."

디즈니랜드를 만들어 볼라꼬

구인회 회장은 여느 기업인과는 달리 부동산으로 재산을 불리는 것을 금기(禁忌)로 아는 기업인이었다. 그는 생전에 자체 사옥을 만들지 않았다. 요즘 말로는 부동산 투기다. 기업의 요체는 창의와 노력으로 새로운 부를 창출해 나가는 것이 정도이지 이미 형성되어 있는 자본재에 투기함으로써 불로소득 하는 일이 아니라는 것이 구인회 회장의 확고한 생각이었다. 그렇기 때문에 세상이 부동산 투기에 들떠 있던 시기에도 구 회장은 마치 딴 세상 사람처럼 그런 일에 초연할 수 있었다.

그러한 구 회장이 서울의 북악산(北岳山) 뒤쪽에 방대한 면적의 토지를 확보했다. 의외의 일이 아닐 수 없었다. 이 사실에 첫 번째 놀란 사람은 은행가이자 사돈인 제일은행장 이보형 씨였다.

어느 날 구 회장은 바람이나 쐬러 가자고 이보형 행장에게 권유해 북악산 뒤편으로 안내했다. 당시만 해도 그곳은 주택이 거의 없어 바위와 숲으로 이어진 북한산의 수려한 모습이 정말 아름다웠다. 높고 낮은 산자락은 물결치듯 굽이치며 발밑으로는 맑은 물이 흐르고 있었다.

"아니 공장을 세울 수도 없는 땅인데 뭐하러 이런 넓은 땅을 사셨소?" 이보형 행장의 질문이었다.

"여기다 우리 한국의 디즈니랜드를 만들어 볼라꼬 장만했지요." 구 회장은 꿈에 가득찬 눈으로 산자락을 보며 말했다.

"디즈니랜드요?"

"어린이를 위한 유원지 안 있습니까. 여기에다 갖은 시설 갖추어 놓고 우리 어린이들이 마음껏 뛰놀고 꿈을 가꾸며 성장할 수 있도록 해주고 싶어서요."

이 행장은 이해할 듯 못할 듯 묘한 표정이 되어 말했다.

"하여튼 사돈의 생각치고는 좀 엉뚱합니다, 그려."

"헛허허. 좀 엉뚱한 것은 우리나라의 어른들 아닙니까. 내가 구라파다, 미국이다, 세계 여러 나라를 둘러 봤지만, 모두가 어린이들을 위해 많은 돈을 투자하고 훌륭한 시설들을 가지고 있는데 유독 우리나라만은 아무것도 없다 이거 아닙니까. 나라가 제대로 되자면 다음 세대를 위해 투자해야 합니다."

이 행장은 그저 기업 경영에나 출중한 재간이 있는 것으로 알았던 사돈이 어떻게 그런 생각까지를 하게 되었을까 새삼 놀랐고 감동해 말문이 열리지 않을 지경이었다.

"나는 여기 들어서게 될 어린이 시설로 돈을 벌자는 생각은 눈꼽만큼도 없습니다. 어린이들에게 도움이 되고 나라 장래에 유익하다면 그게 돈 번거 아니고 뭣잉교."

그는 머릿속 가득히 청사진을 펼쳐놓고 몇 년 후에는 이 자리에 들어앉을 디즈니랜드를 상상하며 맑고 티 없는 어린이들의 환성이 들리는 듯 혼자서 미소 짓고 있었다. 그러나 구인회 회장은 너무도 서둘러 저세상으로 가버렸다(이 책에서는 구인회 회장의 별세 과정을 독립 챕터를 만들어 자세히 다룰 것이다). 그가 세상을 떠난 후 이보형 행장은 어느 사석에서 이야기를 전하면서 눈시울을 적셨다. 구인회 회장이 10년 만 더 살아주었더라도 서울 근교에 경이로운 일이 벌어지는 것을 우리는 볼 수 있었을 것이다.

어느 날 노신사 한 분이 구 회장을 찾아왔다. 우리나라 실업계를 이끌어나가다시피 하는 실력 있는 기업인이었다.

"구 회장님. 오늘 술 한 잔 잘 사셔야겠습니다. 외국에 나갔더니 럭키맨에 대해 불편해하는 사람이 많아서 내가 변명하느라구 진땀을 뺐지 뭡니까."

구 회장은 어리둥절했다.

"아니 우리 회사 직원이 무슨 잘못이라도 있었습니까."

"듣자 하니, 럭키맨들은 지나치게 분수를 지키고 신용을 지키는 데다가 마치 회사에서 모든 권리를 위임받은 대표처럼 처신하기 때문에 빈틈이 없어서 모두들 상종하기가 어렵다는 겁니다."

"그렇다면 그것은 욕이 아니라 칭찬같이 들리는데…"

"헛허허, 아 그러니 내가 술 한잔 사시라는 거 아닙니까."

구 회장은 그제서야 얼굴을 펴고 방문객과 더불어 소리 내어 웃었다.

"그런데 대체 사원들을 어떻게 훈련시켜 내보내셨길래 외국 기업인들이 그렇게 입을 모아 칭찬을 하는지 같은 한국 사람으로서 내 어깨가 으쓱하더라니까요."

"훈련이라는 게 뭐 특별한 것이 있겠습니까. 젊은 엘리트들을 뽑아 입사시키니 모두들 스스로 회사 생리를 익히고 기업의 비전을 자기 것으로 만들어 행동해줬을 뿐이지요. 회사로서는 일을 맡긴 이상 밀어주고 또 사원들은 회사가 자기를 믿는다는 것을 알면 일거수일투족에 책임을 느껴 신중하게 처신하고... 뭐 그런 것 아니겠습니까."

"좌우간 구 회장님은 사람 복이 많은 분이요. 그 같이 훌륭한 럭키맨은 럭키의 큰 재산이자 저력이 될 것입니다."

구 회장은 그렇다는 것을 누구보다 잘 알고 있는 경영인이다. 나중에 비록 속는 일이 있을지라도 먼저 전폭적으로 믿음을 주는 일이야말로 무엇보다 앞서야 할 경영인의 덕목인 것이다. 더러 구인회 회장을 가리켜 요령이 없고 배포가 작다는 평이 있는 듯했다. 구 회장은 그런 뒷공론에는 눈썹 하나 까딱하지 않았다. 요행이 껑충 뛰어오를 수 있는 기회를 잃는 경우가 있을지 모르지만, 결정적으로 불운을 자초하는 일도 없었다. 'Slow and Steady' 즉, 천천히 그러나 착실하게 하라는 격언은 구 회장의 사업 신조다. 그리고 럭키맨들의 좌우명이다.

32

호남정유 준공

1969년 6월 3일 오전 11시, 마침내 락희·칼텍스의 호남정유공장은 준공식을 가졌다. 기공식이 있은 지 2년 3개월 만이다. 구인회 회장이 정유산업에 진출하겠다고 선언할 때 '구름 잡는 일'이라고 했지만 꿈이 현실로 이루어진 것이다.

준공식 이전 건설과정에서 보여준 구인회 회장이나 박정희 대통령의 열정은 특별했다. 구인회 회장은 기공식 이후 시도 때도 없이 현장에 내려가 공사를 지켜보며 살았다.

박정희 대통령의 경우도 비상했다. 1968년 2월 초, 박 대통령은 경전선(慶全線) 개통의 테이프를 끊고 전남 순천에서 경남 진주까지 열차 시승을 하기로 되어 있어서 국민들의 시선을 크게 모았다. 경전선은 영남과 호남을 하나로 묶는다는 의미심장한 프로젝트였다. 그해의 정국은 1월 21일 새벽에 북한 무장공비 31명이 청와대 근처까지 침투해와 총격전을 벌였고 불과 이틀 후인 23일에는 동해(東海)에서 미국의 정보함 푸에블로호가 승무원 83명을 태운 채 북한 측에 납치당하는 사건이 발생했다. 이로써 한반도는 일촉즉발의 위기 속에서 전운이 감돌고 있었다. 이런 엄중한 시기에 구인회 회장은 박정희 대통령이 호남정유의 건설 현장을 시찰하겠다는 통보를 받았다. 구 회장에게는 놀랍고도 반가운 일이었다.

박 대통령은 예정대로 공사 현장에 도착했다. 수행원 가운데는 당시 민주공화당 정책위원회 부의장이며, 국회 예산결산위원장인 구태회 의원도 있었다. 박 대통령은 구 회장에게 늘 '선배'라는 존칭을 사용했다.

"구 선배님, 일이 예정대로 잘 되시나요?"

박 대통령이 악수를 청하며 묻는 말에 구 회장은 만면에 웃음을 띠며 대답했다.

"각하께서 염려해주시는 덕분으로 차질없이 잘 진행되고 있습니다."

박 대통령은 만족해하면서 현장을 샅샅이 돌아보았다. 조국 근대화, 공업화로 경제부국을 꿈꾸는 대통령의 의지가 역력했다.

그로부터 16개월이 흘러 준공식이 있게 된 것이다. 여천군 삼일면 50여만 평에는 현대식 정유공장시설이 꽉 들어차고 하늘로 치솟은 듯 쭉쭉 뻗은 철탑들은 숲을 이루고 있었다. 인근 지역인 여수, 순천 등지에서 모여든 인파는 길과 밭과 산자락을 메우고 서울에서 출발한 특별 열차는 각계각층의 하객과 보도진을 쏟아내 식장 안의 4백 80여 개 귀빈 좌석을 가득 메우고 있었다. 이윽고 대통령 전용 헬리콥터가 도착했고 군악대의 우렁찬 연주가 산과 바다에 울려 퍼졌다. 이 준공식은 공업 발전사적으로 보아도 국가 동력 산업에 민간기업이 참여하는 첫 사례라는 점에서 큰 의미를 갖고 있다. 구인회 회장은 감회 어린 목소리로 식사를 읽어내려 갔다.

"...1966년 12월 미국 칼텍스 석유회사와 합작투자 계획을 마치고 다음 해인 1967년 2월 여러분을 모시고 기공식을 가진 뒤 2년 3개월 만인 오늘 준공식을 갖게 되니 그 감개가 무량하여 참으로 영광스럽습니다. 돌이켜 보건데 고작 몇십 호의 어촌에 불과했던 이 자리에 공장을 처음 지을 때의 착잡한 심정, 그리고 기공식을 가진 후 본격적인 건설이 시작된 1967년 10월까지 7개월 동안에 겪은 가지가지의 난관은 대통령 각하를 위시한 정부 당국의 적극적인 지원과 고무가 없었던들 참으로 극복하기 어려운 일들이었습니다. 그러나 피눈물 나는 노력의 결과, 일산 6만 배럴 규모의 세계 최신의 정유공장시설이 완공되고 그 후 엄밀한 시운전을 마치고 오늘 마침내 준공식을 갖게 된 것입니다.

공장 건설에 있어 아직 세계 어느 곳에서도 유례가 없는 27개월이라는 단시일 내에 완공을 보게 된 것은 공장 건설을 총지휘한 칼텍스 직원들의 과학적이고 능률적인 지도 역량과 건설을 담당한 대림산업, 프로콘 회사, 이마도브 회사, 시카고브리지 회사, 트랜스아시아 회사 등의 고도의 기술과 성의있는 협력의 소산으로써 이 자리를 빌어 그분들에게 경의와 감사를 표하는 바입니다. 또한, 이 공장 건설과 보조를 같이하여 도로, 수도 등 지원 시설을 하여 주신 전라남도 당국과 호남국토건설국, 철도 부설을 담당한 철도청 당국의 지성적 노력도 우리가 잊을 수가 없는 것입니다. 저희들은 정부가 추진하는 산업의 지역적 평준화 계획, 그리고 그에 따른 여수 지역의 공업단지화라는 원대한 계획에 순응하여 이곳에 미화 5천5백만 달러의 내외자를 투입하여 이 공장을 완성함으로써 이 지역의 현대화에 앞장섰습니다. 앞서 달리는 자에게 불어닥치는 모진 바람과 험준한 앞길을 십분 각오하고 있습니다. 그러나 먼 어느 날에 이곳에 수많은 공장들이 들어서게 되어 임해공업단지 건설의 꿈이 실현되었을 때의 보람과 기쁨을 목표삼아 알차게 밀고 나가겠습니다. 아무쪼록 여러분께서는 준공에까지 이끌어 주셨듯이 앞으로도 계속 우리 소신을 이룰 수 있도록 끝까지 밀어주시기를 간절히 바라는 바입니다..."

구 회장의 연설이 끝나자 우렁찬 박수소리가 울려 퍼졌다. 구 회장은 평소 연설을 자주하는 편이 아니었다. 그러나 이날은 한마디, 한마디에 진정이 서렸고 감동을 주었다.

이어 박정희 대통령이 등단해 나지막한 힘 있는 목소리로 다음과 같은 요지의 치사를 했다.

"2년 반 전의 기공식에 참석했던 나는 웅장한 현대 시설로 된 저 정유공장을 보니 매우 기쁩니다. 건설과정에서 상당히 애로가 많았을 터인데 그것을 극복한 럭키와 칼텍스 양사, 그리고 전라남도 당국과 기술진 여러분의 노고를 치하하는 바입니다. 호남정유가 완공되어 이제 우리는 석유공사와 더불어 일산 17만5천 배럴의 정유를 생산하게 되어 우리 공업 발전의 원동력인 에너지 공급의 근원이 튼튼해진 셈이며 특히 이 지방 발전에 도움이 될 것입니다. 이 지역은 육해 교통의 요지로 공업 단지를 만들기에 유리한 조건을 갖추고 있어 울산과 함께 국내 유수의 공업 단지가 되리라고 확신합니다. 더군다나 여기엔 이미 기공을 본 호남전력이 건설 중에 있습니다. 정부는 언제든지 공업시설을 지방으로 분산할 작정이며 적극 지원하겠습니다. 그러나 지방민 여러분도 많은 협조를 해서 공업단지를 유치할 만한 매력을 갖추어 주시기 바랍니다. 하룻밤 사이에 지가가 몇 배나 오르게 하는 일은 없어야 할 것입니다. 호남정유가 우리나라 산업 발전에 많은 공헌을 하게 되기를 바랍니다."

대통령의 치사에 이어 미국 칼텍스 본사의 A. N. 릴리 회장의 발언은 찬사와 격려의 말로 차 있었다. 그는 첫째, 진취적인 자세로 공업 입국에 매진하고 있는 박 대통령과 한국 정부를 찬양하고 칼텍스가 럭키그룹과 손잡고 이 나라 공업 발전에 기여하게 된 것을 영광으로 생각한다고 말했다. 특히 럭키의 끈질긴 정열이 없었던들 오늘날 이와 같은 공장은 있을 수 없었으리라고 강조하면서 이 나라의 번영은 자기들의 번영이요, 박 대통령의 꿈은 곧 자기들의 꿈이라고 다짐했다. 그는 공업 한국의 미래상을 크게 찬양하며 지지했다.

드디어 화입식(火入式)이 시작되었다. 박 대통령과 구인회 회장, 그리고 릴리 회장이 단상에 마련된 시동 단추를 눌렀다. 그 순간 거대한 정유공장의 웅장한 기계들이 마치 생명을 얻은 듯 돌아가기 시작했다. 구 회장의 눈은, 아니 대통령의 눈도, 그리고 그 자리에 참석한 모든 사람의 눈은 촉촉이 젖어 있었다.

구 회장은 대통령 일행을 영빈관으로 안내해 축배를 나누었다. 박 대통령은 술잔을 든 채 창가로 다가갔다. 뷰가 멋졌다. 훤히 트인 여천 앞바다가 햇빛에 빛나고 있었다. 산을 저미고 개펄을 골라서 하룻밤 사이에 마술처럼 우뚝 현대식 공장이 들어섰으니 산더미 같은 정유탱크며, 하늘을 찌르는 굴뚝, 그리고 거미줄처럼 얽히고설킨 파이프라인들은 살아있는 듯 소리 내어 뛰고 있었다. 나라의 명운을 그의 작은 두 어깨에 짊어지고 공업 입국의 지표 아래 노심초사하는 대통령이었다. 당시 그의 가슴속에 오갔던 감회가 어떤 것이었는지 헤아릴 길은 없다. 대통령은 등 뒤로 다가오는 구인회 회장의 발걸음을 느끼고 돌아섰다.

"구 선배님…"

"…"

구 회장은 말 대신 표정으로 '말씀하십시오'라고 대답했다.

"후손들에게 가난만은 물려주지 말아야 합니다. 후손을 위해 잘사는 나라 만드는 것은 우리의 의무입니다, 회장님. 우리 일 많이 하십시다."

33

콜럼버스의 달걀

1968년경부터 우리나라 지식 계층에는 '세미나'라는 이름의 학습회의가 유행하고 있었다. 세미나(Seminar)란 대학에서 교수의 지도 아래 특정한 주제에 대해 학생이 모여서 연구발표나 토론을 통해 공동으로 연구하는 교육 방법이다. 우리나라는 경제성장이 어느 수준에 이르자 지식사회에서 한 차원 높은 학술사회를 지향하는 경향이 나타났다. 세미나가 성행하는 것은 바람직한 풍조였다.

구인회 회장도 그와 같은 학술적 대화가 기업하는 사람에게 보탬이 될 것이란 기대를 가지고 산하 각 회사 임원과 주요 간부들을 한자리에 모아 처음으로 세미나를 개최했다. 세미나는 서울 수유리의 수림 속에 자리잡고 있는 아카데미하우스에서 열렸다. 그때의 초빙 강사는 고려대학교에서 경영학을 가르치고 있는 조익순(趙益淳) 교수였다.

조 교수는 기업가의 자질에 관하여 여러 가지 측면에서 언급하던 끝에 "… 결국, 독창력이 결여된 사람은 기업가로서의 자질이 부족하다고 볼 수밖에 없는 것입니다."

이 말을 듣고 있던 구인회 회장이 한가지 질문이 있다면서

"내가 지금 럭키그룹의 회장 자리에 앉아있기는 하지만 따지고 보면 하나도 내 아이디어 가지고 독창적 사업을 한 일이 없고 모두가 남의 독창력으로 일을 발전시키고 있는 기라. 처음에 크림통을 플라스틱으로 맨들자고 한 것은 내 동생 태회의 착안이고, 금성사를 세워서 전자공업을 해야 한다고 주장한 것은 저기 앉아있는 윤욱현 상무의 아이디어였고, 석유 시대가 올 것이니 호남정유를 설립하자고 한 것은 내 동생 평회가 내놓은 이야기였어요. 내가 독창적으로 착안한 것은 하나도 없으니 나는 기업가 될 자질이 없는 거 아닙니까?"

아우들과 임원들은 물론 참석자들은 일순간 어리둥절한 표정이 되었다. 그룹을 이끌고있는 창업회장의 말이었기 때문이다. 참석자들은 구 회장과 조 교수의 얼굴을 번갈아 보며 다음 말을 기다렸다.

조익순 교수는 빙그레 웃으면서 대답했다.

"질문자의 말씀도 논리적으로 틀린 것은 아니지만 이 경우 참모진의 수많은 아이디어를 받아서 판단, 평가하고 취사선택하는 것도 매우 중요한 독창의 범주에 들어간다는 점을 지적하고 싶습니다. 15세기의 탐험가 콜럼버스가 신대륙을 발견한 것도 부하 선원들의 작은 독창적인 의견을 참고로 해서 큰 독창적 결단으로 이룩해 낸 성과였다고 말할 수 있습니다. 후일 경쟁자들이 신대륙 발견은 누구나 할 수 있는 일이 아니냐고 콜럼버스를 비웃자 그는 아무도 세우지 못하는 달걀을 모서리를 깨어 탁자 위에 세워 보임으로써 비웃는 무리들을 침묵하게 했습니다. 그의 비범한 독창력을 다시 한 번 보여주었던 것입니다."

참가자들은 조 교수의 설득력있는 비유에 도취한 듯 기침소리 하

나 없이 귀 기울이고 있었다. 조 교수의 말은 계속되었다.

"참모진이 내놓은 아이디어를 슬기롭게 판별하고 선택해서 즉각 실천에 옮겨 성공적으로 추진해 나가는 기업인이라면 이는 충분한 자질을 갖춘 기업가라고 저는 생각합니다."

장내의 모든 참석자들은 일제히 웃음을 터뜨리며 교수의 재치 넘치는 명답에 박수를 보냈다. 구인회 회장도 동의를 표하며 미소를 머금었다.

이 세미나에서는 번뜩이는 기지나 재기발랄한 문답을 들었다는 데 의미가 있는 것이 아니라 그룹 회장이 공개석상에서 자신의 부족한 점을 허심탄회하게 털어놓고 성과에 대한 공로를 아랫사람들에게 돌리는 상사로서의 자세를 보여주었다는 점에서 참석자들에게 큰 감명을 주었다. 그중에서도 혈연관계가 아닐 뿐 아니라 근래에 금성사가 별로 좋은 성과를 올리지 못하고 있어 은근히 주눅이 들어있던 윤욱현 상무를 크게 고무하는 계기가 되었다. 윤 상무는 많은 참석자들 앞에서 자기 이름을 들먹이면서 공로를 치켜세워 준 구 회장의 발언에 크게 감동하고 고마운 생각을 잊을 수가 없었다. 후일까지도 윤 상무가 회사 일이라면 몸을 사리지 않고 직분에 충직했던 것도 알고 보면 구 회장의 이 같은 인간미 넘치고 꾸밈새 없는 성품에서 비롯된 것이었다.

34

치커링 보고서
(혈연, 지연을 정리하라)

1968년, 그해도 저물어가는 가을 무렵이었다. 어느 날 구인회 회장은 구자경 금성사 부사장을 불렀다.

"요즘 일 잘되어가고 있나? 가전 제품이다, 통신이다, 전선이다, 여러 업무가 겹쳐 있어 상당히 복잡하제?"

"예, 그런 점도 없지 않습니다만 이제 차츰 질서를 잡아가고 있는 중입니다."

"질서라고 하니 생각나는데 밖에서는 사람들이 우리 회사를 가족끼리 하는 회사라고 안 그러나. 그도 그럴 것이 이 사람 저 사람 청탁을 들어주다 보니 사돈의 팔촌까지 모두 관련이 안 된 회사가 없으니 말이다. 그러나 가족 회사가 나쁜 기 아니라 혈연과 지연을 얽혀 놓으면 조직의 기강이 해이해지기 쉽고 서로 쉬쉬하고 덮어주다 보면 부정한 일도 생기고 그러다 보면 병이 곪아서 회복할 수 없는 지경이 되고 마는 기다."

"...예"

아들 부사장은 공손하게 대답은 했지만, 아버지 회장께서 무슨 뜻으로 그런 말씀을 하시는지 감이 잡히지 않았다. 그러나 회장은 곧 본론을 꺼냈다.

"어떻노? 정부가 국정감사하는 식으로 우리도 각 회사를 자체 검사 한번 해봐야 되지 않겠나?"

뜻밖의 이야기였다.

아닌 게 아니라, 눈에 거슬리는 일이 있어도 친인척이라는 관계 때문에 알고도 모른 척 넘어간 일이 한둘이 아니었던 게 사실이었다.

"그렇게 해보는게 좋을 것 같습니다."

"엄격하게 하되 신경 써서 조심해서 해야 된데이. 잘못된 점은 매섭게 캐내되, 열심히 하는 사람 기죽이는 일이 있어서는 안 된데이. 상 줄 사람은 상 주고 벌 줄 사람은 벌주도록 해야지. 그런 일을 맡아 할 만한 똑똑한 사람 있을까?"

"마침 적당한 사람이 있습니다. 바로 제 밑에 있는 강상구(姜相求) 과장이라고 지난번 경제기획원에서 스카우트한 사람입니다."

"거 잘됐다. 시일이 많이 걸릴 테니 그래 알고 사전 준비를 잘해야 할 끼다."

이렇게 해서 회장과 부사장 사이에서 암행감사 계획이 은밀하게 짜여 졌다. 창사 이래로 최초의 자체 감사계획이었다. 강상구 과장은 출장명령서를 받고 장기간에 걸쳐 산하 회사와 공장에서 감사활동을 벌였고 좋은 실적을 거두었다.

구인회 회장은 어느 날 강 과장을 은밀하게 방으로 불렀다.

"일하기 어렵지요? 그나저나 일은 내가 할 일을 대신하는 것이니 인정이나 사정에 끌려 어물어물 넘어가는 일이 있어서는 안 돼요. 뒷감당은 내가 할 테니 용기를 내서 잘해주소."

하고 격려했다.

강 과장은 회장이라는 분의 그릇 됨됨이를 다시 보았다. 가족회사라고 적당주의로 흘려버리려는 사회적 폐습을 배격하고 매사를 합리적으로 바르게 이끌어 나가려 하는 사고방식이 두드러져 보였다.

강 과장은 감사를 통해 회사 업무를 바로잡고 기강을 세우는 데 큰 기여를 했다. 또 럭키그룹 산하의 모든 자매회사와 협력회사들도 업무 상의 여러 가지 잘못을 지적받기도 하고 심한 경우에는 인사 조치라는 수술을 받아야 했다.

그룹의 몸집이 커짐에 따라 경영합리화와 능률화에 대한 구 회장의 욕구는 점점 강해졌다. 간부 회의에서 IESC(국제 최고경영인 봉사단) 요원을 초청해 경영 진단을 한 번 받아보면 어떻겠느냐는 의견이 나왔다. 구 회장으로서는 한국에서는 둘째가라면 서러울 만큼 경영 면에서만은 자부심을 가지고 있는 터였다. 그러나 기업 선진국인 미국의 경영 전문인의 눈에 우리의 모습이 어떻게 비치는지 알아보는 것도 흥미 있는 일일 것 같았다. 체재비와 사례금을 합하면 상당한 비용이 소요되고 조사 분석에 응하는 회사 간부들의 시간도 많이 할애되어야 할 것으로 예상되었다. 그러나 후진적 경영방식에서 현대적 경영방식으로 탈바꿈할 수만 있다면 그 같은 투자 부담은 오히려 가벼운 것이라고 구 회장은 판단했다.

마침내 IESC의 미국인 H. D. 치커링과 연결이 되었고 그가 서울에 와서 럭키그룹의 경영상황을 점검하게 되었다. 치커링은 어떻게 하면 판매 관리를 보다 합리화할 수 있는가에 대하여 조언을 해야 하게 되었다. 그는 약 석 달 동안 럭키그룹을 샅샅이 조사, 분석, 관찰한 다음에 여러 가지 의견과 제의를 내놓았다. 당시만 해도 그 같은 기업진단은 우리나라 기업 사상 초유의 일이었다.

치커링은 무엇보다도 조직에 큰 관심을 보였다. 각 사업부의 판매

활동을 영업부장 아래로 집중시키는 것이 절대적으로 필요하다는 주장을 내놓았다. 그 의견은 많은 사람의 공감을 사기도 했다. 구인회 회장도 그의 주장이 타당하다는 것을 인정하고 조직 편제를 곧 개정하도록 지시했다.

도중에 크레이튼이라는 사람이 가세해 치커링과 함께 일했는데 그들은 컨트롤러 시스템의 필요성을 역설해 계수 파악의 총본부가 될 재경실(財經室)을 설치하게 하고 락희화학의 본사가 서울로 옮겨오는 근본 동기를 만들어 주기도 했다.

그런데 그들이 내놓은 의견들은 너무 진보적이었다. 당장 그대로 받아들이기보다는 내일의 경영형태가 어떻게 변모해가야 할 것인가를 예시해 주는 것이었다. 치커링 보고서는 현대적 경영 감각을 수용하는 데는 많은 도움이 되었다. 치커링과 크레이튼은 나중에 〈럭키와 여러 친구와 동료들에게 드린다〉라는 제목으로 보고서를 제출했는데 그 첫머리를 다음과 같이 적고 있었다.

〈자기개발과 발전을 위한 여러분의 투쟁은 본인들에게 무한한 감명을 주었으며 본인은 우리나라 사람들이 여러분의 이와 같은 엄청난 노력에 대하여 반드시 귀담아듣도록 할 작정입니다. 귀국의 문화적 배경은 우리나라의 그것보다 10배나 더 오래된 것입니다만, 귀국의 사업 배경은 우리나라의 그것에 비하면 불과 10분의 1의 역사밖에 안 된다고 하겠습니다. (중략) 그러나 시간적 격차 같은 것은 별로 의미가 없다고 생각합니다. 본인은 우리가 서로 많은 것을 빌어 제 것으로 만들었다는 것을 깨달았습니다. 본인들이 여러분에게 남기고 가는 여러 가지 아이디어를 계속해서 시험하고 시행하도록 당부하는 것을 허물치 마시기 바랍니다. 기대하신 바에 부응하지 못하는 계획들은 주저하지 마시고 버리거나 고쳐 주시기 바랍니다. 새로운 아이디어와 새로운 계획의 추가를 위하여 여러분의 마음을 활짝 열어놓도록 하십시오. 본인들은 주식회사 락희화학공업사가 한국의 사업계에서 보다 높은 지도적 지위를 차지하게 될 것을 확신하는 바입니다〉

그들은 서울을 떠나기에 앞서 구인회 회장을 만나 정중히 감사의 인사를 하면서 럭키의 내일이 한국 기업의 지도적 위치에 놓일 것이 틀림없다고 극구 찬양했다. 어찌 되었든 간에 럭키그룹은 치커링의 이 같은 경영 진단을 계기로 현대화를 지향하는 자세를 확립했던 것만은 사실이다.

구인회 회장은 이해 12월에 들어 한국생산성본부(KPC)와 용역 도입 계약을 맺어 럭키의 인사와 조직관리 합리화를 위한 정원 관리 조사를 의뢰했다. 럭키그룹 경영현대화를 위한 구 회장의 꿈이 크게 진일보하는 모습이었다.

35

락희화학 기업공개

1969년 초, 어느 날 구인회 회장은 기획조정실의 허준구 실장을 방으로 불렀다.

"우리나라 경제도 이제 꽤 성장했다고 봐야제?"

말머리를 그렇게 꺼낸 건 판매가 증가되고 시장이 확대되는 현실에서 우리가 생각해야 할 문제가 있을 것 같은데 그것이 무엇이겠느냐는 물음이었다.

"시설을 확대하는 일이 아니겠습니까?"

허 실장은 자신이 평소 생각하고 있던 대로 그렇게 말하고 회장의 반응을 기다렸다.

"그 말은 신장율은 높고 자본 증가율은 미처 못 따라간다는 말이제?"

"맞습니다. 한도라는 것이 있으니 은행에서 무제한으로 지원해 달라 할 수도 없는 일이고…"

"정부에서는 민족자본, 민족자본 하는데 사실 우리나라 민족자본이란 게 별 게 있나. 정부에서 우리 보고 주식을 공개하라 하는데 허

실장은 거기에 대해 뭐 좀 알고 있나?"

"저도 공부를 좀 해봐야 알겠습니다."

"그래, 기획조정실에서 한번 연구해 보도록 하지."

당시 정부에서는 자본시장육성법을 제정하고 대기업들의 기업공개를 유도하고 있었다. 정부가 기업공개를 하도록 권유하는 대기업은 현대건설 등 150여 개 사에 이르고 있었다. 기업공개는 IPO(Initial Public Offering)라 하며, 주식회사가 주식의 전부 또는 대부분을 증권시장에 내놓고 불특정 투자자에게 공개적으로 주식을 파는 것이다. 이것은 대기업 부의 사회환원, 일반 시민의 대기업 경영 참여 기회 제공 등 다양한 사회적 목표가 있는 경제정책이다.

허준구 실장은 몇 가지 지시를 받고 회장실을 나왔다. 우리는 여기서 기업공개 이야기를 잠시 멈추고 삼성그룹 이병철 회장과의 세 번째 충돌 이야기를 해두는 게 좋을 것 같다. 구인회 회장을 좀 더 깊이 이해하기 위해서다.

삼성의 기술인력 빼가기

1968년 하반기 어느 날, 구인회 회장은 금성사 인사관리 담당 임원이 급히 찾아와 만났다.

"회장님 죄송한 말씀이나 한 가지 중요한 보고사항이 있습니다. 금성사 기술자 8명이 빠져나가고 말았습니다."

구 회장은 영문을 몰라 그의 얼굴을 돋보기 너머로 쳐다보며 물었다.

"빠져나가다니 어디로 빠져나갔단 말이오."

"삼성(三星)으로 갔다고 합니다. 삼성에서도 전자에 손을 댄다는 소문이 돌고 있습니다."

"삼성에서 전자를 해요? 그 말 틀림없소?"

"네, 틀림없습니다."

"빠져나갔다는 사람이 누구 누군 교?"

"그게 그런데... 모두 우리가 해외 파견까지 해서 기술연수까지 시켰던 핵심 사원들입니다."

그는 빠져나간 기술자들의 이름을 하나하나 꼽았다. 이것은 대단한 사건이었다.

1960년대 후반 우리나라 전자공업은 발아기에 불과했다. 기술인력은 양성되지 않았으며 라디오 수리상에서 수리 일을 했던 사람들이 기능공으로 대접받고 있었다. 그런 단계에서 막대한 비용을 들여 해외 연수까지 시킨 엘리트 기술사원을 8명이나 빼내 간 것은 충격적이었다. 당시 삼성그룹은 이병철 회장이 사카린 밀수 사건으로 경영 일선에서 후퇴했다가 다시 일선에 복귀한 때였다.

삼성은 신규사업으로 전자산업을 선택했다. 이병철 회장의 막내 사위 정재은 씨(현 신세계그룹 회장)가 삼성에 입사하면서 장인에게 전자산업 진출을 강력히 추천했다. 정재은 씨는 서울대 공대, 미 컬럼비아대학원 전자학과 출신이다. 삼성그룹 내에서는 사돈인 락희가 전자산업에 선발인 것을 들어 반대 의견도 있었으나 결국 전자산업에 진출했다. 삼성전자가 탄생한 배경이다. 구인회 회장으로서는 도무지 이해하기 어려운 일이었다. 어린 시절부터 우정을 나누었고 끝내는 서로 자녀들을 혼인시켜 사돈지간이 된 이병철 회장이었다. 사업의 세계가 비정하다지만 이것을 믿기 어려웠다. 구 회장은 보고하러 온 임원에게 묻고 또 물어 사실 확인을 했다.

구 회장은 새삼 삼성의 한국비료 사카린 밀수 사건 때의 일이 생각났다. 사카린을 인수해 달라는 삼성 측 요청을 럭키 측에서 거부한 일이 있었지만, 그것은 받아들여서는 안 될 도리 없는 일이었다. 럭키에서 삼성의 요구를 받아들이는 것은 사카린 밀수의 공범이 되는 실정법을 어기는 일이었다. (여기서 필자는 구 회장의 이 부분에 대한 회고가 55년여 전의 일이지만 최초로 활자화된다는 사실에 놀라고 있다) 당시 모든 매체들이 삼성의 밀수 사건 전모를 밝히는 취재를 했지만, 삼성이 럭키 측에 장물인 사카린을 인수해 달라는 요청을 했다는 사실은 이 책에서 처음으로 밝혀지는 사실인 것이다.

구인회 회장은 라디오서울과 동양TV 등 두 방송사를 공동 경영하자던 때의 일도 생각났다. 어려울 때 같이 투자했지만, 그쪽에서 마음이 달라진 것을 알고 조용히 물러선 일도 있었다. 한일은행 투자 때도 그랬다. (이 부분도 미묘한 여운을 남기고 있다. 이병철 회장 자신의 회고록 '호암자전'에서는 자신이 한일은행 대주주가 되는데 구인회 회장과 합자였다는 사실은 전혀 나타나지 않으며 단독 투자인 것으로 기록되고 있다)

그런데 금성사가 키우고 있는 핵심기술자를 무더기로 빼돌리면서까지 지금 럭키그룹이 가까스로 지탱해오고 있는 전자공업에 뛰어들겠다는 것은 공생이 아니라 공사(共死)를 무릅쓰는 자세로 보이는 것이다. 기업 윤리면에서도 도저히 허용될 수 없는 것이었다. 구인회 회장은 우울한 생각으로 몇 달을 지냈다.

7월의 어느 날 구인회 회장은 허 씨 부인과 장남 자경과 앉아있는 자리에서 씁쓸한 기분으로 말문을 열었다.

"그쪽에서 꼭 그래하겠다면 서운한 일이지만 우짜겠노. 서로 자식을 주고 있는 처진데 우짜노 말이다. 한 가지 섭한 게 있다면 금성사가 지금 어려운 형편에 있는 점을 노려서 다리를 걸어 넘어뜨리자고 덤비는 것 같은 기라. 그러나 내는 내 할 일만 할란다. 나도 설탕 사업 할라카면 못할 것 있나. 하지만 나는 안 한다. 사돈이 하는 사업에는 손대지 않을 끼다."

머리를 숙이고 듣고 있던 자경이 조심스럽게 부친의 말을 받았다.

"맞습니다. 개척해야 할 사업은 얼마든지 있는데 어데 할 일이 없어 그 댁에서 하고 있는 일에 뛰어듭니까. 자학(滋學)이도 중간에 끼어서 난처할 낍니다."

"그 아이들이 무슨 죄가 있노. 상관하지 말라 해라. 한두 살 먹은 아이들도 아니겠고…. 다 알아서 할 거 아니가. 그쪽에서 그런다고 여기서 맞서지는 말아야 한다. 옳고 그른 것은 뒷날에 세상이 다 알게 되는 기라."

그 한마디로 지금까지 찝찝하기만 했던 기분을 모두 날려버리는 구 회장이었다. 대단한 도량이었다. 한국비료 사건으로 퇴진했던 이병철 회장은 1968년 2월 다시 경영 일선에 복귀했고 이듬해 전자공업에 본격적으로 뛰어들었다. (우리의 이야기는 다시 락희화학 기업공개 이야기로 돌아간다)

허준구 기획조정실장은 회장실을 나가 자기 자리에 돌아와 고려대학교에서 스카우트 되어온 법률 담당 김민희(金敏熙) 과장과 생산성본부에서 옮겨온 재경 담당 정장호(鄭壯晧) 사원을 불렀다. 이들은 머리 좋고 적극성 있는 일꾼들이었다. 허 실장은 두 사람에게 기업공개에 대한 회장의 뜻을 전했다. 그런데 이 두 사람은 이미 그런 일이 있을 것을 대비해 주식공개에 수반하는 여러 가지 문제점을 검토해 왔다는 것이 아닌가! 허 실장은 너무도 용의주도한 그들의 업무 자세에 놀라움을 금치 못하면서 기쁨을 감추지 못했다.

10여 일 후 허 실장은 두 사람과 함께 회장 앞에서 주식공개에 관한 브리핑을 가졌다. 회장은 그들의 세밀한 준비와 학구적인 견해에 만족하였고 좀 더 깊숙한 과제를 주었다. 김민희 과장과 정장호 사원이 입사 후 회장에게서 직접 지시받은 사안이었다. 그들은 그야말로 열성과 집념을 가지고 일에 파고들었다. 그들은 주식공개가 정부의 제2차경제개발5개년계획과 산업자본을 형성하겠다는 깊은 뜻을 가진 것으로써 우리나라 경제발전에 적지 않은 역할을 하는 시대가 온 것으로 판단하고 회장에게 진언했다.

구인회 회장은 마침내 임원회의를 소집하고 기획조정실이 그동안 준비한 주식공개에 관한 대책안을 상정하여 토의토록했다. 그러나 예상 밖으로 회의실 분위기는 무겁게 가라앉고 임원들의 표정은 굳어졌다. 다만 락희의 박승찬 사장이 적극적으로 찬성의 뜻을 나타냈고 금성사의 구자경 부사장도 찬성이었다. 그러나 참석한 임원 가운데 3분의 2가량은 입을 꽉 다물고 의사표시를 하지 않고 있었다. 오히려 반대입장에 임원들은 적극적인 의견을 내놓았다.

"주식을 공개해서 일반 투자자의 자본을 끌어들인다면 결과적으로 회사를 팔아먹는 것과 다를 게 뭐 있습니까."

반대하는 사람들의 볼멘소리였다. 반대 의견이 거셀지라도 사주가 결정해 따르라 하면 따르는 것이 조직의 원리다. 그러나 구 회장은 일을 그렇게 하지 않았다. 그날 회의는 그 정도로 분위기를 파악하는 데 그치고 해산했다. 구 회장은 기본계획까지 작성해 놓고도 강행하지는 않았다. 주기적으로 임원회의를 열어 자신이 의도하는 바를 이해시키고 설득해 동조자의 수를 넓혀 갔다. 구 회장은 사무실이나 자택에서 구자경 부사장과 의견을 나누는 기회도 있었다.

"주식의 공개는 사회적 차원에서 보나, 기업의 차원에서 보나 어차피 시간 문제 아니겠습니까. 아버님 결심을 분명하게 말씀하시고 그만 공개해 버리시지요. 지금까지 1년이나 끌어온 문제 아닙니까."

"니 말도 일리는 있다만, 이 일은 그리해야 한다."

구인회 회장은 마지막 임원회의를 소집했다.

"주식공개를 가지고 상당히 오랫동안 논의해 왔는데 이제는 결론을 내립시다. 내 생각은 이렇습니다."

말소리는 조용했지만 결의가 느껴지는 어조로 4가지 항목에 걸쳐 설명해 나갔다.

"첫째, 우리 회사가 성장해 온 추세로 봐서 지금 자본금을 증액해야 된다는 것은 여러분이 다 아는 일이고 이것을 은행에 의지하지 않고 우리가 직접 조달하는 방법이 없겠느냐 하는 문제를 연구해 본 결과 주식을 공개하는 방법 밖에 없다는 결론이 나왔습니다.

둘째로는 이 같은 주식공개는 이미 정부가 강경하게 권고하고 있는 일이며 또 그 권고는 납득할 수 있는 일입니다.

셋째로는 지금 우리가 주식을 공개하게 되면 그 주권을 사는 사람들에게는 상당한 이득이 돌아갈 것이 확실합니다. 1962년 우리가 법인을 설립할 때 자본금은 3천만 원에 불과했는데 지금은 14억 원 아닙니까. 몇 배가 됐습니까. 이 같은 좋은 성장세를 여기서 중단시켜 버립니까? 빨리 키워서 새 주주들도 큰 주주가 되도록 해준다면 얼마나 좋은 일입니까. 그리고 그밖에…"

구 회장의 목소리가 이 대목에서 다소 단호한 어조로 바뀌었다.

"락희화학은 명색이 기업그룹 아닙니까. 달면 삼키고 쓰면 뱉는다는 식의 경영을 해서는 안 됩니다. 사람도 크면 철이 드는 법인데 기업도 이만큼 성장했으면 기업을 키워준 사회에 기여하고 공헌해야 합니다. 회사 팔아먹는 일이라고 생각하는 사람도 있는 모양이지만 그것은 하나를 알고 둘은 모르는 생각입니다. 크게 볼 때는 기업이란 어느 특정 개인의 재산이 아니라 우리 사회, 우리 인류가 다 같이 그 혜택을 누리는 재산이라는 인식이 있어야 할 줄 믿습니다."

회의장은 숙연해졌다. 경영학도로서 이 회사에 발탁되어 왔고 첫 번째 과제로 이 문제를 부여받아 일년 간 씨름해 온 김민희 과장과 정장호 사원은 회장의 마지막 말을 듣는 순간 온몸에 짜릿한 감동을 느꼈다. 저거다! 큰 기업가가 되거나 평범한 장사꾼이 되는 분기점은 바로 그 같은 마음가짐으로부터 비롯되는 것이 아니겠는가. 이 일에 반대해 왔던 임원들도 회사를 아끼는 생각에는 별 차이가 없었다.

반대편에 섰던 임원들은 '공개가 불가피한 추세라면 신중을 기하는 의미에서 자회사부터 시험해 보자'는 의견을 제시했다.

구 회장은 "안 될 말이요. 한다면 확신을 가지고 정면 승부로 나가는 길을 선택해야 합니다. 모회사인 락희화학부터 공개합시다."라고 엄숙하게 말했다. 결론은 내려졌다. 한 번 결론이 내려지면 찬성자나 반대자나 한결같이 힘을 모아 그 방향으로 나가는 것이 럭키그룹 사풍이다.

1969년 10월 1일 락희화학은 드디어 주식을 공개했다. 구인회 회장은 안타깝게도 병석에 누운 몸으로 이 보고를 듣고 만족스러운 표정을 지었다. 그리고 금성사도 뒤이어 공개를 준비하고 있었다.

36

구인회 회장 영면(永眠)

  독자여! 우리는 이 장에서 우리 이야기의 주인공 연암(蓮庵) 구인회 회장의 사업력이 마감되는 안타까운 장면을 맞이할 수밖에 없다.
  전장에서 구 회장이 락희화학 기업공개 보고를 몸이 불편해 침대에서 받았다는 것을 기억해 둘 필요가 있다. 1969년 새해 들어서도 럭키그룹의 모든 사업장은 잘 되어가고 있었다. 금성사는 국내 처음으로 전기세탁기를 생산하기 시작했고 럭키그룹 본부는 마침내 서울로 이전해 왔다. 구인회 회장이 1947년 부산에서 조선무역을 시작한 것을 기점으로 하면 42년 만에 본부를 서울로 옮겨온 것이다. 그리고 4월에는 구 회장 자신의 금혼식(金婚式, 결혼 50주년)을 맞았고 부산 문화텔레비전(부산 MBC) 방송사를 인수했는가 하면 뒤이어 호남정유 여수공장의 준공식을 맞았다. 대외정세는 미국 37대 대통령 리처드 닉슨이 취임했고 소련이 인공위성 루나호를 금성에 연착륙시켰다.
  이와같이 만사 순조로운 가운데 오직 한 가지 찜찜한 일이 있다면 구인회 회장의 신체적 컨디션이 별로 좋지 못하다는 점이었다. 꼬

집어서 어디가 딱 불편하다기보다는 기분이 상쾌하지 못하고 머리가 다소 아픈 듯 무겁다는 느낌이었다.

8월 초, 찌는 듯한 불볕이 내리쬐는 가운데 구 회장은 몸이 좀 불편한 것을 느끼면서도 허 씨 부인과 함께 관광호 열차편으로 부산에 내려갔다. 구 회장은 차창 밖으로 경부고속도로 건설 공사가 한창인 것을 보았다.

"저 고속도로가 완공되면 한 번 신나게 달려봅시다. 돈이 무척 많이 드는 사업이지만 저것이 개통되는 날에는 우리나라 산업계나 농촌 생활은 확 달라질 끼요."

그는 꿈꾸는 듯 혼잣말을 하면서 농촌 부흥론을 되씹었다.

"우리나라와 같이 아직 개발이 덜 된 나라에서는 기업인들이 농촌에 투자하면서 농촌을 잘 살게 한 후에 기업의 이익을 생각해야 하는데 그렇게 되지 못하고 있어 답답하단 말이요. 먼저 자기 호주머니에 긁어 넣을 생각부터 하는 기라. 우선 쌀값이 너무 싸요."

그는 얼굴을 찌푸리며 말을 이었다.

"우리가 일본에 가보지 않았소. 일본 농촌이 얼마나 잘 살고 있소 말이다. 농촌이 잘 살게 되면 공산주의도 발붙일 데가 없는 기라."

구 회장이 부산에 내려와 지낸지 며칠 되지 않아서였다.

"머리가 왜 이리 아픈지 모르겠다. 나 먼저 올라갈 테니 당신은 더 있으면서 볼 일 다 보고 천천히 올라오소." 하고 훌쩍 서울로 돌아오고 말았다. 서울로 돌아온 구 회장은 회사 일을 보다가도 머리 아픈 증세가 나타날 듯하면 미련 없이 손을 털고 골프장으로 나가곤 했다. 골프에 몰두하면 머리의 아픔을 한결 달랠 수 있었다.

그러던 어느 날 아침 출근하려고 현관을 나서다가 갑자기 벽을 짚으며 어지럽다고 호소하더니 구토 증세를 보였다. 본인도 심상치 않게 생각했지만, 가족들의 놀라움은 컸다. 이것이 어떤 좋지 않은 징조임에 틀림없는 것 같았지만 아무도 표면적으로 나타내지는 못했다.

구인회 회장은 평소 주치의로 삼고 있던 이동열(李東烈) 박사를 찾아가 진찰을 받았다. 이 박사는 이것저것 검사를 해보고 나서도 확실한 병명을 말해주지 못했다. 그러면서 "일본에 건너가 정밀 검사를 받아보시지요."라고 일본행을 권유했다. 망설이고 있던 구 회장에게 홍재선 전경제인연합회 회장으로부터 전화가 걸려 왔다. 홍 회장은 사돈이기도 했다. 홍 회장은 지난해 미국에 건너가 복부 수술을 받았는데 이번에 다시 검사를 받기 위해 미국으로 떠나게 되었는데 출발에 앞서 골프나 한 번 치자는 것이었다.

"말씀은 고맙지만 나 머리가 아파서 못 나가겠습니다."

"일에 욕심을 부리니 머리가 아프지 않을 수가 있나요? 이제 일은 젊은 사람들에게 맡기고 공기 좋은 데로 나오시오. 스트레스 풀면 머리 아픈 것도 싹 가실 테니…"

구 회장은 그 말도 그럴듯해서 무거운 몸을 이끌고 골프장에 나갔다. 한가로운 농담을 주고받으며 라운딩 하니 스코어는 좋지 않았지만 두통은 그런대로 참을만했다.

"그렇게 잘 치시면서 뭐가 아프다는 말씀이오."

"골프를 안 쳐서 생긴 병인가? 그렇다면 앞으로 노상 골프장에 와서 살아야겠구만…"

일행은 한바탕 크게 웃었다. 홍재선 회장은 명랑해진 구 회장을 보고 안심하고 미국으로 떠났다.

그리고 계절이 바뀌고 추석이 다가왔다. 사람들은 추석으로 흥청거리는 분위기였는데 구 회장의 두통 증세는 하루가 다르게 심해졌다. 이동열 박사는 조바심을 내면서 어서 빨리 일본에 건너가서 철저한 검사를 받으라고 독촉이었다. 회사에서도 일이 이쯤 되고 보니 사태의 심각성을 느끼기 시작했다. 만에 하나 있을지도 모를 큰 어려움을 당하기 전에 손을 써야 한다는 것이 지배적인 의견이었다. 회사 임원회의에서는 윤욱현 전무가 회장을 모시고 일본 동경에 가서 일류 전문의의 진찰을 받아 보자는 데 의견을 모았다. 금성사와 두터운 거래 관계를 가지고 있는 히타치(日立) 회사는 유노시마(湯之島)라는 곳에 종합병원을 가지고 있었다. 그 병원과 예약이 되어 구 회장은 윤 전무의 시중을 받으며 일본에 갔다. 구 회장은 에도야 호텔에 숙소를 정하고 매일 병원에 다니며 검사를 받았다. 그때 마침 미국에서 귀국길에 있던 홍재선 회장이 구 회장의 소식을 듣고 호텔에 들러 위로를 해주기도 했다. 그런데 이해할 수 없는 것은 검사가 끝난 것으로 보이는데도 병원 측에서는 검사 결과를 말하지 않는 것이었다.

한편 금성사에 한국 최초로 민간 차관을 제출해 준 독일의 홀마이스터 동경지사의 가와무라 이사는 자기가 잘 아는 경찰병원으로 옮겨서 진찰을 받아보라고 열심히 조르는 것이었다. 그 성의가 너무 고마워 경찰 병원으로 옮겨 히라가와 박사로부터 새로 검사를 받았다. 그러나 히라가와 박사도 검사 결과에 대해서 어떤 말도 해주지 않았다. 그때서야 일이 심상치 않은 것임을 눈치챈 주변 사람들은 당황하기 시작했다. 홍재선 회장은 어서 서울로 연락하라고 재촉이 성화 같았다.

아들 구자경의 일본행

추석이 지난 지 이틀 후, 구자경 부사장은 빨리 일본으로 와달라는 국제전화를 받았다. 구 부사장은 황급히 수속을 마치고 김포공항을 출발, 일본 하네다 공항에 도착했다. 공항에 마중나와 있던 가와무라 이사는 오랜만인데도 인사조차 거르고 구 부사장을 채근하다 시피 승용차에 오르게 했다. 그는 달리는 차 중에서 조심스럽게 입을 열었다.

"어쩌면 뇌관 종양(뇌암)일지도 모른다는 얘기가 있는데…"

구 부사장에게는 그다음 말이 들리지 않았다. 가슴 속에서 덜컹소리가 나면서 일순간 의식이 희미해지는 느낌이 있을 뿐이었다. 불과 몇 해 전 자신이 복부 수술을 받기 위해 동경대학 부속 병원에 입원해 있을 때 어느 미국인 환자가 뇌관 종양 수술을 받는 광경을 폐쇄회로 화면을 통해 본 일이 있었다. 그리고 그 환자는 이틀 만에 세상을 떠났다는 말을 들은 적이 있었다. 어떤 질병이 있을지도 모른다는 것은 이미 각오하고 있었지만 그렇게 무서운 병이란 말인가! 아버지를 괴롭히는 병이… 뜨거운 눈물이 솟구쳐 올라왔다.

경황 속에 차는 어느새 병원 현관에 멎었다. 입원실 병상에 누워 있던 아버지는 바다 건너건너온 아들의 얼굴을 보자 반가운 마음을 감추지 않았다.

"너 왔구나, 잘 왔다. 여기 사람들은 검사만 수없이 하고도 무슨 병이라 카는 소리 안 해주니 답답해서 견딜 수가 없는 기라. 니가 가서 알아보고 오느라."

아버지는 아들의 손을 잡고 힘없는 목소리로 호소했다. 이미 병명을 귀띔받고 있는 아들의 마음은 미어질 듯 아팠지만 당장 털어놓고 말씀드릴 형편도 아니지 않는가.

구 부사장은 병실을 나와 뇌관 종양이라는 병에 대해 일본 제일의 권위자가 누구인가를 수소문하기 시작했다. 동경대학 부속 병원의 사노(佐野) 박사가 권위자이며 히라가와 박사도 그의 제자라는 것을 알아냈다. 그런데 히라가와 박사가 작성한 검사 결과를 검토해 본 사노 박사는 별다른 말도 없이 경도(京都)에서 학회 세미나가 있다고 떠나버리는 것이었다. 구 부사장은 슬픔과 초조함, 분노로 어찌할 바를 몰랐다. '이럴수가 있단 말인가. 의료 선진국이라 해서 찾아온 일본 의료계가 슬슬 꽁무니만 빼고 있으니 환자는 어쩌란 말이냐! 부친의 병을 고쳐다오! 어서 고쳐다오!' 무수히 가슴속으로 절규했지만, 누구도 뾰족한 수를 가진 것은 아니었다.

병상의 부친은 중얼거리듯 말했다.

"이제부터 일다운 일을 해볼 작정이었는데 암만해도 안될 것 같구나. 내 병이 보통 병이 아닌 것 같구나. 다리는 왜 이리 자꾸 굳어가노. 안 되겠다. 너희 어머니 좀 오시도록 해라."

장남은 목이 메어 대답도 제대로 하지 못했다. 장남은 눈물을 닦고 부친을 바라보니 '저 어른이 엊그제까지만 해도 럭키그룹의 선두에 서서 꿋꿋하게 나가시던 지도자이신가.' 의심이 날 정도로 초췌한 모습이었다.

"내가 여태까지 사업한다고 몸만 혹사하고 변변하게 쉬어보지 못한 것이 탈이 되었구나."

주변에 둘러있던 친지들도 눈물을 짓고 있었다. 히다치 회사 임원들도 줄줄이 문병을 왔다. 그들은 정중한 태도로 회장의 병세를 걱정해주고 위로했다.

"...나는...."

회장은 그들에게 무엇인가 말하려 했지만 말이 이어지지 못했다. 환자는 체념의 시간이 왔다고 의식하기 시작한 모양이었다.

한밤중 아버지는 살며시 눈을 떴다. 장남 자경의 걱정스러운 얼굴이 거기에 있었다.

"아버님. 뭐 좀 드시겠습니까?"

아버지는 고개를 가로젓고 나서 한참 후에 입을 열었다.

"너희 어머니 연락됐나?"

"예, 전화 걸어 말씀드렸습니다. 수속하시느라 시간이 좀 걸리는 것 같은데, 아마 곧 도착하실 겁니다."

아버지는 마른 입을 물론 축인 다음, 천천히 입을 열었다.

"니 막내 동생 말이다."

"예, 아버님. 말씀하십시오."

"자극(滋克)이는 미국에서 공부하고 있으니 자기 좋다는 처녀하고 혼인시키고 니 장남 본무(本茂)는 아무것도 보지 말고 오직 인물 본위로 사람을 골라서 혼인시켜야 한다."

"예, 그렇게 하겠습니다."

"니 장녀... 그 애는 김용관(金容琯) 씨 막내 아들하고 얘기를 해놨다. 그래 짝지어 주거라. 생활력이 있는지 걱정이지만 사람이 참 좋더라. 그래해라. 돈만 많으면 뭐 하노. 돈이 인생의 전부는 아니니라. 걱정 말고 혼인시켜 주거라."

"예, 아버님. 말씀대로 하겠습니다."

아들은 지금까지 이토록 부드럽고 인자하신 말씀은 처음이었다. 아들은 아버지가 마음속에는 철철 넘쳐흐르는 애정을 간직해오시면서도 겉으로는 항상 엄격하시고 무표정하셨다는 것을 알았다.

"너는 장남이라서..."

아버지 말씀은 이어졌다.

"학교 선생 그만두고 공장에 와서 고생했을 때 너 아버지를 많이 원망했지? 그러나 그래서 니는 많은 것 안 배웠나. 공장 어느 구석에 무엇이 있고 어느 제품은 어떻게 만들고 어데를 조심해야 한다는 것을 훤히 알게 된 거 아니가. 이제 공장 돌아가는 것에 대해서는 니도 박사 다 됐제. 안 그러나?"

"예. 웬만한 것은 다 알고 있는 줄로 압니다."

아버지는 말을 마치자 길게 한숨을 몰아쉬었다.

슬픈 귀국

박승찬 부사장은 새벽 시간에 전화벨 소리에 수화기를 들었다. 일본에서 온 국제전화였다.

"나 구자경인데요. 지금 동경에서 걸고 있어요."

"웬일이세요. 그래 그쪽..."

"박 부사장이 오늘 이곳으로 와 주어야겠어요. 진찰을 수없이 했는데 뭔가 이상해요. 금방 좀 와주소."

"알았어요. 비행기 편 닿는 대로 곧 떠나겠소."

뭔가 이상하다고? 불길한 예감 같은 것이 스치는 기분이었다. 그는 곧 구철회, 구정회, 허준구 전무에게 이 소식을 전하고 부인들에게는 절대로 말하지 말라는 함구령을 부탁했다. 박 부사장은 회사에서 상의하되 사원들에게 비밀에 부치자고 말했다. 박 부사장과 구정회 부사장이 먼저 떠나고 다른 사람은 다음에 오도록 분산책을 선택했다. 만약의 일이 발생한다면... 박 부사장은 생각해 본다. 지금껏 서로 믿고 의지하며 신나게 일했던 이 보람이 산산조각 박살이 나고 말 것 같은 예감이 들었다.

박 부사장은 하네다공항에 밤 7시에 도착했다. 곧장 병원으로 달려가니 구자경 부사장이 침통한 표정으로 맞이했다.

"암만 생각해도 이상해요. 의사들이 진찰을 끝내고도 정확한 병명을 말해주지 않아요. 아무래도…"

다음 날 아침 박 부사장은 가와무라 이사를 만났을 때 최악의 병명을 들을 수 있었다. 그는 곧장 동경대학의 사노 박사에게로 달려갔다.

"당사자나 직계 자녀라면 또 모르겠거니와 나 같은 사람에게까지 비밀로 해서야 되겠습니까. 나는 사실을 정확히 알아야겠습니다."라며 박 부사장은 명함을 건네주었다. 사노 박사는 명함을 보고 회사의 고위 스탭임을 알고 입을 열었다.

"병명은 뇌관 종양이라는 것입니다."

"뇌관 종양이라면… 선생님 그게 설마 암은 아니겠지요?"

"유감스럽게도 그게…" "네? 캔서(Cancer)라구요?"

의사는 머리를 끄덕이며 물었다.

"앞으로 어떻게 하실 생각입니까?"

"아무래도 가족들에게 이야기해야겠습니다."

"그렇게 하시지요. 지금껏 알려드리지 않은 것은 가족들이 냉정을 되찾는 시간을 갖게 하기 위해서였습니다. 그 점 이해하시기 바랍니다."

박 부사장은 병실로 돌아왔다. 여권을 새로 받느라고 늦어진 허씨 부인도 와 있었다. 부인은 진상을 모르기 때문에 치료만 계속하면 나을 수 있는 것으로 믿고 있는 눈치였다. 구평회 부사장, 자승 내외, 그리고 자학, 자두도 있었다.

박 부사장은 여자들만 제외하고 가족들을 병실 옆 별실로 모이게 했다.

"주치의로부터 전달사항이 있습니다. 냉정하고 침착하게 들어주시기 바랍니다."

"나는 구씨 집안사람이 아니기 때문에 비교적 냉정할 수가 있어 사노 박사로부터 회장님 병명을 전해 들을 수 있었습니다. 회장님 병명은… 뇌관 종양이라는 암이라고 합니다."

한구석에서 복받쳐 터져 나오는 울음소리가 나왔다. 장남 자경이 두 손으로 얼굴을 감싼 채 터뜨리는 울음이었다. 그 자리의 누구 한 사람 슬픔과 절망의 심정으로 울지 않은 이가 없었다.

박 부사장은 잠시 후 말을 이었다.

"자경 씨, 진정하시오. 이것은 현실이요. 피할 수도 없고 돌아서 갈 수도 없는 엄연한 현실이라는 것을 알아야 합니다. 이제부터 우리가 어떻게 해야 할 것인가가 더 중요한 문제입니다. 그것을 상의해 봅시다."

구자경 부사장이 얼굴을 닦으면서 말했다.

"그래도 다시 한 번 우리가 사노 박사의 확실한 말을 들어봅시다."

천분의 일, 만분의 일이라도 어떤 수가 있을지 모른다는 요행을 바라는 마음일 것이다.

사노 박사는 조용하고 정중한 어투로 자초지종 경과와 자신의 의학적 견해를 설명했다.

"어떤 환자에게도 우리는 최선을 다하지만, 특히 이분에게는 우리의 성의를 다했습니다. 귀국에서는 참으로 존경받는 기업인이라는 말씀도 들었고 그동안 이곳에서 투병하시는 모습을 보고 우리 의료진도 경의를 표할 만한 분이라고 생각했기 때문에 정성을 다했던 것입니다. 그러나 이분의 현재 병상은 수술을 해도 고통을 덜어주는 것 이상의 효과를 기대하지 못합니다. 전이성(轉移性) 뇌관 종양이라는 것은 그 근원을 알 수도 없고 중추신경 바로 그것이니 칼을 댈 수가 없는 것입니다. 기껏해야 두개골에 구멍을 뚫어서 뇌압에 대비하는 수밖에 없는데 자칫 잘못하면 손을 안 대느니만 못한 결과를 가져오기 쉽습니다. 그래서 우리는 여러분 가족들이 어떻게 하기를 바라시는지 묻고 있는 것입니다."

이러쿵저러쿵 의논할 여지도 없는 절망의 벼랑에 서 있는 상황이었다. 이 지경이 되고 보니 이제 편안히 쉬셨다가 조용히 가시게 하는 길 밖에 달리 방법이 없는 것 같이 보였다. 여러 가지 의논이 오고 간 끝에 다시 박승찬 부사장이 의견을 내놓았다.

"이렇게 하는 것이 어떨까요. 주치의를 딸려서 진통하는 주사를 놔 가면서 서울로 모시고 가는 것입니다. 더 손 쓸 방법이 없는 바에야 서울대학병원으로 모시는 것이 더 낫지 않겠어요?"

모두들 속수무책임을 알게 되었으니 그 말에 수긍하지 않을 수 없었다. 주치의가 항암제와 부신호르몬 주사를 투여하니 환자는 한결 편안해 했으며 어렴풋이 눈을 뜨고 박 부사장을 알아보기까지 했다.

"박 부사장은 뭣 땜에 왔노?"

"북한산 어린이 유원지에 호텔 짓는 문제로 상의드리러 안 왔습니까."

구 회장의 입가에 희미한 미소가 떠올랐다. 부신호르몬 주사는 놀라운 효력이 있었다. 환자는 맑은 정신을 되찾아가고 있었다.

"이래 기분이 상쾌해졌다. 내 병이 조금 좋아질란갑다."

구인회 회장은 병상에서 일어나 병실을 왔다 갔다 하고 식사를 꽤 들기도 했다. 환자 본인은 완쾌를 믿는 듯 가끔 사업 이야기도 꺼내고 장래 문제를 화제로 삼기도 했다. 그러면 그럴수록 가족들의 마음은 납덩이처럼 무거웠다.

구 부사장은 칼텍스 사와의 연줄을 통해 미국에서 이 방면의 최고 권위자라는 보오람 박사에게 상의해 보았으나, 일본 사노 박사가 보앉다면 굳이 미국까지 올 필요가 없다는 것이었다. 칼텍스 사도 미국에서의 치료를 위해 만반의 준비를 했으나 맥이 풀렸다.

조용한 가운데 귀국 준비를 서둘렀다. 문제는 환자를 설득하는 것이었다.

"여기서 잘 고쳐 주는데 왜 집으로 가자 하노?"

"약이 좋아서 이만큼 차도가 안 계십니까. 사노 박사 말이 이만하면 집으로 모시고 가서 치료해도 좋다고 합니다."

아들 자경의 말에 납득을 하면서도 다짐을 해두려는 것처럼 형제들의 얼굴을 죽 둘러본다. 모두들 머리를 끄덕이자 마음을 정한 듯 말했다.

"그렇다면 집으로 가자! 나도 병원 생활이 지긋지긋하다."

사노 박사는 그의 제자 의사 한 사람을 서울까지 수행하도록 붙여주었다.

마지막 두 주일간

김포공항에 도착하니 구급차가 대기하고 있었다. 구 회장을 태운 차는 서울대 부속 병원을 향해 달렸다.

"지금 어데로 가노? 내가 이만큼 나아가지고 돌아왔는데 뭣땜에 또 병원에 입원하노 말이다. 그냥 집으로 갈란다."

그의 고집을 꺾을 수 있는 사람은 아무도 없었다. 달리던 구급차는 안국동에서 방향을 꺾어 원서동 집으로 들어갔다.

구인회 회장은 기분이 썩 좋다면서 연일 회사 사람들을 불러 이것저것 자신의 부재중에 있었던 일을 챙기고 화제로 삼았다.

"우리나라 대륙붕에서 석유만 나온다면 우리 한국은 살판나는 기

라. 설마 이렇게 살라는 팔자는 아닐 끼라. 열심히 조사해 보고 시추해서 석유를 꼭 찾아내야 한다."

좌중의 사람들은 시들지 않는 그의 정열에 놀라며 빠른 회복에 희망을 걸기도 했다. 허 씨 부인을 비롯한 안 사람들은 회장의 건강이 정말 회복 단계에 접어든 것으로 알고 기쁨을 감추지 못했다. 맑은 머리의 3주일간! 그것이 구인회 회장이 이 세상에서 누린 마지막 황금의 나날이었다.

구 회장은 어느 날 갑자기 귀가 들리지 않는다고 호소했다. 아들 자경은 마침내 올 것이 왔구나 싶어서 의사로 하여금 간병토록 했다. 첫째 아우인 구철회 락희화학 사장은 초췌해질 대로 초췌해진 형의 얼굴을 바라보기가 안타까워서 밖으로 훌쩍 나오고 말았다.

그는 지금까지 생각하고 생각했지만 가닥이 잡히지 않는 것이 선후지책이었다. 만약의 경우가 현실로 닥쳐온다면 자신이 할 일이 무엇인가를 생각해 보았다. 4명의 아우와 조카들은 모두 자기를 쳐다볼 것이다. 또 세상 사람들도 나 구철회가 형의 자리를 이어받게 되리라고 짐작할 것이다.

"그러나" 하고, 그는 마음속에서 머리를 가로저었다. 강물이란 높은 곳에서 낮은 곳으로 흐르는 것이 순리이듯 역사도 강물과 다름이 없는 것이다. 어떤 장애가 있어 잠시 옆으로 빗나가는 경우가 없는 것은 아니지만 끝내는 낮은 곳으로 흐르지 않던가. 우주 속의 해와 달과 온갖 성신(星辰)들도 각기 분수에 맞는 운행 속에서 천고(千古)의 고요와 질서를 유지해오는 것이다. 사람 사는 사회에서 그것은 더더욱 값진 진리가 아니겠는가. 그렇기 때문에, 언젠가 형님의 신상에 불행한 일이 생긴다면 그 대(代)를 이을 사람은 당연히 장남이어야 한다는 생각이었다. 여기에는 일말의 오해도 혼선도 잡음도 있어서는 안 되며, 그것을 지켜주는 일이야말로 자기에게 주어진 의무라는 생각이 들었다.

구철회 사장은 적당한 시간을 가늠하다가 아우들과 조카들을 한자리에 모았다. 평소 말수가 적은 둘째 형이 소집하는 모임인지라 아우들과 조카들은 궁금한 표정으로 서로의 얼굴을 바라보았다.

"너희들 내 말을 귀담아듣거라. 나는 이제 경영 일선에서 물러날 생각이다."

둘째 형의 말이 떨어지자 방안은 물을 끼얹은 것처럼 조용해졌다. 셋째 정회(貞會), 넷째 태회(泰會), 다섯째 평회(平會), 여섯째 두회(斗會) 형제들은 시선을 깔고 조용히 듣고 있었다.

"형님이 저래 누워계시는데 내가 본시 부덕하고 재주가 없어 마음 시원하게 고쳐드리지도 못하고 고생하시는 것을 앉아 보고만 있으려니 한이 맺히는구나. 너희들은 배운 것도 많고, 재주도 있으니 세상 살이에는 나보다 더 밝을 줄 안다. 내가 물러난다는 것을 전제로 너희들 각자가 허심탄회하게 생각하고 상의해서 앞으로 닥쳐올 일들을 잘 헤쳐나가도록 하여라. 진심으로 믿고 당부한다."

그는 젖은 목소리로 그렇게 말하고는 방에서 나가버렸다. 그리고 아무도 입을 여는 사람은 없었다. 그것은 각자의 마음속에 씨앗 한 톨씩을 심어준 것처럼 의미심장한 말이었다.

촛불처럼 꺼지다

구인회 회장의 병환은 더이상 비밀을 유지할 수가 없게 되었다. 시중에는 불치의 병이라느니 중태에 빠져 있다느니 여러 가지 소문이 무성하게 나돌고 있었다. 구 회장 또한 의식이 있는 한 잠시도 쉬지 않고 사업에 관한 생각으로 시간을 보냈다. 누구를 불러오너라. 아무개하고 상의할 일이 있으니 무슨 서류를 가지고 오라 해라 하고 주문이 많았다. 호남정유의 미국인 임원들도 회장의 집념에 놀랐고 그의 왕성한 정열에는 다만 경의로울 따름이라고 말했다.

그러나 어찌하랴. 꿋꿋한 집념에도 불구하고 회장의 병세는 악화일로였다. 청각을 잃은 다음에는 말을 잃었다. 가족과의 대화는 펜을 들어 필담(筆談)으로 나누었다. 부신 호르몬 주사량도 점점 줄어들었다. 환자의 머리는 차츰 흐려지고 신체의 여기저기에서 부작용이 나타나기 시작했다. 장남을 비롯한 측근들은 아무도 모르게 묘자리를 물색하는 작업에 들어갔다.

그러던 어느 날 구자경 부사장은 일본 신문을 펼치다가 눈을 크게 뜨고 빨려들어 가듯이 하나의 기사를 읽고 있었다. 일본의 아쓰기(厚木)라는 박사가 뇌종양을 치료할 수 있는 신약을 개발했다는 내용의 기사였다. 구자경 부사장은 잠시도 지체하지 않고 서울대병원으로 달려가 이동렬 박사와 김도진(金道振) 박사를 붙들고 상의했다. 그러나 두 박사는 그런 모험은 하지 않는 것이 좋다는 식으로 상종하려 하지 않았다.

"그럼 어떻게 하란 말입니까. 집안 어른이 저 지경으로 고통받고 계시는데 우리보고 구경이나 하고 있으란 말입니까?"

장남은 얼굴에 땀을 흘리며 씩씩거렸다. 아버지의 목숨을 하루라도 더 연장시켜 보려는 아들의 효심은 논리적 타당성이나 과학적 합리선을 넘고 있었다. 구자경 부사장은 회사로 돌아와 독일 홀마이스터사 동경지사에 전화를 걸어 신약을 개발한 아쓰기 박사와 교섭해 박사 자신이 그 약을 가지고 곧 서울에 와주도록 해보라고 부탁했다.

12월 중순 경 아쓰기 박사가 약을 가지고 서울에 왔다. 환자는 극도로 쇠약한 상태였다. 아쓰기 박사는 자신 있는 태도를 보이면서 부작용으로 폐렴이 생길 우려가 있지만, 그에 대한 대비도 하면서 치료를 하겠노라고 말했다. 구인회 회장은 서울대 병원에 입원했다. 아쓰기 박사는 브레오마이신이라는 주사를 조금 투여했는데 곧 열이 올랐고 그 열은 내릴 줄을 몰랐다. 예측한 대로 사흘 만에 폐렴이 생겼고 환자는 의식을 잃었다. 의식을 잃은 상태가 열흘이나 계속되자 아쓰기 박사는 두 손을 들고 말았다.

영결식(永訣式)

초인적 의지의 기업인 구인회 회장은 1969년 12월 31일 11시 운명했다. 그의 향년 62세, 장수는 아니었다. 기록에 보면 구 회장이 운명하기 며칠 전 원서동 구 회장 자택 정원에 서 있던 백 년 된 고목이 무슨 까닭에서인지 우지직 소리를 내면서 쓰러지고 말았다는 것이다. 가족들은 상서로운 일은 아니고 불길한 예감을 주기에 덮어두고 있었다는 것이다.

구 회장의 부음은 즉시 공개되었다. 원서동 자택 빈소에는 제일 먼저 박정희 대통령의 조화가 보내졌고, 박 대통령은 김정렴 비서실장을 보내 분향하게 했다. 박 대통령은 구 회장이 호남정유를 건설할 때 기공식과 준공식 때 두 번이나 현지에 와 격려했다. 경제계, 정치계, 문화계, 언론계 등 수많은 유력 인사들이 조문의 예를 갖추고 줄을 이었다.

해가 바뀌어 1970년 1월 4일 원서동 자택 앞마당에서 고인을 마지막 떠나보내는 영결식이 거행되었다. 영결식이란 고인이 생전에 살던 집과 가족들로부터 떠나가는 의식이다. 영결식이 시작되자 식순에 따라 락희화학의 박승찬 부사장이 앞으로 나와 회사 임직원을 대표해 다음과 같은 고별사를 읽었다. 고별사 전문이다.

「회장님! 지금 회장님 앞에 당신께서 손수 이룩하시고 키워오신 주식회사 락희화학공업사, 호남전력주식회사, 주식회사금성사, 반도상사주식회사, 금성판매주식회사, 호남정유주식회사, 한국콘티넨탈카본주식회사, 기타 관계 회사의 임직원들이 부복해 있습니다. 당신께서 자식과 같이 사랑하시고 덕망 있는 인간으로, 그리고 유능한 경영자로 키우노라 꾸짖고, 칭찬하고, 격려하시던 우리들이 여기 서 있습니다.

다시 한번 듣고 싶은 꾸지람이요, 또 한 번 듣고 싶은 칭찬과 격려의 말씀이시기에 앞으로 10년만 더, 그것이 과욕이라면 하다못해 5년 만이라도 더 살아주시기를 애타게 소원하던 우리들이었건만 당신께서는 기어코 이 세상을 떠나고 마시는군요. 회장님! 우리 모두가 이 1970년을 얼마나 고대했습니까. 당신께서 이룩하신 모든 사업들이 빛나는 결실을 맺고, 또 당신께서 입버릇처럼 말씀하시던 국가 기업으로서의 도약이 이루어질 이 1970년대가 아닙니까.

당신께서 키워주신 보람이 있어 이제야 우리들이 우리의 힘으로 당신께서 바라시던 그 도약을 이룩하여 당신 앞에 자랑하려던 즐거운 희망이요, 이 1970년대에 실현되리라고 가슴이 부풀었던 우리들이요, 또 그러기를 바라며 지난 20년 동안 우리들을 채찍질하신 당신이 아니었습니까.

당신께서 이 나라에 처음으로 도입하신 플라스틱 공업도 이제 그 붐을 이루어 국제수준에 육박하고 있어 회장님께서 이 나라 경제발전에 무엇을 공헌했는지를 천하가 인식할 때가 바로 1970년대이거늘, 그 70년 대를 하루 앞두고 떠나시다니, 하나님의 뜻이려니 체념하기에는 너무도 애통하고 애통합니다.

회장님! 회장님께서는 병원에 누워 계시면서 앞날의 우리나라 기업의 갈 길을 몇 번이고 우리에게 말씀하셨습니다. 기업이란 국가의 번영과 직결되어야 한다고 말입니다. 우리나라의 농촌이 윤택해져야 하고 우리는 농촌 경제에 기여도(寄與度)가 높은 산업을 꼭 한 가지 일으켜야 할 것이라고 누차 강조하셨습니다. 그리고 또 기업 경영의 철학으로써 인화(人和)를 강조하셨고 사회적으로 인심을 잃어서는 안된다고 우리에게 가르치셨습니다.

회장님! 회장님이 주신 그 밖의 모든 가르침들을 우리는 회장님을 잃은 슬픔 속에서 가슴에 새기고 있습니다. 당신께서 남기고 가신 이 대업(大業)을 당신의 소원대로 기어코 이룩하고야 말겠습니다. 회장님! 이제는 영원히 이 땅 위에서 뵙지 못할 당신의 인자하신 모습이 한없이 아쉽습니다만, 당신의 얼은 우리를 쉽사리 버리지는 못할 것이요, 길이길이 우리를 보살펴 주실 것을 굳게 믿고 있습니다.

회장님! 당신께서 가시는 것이 서러워 늘어놓을 넋두리는 한이 없습니다만, 어차피 떠나가실 당신 앞에 이제 무슨 소용이 있겠습니까. 그저 당신의 명복을 빌 뿐입니다. 안녕히 가시옵소서」

조사는 전국경제인연합회 김용완(金容完) 회장과 노산 이은상 선생의 순서로 이어졌다. 특히 김 회장의 조사는 오랜 시일에 걸쳐 두 분의 교분과 우의를 생생하게 드러내는 것으로, 가시는 분을 아끼고 아쉬워하는 애끓는 말로 엮여있어 참석자들을 숙연케 했다.

국화꽃 화환으로 꾸며진 운구차는 원서동 자택을 뒤로 하고 남으로 무거운 걸음을 옮겨갔다. 하늘은 화창했으나 날씨는 매섭게 추웠다. 구 회장은 경기도 용인군 기흥읍 신갈리 산소에 안장되었다. 그 후 많은 세월이 흐른 1983년 1월 15일 다시 부산직할시 동래구 온천동 선영에 이장되었다.

제2부

정도(正道)경영을 통한 개혁과 성장

37

구자경(具滋暻) 회장 시대
(유업 승계)

　독자들이여! 우리는 현 LG그룹의 성장사(史)에서 그 운명을 좌우하는 가장 중요한 국면을 보게 될 것이다. 창업회장 구인회 제1대 회장은 유업 승계에 대해서 유언이나 문서를 남기지 않았다. 그에게 투병을 하는 과정에서 충분히 승계에 관해 의사를 표명할 기회가 있었다. 그런데도 아무런 흔적을 남기지 않았다. 이것은 범인들은 생각할 수 없는 구인회 회장의 어떤 깊은 뜻이 숨어있을 수 있다.

　LG그룹은 창업기에 고향 승산마을의 대부호 만석꾼 허만정의 합자 제의를 받고 승낙했다. 인터넷을 검색해보면 합자회사로 나온다. 1970년 연초 연휴 기간 내 고 구인회 회장의 장례가 치러지고 있는 기간 내내 세상의 호기심은 럭키그룹의 후계자 문제에 쏠려 있었다. 재계서열 2위의 큰 규모의 그룹 유업을 누가 승계하게 될까. 럭키그룹이 차지하고 있는 비중으로 보아 정부나 경제계에서도 초미의 관심사일 것이다. 일반들의 1차적 관심은 후계자는 다섯 아우들 가운데서 나올 것인가, 아니면 6명의 아들 중에서 나올 것인가, 아니면 형제와 숙질 간의 다툼으로 발전해 나갈 것인가였다. 개발 시대 이후 재벌들의 상속권을 둘러싸고 친족 사이의 재산분할 싸움을 우리는 수없이 보아왔다. 불구경처럼 재미나는 것은 없다는 말도 있다. 시중에서는 고 구인회 회장의 형제와 조카들이 워낙 다수이기 때문에 표면으로는 조용하기를 바란다면서도 은근히 질펀한 구경거리가 있을 것을 기대하고 있었는지도 모른다. 그러나 세상 사람들이 어찌 생각하든 텅 빈 고인의 자리에 가장 가까운 위치에 있는 사람들은 충격을 이겨내려는 무거운 침묵 속에서 그러나 빈틈없는 사후 수습의 절차를 밟아나가고 있었다.

1970년 럭키그룹의 신년시무식은 1월 6일에 거행되었다. 구인회 창업회장의 장례식이 1월 4일에 거행되었기 때문이다. 시무식 날 아침 그룹 임원들은 다소 긴장한 표정으로 시무식이 열리는 회의실로 모여들었다. 모두가 입장을 마치고 자리를 잡자 잔잔한 분위기가 되었다. 이윽고 락희화학의 구철회 사장이 구자경 금성사 부사장을 동반하고 착석하자 시무식은 시작되었다. 국민의례가 끝나고 회장의 신년사 차례가 되자 구철회 사장이 자리에서 일어났다.

"의당 우리와 자리를 함께하셔야 할 회장님을 금년에는 모시지 못한 채 오늘 우리들만이 모여서 시무식을 갖게 된 것을 가슴 아프게 생각합니다. 우리가 다 같이 따르고 존경해 마지않던 회장님을 대신하여 오늘은 제가 긴급 안건을 가지고 여러분과 더불어 허심탄회하게 의견을 나누는 시간을 가져보고자 합니다."

시무식장 분위기는 숙연하지만, 그러나 대다수 임원들 사이에서는 이미 구철회 사장이 말하고자 하는 뜻을 미리 짐작하고 이심전심의 공감대가 형성되어가고 있는 듯이 보였다.

구철회 사장의 발언은 계속되었다.

"회장님 장례를 치른 지가 바로 엊그제인지라 우리가 마음을 가다듬을 시간적 여유를 갖지 못한 것이 사실이지만 제가 오늘 시무식 자리에서 이 말을 꺼내는 것은 사안이 중대할 뿐 아니라 시급을 요하는 것이기 때문입니다. 지금 이 순간에도 세상은 돌아가고 있으며 우리 럭키그룹도 항해하는 선박과 다를 바 없이 움직이고 있습니다. 따라서 선장이 유고하다 해서 기관을 정지한다거나 항로를 바꿀 수는 없는 일입니다. 선장의 유지를 받들어 항해를 계속하는 일만이 우리에게 주어진 사명이요 우리의 선택이라고 아니할 수 없는 것입니다.

그렇기 때문에, 지금 우리에게 가장 시급한 과제는 돌아가신 회장님의 크신 뜻을 받들어 그룹의 질서를 바로 세우고 전진의 발걸음을 이어받아 나갈 수 있는 제2대 회장을 추대하는 일이라고 생각합니다. 저의 개인적 이야기 같습니다만 저는 작년 12월에 형제와 조카들이 모인 자리에서 이미 말한 것처럼 이제 경영 일선에서 조건 없이 물러나고 이 막중한 일들을 연부역강한 여러분에게 맡기고자 합니다. 저도 스스로의 건강을 걱정해야 할 나이가 되었고 우리 럭키그룹도 더 큰 도약을 이룩해 나가기 위해서는 힘과 능력을 겸비한 참신한 리더를 기대해야 할 시기에 이르렀다고 믿습니다. 따라서 저는 경영 능력 면에서나 연령 면에서나, 또 돌아가신 회장님의 뜻을 이어받아 펼쳐나가는 데 있어 그야말로 유일한 적임자라 할 수 있는 구자경 부사장을 제2대 회장으로 추대하는 것이 좋을 것으로 생각되는데 여러분의 의견은 어떤 것인지 알고 싶습니다."

말이 끝나기가 무섭게 우레와 같은 박수소리가 회의실을 진동하며 울려 퍼졌다. 반대 의견은 물론이지만 단 한 사람도 회의를 품는 이가 없을 만큼 전원이 의견일치를 보여주었다. '추대' 이것은 독특한 승계 형식이었다. 대주주들이 모임을 갖고 이사회 결정으로 하는 것이 관례다.

3일 후인 1월 9일 아침에 소집된 합동이사회는 구철회 사장을 비롯한 장로급 임원들이 원했던 대로 구자경 부사장을 제2대 회장으로 정식 추대했다. 그의 나이 45세 때 일이다. 그리고 그룹의 최고경영정책 결정을 위한 협의기구로써 그룹운영위원회의를 설치하기로 하고 의장에 구철회 사장을 선임함과 동시에 럭키화학을 비롯한 6개 자회사와 기획조정실 책임자를 대폭 개편했다. 이 날 구자경 신임회장은 간략한 인사말을 통해 '선대회장의 유지를 받들어 성심성의껏 그룹을 이끌어 나갈 것이며 '인화'의 기업이념을 계승하여 인화단결과 상호협조를 통해 럭키그룹의 부드러운 기업풍토를 조성하는 데 힘쓸 것'을 다짐했다.

럭키그룹의 후계회장에 창업회장의 장남이자 금성사 부사장이던 구자경 씨가 선임되었다는 소식은 신문, 방송 등 언론매체를 통해 톱뉴스로 전해졌다. 대다수 국민들은 박수를 보냈다. 행여 친족간의 볼썽사나운 재산 분쟁이라도 일어나지 않을까 우려했기 때문이다.

"럭키는 과연 인화가 무엇인지를 아는 기업이야. 저토록 우애가 깊고 단결이 잘 되니 기업이 불꽃처럼 번창하지."라는 말이 나오는가 하면 "듣던 대로 구인회라는 사람은 보통 사람이 아닌 모양이야. 돌아가신 후에도 집안이 저토록 조용하고 소리 없이 잘해나가는 것 보니 과연 큰 인물이었던 것이야."라는 말이 회자되었다.

한편, 신임회장은 그룹 경영방침을 〈급속한 확대보다는 내실 있는 안정 성장〉으로 설정하고 70년대는 럭키그룹의 국제화로 들어서는 전환기라는 인식을 가지고 의욕적인 활동을 펴 나가기 시작했다. 1949년 20대 초반 책상물림의 젊은 나이에 부친을 도와 가업에 뛰어든 이후 20년 세월의 고된 수업이었다. 기업주의 장남이면서도 그 어떤 특혜를 누려보기는커녕 항상 힘들고 어려운 일만을 맡아보아야 했던 나날이었다. 덕분에 이제는 어느 공장에 가도 그의 손때가 묻지 않은 기계가 없고 어느 상자에 어떤 공구(工具)가 들어있는지를 훤히 파악할 정도가 되었으니 신임회장만큼 럭키그룹을 미시적으로 또 거시적으로 파악하고 있는 사람은 없다 해도 과언은 아닐 것이다.

이 무렵의 구자경 회장은 틈이 있는 대로 장자(莊子)의 가르침을 자문자답하며 스스로를 가누었다고 한다. '큰 것으로부터 작은 것을 보면 분명하지가 않으며(自大視細者不明) 작은 것으로부터 큰 것을 보면 그치는 데가 없다(自細視大者不盡)' 큰 사업을 일구어 나가면서도 지엽말단의 작은 일들을 저버리는 어리석음이 없어야 하고 비록 작은 일일지라도 소홀히 하지 않는 가운데 능히 대국을 내다보는 슬기를 잊지 말아야 한다고 젊은 회장은 스스로에게 다짐하고 있었던 것이다.

일찍이 창업회장은 "왜 장남에게 그토록 어려운 일만 시키느냐는 주변 사람들의 걱정에 대해 대장장이는 하찮은 호미 한 자루를 만드는 데도 담금질을 되풀이하여 무쇠를 연단하지 않느냐고 대꾸했다.

"내 아들이 귀하니까 저래 일 안 가르치요."

경상도 사투리로 거침없이 대답했던 선대회장의 이 한마디는 깊은 의미를 함축하고 있다. 강한 쇠를 만들려면 더 많은 담금질이 필요하다.

제2대 구자경 회장은 열성과 의욕을 불태우며 그룹을 키워나갔다. 그는 자신이 취임한 1970년을 럭키그룹 제2창업의 해로 다짐하고 경제 환경이 격동과 약진의 소용돌이를 이루는 70년대와 80년대를 헤쳐나갔다. 1990년대에 들어서면서 70년대 초의 13개 회사가 50여 개로 늘어났는가 하면 천만 달러가 조금 넘던 그룹 수출액이 1백억 달러로 늘어났고 매출액은 2백60억 원에서 30조 원으로 신장하는 무서운 발전을 이룩했다. 글로벌기업으로 발돋움하게 된 사세에 걸맞게 한강변 여의도에 럭키금성트윈타워 사옥을 세우고 세계를 향한 「여의도 시대」의 문을 활짝 열어 제치고 있는 것이다. 우리는 앞으로 구자경 회장이 어떤 구상과 경영 수법으로 그룹을 이끌어가는가를 보게 될 것이다.

38

구자경 호(號) 출범과 확장

　구자경 회장이 그룹의 제2대 총수로 취임한 1970년 우리 경제도 성장의 탄력이 붙는 때였다. 구자경 회장의 취임은 우리 재벌 성장사(史)에서 최초로 2세 경영 체제 출범이라는 데도 큰 의미가 있었다. 과연 창업회장을 뛰어넘는 성장을 보여줄 수 있는가 여부였다. 국민과 언론은 비상한 관심을 보였다.

　구자경 회장은 취임과 함께 그룹 각사의 경영진 개편을 단행함으로써 2기 경영 체제를 출범시켰다. 이에 따라 금성사 사장에 허준구, 락희화학 사장에 박승찬, 반도상사 사장 구자승, 금성통신 사장 윤욱현, 금성전선 사장 허신구 등이 포진했다. 젊음과 패기가 넘쳤다. 창업기 때부터 경영에 참여했던 구인회 회장의 형제들은 자진해 사장을 내놓았다. 구철회 락희화학 사장은 그룹의 최고경영정책 결정을 위한 협의기구로 신설된 그룹운영회의 의장으로, 구정회 금성사 사장도 규모가 작은 럭키콘티넨탈카본 사장 겸 기획조정실장으로 옮겼다.

　1970년대는 한국 경제가 세계 경제의 험한 격랑을 헤쳐나가 자립

경제와 고도성장을 이룩한 시기였다. 한국은 중화학공업 육성, 수출입국, 농촌 근대화를 주요 사업으로 한 제3차경제개발5개년계획을 세우고 철강, 기계, 전자, 조선, 석유화학, 비철금속 등 6개 부문을 전략산업으로 선정했다. 기업 측면에서도 1970년대는 대형화, 국제화, 다변화의 시기였다.

구자경 회장은 취임사를 통해 '선대회장의 유지를 받들어 성심성의로 그룹을 이끌어 나갈 것이며 인화의 기업이념을 계승하여 인화단결과 상호협조를 중시하는 기업풍토 조성에 힘쓸 것'을 다짐했다. 당시 럭키그룹의 경영승계와 2기 출범을 지켜본 언론과 재계에서는 대기업의 세대교체 첫 사례라는 시각에서 많은 관심을 보였다. 특히 창업자의 형제와 아들이 함께 경영에 참여해 왔다는 점에서 촉각을 높였던 언론의 반응은 긍정적이었다.

1970년 1월 10일 자 조선일보는 '럭키그룹 진용 개편, 총수에 구자경씨'란 제목의 기사에서 '재벌 2세 등장 첫 케이스'라는 부제를 달고 '한국 대기업의 세대교체가 시작됨을 알리는 신호탄이며 향후 다른 대기업에게도 영향을 줄 것'이라 보도했다. 서울경제신문은 1월 21일 자 대형 기획 기사를 통해 럭키그룹의 세대교체를 우리나라 대기업의 새 비전으로 평가했다. 이렇듯 구자경 회장의 새 경영 체제는 따뜻한 시선과 축복을 받으며 평화롭게 출발하는 모습을 보였다. 아마도 이것은 18년간 다져온 현장경영 경험, 45세의 연륜, 소탈한 인품, 많은 사람의 중지를 모으는 컨센서스 문화를 존중하는 경영자로서의 구자경 회장의 품성에서 오는 것이었다.

그러나 취임 초기 구자경 회장 앞에 놓인 과제는 크고 무거웠다. 무엇보다 구 회장 앞에 놓인 과제 중 최대 난제는 악화되어 있는 그룹의 자금 사정이었다. 1960년대 중반부터 호남정유, 한국콘티넨탈카본 설립 등 대형 투자로 촉발된 자금 압박은 1970년대 들어서도 그룹의 경영을 긴장 상황으로 내몰고 있었다. 구 회장이 취임사에서 '내실 있는 안정'을 그룹 경영의 최우선 과제로 강조한 것도 그만큼 경영 안정의 절박함이 컸기 때문이었다.

구자경 회장은 조직 운영의 방법에 일대 전환을 가져왔다. 창업회장은 중요한 결정사항을 스스로 결단하고 추진했던 것과는 달리 조직의 운영을 '회의제' 중심으로 가동했다. 대표적인 것이 컨센서스를 이루어 일을 전개하는 것이었다. 구 회장은 갈수록 불투명해지는 경영환경을 극복할 수 있는 최적의 방안을 도출하기 위해서는 '중지'를 모으는 이상의 지혜가 없다는 것을 익히 알고 있었다. 구 회장의 이런 생각은 후일 그룹의 경영 문화로 상징되는 '자율경영'과 '컨센서스 문화'의 출발점이 되었다. 구자경 회장이 경영 현안을 타개하기 위해 일관되게 추구한 경영 원칙은 기업공개를 통한 자본과 경영의 분리, 부단한 연구개발을 통한 기술의 고도화, 경영활동의 선진화 등 3개 방향이었다.

구자경 회장은 문화방송(MBC) 신년 특집 '1970년의 얼굴'에 출연하여 '자본과 경영의 분리는 나의 첫 번째 경영 소신'이라고 말할 만큼 기업공개에 대한 강한 의지를 표명했다. 구자경 회장의 이러한 전향적인 경영 의지에 따라 취임 첫해인 1970년에 락희화학과 금성사 등 그룹의 주축 회사를 모두 상장시킴으로써 국내 유수의 재벌기업 중 주력기업을 모두 공개한 최초의 그룹이 되었다. 연이어 금성통신(1974), 반도상사, 금성전기, 범한화재(1967), 금성계전(1978) 등을 차례로 공개, '국민의 기업'으로 뿌리를 내렸다. 이에 따라 사업영역도 확장되었다.

1970년에 범한화재보험을 인수해 보험업에 진출하고 금성전기를 설립하고 한국광업제련 및 부산문화방송(TV)을 인수했으며, 1973년에는 연암학원과 럭키증권을 설립해 증권업에 진출했다. 1974년에는 일본 후지전기와 합작으로 금성계전을 설립해 전기기기 사업을 전문화하고 연암축산기술학교(1977년 연암축산전문대학 승격)를 개교했다. 1976년에는 반도상사가 종합무역상사로 지정되어 수출기업 도약 계기가 되었으며 럭키는 PVC 레진 공장 등 합성수지 원료 공장을 건설해 종합석유화학 회사의 기반을 구축했다. 금성사는 창원 공장을 준공하고 히타치와의 제휴로 금성 정밀을 출범시켰다. 1977년에는 세계 산업을 인수해 해외 건설업에 본격 진출함과 동시에 럭키개발을 활성화해 국내건설 시장 참여를 본격화했다.

구자경 회장은 11개 기업을 계승해 취임 10년 만에 23개 자매기업과 5만3천여 명의 사원을 포용하는 국내 정상 기업군으로 성장시켰다. 그룹 규모의 확장에 따라 1970년 520억 원의 그룹 총매출액은 1977년 8,084억 원을 기록했다. 미국 포춘지(誌)가 선정 발표하는 500대 기업 랭킹 134위에 올랐다. 또 럭키그룹은 이 해에 9억 1,100만 달러의 수출 실적을 기록함으로써 10년 동안 연평균 45%를 상회하는 수출 신장을 보였다.

최대 정유회사, 호남정유

1970년대 국내 정유 시장은 대한석유공사, 호남정유, 경인에너지 3사의 경쟁 구도였다. 이 경쟁에서 이길 수 있는 키는 공급능력이었다. 이 기간 경제성장에 따른 에너지 수요는 폭발적으로 증가되었다. 구자경 회장도 이런 사정을 알고 있었다. 호남정유는 이에 대응하기 위해 1972년까지 2차에 걸쳐 12만 배럴의 증설을 완료했다. 이로써 여수공장은 준공 후 3년 만에 하루 정제능력 16만 배럴의 대단위 공장이 되었다.

그러나 1973년 발생한 제1차 오일쇼크는 에너지 수급에 막대한 영향을 주었다. 가장 심각한 문제는 산유국의 감산 조치로 인한 물량 부족 사태였다. 그러나 호남정유는 칼텍스의 협조로 타 정유사보다 유리한 조건으로 원유를 확보할 수 있어 위기를 극복할 수 있었다. 칼텍스를 제휴 파트너로 정한 것은 행운이었다. 호남정유는 설립 이후 줄곧 기대 이상의 경영성과를 거두었다. 이를 바탕으로 합작사 간 신뢰를 쌓았다.

호남정유는 1974년 이사회 결의 시 가부동수일 경우 칼텍스 측 부사장이 갖고 있던 결정투표권을 럭키그룹 측에서 선임한 사장이 갖기로 수정하여 경영의 자주화가 확보되었다. 이것은 중요한 일이었다. 이때 호남정유는 구평회 사장을 대표이사로 선임하고 새로운 도약의 시기를 맞이했다.

구평회 사장은 1974년부터 1986년까지 호남정유의 CEO로서 호남정유의 대형화와 국제화를 이끌어왔다. 한편 1970년대 초 불의의 대형 사고로 큰 아픔을 겪었다. 즉, 1971년 본사가 입주해 있던 서울 대연각빌딩에 대형화재가 발생해 4명의 임직원이 사망하고 각종 계약서 등이 불타 재산상의 손해가 컸다. 이듬해에는 여수공장에서 화재가 발생해 9명이 사망하는 사고가 발생했다. 그러나 호남정유는 1970년대 중반 이후 정부의 중화학공업 육성 정책에 맞추어 장기적인 공급능력 확대에 보다 적극적으로 나섰다. 그 결과 1978년 3차 확장을 완료함으로써 여수공장의 정유 능력은 일산 23만 배럴로 확대되었다. 호남정유는 제3차 확장과 병행해 15만 배럴 규모의 제4차 확장 계획을 추진했다. 제4차 확장 계획은 사업 규모로 볼 때 신규 공장 건설과 다를 바 없는 방대한 사업이었다. 여기에는 25만5천 톤 규모의 대형 유조선이 접안할 수 있는 원유 부두시설과 제품 출하 부두 등의 부대 사업도 포함되었다. 호남정유는 이 증설 공사를 3단계로 추진하여 1981년 종합 준공함으로써 일산 38만 배럴의 원유처리 능력을 갖추었다. 이는 단일 공장으로서는 국내 최대 정유 시설이었으며 세계적으로도 20위권에 드는 것이었다. 이후에도 호남정유는 LPG 수입사업에 참여하는 등 사업 다각화를 적극 추진해 1983년에 '수출 2억 달러 탑'을 수상한 데 이어 1985년에는 2조4천600억 원의 매출실적을 달성했다. 호남정유는 4차 설비 확장으로 시설 규모가 대폭 커짐에 따라 원유의 수송 저장 및 판매망을 일관 체계 속에서 효율적으로 관리하기 위해 일련의 계열기업을 설립했다. 즉, 원유 수송을 전담하는 호남벙커C(1992년 8월), 제품의 해상 수송과 철도 수송을 각각 분담하는 대한유조선(1971년), 신장상운(1968년 10월), 그리고 직영 판매대리점 회사로 서새방석유(1970년 12월)와 삼정석유(1975년 2월)를 연이어 설립했다.

한편, 두 차례의 오일쇼크를 거치면서 정부가 에너지 장기 수급의 안정성 확보를 중시하고 에너지원의 다변화를 추진함에 따라 호남정유는 가스 사업 진출을 추진했다. 때마침 LPG 사업으로 경영기반을 닦던 정우에너지가 모기업의 누적적자로 매각을 검토함에 따라 호남정유는 이 회사 인수에 적극적인 관심을 나타냈다. 그 결과 1981년 호남정유가 51%의 주식 지분을 갖고 4개 정유사가 소주주로 참여하는 여수에너지가 설립되었다. 여수에너지는 출범 이후 급증하는 국내 LPG 수요에 힘입어 수 년 만에 눈부신 발전을 이루었고 탄탄한 경영기반을 다졌다.

또, 호남정유는 1980년대에 들어서서 석유화학 분야 진출 등 사업 다각화를 적극적으로 추진, 1985년 첫 사업으로 폴리에틸렌 제조업에 진출했다. 이 사업은 여수 LPG 수입기지에서 원료(프로판 가스)를 공급받아 프로필렌과 폴리프로필렌을 생산하는 것으로, 1987년 완공되었다. 폴리프로필렌은 5대 합성수지의 하나로 연포장제 필름, 전기전자부품, 자동차 내외장재 등에 다양하게 사용된다. 이어 1986년에는 연산 50만 톤 규모의 방향족 제품(BTX) 생산공장 건설에 착수했다. 방향족 제품 프로젝트는 향후 공급 부족이 예상되는 BTX를 생산함으로써 경영 수지는 물론 국내 수급 안정, 외화 절약 및 석유화학 제품의 국제경쟁력 제고에 기여할 수 있다는 점에서 1980년대 초부터 전략적으로 검토해 왔던 것이다. 방향족 생산은 1988년부터 가동을 시작했다. 이로써 호남정유는 본격적인 석유화학기업으로 기반을 다지게 되었다. 이외에도 호남정유는 TPA(텔레프탈산) 사업 참여를 위해 삼양사 및 일본 미쓰비시화섬과 합작으로 삼남석유화학 설립에 참여했다.

럭키콘티넨탈카본의 성장

구자경 회장의 도약과 성장 의욕은 거침없이 뻗어 나갔다. 한국콘티넨탈카본은 국내 카본 수요의 확대에 따라 1976년까지 3차에 걸쳐 부평공장 증설을 단행해 가동 3년 만에 생산능력을 3만6천 톤으로 확대했다. 이후에도 자동차 타이어 등 고무제품제조업의 급신장으로 카본블랙 수요가 급증함에 따라 4차 확장공사를 실시, 1978년에는 연간 생산능력을 국제 규모인 6만 톤으로 늘려 국내 수요를 전량 공급할 수 있는 능력을 갖추었다. 이와 함께 1978년 8월 1일 자로 상호를 '럭키콘티넨탈카본'으로 변경했다.

럭키콘티넨탈카본은 1979년 해외시장 진출 전략을 짰다. 이에 따라 전라남도 여천에 연산 5만 톤 규모의 제2공장 건설에 착수했다. 이 공장은 1980년 7월에 준공하고 상업 가동에 들어갔다. 이로써 럭키콘티넨탈카본의 연간 생산능력은 11만 톤으로 증대되었다. 구인회 창업회장이 카본블랙 사업을 시작할 때 꿈꾸었던 것보다 훨씬 빠르고 크게 성장했다.

　럭키카본블랙은 1980년대 중반부터 카본블랙 수요가 감소함에 따라 업종 다각화를 위한 첨단소재산업 진출로 방향을 잡았다. 그 일환으로 1980년 첨단 신소재인 미국 실텍(Siltec) 사와의 기술제휴로 그동안 수입에 의존해 온 실리콘웨이퍼의 국산화를 위한 구미공장 건설에 나섰다. 럭키콘티넨탈카본은 1987년 구미공장 준공과 함께 실리콘웨이퍼의 국내 수요를 충당함은 물론 해외수출도 적극적으로 추진했다. 1985년에는 소재산업 분야 진출을 강화하기 위해 상호를 '럭키소재'로 변경하는 한편 이듬해 대성메탄올 공장을 인수해 새로운 도약의 계기를 만들었다. 이를 통해 약 6만 평의 공장부지와 부두 탱크를 확보한 럭키소재는 이곳에 연산 30만 톤 규모의 VCM 공장을 건설함으로써 석유화학 기초 소재의 국산화, 국내 원자재의 안정적 확보에 기여하며, 연 1억6,500만 달러의 수입 대체효과를 가져왔다.

　또한, 미국 암페렉스사와 컴퓨터 기억장치의 핵심부품인 첨단 자기 헤드용 신소재 서브어셈블리의 생산을 위한 기술도입 계약을 맺어 신소재 생산에 나섰다. 이에 따라 1988년 마그네틱 헤드슬라이더 공장(평택공장)을 준공하여 전량 수입에 의존해온 마그네틱 헤드슬라이더의 국내 공급을 본격화해 연 4,000만 달러의 수입 대체효과를 올렸다. 이후에도 럭키소재는 여천공장의 카본블랙 생산시설을 연산 15만 톤으로 확대, 자동차 및 타이어 산업의 수요 증대에 부응했다.

한국광업제련 인수

럭키그룹은 1971년 6월, 대한전선과 공동으로 국영기업이던 한국광업제련공사를 인수해 '한국광업제련주식회사'로 새롭게 출범시켰다. 한국광업제련은 비철금속 제련업의 중요성을 인식한 5.16 군사정부에 의해 1962년 출범한 국내 유일의 제련소다.

제련은 열이나 화학적, 전기적 방법을 통해 광석에서 금속 등의 원소를 추출하는 방법을 말한다. 땅속에서 파낸 암석 등을 모아 불순물을 제거해 순도 높은 특정 원료를 뽑아내는 기술이다. 철광석을 녹여 철을 만들어 내는 제철기술도 넓은 의미의 제련기술이다.

한국광업제련은 민영화로 전환한 후 적지 않은 시련을 겪었다. 특히 경기 침체와 조업부진, 종업원의 주인의식 부족 등으로 노동생산성이 향상되지 못해 민영화 후 수년이 지나는 동안에도 경영정상화가 이루어지지 못했다. 한국광업제련은 1976년에 이르러서야 기업공개, 생산시설 확장, 경영합리화 등 자구 노력이 효과를 나타내 경영정상화를 이루고 흑자를 실현하게 되었다. 이로부터 3년간 창업 이래 반세기 동안의 기업 활동 중 가장 빛나는 경영성과를 기록하는 쾌거를 이루었다. 특히 1979년에는 전기동 생산을 위한 자회사로 온산동제련주식회사를 설립함으로써 제련 업계의 판도 변화와 한국광업제련의 새로운 전성기를 예고했다.

그러나 때마침 불어닥친 2차 세계 오일쇼크와 이에 수반한 유가 및 금리 인상에 따른 세계적인 경기 불황으로 전기동의 수요가 급감해 재고 누적이란 뜻밖의 사태를 맞았다. 온산동제련이나 한국광업제련이나 상황은 동일해 전기동의 재고만 누적되었고 이는 국가적 차원의 문제로 대두되었다. 정부는 이 두 제련회사의 통합을 결정하게 되었고 마침내 1980년 9월 한국광업제련이 온산동제련을 흡수하는 합병이 확정되었다. 합병 작업은 1982년부터 2년간에 걸쳐 진행되었다. 1982년 말 경영정상화의 관건이 될 50%의 유상증자가 단행되었고 럭키그룹이 과반 이상의 주식을 점유함으로써 민영화 후 11년간 이어진 대한전선과의 동반경영이 청산되었다. 1982년 이후 지속된 경영개선 노력은 3년 만에 서서히 실효를 거두기 시작해 1985년에는 결손금을 절반 이상 줄인 데 이어 1986년에는 저금리, 저유가, 저환율 등 소위 3저 호재에 힘입어 173억 원의 당기순이익을 기록했다. 온산제련 합병 후 최초의 흑자경영이었다.

이로부터 한국광업제련은 스테인리스 강관사업의 성공적인 완수와 사업구조의 다각화를 위한 신규제품의 확대, 전기동 안정 공급을 위한 온산제련소의 동제련시설 증설을 이루었다.

39

금성사의 약진
(세계화 추진)

　금성사는 1970년 구자경 회장의 취임과 더불어 박승찬 사장의 취임으로 새로운 진용을 갖추고 새로운 차원의 경영 활동을 전개해나가기 시작했다. 금성사는 국내전자회사로는 처음으로 주식을 공개해 대중에 기반을 둔 공개기업으로 전환하고, 1973년부터 새로운 사업 영역으로 도전하기 위한 약진을 본격화했다. 금성사는 '금성약진3개년계획'을 수립하고 본격적인 국제화 시대에 대비했다. 이 계획에 따라 구미공장, 창원공장, 평택공장 등의 건설이 추진되었다.

　금성사는 생산기지의 전국화를 위한 첫 사업으로 1974년 구미 전자공단에 TV공장 건설을 착수해 1975년에 준공했다. 구미 TV공장은 가동 후에도 생산규모의 확대와 컬러TV 생산을 위한 증설을 지속해 1978년까지 3차에 걸쳐 증설을 추진했다. 컬러TV의 국제적 수요 증대와 국내 컬러TV 방송 개시에 대비하여 일본 히다치와 기술제휴로 1979년에 컬러TV 공장을 준공했고 이후에도 증설을 거듭해 1984년 말에는 연간 150만 대의 컬러TV 생산능력을 갖추게 되었다. 1980년 연간 66만 대의 컬러TV 브라운관 생산규모로 가동을 시작한 CPT 공장도 매년 증설을 거듭해 1985년에는 연산 400만 대로 확대되었다.

한편 금성사는 기계공업 육성을 위해 조성한 창원 기계공업단지로 부산 동래공장의 전기공장을 이전키로 하고 1974년 냉장고, 공조기, 세탁기, 엘리베이터, 에스컬레이터 컴프레서 소형 모터의 생산시설이 포함된 창원 공장 건설에 착수했다. 이 계획에 따라 착공 17개월만인 1976년 국내 최대 종합전기기기공장인 창원공장이 준공되었다. 이후 금성사는 수출 전략상품으로 부상한 세탁기의 증산을 위해 1984년 창원 2공장을 착수했다. 창원 2공장은 1988년까지 국내 최대 세탁기공장, 회전기공장, 공조기공장을 차례로 준공했다.

금성사는 1983년 평택공장 기공식을 갖고 첨단 산업기지 건설에 착수했다. 평택공장은 1977년 금성발전3개년계획에 포함된 사업이었으나 1970년대 말 세계 석유 위기로 인한 경기침체로 수년간 지연되어 오다가 다가오는 첨단기술 시대에 대응하기 위해 추진되었다. 평택공장에는 1,000억 원이 투입되었다. 당시로서는 민간기업의 사상 최대의 투자였다. 평택공장은 12만 평 규모로 컴퓨터, VCR, OA기기공장 등 6개 동이 1986년 말까지 단계적으로 준공되었다.

금성사는 1970년에 들어서면서 해외지사망을 확대해 나갔다. 수출 증대 및 해외 선진시장의 정보 확보를 위해서였다. 1971년 4월 일본 동경지사를 설치한 이후 독일 함부르크(1974), 테헤란(1975), 런던, 토론토, 파나마, 로스앤젤레스, 쿠웨이트(1978) 등의 해외지사를 설치했다. 이와 함께 경영진들의 해외 활동을 적극 권장하여 국제감각을 익히도록 했으며 세계 전자쇼에 금성사 제품을 출품했다. 금성사는 1978년 국내 전자회사로는 처음으로 수출 1억 달러를 돌파했다.

1979년 6월, 금성사는 허신구 럭키사장을 새 대표이사로 선임했다. 이를 계기로 금성사는 국제화와 첨단기술 연구에 대한 투자를 적극적으로 추진했다. 허신구 사장은 1984년까지 금성사를 이끌었는데 재임 중 GSAI 설립, 평택공장 건설 등 굵직한 성과를 거두었다.

금성사는 1980년대 들어 수출시장 확대를 위해 전략적 변화를 선택할 수밖에 없었다. 그것은 신보호주의로 야기되고 있는 주요 수출대상국들과의 무역 마찰을 피하는 것이었다.

그 전략적 변화의 하나는 현지법인을 설립하는 것이었다. 금성사는 1978년 미국에 현지 판매법인(GSEI)를 설립해 'Gold Star' 브랜드로 미국 시장을 공략하기 시작했으며 컬러TV의 미국 현지 생산도 추진했다. 이는 국내 기업 사상 처음으로 국제 경영의 관점에서 승부를 건 야심찬 해외 프로젝트였다. 구자경 회장이 해외 전략 변화에 가속 페달을 밟아주었다.

금성사의 다른 하나의 전략은 해외 현지에 생산법인을 설립하는 것이었다. 이것은 당시로서는 혁명적인 발상이었다. 금성사는 1981년 5월, 미국 앨러배마주 헌츠빌시에 현지 생산 법인인 GSAI(Gold Star of America Inc)를 설립했다. 법인 설립 이후 GSAI는 1981년 공장 건설에 착수하여 이듬해 7월 준공했으며 그해 10월부터 본격적인 컬러TV 생산에 들어갔다. 헌츠빌 공장은 1983년 제2공장을 추진해 1984년 10월, 연산 50만 대 생산능력을 갖춘 제2공장 건설을 준공하여 컬러TV 생산능력을 100만 대로 늘렸다.

이후에도 금성사는 전자레인지공장과 VCR 생산 공장을 준공하는 등 1980년대 후반에는 미국 굴지의 종합전자공장으로 성장했다. GSAI는 공장 준공 이후 수 년 동안 경이적인 성장을 거듭하여 금성사의 미국 진출 전진기지로써 소임을 수행했으며 1980년대 말에는 동양적 경영 기법이 미국 내에서 큰 반향을 일으켰다. 하버드 대학 경영대학원에서는 이 동양적 경영 기법을 교재로 선택하는 등 Gold Star의 이미지를 미국인들에게 인식시키는 성과도 거두었다.

기술의 상징 금성사

구자경 회장은 금성사에게 기술연구(R&D)를 주문했다. 금성사는 1976년 1월 국내 사기업으로서는 최초로 중앙연구소를 설립했다. 이것은 본격적인 민간기업 연구 시대를 알리는 신호탄이었다. 금성사는 1975년 초부터 1980년대에 도래할 기술경쟁 시대에 대비해 중앙연구소 설립을 적극 추진했는데, 그해 말에 당시 국내 전자공학 분야 최고 권위자인 최순달 박사를 연구소장으로 초빙하여 이듬해 초 중앙연구소를 정식 설립했다.

금성사 중앙연구소는 연구조직으로서 반도체실, 아날로그실, 디지털실, 생산기술연구실 등을 두어 미래 기술 연구와 함께 생산과 연계된 신기술 및 신제품 개발에 주력했다.

우리는 여기에서 당시 반도체실이 등장하는 것을 눈여겨 볼 필요가 있다. 금성사 중앙연구소 발족 이후 1970년 후반에 이룩한 성과로는 마이크로컴퓨터 응용기술을 바탕으로 금전등록기, CRT 디스플레이, 은행 출납회계기, 기계식 VCR, 전자오르간 등의 개발, 생산을 들 수 있다.

1980년대 들어서 금성사는 중앙연구소를 더욱 확대 발전시켰다. 이 계획에 따라 금성사는 1984년 서울 강남구 우면동 개포지구 연구단지에 첨단 연구소를 지향한 금성중앙연구소의 신축 기공을 가졌다. 300억 원의 사업비가 소요되는 우면동 중앙연구소는 대지 1만 평에 연건평 9,700평으로 설계되어 1987년 1월 준공되었다. 전자산업 연구에 새 지평을 여는 것이었다. 여기에는 첨단 연구설비가 망라되었으며 500여 명의 연구 전담 요원과 200여 명의 연구지원 인력을 확보한 국내 최대 규모 연구소였다. 국내 최초로 커스텀 IC 독자 설계 능력과 5인치 바이폴리시험 제작 기능을 보유하고, 당시로서는 생소한 기초연구, 가전, OA, 반도체 등 기능별 연구소 제도를 도입했다.

금성사는 생산현장에서 즉시 적용가능한 생산기술의 중요성을 인식하고 1984년 국내 최초로 창원 공장에 '생산기술연구소'를 설립했다. 이 연구소는 특히 생산기술력의 기초 강화에 역점을 두고 생산기술의 인재 육성 및 사업부의 당면 과제 해결을 위해 활발한 연구활동을 전개했다.

1985년에는 서울 영등포구 문래동에 '제품시험연구소'를 설립했다. JMI(일본 기계전자검사검정협회)와 기술제휴로 문을 연 이 연구소는 가혹환경 실험실, 한냉온난환경 실험실, 포장 실험실 등 16개 실험실을 갖춘 국내 기업 최대의 시험연구소로 운영되었다. 금성사는 1984년 TV연구소를 개설했다. TV연구소는 뉴미디어 분야의 기술 및 제품개발과 관련부품 개발에 전력, 매년 500건 이상의 국내 특허와 20건 이상의 해외 특허를 출원했다. 이외에도 금성사는 1983년 디자인 개발을 목적으로 기존의 디자인 연구실을 디자인 종합연구소로 확대함으로써 상품 디자인 분야에도 새로운 전기를 마련했다.

두드러진 가전기기 개발

금성사는 가전제품 개발사라고 해도 틀린 말이 아니다. 금성사는

1970년대부터 적극적인 연구개발 투자를 단행함으로써 외국 기술에 의존해 온 과거와는 달리 그동안 쌓아온 기술과 경험을 바탕으로 자체 기술 개발로 기술과 신뢰의 상징인 브랜드 이미지를 보다 높일 수 있었다.

특히 가전기기의 개발이 두드러졌다. 라디오 144개 모델, 카세트 라디오 43개 모델, 스테레오 컴퍼넌트 33개 모델, 선풍기 41개 모델, 냉장고 56개 모델을 개발했으며 특히 흑백 TV는 111종이 개발되어 소비자의 다양한 수요를 충족시켰다.

구미공장이 궤도에 오를 즈음 금성사는 미국 RCA사와 컬러TV 시작품 생산에 성공, 1980년 컬러TV 개발에 착수했다. 1977년 12인치 컬러TV 시작품 생산에 성공, 1980년 컬러TV 국내 시판에 대비했다. 컬러TV와 함께 1970년대 중반에 거둬들인 큼직한 개발 성과는 VCR이었다. VCR은 선진기술이 어려웠던 시기에 자체 기술력으로 개발해냈다는 데 의미가 있다.

금성사는 컴퓨터 기능을 응용한 각종 기기의 개발을 적극화하여 향후 전개될 컴퓨터 시대에 대비한 기술 축적을 뒷받침하고 엘리베이터, 에스컬레이터 고속 회전 모터를 개발함으로써 산업용 기기 및 기계 개발에서도 괄목할 만한 성과를 올렸다.

금성사는 제품개발, 해외시장 개척, 고객서비스 활동이 실효를 거두면서 1980년대에 큰 성장을 이룩했다. 수출에서는 1970년대 말부터 각종 전기전자 제품의 수출 확대가 이루어져 역동적인 활동이 전개되었다. 그러나 한국산 전자제품에 대한 반덤핑 조사 등 선진국의 보호무역 추세 강화로 수출에 많은 장애가 나타남에 따라 금성사는 품질 및 브랜드 이미지 제고 노력과 해외투자를 집중해 1980년대 중반에는 상품 수출 이외에도 컬러TV, VCR, 세탁기 기술 등 기술 수출도 크게 늘렸다. 이에 따라 1983년에는 내수와 수출이 6대 4의 비율을 보인 가운데 7,483억 원의 매출을 달성, 업계 부동의 1위였으며, 1984년에는 우리나라 전자기업 사상 최초로 매출 1조 원을 달성했다.

40

통신과 전선사업 다각화

구자경 회장은 우리나라 통신 산업의 주도적 위치를 확보하기 위해 1969년에 출범한 금성통신을 1970년 독일 지멘스사와 일본 후지쯔전기가 참여한 3개국 합작회사로 전환시켰다.

독일 지멘스사는 뮌헨에 주소를 둔 독일, 유럽의 최대 엔지니어링 회사이다. 자동화 및 제어, 에너지, 전력 발전, 철도, 의료 등 10개의 주 사업 부문을 가진 복합기업이다. 일본의 후지쯔사는 정보통신기술 기업으로 대규모 정보시스템을 구축하는 것을 주요 사업으로 삼고 있다.

이는 1970년대 우리나라의 통신 시장의 확대와 더불어 금성전기가 시작한 교환기 생산기술을 확보하기 위해 한 조치였다. 합작회사로의 변신을 계기로 금성통신은 사업영역의 확장과 기계식 전화교환기(EMD)의 양산체제 확립에 박차를 가해 1973년 안양공장을 완공했다. 안양공장은 준공 이후에도 종합조립공장 등을 신설해 동양권에서 일본 다음의 시설규모를 가진 종합통신기기 메카로 자리 잡았다.

금성통신은 1974년 정부로부터 통신기기의 양산과 공급을 통해 국가 통신망 현대화 사업에 기여한 바가 인정되어 기간산업체와 '정밀 기술 1급 공장'으로 지정되었다. 외국인 합작 기업으로는 최초로 기업을 공개했다. 금성통신은 국가통신망 현대화 계획의 주축사업자로 위상을 높여나갔다. 또한, 교환기 생산 등 주력사업에 전념하기 위해 금성계전을 설립, 범용 전기제품 사업을 분리하는 등 경영체질을 강화했다.

정부의 의욕적인 통신 시설 현대화 사업에 부응하여 사세 신장을 꾀해 온 금성통신은 양산체제 구축을 계기로 국내 최초의 기계식 키폰제 개발과 기계식 전화교환기, DDD용 자동전화기 생산을 본격화했다. 1977년에는 필리핀 정부와 1,400만 달러 규모의 통신 플랜트 일관 공급 계약을 체결, 필리핀 사상 최대의 통신 시설 현대화 사업에 참여했다. 1979년에는 전화기 생산 200만 대를 돌파하며 금성통신의 전성기를 이루었다.

그러나 정부가 통신망 현대화 계획에 따라 EMD 생산을 중단함에 따라 1982년부터 신장세가 급격히 꺾였다. 교환기 사업의 어려움을 경험한 금성통신은 통신기기, 컴퓨터 주변기기, 자동화 설비 등 신규 분야로 진출하기 위해 필사적인 노력을 경주했다. 그러면서 EMD가 빠진 공간을 전자식 교환기에 디지털을 가미한 새 기술의 전전자식 교환기로 대체하기 위한 연구개발에 전력해 1985년에는 대용량, 다기능의 제3세대 교환기 NEAX-2400 IMS를 개발하는 데 성공했다. 또, 컴퓨터 관련 사업 가운데 하드웨어 부분의 출력장치를 신사업으로 추진하여 국내 최초로 도트 메트릭스 프린터(M-100)를 출시한 데 이어 애플 컴퓨터용 플로피디스크 드라이브(FDD) 사업을 전개했다. 이는 1983년 정부 지원으로 수행한 FDD 연구과제 결과를 사업화한 것이었다.

이외에도 금성통신은 의료기기 분야에서도 상당한 개발 성과를 거두었다. 의료기기 분야는 1982년 금성통신연구소가 한국 과학기술원(KIST)과 합작으로 MRI-CT(자기공명조영장치) 국산화에 본격 참여하여 1984년 MRI-CTX선 진단장치, 두부용, 전신용 컴퓨터 단층촬영기, 이동형 X-선 시스템을 국산화하는데 성공했다.

금성전선의 성장

금성전선은 1969년 출범과 함께 자본, 기술의 국제화를 추구하고 1971년 일본 히타치사를 파트너로 맞아 합작사로 새롭게 발족했다. 이를 계기로 공급능력 증대를 위해 대단위 전선 케이블 공장 신설을 추진하여 1975년 구미공장 건설에 착수했다. 당시 금성전선은 안양공장의 지절연 통신선과 플라스틱 케이블 라인을 이설해 구미공장을 통신선 전용 공장으로 건설하고 안양공장은 전력케이블 전문 공장으로 발전시킨다는 구상을 수립했다.

1977년에는 국내 3대 전선업체인 국제전선을 공동 인수해 '국제전선' 파동을 종식시켰다. 1978년 준공된 구미공장은 지절연 통신선과 플라스틱 통신선을 생산하여 1980년에는 자체 생산품만으로 수출, 1,390만 달러와 1억 1,340만 달러의 수입 대체 효과를 거두었다. 또, 구미공장 2단계 건설 계획을 추진해 SCR 시스템(황인선연속주조압연시설)을 보유한 세계 13번째 국가가 되었다.

이와 함께 안양공장의 전력선, 통신선, AI선 등 12개 공장의 설비를 크게 확장해 생산설비에서 시장점유율까지 업계 선두의 자리를 굳건히 지켰다. 금성전선은 1980년대를 거치면서 전선 사업의 질적 전환을 주도하여 동통신에서 광(光)통신으로, 범용에서 초고압 특수전선으로 대체를 이룩하며 전선 사업의 발전을 이끌었다.

이에 따라 1983년에는 구미공장에 초고압 케이블 공장을 준공, 양산 체제를 갖추었다. 한편 금성전선은 1980년대 초반부터 본격적인 사업 다각화를 추진하여 초기 전선 유관 분야에서 비전선 분야로, 다시 탈 전선 분야로 사업영역을 확대했다. 다각화의 대표적 사례가 1983년 한국중공업 군포공장을 인수하여 중공업 분야 진출을 실현한 것이었다. 군포공장은 인수 후 명칭을 중기공장으로 개칭, 기계공장으로서의 정체성을 강화했다. 1988년에는 건설 중장비 분야가 산업 합리화 업종에서 풀리자 인천중공업과 제휴하여 굴착기 생산에 참여하고 공조 부문에서는 부품 국산화를 적극 추진하여 사업성을 향상시켰다.

금성전선은 1980년대 중반 이후 정보통신망 및 행정통신망의 확대에 따라 LAN 시스템의 설계, 공급, 설치 등 턴키 판매 체제를 갖추고 시스템 공급을 본격화하는 한편 자체 기술로 광 LAN 시스템을 개발, 이의 공급을 주도했다. 이와 함께 CATV 사업에도 진출하여 럭키금성타워에 대규모 사내 CATV 시스템을 설치하고 서울올림픽 조직위에 방송용 CATV 시스템을 턴키로 공급했다. 또한, 일본으로부터 기술을 도입해 정밀 전자기기용 커넥터 사업에도 진출하는 등 사업영역 다각화를 위해 노력을 기울였다.

금성사는 1970년대에 전자분야의 합리적 발전을 꾀하기 위해 산업용 전기기기 사업의 전문화를 단행했다. 금성전기와 금성계전, 금성정밀이 그것의 산물이다.

금성전기는 금성사로부터 금성통신이 분리될 때 이관받은 반송기 사업의 전문화를 위해 1990년 설립되었다. 금성전기는 1974년 일본

NEC사와의 합작을 통해 오산공장을 건설하여 반송 전신 및 PCM 전화 반송 장치 국산화율을 획기적으로 높일 수 있는 요건을 갖추었다.

금성전기는 1976년 기업공개를 단행한 데 이어 한국과학기술연구소(KIST)와 공동으로 컴퓨터 수치제어 공작기계(CNC)의 컨트롤러용 컴퓨터 시스템을 개발하고 상공부로부터 전자공업 부문 중점 육성 대상 품목 생산업체로 지정받았으며 1978년에는 미국 국제전기통신위성기구의 결의로 국제 통신위성 사업에 참여하게 되었다.

금성계전은 범전용기기 사업을 전문화하고자 일본 후지전기와의 합작으로 설립되었다. 회사 발족과 함께 금성통신 안양공장에서 적산전력계 등 14종의 제품을 생산하다가 1975년에는 오산공장을 신축해 수배전 사업을 본격화하는 등 국내 유일의 전력을 강화한 데 이어 청주공장을 건설하여 다각화를 꾀했다. 이후에도 금성계전은 1984년까지 계장반 및 계측기 사업, 발전소용 배전반 사업, 몰드 변압기와 진공차단기 사업, 적산열량계 및 가스제어기기 사업에 본격 착수했다.

금성계전은 1984년에 '1000만 달러 수출의 탑'을 수상하고 적산전력계량계(WHM) 1,000만 대 생산을 기록했다. 럭키그룹은 축적된 전기전자기술을 바탕으로 방위산업에 진출하기 위해 1976년 금성정밀공업을 설립했다. 금성정밀은 그 해 정부로부터 군수업체로 정식 지정을 받았으며 1977년에 금오공장을 준공함으로써 성장의 교두보를 마련했다.

금오공장 가동 후 가장 큰 성과는 1978년 생산을 개시한 군용 데이터 개발이었다. 이의 개발을 계기로 기술력을 인정받은 금성정밀은 월남전에서 탁월한 성능을 입증한 발칸포 레이더의 조립 생산 계약을 체결했다. 또한, 안정적인 사업기반 구축을 위해 민수 분야로 진출, 국내 최초로 민간 선박용 항해 레이더를 독자 개발하는 성과를 올렸다.

금성정밀이 1980년대를 맞아 전개한 주요 사업 방향은 해상 감시 및 항공관제 등 레이더 부문의 생산을 본격화하고 통신전자 부문에서는 무선중계 단말 세트, 반송장비 등의 생산, 지휘통제 부문에서는 발칸 정비 사업, 신규로 항공전자 부문의 개척 등이었다.

1985년부터는 검교정 및 방위산업 활동에서 축적한 기술력을 바탕으로 광학기 및 계측기 사업을 추진했다. 이를 위해 일본 히타치사의 기술을 도입, 고도의 정밀전자 기술이 집약된 오실로스코프(Oscilloscope)의 개발에 나섰다. 계측기 사업은 1983년 전자응용공장 준공으로 본격화되었으며 이 기간에는 선박용 레이더의 잇따른 개발로 선박장비 사업에도 두드러진 성장을 이룩했다.

럭키그룹은 이외에도 1978년 서통전기를 인수, 자매회사(신영전기)로 출범시켰다. 신영전기는 1982년 발전설비전문업체 지정 및 기간 산업체로 인정받아 사업기기 전문 업체로 성장 기반을 다졌다. 1984년부터는 범용전기기기, 배전반, 승강기 중심의 영업에서 전자시스템, 제어기기로 사업영역을 넓혔고 1987년에는 상호를 '금성기전'으로 변경하고 수출 증대, 사업 다각화, 신제품 개발에 역량을 집중했다. 또, 1984년에는 미국 하니웰사와 합작으로 금성하니웰을 설립하여 제어시스템 사업에 진출했다. 금성하니웰은 1985년 부평공장을 준공해 제어시스템 분야의 국산화를 선도했다.

전자부품 전문화와 계열화

금성사는 부품 고급화를 기술 발전과 함께 주요 정책 과제로 삼고 1970년 한·일 합작법인으로 금성알프스전자를 설립해 가변저항기, 스위치, 바리콘, 튜너 사업을 본격화했다. 이를 위해 1973년 안양공장을 건설하여 가변저항기 100만 개 수출 달성, 국내 최초의 황금튜너 수출, TV 튜너 월 판매액 10억 원 돌파 등의 기록을 세우며 초기부터 성장 기반을 다졌다.

이후 금성알프스는 1983년 전남 광주시 하남 공단에 광주공장 건설에 착수하여 1985년 준공함으로써 종합전자부품 회사로 부상했다. 광주공장은 VCR용 영상헤드 600만 개, 컬러TV용 튜너 800만 개, 오디오용 헤드 2,400만 개, 오디오용 튜너 250만 개 등의 생산능력을 갖춘 대규모 공장이었다. 공장 건설을 계기로 마그네틱 헤드사업과 전자식 튜너의 양산 체제가 본격화되었다.

1986년에는 매출 규모가 1,000억 원대에 진입했다. 이 시기에 금성사는 '금성부품'과 '금성포스터'를 설립해 부품 생산의 전문화와 기술 향상을 추진했다. 금성부품은 금성통신이 출자 관계에 있던 교환기 부품 생산업체인 한도공업을 인수하여 계열화한 것으로 1987년 상호를 금성부품으로 변경했다. 금성부품은 초정밀 가공제품 및 전자부품 전문 업체로 이미지를 높였다. 금성포스터는 일본 메이커인 포스터 사와 합작하여 1971년 설립된 회사로 라디오 및 TV용 스피커와 그 부품을 생산, 국내 공급 및 해외 수출을 주요 사업 내용으로 하고 있다. 금성 포스터는 각종 부품에서 완제품까지 일관 체제를 갖추기 위해 1978년 신축 공장을 완공함으로써 그동안 수요 증가에 적절히 대응하지 못했던 생산체제를 일신했다.

금성반도체 설립

우리는 구자경 회장이 그룹의 2대 회장으로 취임한 이후 그룹의 확장을 거침없이 해오고 있는 것을 보고 있다. 고속질주에 가깝다. 그중에서도 이 장에서 다루려는 반도체 사업은 대단한 의미를 담고 있다.

구자경 회장이 21세기 들어 '산업의 쌀'이 될 반도체산업에 진출할 결심을 한 것은 럭키그룹(현 LG그룹) 성장사에 오래도록 잊지 못할 만한 가치 있는 일이었고 한국 반도체산업 역사에도 한 획을 남기는 일이었다. 구 회장이 반도체 사업 진출을 앞두고 얼마나 고심하고 심각하게 생각했었는지는 공식적인 기록은 남아있지 않다. 참고로 삼성그룹의 이병철 회장이 반도체 사업에 진출을 모색할 때 그는 일본 미야기현 센다이시에 있는 도호쿠대학 유명 반도체 교수를 10여 차례나 찾아가는 신중성을 보였다. 이 책에서는 추후 금성반도체(LG반도체)가 IMF 사태 이후 산업구조조정 과정에서 정부의 빅딜(Big Deal) 조정으로 진통을 겪는 내용을 다룰 것이다.

구자경 회장은 1979년 자금난을 겪고 있는 대한반도체를 인수, 금성반도체로 발족시켰다. 반도체 사업이 본격화된 것이다. 금성반도체는 설립 직후 그룹 내 컴퓨터 사업을 통괄하는 조직을 갖추어 1981년 최초의 국산 컴퓨터 1호기(GSLEVEL-6)를 생산했다. 삼성그룹 반도체 사업은 1983년에 출범했다. 이에 1982년에는 미국 AT&T사와 슈퍼마이크로 컴퓨터 '시스템 8000' 기종 및 관련 소프트웨어 판매 계약을 체결했다.

1985년에는 구미에 컴퓨터공장을 준공하고 첫 제품으로 'PC-24'를 생산, OEM 방식으로 미국과 홍콩 등에 수출하여 활로를 넓혔다.

PC 사업은 새 모델이 잇달아 나오면서 각급 기관 및 단체로 보급이 확대되고 '86 아세안게임', '88 올림픽' 등 공식 후원업체로 참여하는 등 금성반도체의 성장을 주도했다. 금성반도체는 반도체 사업 확장을 위해 1984년 MOS 공장을 건설한 데 이어 미국의 세계적인 반도체 업체인 LSI 로직사와 LL5000 시리즈 게이트 어레이 기술도입 계약을 체결했다. 또, 1986년에는 입찰을 통해 정부가 민영화하는 한국전자통신소(ETRI) 구미분소반도체 시설 일체를 인수함으로써 기존 반도체 시설 3만 평과 함께 총 10만 평의 대단위 공장을 확보, 새 전기를 맞게 됐다.

금성반도체는 1985년 또 하나의 개가를 올렸다. 미국, 일본에 이어 세계 세 번째로 1 메가롬(Rom) 개발에 성공, 국내 반도체산업을 고부가가치의 '메가 시대'로 진입시킨 것이다. 이 개발로 회사 설립 이후 수년 동안 침체되어 온 반도체 사업에 활력을 불어 넣었다. 또, 미국 페어차일드사의 기술을 도입해 1985년 고속 CMOS 64K S램을 미국, 일본에 이어 개발하는 데 성공, 고부가가치 고집적의 'S램 시대'를 열었다. 금성반도체는 또 1986년 세계 반도체업계의 S램 기술 분야에서 최고의 성능으로 평가받는 FAST 256K S램을 개발하는 개가를 올렸다.

이로써 차세대 기억소자로 불린 IMD 램 개발은 물론 4MD 개발 경쟁에서도 우위에 설 수 있는 기반을 갖추었다.

41

사업영역의 대확장
(종합상사, 보험, 증권)

구자경 회장은 전자, 전자기기 분야에서 보험, 증권 등 비제조업 분야로 그룹의 사업영역을 넓혀갔다. 때마침 정부는 1977년 수출 100억 달러 달성이라는 위업을 시현하면서, 수출종합무역상사 제도를 도입했다. 수출입국의 꿈을 이끌어 갈 주력 기업을 키우는 게 정책목표였다.

럭키그룹의 수출 창구인 반도상사는 1976년 기업공개를 단행한 것을 필두로 18개 해외지사 설치, 종합무역상사 지정, 수출 1억 달러 탑 및 금탑산업훈장 수상, 잇따른 기업 인수 및 사업 확대 등 의미 있는 행보를 보였다.

특히 반도상사는 그해 11월, 무역회사 중 8번째로 종합무역 상사 지정을 계기로 세계 속의 무역회사를 지향하는 희망찬 발걸음을 내디뎠다. 종합무역상사 지정으로 해외지사망을 대폭 확대했다. 그것은 국제경쟁력을 높이고 중화학공업 제품의 수출개발과 삼각무역을 추진하는 등 최고 수준의 종합무역상사로 성장하기 위한 것이었다.

반도상사는 1978년 3억 2,984만 달러의 수출 실적을 기록한 데

이어 1979년에는 4억 7,000만 달러의 수출 실적을 올려 수출 4억 달러 탑을 수상했다. 또한, 회사 설립 30주년이 되는 1983년에는 10억 6,300만 달러의 수출 실적을 올려 종합무역상사 중 수출 실적 4위에 올랐다. 반도상사는 수출을 선도하는 주목받는 회사로 떠올랐다.

1977년 이후 3년 동안 반도상사는 전 세계 17곳에 해외지사를 설립했다. 1980년대를 맞아 반도상사는 수출 일변도, 외형성장 중심의 전략에서 수출입과 국내 영업의 조화로운 성장으로 전환했다.

특히 반도상사는 1984년 1월 1일을 기해 상호를 '럭키금성상사'로 변경하면서 새로운 성장을 향한 도전을 시작했다. 상호 변경과 함께 1984년을 '대전진의 해'로 설정하여 내실 성장을 추구한 결과 럭키금성상사는 매출 1조 4,000억 원을 시현하는 한편 수출 실적도 목표를 15% 초과한 14억 4,300만 달러를 달성해 종합무역상사 중 2년 연속 신장률 1위를 차지했다. 수출 대상 지역도 북미, 아시아 지역에서 유럽, 남미, 중동 지역으로 넓혀나갔다.

또한, 기술집약적인 첨단산업인 종합자기 기록매체 제조사업에 착수한 것을 비롯, 종합상사의 기능을 최대한 활용해 해외 유전 시추 탐사, 유연탄 개발 사업 등 자원개발 사업에 적극 참여함으로써 주요 에너지 자원의 장기적 확보를 위한 역동적인 투자활동을 전개했다.

이외에도 1980년대에 럭키금성상사는 해외 시장 개척과 교역 환경변화에 대응하여 모두 15개 해외지사를 설치하고 10개 해외지사를 이전 또는 폐쇄하여 동남아, 유럽, 중동, 중남미, 미주 등에 모두 29개사를 운영했다.

해외자원 개발과 플랜트 수출

럭키금성상사는 1980년대부터 플랜트 수출을 위해 적극적인 수주 활동을 전개했다. 그 결과 1981년 이집트에서 연산 5만 톤 규모의 압연 공장 건설 사업을 수주하는 개가를 올렸다. 미국, 일본 등 유수한 경쟁자들과 경합한 끝에 성공한 것이었다. 이는 그동안 수출시장 다변화 전략과 함께 수출 품목을 중공업 부문으로 확대한 데 따른 첫 결실이었다.

1982년에는 아프리카 나이지리아에서 칫솔 및 플라스틱 제조공장 설립을 위한 합작투자 계약을 체결했으며, 방글라데시 전략청이 발주한 변전소 설비 공사를 턴키베이스로 수주했다. 한편, 1983년부터는 아프리카, 동남아 등 특수지역 진출 및 수입 사업 확대를 추진했으며 석유, 석탄, 동광석 등 자원개발 사업에도 본격적으로 진출했다.

럭키금성상사는 1983년 호주 정부가 퀸즐랜드 중부 지역 유연 탄광 개발을 위해 실시한 국제입찰에서 낙찰에 성공, 엔샴남북에머랄드, 레이크 버몬 등 3개 지역의 대규모 유연 탄광 개발 프로젝트에 컨소시엄을 구성해 참여했다. 또, 1984년에는 정부의 원유 수입 다변화 정책에 부응해서 에콰도르 국영 석유회사인 세페사와 하루 1만 5,000배럴의 에콰도르산 원유 장기공급 계약을 체결했다. 또한, 석유개발공사와 함께 미국의 석유 탐사 및 시추 전문기업인 잭슨사와 인도네시아 아탕 지역의 유전 탐사 및 개발 사업에 참여했다. 국내 종합상사로서는 최초의 해외 유전 개발 사업에 참여한 것이다.

가발, 패션사업 참여

반도상사는 1960년대 중반부터 부산공장을 설립해 당시 수출 주력 상품으로 각광받던 가발 사업에 참여했다. 반도상사는 가발 수출에서 대성공을 했다. 반도상사는 1970년 럭키섬유를 인수해 블루진 제품을 생산함으로써 의류 제조 분야에 처음 진출하게 되었다. 반도상사는 의류 수출을 통해 패션사업의 가능성을 확인했다. 패션사업은 경제성장에 따라 국민 소득이 높아지면서 발전 가능성은 무한한 것으로 보였다.

반도상사는 1974년 서울 명동에 '반도패션' 1호점을 개점하고 국내 최초로 고급 여성 기성복을 시판함으로써 한국 패션산업을 본격적인 '산업'의 단계로 끌어올리는 계기를 만들었다.

반도상사는 수출에서 쌓은 경험과 기술로 당시 소규모 의상실 수준에 머물러 있던 국내 패션산업을 한 단계 성숙시켰다. 1975년에는 숙녀복에 이어 신사복을 출시했다. 당시 맞춤복 위주의 신사복 분야에 기성복 인식을 심어주었다. 1978년에는 국내 처음으로 토탈 패션 개념을 도입해 '반도스포츠'라는 브랜드로 스포츠용품과 반도 숙녀화의 시판을 개시함으로써 패션 기업의 위상을 굳건히 했다.

반도패션은 1982년 부산공장이 품질관리 1등급 공장으로 지정을 받아 브랜드에 대한 신뢰도를 높였으며 1984년에는 신사복 및 여성 의류 등을 생산할 양산공장을 준공, 성장의 전기를 가져왔다. 양산공장은 컴퓨터 시스템 등 최신 설비로 연간 신사복 상의 55만 장, 코트류 45만 장 등의 생산능력을 갖추었으며, 이듬해에는 국제양모사무국(IWS)으로부터 기성 신사복 부문에서 'A급' 인증을 받음으로써 반도패션의 이미지를 높였다.

한편, 반도패션은 1980년대부터 해외브랜드의 국내 도입을 선도했다.

1981년 세계적 상표인 미국의 '만시라스' 기술도입 계약 체결을 시작으로 1982년 미국의 캐주얼웨어 업체인 '죠다쉬', 1982년에는 영국의 전통적 남녀 기성복 메이커인 '닥스심프슨사'와 기술제휴해 고급 신사복 닥스와 닥스 액세서리를 국내에 공급했다. 반도패션의 기술제휴는 그 후 일본의 '그레이스', 이태리의 '파시스'로 이어졌으며, 또, 일본의 여성복 패션 전문 메이커인 도쿄블라우스사와 기술제휴 계약을 체결, 1985년부터 자체브랜드로 판매를 시작했다. 숙녀복 신규 브랜드 '마쉐리'와 캐주얼복 '캠퍼스플레그'도 개발 시판했다.

범한화재 인수와 성장

럭키그룹은 1970년 범한화재해상보험을 인수했다. 범한화재는 1958년에 설립되어 국내 손해보험사업 발전에 큰 기여를 한 중견업체였다. 럭키그룹은 금융사업 진출의 발판을 마련했다. 럭키그룹이 범한화재를 인수한 가장 큰 이유는 가동을 시작한 호남정유의 원유수송에 대한 안전장치를 마련하기 위해서였다.

인수 이후 범한화재는 경영 쇄신을 통해 경영의 안정과 성장을 추구하였는데 특히 1976년에는 세 차례의 증자를 시행하고 기업공개를 단행했다. 1978년에는 세계보험 시장의 중심인 영국 런던에 주재사무소를 개설해 선진보험 기술의 도입을 선도해 국내 화재보험산업의 선진화를 이끌었다. 범한은 상품개발 면에서 장기보험 상품개발에 역점을 두어 1979년까지 상품을 34개 종목이나 개발했다.

이렇듯 범한화재는 1970년대를 통해 인수 이후 여러 가지 경영상 어려움을 딛고 경영 쇄신을 통한 체질 개선 노력과 함께 신상품 개발, 영업장 확대, 공신력 제고 등에 힘을 기울여 지속적인 성장세를 보였다.

1970년대까지 보험산업은 정부의 보험산업 육성 정책에 따라 타율적 성장의 시기였지만 1980년대에 들어서면서 정부의 정책 기조가 성장 위주에서 안정 위주로 전환함으로써 경영효율화가 성장의 관건으로 부상했다. 또한, 보험시장이 완전 경쟁 체제로 바뀌어 한국자동차보험이 독점해 온 자동차보험 영업이 12개 사로 확대되는 등 보험산업은 일대 전환기를 맞이하고 있었다.

이에 따라 럭키그룹은 1983년 상호를 '범한화재해상보험'으로 변경하고 선진보험사로 도약하기 위해 경영의 선진성 확보에 주력했다. 특히 보험의 국제화 시대에 대비하기 위해 국내 보험사 중 최초로 뉴욕 사무소를 개설해 세계 양대보험 시장인 런던과 뉴욕에 사무소를 두게 되었다. 특히 1984년에 창립 25주년을 맞은 범한화재는 전년 대비 30.2%의 고도성장을 보여 업계 평균 신장률을 크게 압도했을 뿐 아니라 일반 영업실적 또한 업계 수위를 고수했다.

국제증권 설립과 발전

구자경 회장은 1960년대 말부터 1970년대 초에 걸쳐 럭키화학과 금성사를 잇달아 공개하면서 자본시장에서 자금을 조성하는 직접금융기법을 시행했고 정부의 1972년 8.3 조치로 금융산업이 획기적인 변화를 맞게 되자 1973년 6월 국제증권을 설립했다. 정부는 기업의 단기자금을 취급할 투자금융회사와 자본시장 육성을 위해 증권회사 설립을 인가해 주는 정책을 시행했다. 국제증권 설립자본금은

5억 원이었다. 초대형급 증권회사였다. 당시 최대 증권회사였던 삼보증권회사 자본금이 1억 5천만 원이었던 것과 비교해 보면 그 규모를 짐작해 볼 수 있다.

그러나 설립 추진 도중에 발생한 제1차 세계 유가파동으로 세계 경제가 급격히 악화되는 등 최악의 증시 침체를 맞게 되었고, 본사 화재사건, 기업공개 주간사를 맡은 기업의 부도, 한강 출장소 영업 정지 등 1975년까지 크고 작은 사건이 잇달아 발생해 회사 창립 직후에 회사의 존립이 위태로운 위기를 맞았다.

국제증권은 이런 위기를 극복하기 위해 회사 내부관리 체계를 강화하고 영업 활성화 대책을 마련하는 등 필사적 노력을 기울였다. 이에 따라 1976년부터는 정상적인 경영 기능을 발휘할 수 있었다. 또한, 1977년부터 1979년까지 청계천, 퇴계로, 부산지점 등 5개 지점을 신설하여 영업기반을 마련했다. 1979년에는 증권시장의 심장부인 증권거래소가 명동에서 여의도로 옮김에 따라 국제증권도 본사를 여의도로 이전했다. 이후 6년간의 장기 경영 계획을 수립, 추진함으로써 본격적인 성장기를 맞이하게 되었다.

1980년대를 맞은 국제증권은 회사 규모의 대형화를 적극 추진하여 증권업계를 선도하는 견고한 영업기반을 구축한다는 장기경영전략을 수립했다. 이 계획은 향후 회사 경영에 반영되어 상호 변경, 자본금 대형화, 지점망 확장, 영업기반 확충, 대보증권 합병 등 일련의 성장 전략을 수행하는 기반이 되었다. 당시 대보증권 합병은 증권업계에 큰 뉴스를 제공했다. 1982년에는 이미지 통합 작업의 하나로 상호를 '럭키증권'으로 변경하고 자본금 규모를 업계 최대인 80억 원으로 확대했다. 이것은 큰 의미가 있었다. 업무 영역이 기존의 인수, 공모 이외에 국제투자신탁 업무까지 할 수 있게 된 것이다. 이에 따라 럭키증권은 영업력이나 영업실적에서 업계 3위권으로 진입해 1984년부터는 대형증권회사로 자리를 확보했다.

한편, 럭키그룹은 정부가 1972년 8.3 조치에 의해 사금융을 제도권으로 흡수하기 위해 단기금융회사 설립을 허가함에 따라 1980년 부산에 설립 기반을 둔 '부산투자금융'을 인수했다.

건설 사업 본격 진출

구자경 회장은 건설 사업 분야로 그룹 영역을 넓혔다.

럭키그룹은 정부의 경제개발 제2차 5개년계획의 추진으로 건설업의 역할이 커지자 1969년 럭키개발을 설립했다. 설립 당시 계획했던 리조트 사업이 백지화함에 따라 수년간 휴면 기업 상태로 있다가, 1975년 럭키개발로의 상호 변경과 함께 새로운 출발을 했다.

럭키개발은 건설업을 지향, 1977년 기존 건설업체인 '세계산업'을 흡수합병하여 건설업 면허(건축, 토목공사업)를 취득하고 첫 공사로 연암축산전문학교 교사, 금성사 창원공장 등을 착공하여 건설업에 진출했다. 한편, 정부의 해외건설촉진법 시행령 개정으로 대기업의 해외 건설 시장 진출이 대거 이루어지자, 그룹 차원에서도 건설업의 해외 진출을 적극 추진했다. 이때가 한국 건설업체의 '중동 붐'이 일어나 현대건설이 사우디아라비아 주베일 산업항 건설공사 입찰에 성공한 시기였다.

럭키그룹은 1977년 럭키해외건설, 1978년 럭키엔지니어링을 설립했다. 후발건설업체로 출범한 럭키해외건설은 1978년 첫 해외공사로 1억 5,100만 달러 규모의 사우디아라비아 다란 공군기지 숙소 및 부대시설 공사를 수주했다. 1979년에는 럭키 해외건설을 럭키개발로 통합하여 건설 사업을 일원화했다.

1980년대 들어서 그룹 규모가 획기적으로 성장하면서 공장의 신증설이 계속됨에 따라 럭키개발은 그룹 공사를 통해 시공 경험을 쌓으며 성장 잠재력을 키웠다. 럭키개발은 시공 경험과 기술을 바탕으로 해외 시장 진출을 적극화하기 위해 사우디아라비아 다란, 베이루트, 런던, 암만, 뉴욕, 프랑크푸르트 등에 해외지사를 설립했다. 또한, 자재 구매 및 수주 활동, 시장 여건 개선 등을 확보하기 위해 1983년 사우디아라비아와 미국에 해외법인을 설립했다. 이와 함께 수주 영역의 다변화를 위해 철강재설치업, 포장공사업, 방재시설업, 액상폐기물 정화조 설계 시공업, 분뇨종말처리시설, 설계 시공업 등의 신규 면허를 취득했다.

럭키개발은 1980년대 들어 급속한 외형성장을 했다. 기업공개를 단행해 1981년에는 매출 1,000억 원을 돌파했다. 1984년에는 국내 공사 수주액 1,400억 원을 포함, 총매출액 2,773억 원을 달성해 국내 건설회사 중 도급 순위가 20위 안에 들었으며, 해외공사 도급 순위도 20위에 올라섰다.

한편, 해외건설 사업은 1980년대 초부터 중동 건설경기가 쇠퇴함에 따라 1982년부터 급격히 축소되는 양상을 보였다.

럭키개발은 1981년에 사우디아라비아 킹 사우드 대학, 이맘 대학 등의 대규모 공사를 수주하여 1/4분기에만 4억 667만 달러 상당의 공사를 수주했으나 1년 후인 1982년에는 4,437만 달러로 급락했다. 이후 1984년에는 사우디아라비아 법인의 적극적인 수주 활동에 힘입어 해외 수주액이 다시 1억 달러 이상으로 회복되었다.

유통 전문기업 희성산업

희성산업은 1971년 금성전선의 지중선 매설 전문기업인 '금성전공'으로 출발했다. 금성전공은 그룹의 방침에 따라 광산업에 진출하는 등 다양한 사업을 전개했다.

이후 그룹의 사업 다각화 계획에 따라 금성전공은 1975년 상호를 '희성산업'으로 변경했다. 1978년에는 미래의 산업사회를 주도할 광고대행업을 신규 진출 업종으로 채택하고 유통사업과 광고업을 장차 주력사업으로 발전시키기 위한 노력을 기울였다.

희성산업은 1980년대 초부터 유통 전문기업으로 성장하기 위한 전략을 본격화하기 시작했다. 이는 그룹의 유통사업의 강화와 일원화 방침에 따른 것으로 1980년 럭키의 자회사로 운영되어 온 럭키체인을 흡수, 합병하면서 본격화되었다. 그룹 내 유통사업 부문을 총괄하여 전문 유통 기업으로 새롭게 출발한 희성산업은 1980년대 초의 정치적 격변으로 한국 경제가 불황의 늪에 빠짐에 따라 2년 동안 경영상 큰 시련을 겪었다. 희성산업은 유통사업별 손익 및 목표 관리 도입 등 수익기반 조성에 총력을 기울여 1983년 드디어 2년 연속 적자경영에서 탈출했다.

희성산업은 1984년 사업 전략 면에서 새로운 전기를 맞았다. 럭키그룹의 사옥 관리업무를 전담하여 빌딩 관리 용역 사업의 기반을 다졌고, 7월에는 광고 사업의 전문화를 위해 '엘지애드'를 설립, 광고회사로 독립시키고, 10월에는 골판지 상자 전문업체인 희성제지를 인수, 특수제지에 진출하는 등 사업영역을 전문화, 다각화함으로써 성장의 기틀을 마련했다.

언론사업의 퇴진

럭키그룹의 새 가족이 된 국제신보는 그룹의 지원을 받아 1970년대 중반을 지나며 화려한 도약의 시대를 열어나갔다.

1960년 대표이사로 취임한 구자학 사장은 '신문 제작에 필요한 지원과 시설을 국내 최고, 최대로 올려놓을 것'이라 밝히고 사원들의 단합과 의욕을 북돋우며 경영을 이끌었다.

구자학 사장은 처가인 삼성그룹에서 럭키그룹으로 자리를 옮겼다.

새로 인수한 부산문화TV(부산MBC)와 함께 부산국제회관을 착공하고 이듬해에 신문제호를 '국제신문'으로 변경하는 한편 '주간국제'도 창간하여 전국지에 버금가는 영향력을 가지게 되었다.

우리는 구자경 회장이 전무 시절 라이벌 사인 부산일보가 자금난을 겪고 있을 때 3천만 원의 자금 지원을 해주었던 것을 기억할 수 있다.

국제신문 창간 32주년 해인 1979년에는 3년 공사 끝에 국제회관이 준공되어 문을 열었다. 한국 제2의 대도시 항도 부산의 종합매스컴센터가 탄생한 것이다. 지상 16층의 국제회관은 당시 부산 최대의 건물이었다. 럭키그룹이 부산문화TV를 껴안은 것은 이 회사가 저조한 광고 수입에다 추가 투자수요가 계속되면서 경영부실을 견디지 못하고 민영화를 추진하며 럭키그룹이 인수해 줄 것을 요청한 데 따른 것이다. 이에 따라 럭키그룹은 1971년 이를 인수, 부산문화TV를 설립하고 경영진을 재편하는 등 민간 상업방송으로서 면모를 갖추었다.

럭키그룹은 같은 시기에 경영난으로 인해 한국문화방송이 민영화하는 진주민영방송(진주MBC)과 경남일보를 인수했다. 구자경 회장이 최악의 경영난에 처해있는 진주MBC나 경남일보를 인수해 준 것은 구인회 창업회장의 사업 출발점이 진주였던 점이 크게 작용했으리라고 생각할 수 있다. 럭키그룹은 두 언론사의 발전을 위해 사옥을 신축하고 주조기, 동판기 등 최신 기자재로 교체를 단행했으며 광고국을 신설해 경영기반 안정을 꾀했다.

이처럼 1970년대 전반에 걸쳐 럭키그룹은 부산·경남 지역을 중심으로 지방 언론 발전에 많은 노력을 기울였다. 특히 국제신문은 지방지의 한계를 뛰어넘어 전국지의 명성과 영향력을 가졌다.

그러나 1980년 정권을 잡은 신군부 세력이 언론 장악을 위해 자행한 언론 통폐합이라는 초법적 조치로 인해 럭키그룹의 언론사업은 안타까운 종말을 맞게 되었다.

즉, 국제신문은 부산일보에, 경남일보는 경남매일에 통합되고 부산문화TV는 방송 공영화의 명분 아래 경영권을 문화방송에 넘겨야 했다. 독자들이여! 이때 삼성그룹의 이병철 회장도 동양방송 TV(TBC)를 강제로 KBS에 넘기는 비극을 맞이했다는 것을 알아둘 필요가 있다. TV 사업을 놓고 구인회, 이병철 두 회장이 사돈의 우의까지 상하면서 결별했으나 결국 두 회장이 언론사업에 손을 떼게 되는 것은 역사의 아이러니라고밖에 달리 설명할 수 없다.

연암축산기술학교

구자경 회장은 1973년 연암학원을 설립하고 연암축산고등기술학교의 설립인가(축산과 60명)를 얻어 이듬해 개교했다. 연암은 구인회 창업회장의 아호다.

1969년 설립된 연암문화재단은 장학, 학술 등 각종 사업 목적을 이행하던 중 당시 낙후된 농촌 경제를 부흥시키기 위해 전문농업인력의 육성과 농업의 과학화라는 창업회장의 유지를 받들기 위한 것이었다. 1976년까지 3년에 걸쳐 신입생을 선발한 연암축산기술학교는 정부의 정책에 맞추어 중견직업인 육성을 위한 전문학교 체제로 전환을 추진하여 1977년 연암축산전문학교로, 다시 1979년에는 축산과, 낙농과, 사료과 각 40명 정원의 연암축산전문대학으로 개편하여 본격적인 고등교육기관으로 성장했다.

이후 1981년도에는 신설 원예과에 지원자가 크게 몰려서 1982년도부터 원예과 160명, 축산과 80명 등 정원을 320명으로 확대하고 이듬해에는 학교명을 '연암축산원예전문대학'으로 변경했다.

전문대학 승격 이후 시설 확충에 나선 연암학원은 1980년부터 약 10년 간 최적의 교육환경을 목표로 종합적인 실험실을 갖춘 실험연구관을 비롯해 농기계교육관, 도서관, 인화관, 원예관 등 대형 교육시설을 갖추었다. 또 조직배양실 등 각종 실험실습관과 복지회관, 학생회관 등의 복지시설을 연이어 신축하는 등 모든 시설물의 설계에서 캠퍼스 조경까지 연암의 창학이념을 잘 살렸다는 평가를 받았다.

한편, 연암학원은 중견 기술인의 확보가 공업 입국의 주요 요소라는 인식 아래 1981년 경남 진주에 '연암공업전문대학'을 설립했다. 연암공업전문대학은 설치학과가 전자과와 전자계산과 등 2개 학과에 불과했으나 이 대학이 확보한 컴퓨터, 전자실험실 등 기자재와 시설은 국내 대학 중 최고의 수준이었다. 연암공업전문대학은 산학협동의 요람으로 주목받으며 1984학년도 신입생 모집과 함께 개교했다.

이후 재단의 전폭적인 지원을 받은 연암공업전문대학은 기술인력의 산실로 빠르게 자리잡았으며, 1986년 문교부가 실시한 전문대학

평가에서 전임교원 확보율 86%로 전국 108개 전문대학 중 1위를 차지하는 등 괄목할 만한 발전을 거듭했다.

럭키금성스포츠 법인

럭키그룹은 1983년 럭키와 금성사 등 8개 자매회사의 공동출자로 국내 최초의 스포츠 법인인 '럭키금성스포츠'를 설립했다. 럭키금성스포츠는 프로축구단, 흥행 사업, 운동기구 판매업, 운동 레저 판매업 등을 목적사업으로 정했다. 이러한 독립 스포츠 법인의 설립은 이미 활성화 되어있는 유럽 등 선진국의 사례를 도입한 것으로써 우리나라에서는 럭키금성스포츠가 최초로 합리적인 재정 운영과 종합적인 구단 운영을 도모함으로써 스포츠 진흥에 이바지함은 물론 궁극적으로는 구단의 수익과 홍보 면에서도 실익을 추구할 수 있을 것으로 기대를 모았다.

럭키금성스포츠는 1983년 12월 축구단 창단을 계기로 본격적인 스포츠팀 운영에 들어갔다. 1984년에는 축구단의 수퍼리그 참여로 활동을 본격화한 데 이어 12월에는 럭키금성 씨름단을 창단함으로써 산하에 2개 프로팀을 운영하게 되었다.

축구팀은 창단 2년 만에 축구 수퍼리그를 제패하는 성과를 얻었다. 황소씨름팀은 1986년 이봉걸 선수가 제10대 천하장사에 등극하는 등 3대 프로스포츠 가운데 2개 종목에서 황금기를 구가하며 명문 스포츠 회사로서 그 면모를 과시했다.

럭키금성스포츠 법인은 1990년 MBC청룡 야구팀을 인수했다. 그리고 팀명을 LG트윈스(TWINS)로 했다. 상징색은 검정색을 메인 컬러, 빨간색과 매우 진한 핑크색을 보조 컬러로 사용하고 있다. 연고

지는 서울특별시이며 홈구장은 송파구 잠실동에 위치한 서울종합운동장 야구장을 두산베어스와 공동으로 쓰고 있다. KBO 소속 프로야구단이다.

  LG트윈스는 창단 첫해인 1990년에 백인천 감독하에서 한국시리즈 우승을 차지하였고 이어 1994년에 2번째 한국시리즈 우승을 차지했다. 하지만 이후 암흑기가 찾아온다. 1983년, 1990년, 1994년, 1997년, 1998년, 2002년에 한국시리즈에 진출했지만, 그 이후에는 좋은 성적을 보여주지 못하고 있다. 1990년대 중반에는 서울을 넘어 전국 인기구단으로 자리매김했다. 인기구단의 척도라 할 수 있는 단일 시즌 관중 동원 100만 명 기록은 1993년부터 기록했다. LG트윈스는 1995년에 관중 동원 128만 명으로 최다 관중 동원 기록을 세웠고 2014년에도 118만 명을 동원하여 1위를 차지했다.

42

여의도 트윈타워 시대

럭키그룹은 1984년 1월 1일을 기해 그룹의 이름을 '럭키금성그룹'으로 바꾸었다. 이로써 1947년 락희화학공업사를 설립하고 1974년 주식회사 럭키로 회사 이름을 변경한 이후 자연스럽게 럭키그룹이라고 불리웠던 그룹 명칭이 그룹의 의지에 따라 럭키금성이라는 이름으로 새롭게 정립되었다. 그룹 명칭을 새로 제정하게 된 것은 우리나라의 대표적 화학회사인 럭키와 전자산업 대명사인 금성사가 한 그룹임에도 불구하고 그룹 이름이 금성사를 중심으로 한 전자산업 부문을 포용하지 못해 고객이 이를 이해하지 못하는 경우가 허다했기 때문이다.

구자경 회장은 그룹 명칭을 새로 바꾼 것과 함께 사세 확장에 따른 사무공간의 수요를 해결하고 업무기능을 한곳에 모아 업무 효율화를 높이기 위해 그룹 사옥 건설을 결심했다. 이 결심은 구인회 창업회장이 토지 투기로 돈을 벌지 않는다는 신념에 따라 큰 토지를 매입, 대형 사옥을 마련하지 않았던 것과는 상반되지만, 시대의 흐름을 더는 외면할 수 없었던 것이다.

그동안 럭키금성그룹의 사옥 변천사는 이전과 이전으로 점철되어 있다. 럭키금성그룹은 1947년 부산에서 창업했고 최초의 사옥은 구인회 창업회장의 부산 서대신동 자택이다. 구 창업회장은 자택 일부를 공장으로 사용했고 나머지는 사무공간으로 했다. 이후 1954년부터는 락희화학 연지공장이 본사로서의 기능을 수행했다. 럭키금성그룹의 본부가 서울로 옮겨온 것은 1969년 2월로 당시 그룹본부는 종로구 관철동 대왕빌딩이었다. (필자는 이 대왕빌딩 2층에서 구인회 창업회장을 인터뷰한 일이 있다)

그러나 럭키금성은 1952년에 이미 을지로4가에 락희화학 서울사무소(소장 구태회)를 두었고 1950년대 말에는 을지로 서울사무소를 반도호텔로 옮겼으며, 1960년대에는 중구 초동소재 동남빌딩, 을지로3가 을지빌딩을 거쳐 1967년 종로 대왕빌딩으로 옮겼다. 그러나 1969년 그룹본부가 서울로 이전함에 따라 대왕빌딩이 그룹 최초의 서울 소재 본부 빌딩이 되었다.

그 후 럭키금성그룹은 1971년 6월 남대문로5가의 삼주빌딩으로 이전했는데 이 빌딩을 1975년 12월 매입함으로써 창업 28년, 서울 진출 6년 만에 사옥을 갖게 되었다. 이후 12년 만에 여의도에 쌍둥이 빌딩을 준공함으로써 자체 사옥을 갖게 된 것이다.

구자경 회장은 서너 곳의 사옥 후보지 중에서 여의도를 택했다. 당시 여의도는 오피스 기능이 밀집된 곳은 아니었다. 대기업 대부분은 강북에 본부를 두고 있었다. 구자경 회장은 풍수지리 신봉자는 아니다. 삼성의 이병철 회장, 현대의 정주영 회장은 풍수설에 따른 길지를 모색해 본부 사옥을 정했다. 구자경 회장이 풍수설에 따라 여의도에 본부 사옥을 정했다는 어떤 기록은 없다.

구자경 회장은 영등포구 여의도에 4,500평 규모의 부지를 매입,

지하4층, 지상 34층, 연건평 8,000평의 쌍둥이 빌딩 건설에 착수해 그룹 창립 40주년 해인 1987년 10월 준공했다. 이로써 럭키금성타워는 회장실을 비롯, 19개 자매사가 입주한 럭키금성그룹의 총본산으로 역할을 수행하게 되었다.

구자경 회장은 준공식 기념사를 통해 "럭키금성그룹의 새로운 발전의 전기가 될 여의도 시대의 개막을 엄숙히 선언하고 우리는 하나라는 그룹 이념의 구현을 통해 세계 넘버원 기업이 되기 위한 우리의 결의를 새롭게 다지고자 한다."고 말했다.

여의도 시대의 개막을 계기로 럭키금성그룹은 미래 전략인 전기·전자 산업 분야의 경영혁신 프로그램인 'F-88 프로젝트'를 마무리하고 그룹의 장기 비전인 '21세기를 향한 경영 구상'으로 발전시킴으로써 의의를 새롭게 했다.

한편, 럭키금성그룹은 기업 경영의 핵심인 국제화된 인재 육성에 집중하기 위해 1986년 종합연수원 기공식을 갖고 연수원 건설에 착수했다. 위치는 경기도 이천시 마장면이다. 종합연수원은 인화원(人和苑)으로 명명됐다. LG그룹의 경영이념인 인화단결을 실현할 요람이라는 뜻이다. 인화원은 1988년 개원식을 가진 데 이어 국제관, 국제생활연수관 등 2단계 공사를 진행해 1990년 모두 마무리했다. 인화원은 이천군 마장면 5만여 평의 대지 위에 7,700여 평의 초현대적 연수 시설을 갖고 있으며, 연 인원 13만 명에 대한 교육 프로그램을 진행한다.

회장, 발로 뛰다

구자경 회장은 '우리가 살길은 혁신뿐'이란 신념이 강했다. 2000

년대 전환기를 맞이해 초우량 기업으로 가는 길은 혁신 외 다른 길은 없다. 구자경 회장은 신경영이념 선포 이후 스스로 혁신의 전도사가 되어 전국의 자매사 사업장을 찾아 돌아다녔다. 구 회장은 단위 조직 및 인포멀 그룹들과 잇단 간담회를 열고 비전 전파 및 혁신 사랑의 실천 정도를 직접 확인, 독려하는 일을 수년간 수행했다. 대내외적으로 각종 세미나 및 특강 강사로 나서 럭키금성그룹의 혁신전략에 대해 설명함으로써 사회적 공감대 형성에 힘을 기울였다. 이에 따라 구 회장의 언론 노출 빈도도 높아졌다. 신문과 방송에 비추어지는 구 회장의 강한 혁신 의지는 각 자매사에 혁신의 당위성에 대한 강력한 메시지가 되었다.

혁신 기류는 전 사업장 구석구석에 파급되었다. 또한, 고객의 접촉이 많은 서비스센터, 반도패션 매장, 편의점 LG25 등 사업장을 수시로 방문, 고객의 소리에 귀를 기울였으며 또 다른 고객인 각사의 대표들과 만나 기탄없는 제언의 소리를 듣고 이를 반영하는 등 경영이념 실천에 수범을 보였다.

구 회장은 소비자란 말을 '고객'으로 바꾸어 부르도록 했다. 구 회장이 매년 4월을 '고객(소비자)의 달'로 선포한 것도 이때였다. 고객의 달 행사는 범 그룹 차원의 경영이념 실천 캠페인으로 전개되었다. 고객의 달 행사는 각 CU(편의점) 중심으로 한 달 동안 대 고객서비스 활동을 집중 전개함으로써 고객의 절대적인 신뢰와 믿음을 받는 브랜드 이미지를 심는 데 크게 기여했다.

이와 병행해 CU 및 자매사의 혁신 활동도 더욱 강력히 추진되었다. CU 차원에서의 비전과 행동규범을 제정하고 초우량 기업이 되기 위한 자매사의 계획수립과 시행이 본격화되었다. 이를 통해 유전공학을 포함한 의약품 사업 진출, 유리장 섬유 및 에폭시 수지 협력사 등 신규사업 전개, 동구권 등 특수지역 진출 본격화, 인력의 전환 배치, 라인 합리화와 사무 생산성 향상, 수익성 중심의 책임 경영 등 각 사의 경영방침이 새롭게 설정되었다. 이 같은 노력의 결과로 질 위주의 경영이 이루어지고 고객 만족, 인간 존중의 경영이 뿌리를 내렸다.

이런 가운데 세계화의 진전과 세계 최초의 히트 상품이 잇달아 나옴으로써 1994년에는 창업 이래 최고의 경영 성과를 거두었다.

이러한 경영 전환의 기반을 닦은 구자경 회장의 혁신 의지와 실천은 1992년 단행본으로 발간된 자신의 저서 '오직 이 길밖에 없다'에 잘 나타나 있다. 경영 혁신서로 불리며 출간과 함께 베스트 셀러에 오른 이 책은 21세기 경영 구상이 공식 발표된 이후 럭키금성그룹 경영 전반에 걸쳐 획기적으로 추진된 경영 혁신과 관련된 내용을 담고 있다. (이 책에서는 다음 장에 구자경 회장의 저서 '오직 이 길밖에 없다'의 주요 내용 몇 개를 소개한다)

43

고객을 잃으면 모든 것을 잃는다

구자경 회장은 고객 제일주의자다. 자신이 만든 물건을 사고 서비스를 제공받는 외부의 고객이야말로 가르침을 주는 스승이고 길잡이에 틀림없다. 그러나 시각을 확대해 보면 그들만이 고객이 아니라 회사 내에도 고객이 존재함을 알 수 있다. 구자경의 독특한 고객관이다.

외부의 고객에게 선택받으려면 제품의 어느 한 공정만 잘 운영해서는 안 된다. 상품기획에서 판매, 서비스에 이르기까지 모든 부문과 공정이 각기 다음 공정이 고객이라는 자세로 협력하지 않으면 안 된다. 회사 내 모든 활동은 최종적으로 제품이나 서비스를 받는 고객에게 필요한 가치를 만들어 제공하기 위해 흘러가는 물줄기와 같다. 각 부문에서 각자가 맡고 있는 일은 서로 다르지만 그러한 활동들이 모여서 고객 만족이라는 목표가 달성된다. 우리들 각자의 일차적인 고객은 내가 수행한 업무의 결과로 도움을 받거나 그 결과를 사용하여 다음 업무를 수행하는 사람 또는 부서가 되는 것이다.

구 회장은 그룹 내 한 회사에서 여자 기능직사원이 맡고 있는 결선작업이 개선되어야 한다는 의견에 깊은 흥미를 갖고 있었다.

어느 날 설계실 회의에서 조립라인을 어떻게 도와주면 설계자의 의도대로 좋은 제품이 생산될 수 있는가를 관찰해 온 한 사람이 라인에서 여자 기능직 사원이 맡고 있는 결선작업, 즉 선과 선을 연결시키는 작업이 개선되어야 한다는 의견을 제시했다.

종래의 조립 단계에서는 결선작업 시 여자 기능직사원이 여러 가닥의 비닐 피복선들을 하나하나 직접 손으로 벗긴 후 꼬아 연결하고 있었다. 그런데 세탁기의 경우만 해도 세탁, 헹굼, 배수, 예약 기능 등 다양한 기능을 제어하는 선이 수십 개나 된다. 이런 것을 하루 평균 수십 대씩 조립하다 보니 억센 남자 손이라도 배겨나기 힘들 텐데 단순한 공정이고 안전성이 높다고 여자의 가냘픈 손으로 꼬아 나갔으니 오죽했겠는가! 그러다 보니 제품검사 단계에서 불량이 많이 생겨났다.

그래서 이 문제가 제기된 후 조립의 앞 공정인 선계 단계에서부터 어떻게 하면 이 결선 라인의 불량률을 줄이고 생산성을 높일 수 있을까 하고 고민에 고민을 거듭하게 되었다.

그 결과 주목할 만한 좋은 개선책이 나왔다. 전원에 연결된 선들과 버튼에 연결된 선들을 각각 단자화하여 위아래 단자를 서로 끼우기만 하면 되도록 설계를 개선해 주니 여자 기능직사원들의 사기가 올라감은 물론 불량률도 현격하게 감소되었다. 단자(端子)란 전기회로나 전기기기 등에서 전류의 입력이나 출력 부분에 전극을 접속시키기 위해 붙이는 끝부분을 말한다.

이것은 무엇을 의미할까? 한 공정에서 고객을 위해 최선을 다한다는 것은 바로 다음 공정에서 효과적으로 작업이 이루어지도록 인간적인 배려를 아끼지 말아야 한다는 것이다. 아무리 훌륭한 기획이고 설계라 하더라도 그것이 실제 상품화되는 단계에서 모든 부품이 제기능을 발휘해야만 빛이 난다. 그래야만 고객이 원하는 우수한 제품이 생산되어 최종 고객에게 제공될 수 있는 것이다. 그러므로 '나는 내 부서가 맡은 일만 한다'가 아니라 '어떻게 하면 내가 한 일이 다음 부서에 도움을 주고 그것이 효과적으로 최종 고객에게 전달될 수 있을까' 하는 자세로 만든 상품이나 서비스가 결국 최종 고객에게 만족을 줄 수 있는 것이다.

그런데 안타까운 것은 회사 내 각 부문 간의 경쟁 아닌 경쟁이다. 이것은 뿌리가 깊다. 특히 시장을 대부분 장악해 경쟁우위에 있는 회사의 경우 내부에서 공(功) 다툼이 심해진다. 경쟁우위에 있는 회사는 언제나 많은 위험에 노출되어 있는 게 사실이다. 언제 닥칠지 모르는 고객의 변화나 시장 상황의 급변 등이다. 날씨가 언제 변해 비를 뿌릴지 구름을 몰아올지 모르는 것과 같은 것이다. 내부의 공 다툼의 가장 나쁜 모습은 좋은 아이디어가 나와도 그 아이디어가 자기 것이 아니라는 이유로 무시하는 경향이다. 동료끼리 또는 부서끼리 도와줘 봐야 그 공은 어차피 상대에게 돌아가고 만다는 배타적 생각이다. 고객을 잃으면 모든 것을 잃는다.

한 번 고객은 영원한 고객

구자경 회장은 1991년 봄 아주 독특하고 효과적인 고객관리로 정평이 나 있는 회사를 방문한 적이 있었다. 미국 하니웰사였다. 하니웰은 미국 나스닥에 상장된 포춘 100대 기업으로, 1885년 설립된 이래 우주항공, 자동제어, 특수화학 등 다양한 산업 분야에서 기술을 선도하고 있는 다국적기업이다. 걸프전이 벌어지는 동안 다국적군 첨단 항공기들의 뛰어난 활약상이 TV 화면으로 보도되는 것을 우리는 기억하고 있다. 미리 정한 폭격 목표물이 적외선 스크린상의 십자형 조준점에 들어오면 단추를 눌러 명중시키는데 이것이 하니웰사가 만든 항공기 제어기기이다.

구자경 회장은 고객 존중의 가치관을 올바르게 실천하는 기업이 있으면 그곳이 국내가 되었든 해외가 되었든 번거로움을 무릅쓰고 달려가서 살펴보는 중이었다. 하니웰사는 먼저 피닉스에 있는 '오토메이션 칼리지'로 구 회장을 안내했다. 우리말로 '자동화 대학'이라고 번역될 수 있는 이 곳은 하니웰사의 제품과 시스템을 사용하는 고객을 대상으로 운영되는 고객교육 시설이었다.

여기서의 교육은 아주 특이했다. 단순히 자기 회사 제품의 사용 방법과 시스템을 가르치는 것이 아니라, 그 시스템을 활용하여 어떻게 하면 고객의 공장이 최적의 상태로 운영될 수 있는가 하는 응용 능력까지 길러주고 있었다.

구자경 회장은 그동안 럭키금성이 해왔던 방식을 떠올려 보았다.

'솔직히 우리는 지금까지 생산한 제품을 팔 때도 그 제품을 얼마나 많이 그리고 앞으로 얼마나 지속적으로 팔 수 있느냐 하는 측면만을 중시하여 고객과 서비스를 평가한 것이 사실이었다. 우리가 물건을 많이 팔기 위한 목적으로 고객에게 돌아갈 혜택을 고려했다면, 하니웰사는 자기 회사의 기계가 고객의 공장에 설치되었을 때 그 기계가 어떻게 하면 공장의 전 시스템에 알맞게 적용되어 목표로 하는 효율성을 발휘할 수 있겠는가에 먼저 관심을 기울이고 있었던 것이다.'

업종의 특성상 이러한 차이는 별로 대수로운 것이 아닐는지 모른다고 보통 생각할 수도 있지만, 고객을 위한 가치 창조에 늘 관심을 두고 있는 구 회장에게는 매우 근본적인 차이가 있다고 생각되었다.

하니웰사의 이러한 서비스의 관점은 결코 공급자 편의에서 나온 것이 아니라 어디까지나 사용자, 즉, 고객의 입장에서 출발하고 있었기 때문이었다. 이것이야말로 지금까지 우리와 완전히 차원이 다른 관점, 즉 고객의 발전을 통해서 자기 회사의 발전을 도모하겠다는 관점인 것이다.

한 사람의 고객을 만나는 일은 쉬운 일이 아니다. 그러나 그 고객을 잃기는 쉽다. 새로운 고객을 하나라도 더 확보하고자 기존의 고객을 등한시 대하는 것은 고객과 함께 발전하려는 자세가 아니다. '한 번 고객이 영원한 고객'이 되도록 우리를 선택한 고마운 고객들에게 계속적으로 혜택이 돌아가도록 해 고객과 함께 발전해 나가려는 정신이 진정한 고객을 위한 창조의 길일 것이다.

구자경 회장은 하니웰사의 여러 곳을 방문하면서 이런 가치관이 생산 현장에서나 관리 부분에서나 어디서든 똑같이 실현되고 있음을 볼 수 있었다. 구 회장이 어떻게 최고경영자부터 말단 사원에 이르기까지 이처럼 하나의 전략과 가치관을 공유할 수 있는가 감탄했더니 안내 사원이 감탄사를 질문으로 알고 다음과 같은 설명을 해주었다.

> "이러한 훌륭한 성과는 하루아침에 이루어진 것이 아닙니다. 회장 자신이 많은 시간과 노력을 투자하여 수많은 작업 현장을 일일이 방문해 종업원들과 항상 고객 존중의 가치에 관해 허심탄회한 대화를 나누고 이를 끊임없이 경영 정책에 반영한 결과입니다. 그뿐만 아니라, 회장 자신이 고객을 만나 그들의 의견에 귀를 기울이는 데 가장 많은 정성을 쏟고 있습니다."

구자경 회장은 생각했다. 그동안 자신은 '말'로 임직원들을 설득하려 했다면 하니웰사 회장은 '행동'으로 설득한 것이다.

44

고졸(高卒) 출신에게 맡겨라
(인공세탁기)

 구자경 회장은 세탁기 시장에서 선두 자리를 내주고 2위로 내려앉는 것을 보면서 그 만회책을 찾기 위해 극심한 고민 속에 빠졌다.
 금성사는 1969년 국산 1호 세탁기인 '백조 세탁기'를 생산한 이래 20년 동안 난공불락의 세탁기 선두주자로 달려왔다. 그런데 1989년 노사분규를 기점으로 경쟁사에 뒤지기 시작했다.
 이를 지켜보는 회장이나 경영진의 심경은 이루 말할 수 없을 정도로 착잡했다. 더구나 노사분규로 신모델은 언제 나올지 기약이 없었다. 현장 사원들의 근로의욕은 떨어질 대로 떨어져 불량률은 높아가고 재고는 잔뜩 쌓여갔다. 이제 금성사의 세탁기가 선두로 복귀하기는 그른 일이 아니냐는 소리가 공공연히 회사 안팎에서 흘러나오는 실정이었다.
 그런데 구자경 회장이 이 문제를 냉정하게 분석해보니 이러한 문제가 노사분규라는 특수한 상황이 빚어낸 일시적인 현상이 아니라는 결론에 도달했다. 문제는 생각보다 심각했다. 가전제품의 경우 일본만 해도 신모델이 나오면 구모델은 서서히 사라지는데 한국 소비자들은 모델 변화에 대단히 민감하다. 적극적으로 표현하자면 신모델이 나오는 그날부터 구모델은 하루아침에 고물 취급받는 현실이었다. 이처럼 고객은 모델 변화에 민감하지만 그러한 고객의 특성에 신속히 대응해 오지 못했던 것이다. 선두 자리를 빼앗기는 것은 오히려 당연한 결과인지도 몰랐다.

문제해결은 새 모델을 개발하는 것이었다. 또한, 사내 개발 과정에서도 각 공정 간에 원활하고 효과적인 협조가 이루어지지 못했음이 드러났다. 즉, 설계자는 설계만 하고 조립은 제조라인의 작업자가 제각각 진행하는 식이어서 설계자가 도면을 넘기고 난 후엔 조립 현장에 한 번도 내려가 보지 않는 일도 있었던 것이다. 그러다 보니 설계 파트에서 도면을 확정해 던져주면 제조라인의 작업자들은 현장의 여건을 무시한 설계에 분통을 터뜨리면서도 어쩔 수 없이 조립하는 것이었다. 때로는 설계 부문과 상의도 없이 마음대로 설계를 바꾸어 현장은 현장대로, 설계는 설계대로 불만만 계속 쌓여갔다.

이러한 반성을 토대로 세탁기를 주 생산 품목으로 하고 있는 회전기사업부는 다시 세탁기 시장의 선두 자리를 탈환하기 위해 '89년 F 프로젝트팀'이라는 신제품 개발팀을 새로 구성했다. 이를 계기로 국내 최초로 세탁기를 개발했고 20여년 동안 선두자리를 지켜왔다는 자부심이 무너진 충격에서 벗어나야 한다는 각오는 대단했다. 이번에야말로 '이제껏 우리가 이렇게 해왔으니 그대로 한다'라는 기존의 모든 방식을 없애고 새롭게 출발하고자 했는데 초기에 생각지 못한 난제에 부딪쳤다.

시장 선두주자 복귀를 목표로 한 사업부의 자존심이 걸린 한판 승부의 선봉장을 정하는 문제였다. 누구에게 맡길 것인가? 중대한 문제였다. 사업부 내에는 해당 부문의 인재가 많이 있었다. 박사급 출신도 있었다. 이때 조기정(技正)이 떠올랐다.

조기정은 고졸 출신이다. 그는 이미 금성사가 국내 최초로 세탁기를 개발할 때부터 참여해 온 세탁기 설계에 관한 한 사업부 내 최고 베테랑이었다. 사내에서는 세탁기 박사로 불리웠다.

그러나 경영진의 고민은 조기정의 능력을 의심해서가 아니라 프로젝트의 중요성 때문이었다. 막대한 자금과 인원을 투입한다고 해서 반드시 성공한다는 보장은 없다. 잘못되는 경우 쏟아부은 자금은 전혀 회수되지도 않는다. 조기정보다 더 많은 경험과 지식을 겸비한 박사 출신 엔지니어가 나타나도 선뜻 맡기기 어려운 중차대한 프로젝트다. 그러나 고민은 고민을 낳을 뿐 최상의 대안은 아니다. 조기정에게 맡기든, 외부에서 새로 스카웃하든 정도의 차이는 있겠지만 위험 부담이 있기는 어느 쪽도 마찬가지다. 그리고 팀워크를 고려하지 않을 수 없었다. 구자경 회장은 결국 세탁기 개발에 관한 한 사내 최고 권위자인 조기정에게 맡기기로 결정했다.

구 회장은 조기정에게 맡기되 대신 지원 방식을 종전과 달리하기로 결정을 내렸다. 그게 신의 한 수였다. 우선 그에게 개발에 필요한 모든 인력과 소요되는 비용 일체를 임의로 사용할 수 있는 전폭적인 권한을 주었다. 또한, 관련 부서 간의 긴밀한 협조를 위해 설계, 제조, 상품기획, 구매, 품질관리 심지어는 디자인 부문에 이르기까지 제품이 회사에서 고객의 손으로 넘어가기까지의 전 과정에서 선발된 의욕적인 젊은 사원들로 팀을 구성했다. 한마디로 신제품의 전 과정을 마치 소규모 회사와 같이 책임지고 일괄 수행하게끔 한 것이다. 이것은 고객과 현장을 가장 가까이 접할 수 있는 젊은 사원들 위주로 팀을 구성함으로써 고객의 요구를 보다 정확하게 파악하고 젊음의 창의성이 최대한 반영되도록 한 것이다.

과거의 관행으로 보아 이러한 신제품 개발팀의 구성은 파격적인 것이었다. 파격은 여기에서 그치지 않았다. 이 'F팀'은 작업에 들어가기 앞서 고객을 통해 직접 확인하지 않은 사항이면 기존의 어떠한 기준이든 일단 무시하고 원점에서 검증해 나간다는 원칙을 세웠다. 그리고 그 첫 작업으로 종래 한번도 의심을 품거나 확인해 본 일이 없는 세정비까지도 고객에게 물어 그 만족도를 확인해 보고자 했다.

세정비(洗淨比)란 세탁물에서 때가 떨어져 나가는 정도를 수치로 환산한 것으로 이 세정비의 가상 최대치를 1이라고 했을 때 이제까지 세탁기 제조업체들은 표준 세정비가 0.5 정도면 세탁기 성능이 매우 뛰어난 것으로 믿고 있었다. 이 기준은 한국 가전업계가 15년 전 일본 히타치사로부터 제공받아 고정 개념화한 것으로 여태껏 그대로 의심 없이 생산에 적용해 오고 있는 것이었다. 그래서 어떤 신모델을 개발할 때도 이 세정능력은 제외한 채 오직 디자인이나 편의성 개선에만 초점을 맞추고 있었다.

우선 'F팀'은 주부들이 만족하는 세탁 수준이 어느 정도인지를 알기 위해 연령별로 주부 30명을 대상으로 자신들이 만족하는 수준까지 손빨래하게 하였다. 그 결과 세정비가 0.66으로 나타났다. 그뿐만 아니라, 종전의 세정비 0.5는 손빨래를 시킨 주부 중 가장 솜씨가 떨어지는 연령층의 평균치에 불과하고 기존 세탁기의 세정비는 불과 0.38밖에 되지 않는다는 사실도 밝혀졌다.

그동안 우리는 일부 주부들이 세탁기로 빤 빨래를 반드시 손빨래로 보충하던 이유를 단지 깔끔한 주부들의 청결벽 정도로 여겨왔던 게 사실이었다. 이처럼 주부들이 진정으로 원하는 것이 무엇인지도 모르는 기술진의 일방적인 판단과 태만이 많은 주부들을 실망시켜 왔으리라 생각하니 부끄럽기 짝이 없는 노릇이었다.

하지만 그러한 부끄러움은 오히려 'F팀'이 지향해야 할 방향을 선명히 제시해 주었다. 종래의 제품기획은 '국내의 주부들이 뭘 원하느냐'보다 '일본에서 어떤 성능을 가진 최신 세탁기가 나왔느냐'에 맞춰 이루어졌었다. 그러나 이 'F팀'은 '주부가 바라는 세탁기란 물어보나 마나 뻔한 것 아니냐'라는 기존의 안일한 생각을 떨쳐버리고 고객인 주부들에게 기존 세탁기를 사용하면서 불편한 점이 무엇이었는가를 상세하게 묻는 것으로부터 출발하여 새로운 세탁기를 그려나갔다.

'빨래가 엉켜서 손상되기 쉽다', '소음과 진동이 많다', '일일이 물이나 세제의 양, 세탁시간을 조작하기가 불편하다'는 등의 다양한 의견이 모아졌고 이를 개발 과정에 그대로 반영했다.

그런데 이러한 여러 가지 요구사항을 모두 반영했을 경우 주부들이 그런 여러 기능을 다 활용하기 위해 조작법을 익히는 일도 쉬운 일이 아니겠다라는 문제가 제기되었다. 자칫 조작이 귀찮아서 기존 세탁기처럼 또 손빨래로 보충하는 이중 빨래를 하게 된다면 아무리 좋은 기능인들 무슨 소용이 있을 것인가. 급기야 막대한 개발비로 인한 비싼 가격에 결국은 외면받게 될 것이라는 판단이 대두되었다.

그렇다면 그 해결방법은 무엇인가? 고객은 다양한 기능은 좋아하면서도 그것들을 일일이 조작하는 것은 싫어한다. 다양한 기능이면서도 사용하기 편한 것을 원한다. 그렇다면 세탁기가 이런 주부의 마음을 알아서 해결할 수 있도록 하면 되지 않겠는가 하는 생각에 이르게 되고 결국 버튼 하나만 누르면 빨래감의 성질이나 양에 따라 스스로 알아서 작동하는 세탁기, 즉, '인공지능 세탁기'라는 새로운 개념의 세탁기가 탄생하게 된 것이다.

또한 'F팀'은 새로운 세탁기를 상품화하는 과정에서 제조 현장의 인원을 과감하게 설계 부문에 참여시켰다. 설계의 다음 단계는 제조이고 제조는 공장에서 고객과 가장 가까운 공정이다. 그들과 함께 설계 단계에서부터 고객이 불만을 느낄 모든 문제를 미리 해결하니 제조라인의 사기도 높아지고 비효율적인 사항들이 사전에 제거되어 생산성도 현저하게 개선되었다. 또한, 부품을 공급할 협력업체를 초기 단계에서부터 합류시켜 신제품 개발의 성공을 위해 함께 참여한다는 동참의식을 갖게 하니 종전의 안이한 작업 방식에서 벗어나 적극적으로 부품의 품질을 혁신하는 계기가 되었다.

전 사업부의 기대 속에 '인공지능세탁기'는 탄생했다. 발매 개시 5개월 만에 무려 20만 대가 팔려나갔다. 빅히트 상품이 되었다. 기존 모델 중 최고 판매기록이 월 1만 대 수준이었던 것을 감안하면 이 인공지능 세탁기의 인기가 어떠했던 가를 알 수 있다.

인공지능 세탁기의 성공은 그 의미가 큰 것이었다. 그것은 바로 고객을 귀하게 여기고 고객들이 요구하는 바를 제품기획 단계에서부터 충실히 반영시킨 멋진 합작품이었기 때문이다. 구자경 회장은 이 인공지능 세탁기야말로 고객의 요구를 충족시키기 위한 고민과 노력의 산물이자 기술진이 아닌 고객이 만들어 준 최고의 상품이라고 생각하고 마음속으로 흡족해 했다.

아무도 믿지 않는 위기

구자경 회장은 1990년 3월 27일 사장단 회의에 한 번도 논의된 적이 없는 특별한 안건 하나가 상정된 것을 보고 놀라움을 금치 못했다.

'럭키금성의 서비스는 한마디로 문제다. 계속 이런 식으로 나가다

간 앞으로 살아남기 어려울 것이다',

'자기 편한 대로만 하는 걸 보니 장사할 생각이 없는 회사 같다',

'경기가 좋을 땐 물건을 주문해도 깜깜무소식이다가 형편이 어려워지면 언제 그랬나 싶게 물건을 가져다 안기는 게 당신들이다'

대개 이런 내용의 보고서였다.

럭키금성그룹은 이 회의가 열리기 한 달 전 21세기를 대비한 경영혁신을 위해 '고객을 위한 가치창조'와 '인간존중의 경영'이라는 새로운 경영이념을 제정, 선포한 바가 있었다. 경영이념이라는 것은 회사 모든 임직원들의 가슴속 깊이 녹아들어 실제 업무에서 판단의 기준이 되고 의사결정의 원칙이 되어야 한다. 그러나 그동안 경영이념이 있어도 액자 속에 그냥 들어앉아 명실상부한 정신적 구심점이 되어 오지 못한 게 사실이었다.

구자경 회장은 이번에야말로 새로 제정된 경영이념을 제대로 구현하려면 그동안 우리가 지녀왔던 사고방식과 행동양식을 그 뿌리부터 개혁하지 않으면 안 되겠다고 생각했다. 이를 위해 제일 먼저 해야 할 일은 다름 아닌 우리의 현재 모습을 직시하고 철저히 반성하는 작업일 것이다. 구 회장은 임직원은 물론 그룹 각사와 관련을 맺고 있는 외부 고객과 협력업체 직원 등 700여 명을 대상으로 인터뷰를 실시해 '럭키금성이 가장 먼저 고쳐야 할 사항이 무엇인가'를 묻도록 했다.

이날 이사회에서는 첫 순서로 럭키금성으로부터 제품을 구입하는 고객과 대리점 관계자의 생생한 목소리가 여과 없이 보고되는 것이었다. 여기에서 들려오는 협력업체의 목소리 역시 그룹에게 기본적으로 우호적인 시각을 갖고 있을 것이라는 구자경 회장의 믿음을 여지없이 깨뜨릴 뿐이었다. 협력업체의 목소리는 신랄했다.

"담당 실무자가 없으면 관리자라도 응대해 주어야 할 텐데 신문이나 뒤적이면서 몇십 분씩 기다리게 한다. 직급이 좀 높다고 찾아간 사람을 형편없이 무시한다."

"솔직히 내가 이 바닥에 뛰어들기 전만 해도 럭키금성에 대해 참 좋은 이미지를 가지고 있었다. 그러나 요즘 당신네 회사를 볼라치면 이거 정말 큰일 날 회사구나 싶다."

"말이 좋아 럭키금성 가족이지, 어려울 때는 도와주지 않고 아쉬울 때만 찾는다. 협력업체의 사정은 고려하지 않고 무조건 밀어붙이면 어떻게 하느냐."

"의사결정이 늦고 환경변화에 둔감해. 또 위험부담이 조금만 있어도 시도조차 안 하는 게 당신들이야."

구자경 회장은 '불만'의 내용을 중간에서 보태지도 말고 빼지도 말고 그대로 보고하라고 했기 때문에 다소 거칠지도 모른다는 예상은 했지만, 이 정도로 심각하리라고는 미처 짐작도 못 했다. 물론 백 사람 거래하다 보면 한 두 사람 불만이야 늘 있게 마련이고 열 번 잘하다가도 한 번 잘못하면 외면하는 것이 고객의 인심이라고 자위할 수 있을지 모른다. 그러나 아무리 튼튼한 제방도 송곳구멍 같은 작은 틈새로부터 무너져 내리지 않는가. 그동안 우리는 이렇게 고객과 협력업체들의 믿음이 빠져나가는 줄도 모를 만큼 나태하고 둔감했단 말인가.

쥐는 예지력을 갖고 있는 동물이라고 한다. 배가 정박했을 때 그 배 안의 쥐가 부두로 나와버리면 그 배는 틀림없이 출항 후 침몰하거나 화재를 당한다고 해서 노련한 뱃사람들은 자기가 탄 배에서 쥐가 하선하는 것을 목격하면 절대 그 배를 다시 타지 않는다고 한다. 기업이라는 배에 승선한 쥐는 다름 아닌 고객의 믿음이다. 이 고객의 인심이 이반되고 있다는 것은 바로 그 기업이 침몰의 위기에 있다는 것을 의미하는 것이 아니고 무엇이겠는가. 그러나 설령 고객의 인심이 이반되는 징후가 보이더라도 이를 수습하고 다시 전열을 가다듬는 일은 내부에서 시작되는 바, 구자경 회장은 남는 불씨를 찾아내는 심정으로 그룹 임직원들의 목소리에 귀를 기울였다.

"회사의 이익을 올리는 데만 급급해 사람을 사람답게 취급하지 않는다. 그러니 어떻게 고객에게 잘 해줄 수 있겠는가."

"일을 잘하나 못하나 똑같은 대우를 받는다."

"전에도 이렇게 해왔고 경쟁사도 이렇게 하더라는 식으로 하면 결재받기 쉽더라."

구 회장은 난감했다. 이제껏 누구를 만나도 당당할 수 있었던 건 10만 명이 넘는 자랑스러운 럭키금성의 임직원을 믿고 있기 때문이었는데 보고 내용은 전연 딴판이 아닌가. 회사 내부의 사원들에게조차도 긍지를 심어주지 못하면서 어떻게 외부의 고객을 만족시키겠는가. 고객과 사원들의 불만은 따로 있는 게 아니라 동일 선상에 놓여 있었다. 불만의 원인이 결국 새로운 환경에 적응해 나가지 못하는 구태의연한 조직풍토에 있었고 그 모든 책임이 회장에게 있는 것으로 느껴져 무거운 중압감으로 다가왔다.

일선에서 사업을 담당하고 있는 사장들은 이 보고에 반영되어 있는 심각한 속뜻을 알고 있는가! 구자경 회장은 일선 사장들과 얼굴을 맞대고 이 문제에 대해 논의를 거듭해 보았다. 그들은 회장보다는 생각이 깊을 것이기 때문이다. 그러나 그들이 제시하는 대비책은 하나같이 피상적이고 임기응변적이어서 답답할 뿐이었다. 럭키금성에 대한 고객의 이러한 부정적인 인식, 그 골 깊은 불신은 하루 이틀에 생겨난 것이 아니다. 그렇기 때문에, 안일한 미봉책으로는 절대로 이 문제를 해결할 수 없다.

구자경 회장은 뭔가 근본적인 개혁이 필요하고 그 개혁은 최대한 서둘러져야 한다고 생각했다. 머지않아 개방과 함께 몰려올 외국의 우량 기업들과의 한판 싸움에서 그 승부의 열쇠는 결국 고객이 쥐고 있다. 당시 시장 환경은 '세계화' 물결로 한국도 전면 개방, 시장의 문을 활짝 열 수밖에 없었다. 고객이 승부의 열쇠를 쥐고 있다는 것은 너무나 당연하고 또한 엄연한 사실이다. 구자경 회장은 이제까지의 우리의 인식을 철저하게 뒤바꾸는 일부터 시작해야겠다고 마음먹었다.

고객은 누구인가? 고객이 무엇을 원하는가? 우리는 고객을 위해 무엇을 어떻게 해야 하는가? 고객이 무엇인지를 이해하고 그것을 실천하는 것, 구 회장은 이것을 개혁의 출발점으로 정했다.

구자경 회장은 얼마 전 가전(家電) 시장개방을 앞두고 금성사가 겪었던 일을 다시 한번 생각했다.

"한국 가전 시장이 개방만 되면 6개월 내에 한국 업체를 쓰러뜨릴 자신이 있습니다."

일본의 한 유명 가전업체의 부장이 사석에서 이런 호기 어린 장담을 했다는 소문이 그 자리에 참석했던 임원의 입을 통해 금성사 내에 빠른 속도로 번져나갔다.

가까운 바다가 거칠어지는 것을 보고 먼 바다에서 밀려오는 폭풍을 예견할 수 있다. 이런 사례를 통해서도 본격적인 개방의 물결이 얼마나 드셀 것인가를 충분히 짐작할 수 있었다.

거의 같은 시기에 금성사의 한 지방 영업과장 앞으로 외국의 유명 가전업체에서 보낸 편지 한 통이 날아들었다. 그 내용은 곧 한국시장이 전면 개방되면 전국에 영업소를 세울 예정인데 그 지방 영업소의 책임자로 스카웃하고 싶다는 것이었다. 가전 시장에 있어 유통망은 인체의 핏줄과 다름없다. 가격과 품질면에서 우위에 있는 그들에게 유통망 확보는 한국 시장을 장악하기 위한 마지막 절차나 마찬가지다.

한 유통망을 관리하고있는 영업과장에게까지 정확한 인물정보를 갖고 스카웃 제의를 할 정도면, 이미 우리는 그들의 보이지 않는 눈과 귀에 무방비 상태로 노출되어 있음이 분명했다. 회사는 깜짝 놀랐고 동요되지 말라는 지시가 내밀하게 내려졌다. 그러나 이것은 무색하게 되었다. 스카웃 제의는 그 과장 한 사람에 그치지 않고 이미 몇몇 영업사원과 애프터서비스 기사에 이른다는 사실이 밝혀졌기 때문이다.

이런 상황에서 럭키금성의 계열사 중 가장 기민하게 움직이기 시작한 것은 금성사였다. 그럴 수밖에 없는 일이었다. 시장개방이 되기 전에도 소니, 내쇼날, 샤프, 필립스, 제너럴 일렉트릭 같은 세계적 브랜드의 가전제품들은 암시장을 통해서나 해외로부터 들어오는 여행객, 해외주재원, 유학생들의 보따리에 싸여 이미 그 명성과 함께 우리들의 안방 깊숙이 침투해 있었다. 그리고 그런 브랜드에 대한 국내 소비자들의 맹목적이다 싶을 정도의 애착은 국내 유명 백화점들이 수입 가전제품 코너를 경쟁하듯이 설치했을 때 그 실상이 여지없이 드러났었다.

이와 때를 맞추어 일본 가전업체들은 국내 가전업체들의 영업사원, 애프터서비스 기사들에게 스카웃 손길을 뻗쳤고 영업망과 서비스센터의 확충을 위한 움직임도 시작되었다. 이러한 일련의 상황은 국내 가전업체들에게 살아남느냐, 죽느냐의 생사를 건 정면 승부가 임박했음을 알리는 일종의 경고였다.

금성사에서는 임시 전담반을 구성하고 이들을 대만에 급파하여 이미 1986년도에 시장을 개방한 후 무너질 위기에 처해있는 그곳 가전업체의 실상을 정확히 파악해 보고하도록 했다. 현지에 가서 제조업체, 대리점, 소비자들을 대상으로 광범위한 면담과 조사 활동을 벌이고 온 전담반의 보고 내용은 구자경 회장의 심정을 무척 착잡하게 만들었다.

　1986년 본격적인 시장개방이 될 당시 대만에는 다동(大同), 삼포 등 전통적인 대만 가전업체와 대만 파나소닉, 대만 산요 등 일본과의 합작회사가 대만 시장을 과점하고 있었다. 개방을 앞두고 이 가전업체들은 대응 전략을 세우기에 부심했으나, 결론은 정면 승부가 불가능하다는 것이었다. 무엇보다 제품의 질과 성능에서 경쟁이 되지 못했고 그나마 자체적으로 생산할 수 있는 제품의 종류도 다양하지 못했다.

　결국, 대만은 몇 종류의 주력 제품에만 치중하고 나머지는 일본 등 외국 제품을 수입하기로 방침을 세웠다. 그러나 이 전략은 결과적으로 스스로 무덤을 판 셈이 되고 말았다. 개방 직후에는 먼저 미국 업체들이 대형 냉장고와 세탁기를 앞세워 대만 시장에 진출했다. 그러나 미국업체의 기세는 곧 수그러들고 뒤이어 일본제품의 상륙이 본격화되기 시작했다. 일본업체들은 결코 서두르지 않고 주도면밀하게 한 단계, 한 단계 시장 침투전략을 전개해 나갔다.

　일본업체들이 상륙하면서 제일 먼저 교란되기 시작한 것은 가격 체계였다. 이미 세계 곳곳에 최적의 생산체제를 갖추어 어떠한 가격 경쟁에서도 이길 수 있는 일본업체들은 대만업체의 대리점에게 종전보다 높은 마진을 보장하는 저가공세로 대만의 국내 가격 질서를 붕괴시켜 나갔다. 그 결과 1990년의 컬러TV 가격은 1986년도에 비해

37% 정도가 내려갔고 냉장고, 세탁기, VCR 등의 가격 역시 종전의 반 정도 수준으로 곤두박질쳤다. 대만업체의 대리점들은 살아남기 위해 일본제품의 판매에 열을 올렸고 수입품과 국산품을 함께 파는 양판점이 늘어나면서 일본업체와 대만업체는 이제 유통망에 있어 똑같은 조건으로 경쟁을 벌이게 되었다.

대만의 소비자들이라고 해서 애국심이 없었겠는가? 그러나 개방 전보다 훨씬 싼 가격에 품질이나 브랜드 이미지가 더 우수한 외국 제품이 쏟아져 들어오자 제품만 좋다면 굳이 국적은 묻지 않겠다는 구매 경향이 나타나기 시작했다. 대만 가전업체들은 주력 제품이 점차 시장에서 밀리고 수익이 악화되자 도시바, 샤프 등 일본제품의 판매 대행 업무를 확대할 수밖에 없었다. 대만업체들이 위험을 분산시키기 위해 손을 대기 시작한 자동차 판매, 증권 등 사업 다각화 전략은 오히려 가전 부문에 대한 회사의 힘을 스스로 약화시키는 결과를 낳고 말았다. 결국, 외국업체들이 시장의 약 70%를 장악하게 되었으며 대만업체들은 생산업체라기보다는 외국 제품을 수입해서 파는 유통업체로 전락했다.

대만이 우리에게 보여준 교훈은 너무나 뚜렷하고 냉엄한 것이었다. 이러한 시장이 가전 시장에만 국한될 것인가. 전면 개방의 파도가 몰아치면 그 어떤 시장도 예외가 될 수 없을 것이다. 대만의 경우는 어디까지나 개발도상국의 경제가 개방에 앞서 어떤 과정을 거쳐 무너져 내리는가를 보여주는 하나의 예에 불과하다. 지금까지 우리 한국이 어떤 형태로든 세계시장에서 경쟁할 수 있었던 것은 튼튼한 국내 시장의 기반에서 큰 도움을 얻었기 때문이다. 그러나 우리와 유사한 시장 구조를 가지고 있는 대만의 사례가 보여주듯 개방이 되면 지금까지와는 전혀 다른 경쟁의 양상이 전개될 것이며 우리라고 해서 대만의 전철을 밟지 않으리라는 보장은 어디에도 없다. 우리가 국내시장에서조차 일본, 미국, 유럽의 선진국들과 정면으로 대응해서 이겨내지 못한다면 우리는 세계 어느 시장에서도 그들을 이겨낼 수가 없다.

구자경 회장은 '개방' 그 자체를 위기로 보지 않았다. 굳이 개방이 아니더라도 세계 어느 시장에서나 사랑받는 초우량 기업으로 발돋움하는 것이 럭키금성의 지상과제임으로 오히려 개방은 그 도전의 시기를 그만큼 앞당겨 주는 기회가 될 수 있기 때문이다. 문제는 우리가 그 개방에 대비해 얼마나 철저한 자기반성과 준비를 하느냐이다.

45

전경련 회장 구자경
(전국경제인연합회)

구자경 회장은 1987년 전국경제인연합회(The Federation of Korean Industries) 제18대 회장으로 추대되었다.

구 회장은 선출 과정을 거치지 않고 추대된 것이 이색적이다. 종전의 전경련(약칭) 회장 선출은 4백여 명에 달하는 회원들의 추천을 통해 정해졌다. 전국경제인연합회는 1961년 8월 16일 한국경제인협회로 창설되었다. 우리는 여기서 창설날짜를 주목해 볼 필요가 있다.

5.16 군사혁명과 불과 3개월의 시차를 두고 창설된 것이다. 당시 대기업의 총수들이 5.16 군사정부가 혁명공약으로 내건 조국 근대화 즉, 경제개발 추진을 내걸자 이에 호응해 협회를 설립했다.

초기에는 군사정부의 경제정책을 뒷받침해주는 역할이 강했다. 한국경제인협회 회장은 이병철 삼성그룹 회장이었다. 이후 1968년 주요 민간기업체, 금융기관, 국책회사 등을 대상으로 회원을 크게 확대했으며 명칭도 한국경제인연합회로 개칭했다. 민간 종합경제단체로서 법적으로는 사단법인의 지위를 가지고 있다. 여의도 핵심 요지에 회관을 가지고 있다. 역대 회장으로는 정주영 현대그룹 회장, 최종현 SK그룹 회장, 김우중 대우그룹 회장, 조석래 효성그룹 회장 등이었다.

전경련 설립 배경은 꽤 드라마틱하다. 5.16 군사정부는 초기에는 탈세 혐의 기업인들을 무더기로 연행, 강력한 수사 의지를 보였다. 그러나 6월 30일 박정희 국가재건최고회의 부의장(당시 직책)과 이병철 회장의 면담이 있은 후에 방향을 선회, 기업인들을 국가경제 재건에 참여하도록 했다.

우리는 구인회 창업회장이 전경련 이사로 참여했던 것을 기억할 수 있으며 구평회 상무(당시 직책)가 6개월간 군사정부에 의해 구금되었던 것도 알고 있다. 구자경 전경련 회장은 재임 기간에 수많은 내외국인 인사를 만나 우리나라 경제발전에 대해 의견을 나눴다. 국내 경제계와 정계인사는 물론 외국의 저명한 인사를 다수 만나 교류했다. 외국 정계인사로는 나카소네 일본 전 수상, 헨리 키신저 미국 전 국무장관, 유산유 버마 대통령, 비트힐리오 콜롬비아 대통령, 이광요 싱가포르 수상, 록펠러 4세 미국 상원의원 등이었으며 잭 웰치 GE 회장, 이시가와 일본 상공회의소 회장, 사이토 일본경단련 회장 등이 있다.

구자경 회장은 2월 10일 전경련 회장 이임식을 갖고 퇴임했다. 구 회장이 재임한 2년 동안 우리나라에 많은 변화가 있었다. 특히 1987년 6.29 선언이 있은 후 나타난 변화상은 경이적이라 할 만했다. 이 시기에 구자경 회장은 우리나라 경제민주화를 이끄는 선장으로서, 그리고 정부 주도의 계획경제에서 민간 주도의 자율경제를 잇는 다리의 역할을 충분히 수행했다는 평가를 받고 있다.

이처럼 구자경 회장은 취임사에서 밝혔듯이 전환기적 상황에서 맡은 바 소임을 다하고 실천했다. 구 회장이 취임한 이후 한국의 경제는 3저로 인한 흑자경제의 구현과 GNP 1,000억 달러 달성, 88서울올림픽의 성공적 개최 등 풍성한 성장의 결실을 맺었다.

그러나 민주화 진전에 따라 1987년 하반기부터 발생한 격렬한 노사분규는 기업 경영환경의 경색과 함께 반기업적 분위기의 확산을 가져왔으며 기업에 대한 사회적 요구가 분출하는 등 사회갈등 또한 적지 않았다. 이러한 때에 구자경 회장은 기업 활동에 대한 국민적 이해를 얻고 자유경제 체제의 우수성을 알리는 데 노력했으며, 이를 위해 대국민 호소문을 발표하고 전경련 산하에 경제사회개발단을 설립했다.

경제사회개발단은 기업에 대한 불합리한 비판을 해명, 설득하고 경제발전과 복지증진에 대한 기업의 활동을 널리 알림으로써 '국민 속의 기업인' 국민경제를 위한 기업의 모습을 국민들 가슴속에 인식시켰다. 또한, 구자경 회장은 중국, 리비아 및 동유럽 국가들과의 민간 경제 교류를 주도적으로 적극 추진해 북방 경제협력의 기틀을 만들었다. 또한, 신장된 한국의 위상에 부응하도록 국내 민간경제협력 사업을 크게 확대했다. EC, 그리스 등과 새로이 양국 간 민간경제협력위원회를 설치하고, 한미 재계 협력 회의를 설립했으며 국제 민간경제협의회를 설립하여 국제 경제 협력을 획기적으로 증진시켰다.

구자경 회장은 재임 중 20회의 경제협력위원회 합동회의와 45회의 경제협력위원회 관련 간담회, 세미나를 개최했으며 66회에 이르는 각국 인사 초청 간담회와 세미나를 개최했다. 또한, 경제사절단을 해외에 6회 파견하였고 6회에 걸쳐 일본 경단련 상호교류 연수를 시행했고 해외 홍보지를 발간하여 민간 경제 외교도 적극 전개했다.

46

회장님, 이건 전부 회장님 잘못입니다!

구자경 회장은 언젠가 각사별 경영실적을 보고하는 정책위원회가 열렸을 때를 기억했다. 구 회장은 그날 회의에서 회장 생활 20년이 되어도 회장 자신이 사명에 충실하지 못하면 부하인 사장한테도 야단을 맞을 수 있다는 사실을 알았다.

그날 회의는 회장단을 비롯한 주요 사장들이 참석했다. 기업에서는 실적으로 평가받는다. 구자경 회장은 보고를 들으면서 시장개방을 앞두고 염려해 왔던 사항들이 너무나 빨리 현실로 나타나고 있음을 알고 당황하지 않을 수 없었다. 그런데도 정작 고민에 빠져야 할 사장들에게서는 절실한 고민의 흔적을 발견할 수가 없었다. 그래서 구 회장은 속마음으로 이대로 뒀다가는 큰일 나겠다고 생각하며 조속한 시일 내에 비상 사장단 회의를 소집해 실적이 부진한 사장들에게는 뭔가 주의를 주어야겠다고 결심했다.

그런데 회의 중 사장 한 명이 "회장님. 이건 전부 회장님 잘못입니다. 실적 부진의 원인은 사장들에게 있으니, 제대로 된 사장을 키우지 못한 것은 바로 회장님 잘못입니다."라고 말했다.

구 회장은 전혀 준비가 되지 않은 상태에서 그것도 사장에게서 이런 따끔한 한마디를 듣고 보니 뭔가 한마디 하긴 해야겠는데 도무지 무슨 말을 해야 할지 말문이 열리지 않았다. 겉으로 보기에는 럭키금성이 안정적인 성장의 큰 궤적만 그려온 것 같지만 새로운 사업에 도전하고 그 사업이 단단한 기반을 구축하기까지 숱한 어려움을 극복해야 했다. 현재의 모습은 다 이러한 많은 어려움을 극복한 결과일 뿐 새로운 투자를 할 때마다 심각한 위험부담을 안고 있었다. 더구나 최근의 유망 신규사업이라는 것은 과거와 비교할 수도 없을 만큼 엄청난 위험부담을 요구하고 있다.

한 예로, 반도체 사업을 계속하자니 럭키금성의 주력사업인 전기·전자 부문의 경쟁력 확보에 막대한 지장을 줄 것 같아 그 결정은 이만저만 어려운 것이 아니다. 독자들이여, 구자경 회장이 이때의 반도체 사업 진출 여부를 놓고 고심했던 것을 기억해 둘 필요가 있다. 구자경 회장은 구인회 창업회장이 럭키금성을 창업하기 이전에 몇 차례 사업(포목상 시절의 대홍수, 목탄 사업 등)에서 고전하는 가운데 전 가족들이 겪은 어려움을 잊을 수가 없었다. 그때의 숱한 위기와 어려움을 극복하는 과정에서 하찮은 토끼 한 마리를 잡는데도 최선을 다하는 호랑이처럼 '과연 지금 나는 이 의사결정에 최선을 다했는가?'라고 항상 자문했다.

이처럼 '나로서는 항상 최선의 의사결정을 해 온 결과가 이런 것인가?' 계속 이런 식으로 나가다가는 늘그막에 재산을 탕진하고 길가에 나앉을지도 모르겠다는 심각한 고민에 빠져있는데 모든 책임이 나한테 있다는 사장의 질책을 듣고 보니 어이없다는 생각마저 들었다.

구 회장은 집무실에 돌아와 곰곰이 생각해보니 '나 아닌 어떤 달

변가나 임기응변에 능한 사람이라도 내 입장이 되면 나처럼 입을 다물 수밖에 없지 않겠는가.' 하는 느낌이 강하게 들었다.

구자경 회장은 그동안 럭키금성에 훌륭한 인재들이 많이 길러져 있다고 자부해왔다. 실제로 우리나라의 어느 회사에서도 탐낼 만한 뛰어난 인재들이 회사 안에 많이 있다고 생각해 왔다. 그러나 구 회장은 앞으로 우리와 경쟁하게 될 미국, 일본, 유럽의 우량 기업들을 방문해 보고 그들과의 경쟁력의 격차가 단순한 기술의 격차만이 아니라 인재의 격차, 경영 수준의 격차라는 사실을 확연히 깨달았다. 우리는 결국은 '우물 안 개구리'였던 것이다. 권한과 책임을 위양한 자율경영 체제에서 경영자들의 가장 중요한 사명은 '인재 개발'에 있다. 내가 육성한 사장들이 이룬 실적이 이것밖에 안 되니 바로 '내 탓'이지 누구에게 잘못을 묻겠는가. 인재개발, 이를 게을리할 때는 어떤 변명도 설득력을 잃는 것이다.

구자경 회장은 경영혁신을 시작한 이후 벡텔, EDS, AT&T 등 세계적 우량 기업들의 회장들을 직접 만나 얘기를 나누는 기회를 많이 갖고자 애썼다. 구 회장은 그들과 얘기를 나누면서 한가지 눈에 띄는 공통점을 발견할 수 있었다. 바로 인재를 많이 확보하고 있다는 점과 아울러 인재를 육성하는데 대단히 많은 노력을 기울이고 있다는 점이었다. 그들은 한결같이 자기 회사의 첫 번째 강점이 인재라고 강조했다. 이 인재자원이 있었기에 남보다 앞설 수 있었고 세계시장 어디에서나 성공할 수 있었다는 이야기를 듣고 구 회장은 대단히 부러워했다. 우량기업의 참모습이란 바로 그 점이었다.

구 회장은 태평양 상공을 가로지르며 돌아오는 기내에서 자문해보았다. '나는 과연 그 우량 기업들의 회장에 비해서 어떤 위치에 있는가?' 그 자신감 넘치는 프로 경영자들을 이겨낼 수 있는 사장, 경영자들이 우리 회사에 길러져 있는가? 과연 나도 우리 회사의 최고 강점이 인재들이라고 서슴없이 얘기할 수 있겠는가. 그 어느 물음에도 쉽게 '그렇다'고 대답할 자신이 없었다.

구 회장이 지난 3년간 사장평가위원회와 인사자문위원회를 운영해보면서 절실하게 느낀 점은 '이렇게까지 우리 그룹에 인재 양성이 되어 있지 않은가.'였다. 사장을 선임하고 임원을 승진시키는 일을 논의하는 과정에서 회장뿐만 아니라 그 논의에 참석했던 다른 사람들도 이구동성으로 이 점에 공감했다. 어떤 큰 사업을 하나 맡기려고 아무리 찾아봐도 마땅한 사람이 떠오르지 않고 어떤 특정 분야에 필요해서 사람을 찾아봐도 적합한 인재를 찾을 수 없는 경우가 적지 않았다. 럭키금성그룹의 참모습이었다.

왜 이렇게 되었는가? 구자경 회장은 그 원인으로 두 가지를 생각해보았다.

하나는 막상 어떤 일에 적합한 우수한 인재가 어디에 있는지 모르고 있다는 것이다. 매년 인재를 개발하려는 목적으로 엄청난 돈과 시간을 투자함에도 불구하고 정작 절실하게 인재를 필요로 하는 윗사람이 회사 내에 우수한 사람이 있는지를 모르고 있다면 아무 소용이 없는 것이다. 그저 내 밑에 있는, 그리고 내 주위에 있는 사람만 알고 있었지, 어디에 어떤 사람이 어떤 능력을 가지고 있으며 장, 단점이 어떻고 과거 업적이 어떻고 해서 그 사람이 어떤 일을 잘할 수 있을 것인가에 관해 논의한 적이 별로 없었던 것이다.

다른 하나는 잘 알고 있다고 해도 현재 발휘하고 있는 능력 이상의 능력을 기울일 수 있는 기회를 부여하지 않았다는 것이다. 나에게 주어진 일을 편하게 하기 위해서 그저 내 밑의 사람들을 계속 붙잡아 두려고만 했지, 그 사람에게는 어떤 특별한 능력이 있는 반면, 어떤 경험이 부족하니 다음에는 이런 일을 할 수 있도록 배려해 보자는 생각은 거의 하지 않았던 것이다. 결국, 인재 개발을 위해서 아무것도 한 것이 없다는 이야기다.

인재란 어느 날 갑자기 하늘에서 뚝 떨어지는 것도 아니며, 시간이 지난다고 해서 자연히 육성되는 것도 아니다. 많은 노력을 들여 체계적으로 육성해야 인재로 되는 것이다. 지금 당장 일을 처리하는 것도 중요하지만 긴 안목을 가지고 사장감, 연구소장감, 공장장감이 나올 수 있도록 사장은 사장대로, 임원은 임원대로 후배 사원들에게 깊은 관심을 기울여 이들이 자기 능력을 개발할 기회도 주고 한편으로는 채찍질도 해야 할 것이다. 인재가 육성되어 있어야 위기를 극복할 수 있다. 인재들이 있어야 우량 기업들과 경쟁해도 두렵지 않다.

구자경 회장은 결국 각사마다 인재개발위원회를 설치하여 이를 통해 사원 한 사람 한 사람에 대한 논의의 장을 시급히 마련하고 이 논의의 장을 통해 '인간존중의 경영'의 정신을 제도와 조직 속에 구현시키도록 했다.

47

LG로고의 새출발

럭키금성그룹은 그룹 비전인 '21세기 세계 초우량 기업'을 실현하기 위해 세계적인 기업들과 견줄 수 있는 강력하고 선명한 아이덴티티의 확보를 목적으로 1995년 1월 1일을 기해 그룹 명칭을 럭키금성에서 LG로 변경하는 등 전면적인 CI(Corporate Identity) 개정을 단행했다. 이로써 점차 경쟁 요소로 중요성이 높아지고 있는 그룹 아이덴티티 요소를 하나로 통합하고 비전 메시지를 일관성 있게 전달하기 위한 새 CI 시스템을 구축하기 시작했다. LG 브랜드를 세계 일류수준으로 육성해 새로운 LG 시대를 열기 위한 포석이었다.

구자경 회장은 1995년 1월 3일 시무식에서 LG로고의 명칭 개정을 선포하는 한편, 1995년을 세계 최고를 가시화해 나가는 원년으로 삼아 혁신 활동에 더욱 박차를 가해 나갈 것임을 천명했다. 구자경 회장은 신년사를 통해 '격변의 시대에 세계 최우량 기업으로 21세기를 맞이하기 위해 비장한 결의로써 많은 부담을 무릅쓰면서까지 그룹의 명칭을 바꾸는 중대한 결단을 내렸다'고 밝히고 '지금까지의 혁신이 기본을 충실히 다져온 것이었다면 이제부터는 하나하나 세계 최고를 가시화 나가는 혁신 즉, 제2 혁신에 돌입해야 할 때'라고 강조했다.

이에 따라 LG 심벌마크 및 로고 타입도 새로 제정, 선포되었으며 자매사의 명칭도 전면 개정되어 세계 최고를 지향하는 제2 혁신의 첫발을 내디뎠다. 구자경 회장은 CI 선포식을 마친 후 여의도 트윈타워 아트룸에서 구본무 부회장과 함께 새로 제작한 표지석을 개막했다.

CI 제정 과정

LG의 CI(Corporate Identity) 개정 작업은 개방화, 세계화 등 무한경쟁 체제로 돌입한 경영환경에 능동적이고 적극적인 대응을 위한 제2의 경영혁신 차원에서 비롯되었다.

1988년 변화하는 시대적 상황과 미래에 대한 준비로서의 장기 경영전략인 '21세기 경영구상' 발표를 시작으로 1990년 새로운 경영이념 선포 및 행동규범 제정, 그리고 1994년 윤리규범을 선포함으로써 사실상 기업이미지 통일화 작업의 선결 작업이 이루어졌다.

새로운 CI 제정의 필요성은 경영혁신 활동의 일환으로 실시한 기업이미지 조사 및 브랜드 시스템에 대한 조사에서도 확인되었다. 즉, 분산되어있는 아이덴티티 요소 및 이미지 요소를 통합해 브랜드 인지도와 경영의 시너지 효과를 재고해야 한다는 분석이 나온 것이다.

당시 자매사들이 사용하고 있는 상호를 보더라도 럭키와 금성사를 축으로 하는 회사가 있는가 하면 럭키금성 명칭을 쓰는 일부 조직 및 서비스 분야의 자매사가 수두룩했다. 1980년대 이후 설립한 또 다른 '엘지' 명의 회사가 있는 등 명칭에 있어서도 일관된 이미지 형성에 장애를 받는 게 사실이었다. 특히 세계화가 더욱 강력하게 추진되면서 해외에서의 인지도와 자매사 간 시너지 제고는 중요한 경영요소로 부상하고 있었다.

이러한 상황 변화 속에서 회장실 홍보팀을 중심으로 새로운 CI 도입방안을 모색하기 위해 1993년 임직원 및 국내외 고객 등 모두 3,700명을 대상으로 이미지, 명칭 및 마크, 로고에 대한 의견 조사를 실시했다.

그해 9월까지 진행된 소비자 조사를 종합한 결과 이미지를 '진취, 적극, 능동적'으로 전환하고 명칭에 관해서는 국내의 명칭과 자매사의 명칭을 하나로 통일하는 것이 바람직하다는 결론을 얻었다.

그해 11월 명칭에 대한 설문조사 결과를 정책위원회에 보고함으로써 자매사의 통일된 아이덴티티 확보, LG 명칭을 사용한 글로벌 브랜드의 CI 수립, 세계 일류로의 이미지 쇄신 등을 기본 방향으로 CI를 추진해 혁신 활동 활성화에 연계되도록 했다.

정책위원회는 1994년 5월 6일 CI 추진 일정과 방법, 예산 등을 망라한 CI 추진 계획을 확정했다. 즉, 국제화 및 세계 초우량 기업으로 발전하는 기업이미지가 효과적으로 표현되도록 VI(Visual Identity)를 체계화하되, 1994년 중 제작을 완료하여 1995년부터 시행할 수 있도록 했다. 이를 이해 세계 최고 수준의 CI 전문업체를 선정, CI 작업을 추진하기로 결정했다. 이 같은 방향에 따라 엘지애드를 주간사로 하여 코카콜라 및 GE 등의 CI 작업을 수행한 미국 랜도 어소시에이츠(Lando Associates) 사를 선정해, CIP 기본작업을 의뢰하는 한편 세부작업을 수행할 국내 업체로는 서울올림픽의 '호돌이'와 대전엑스포의 '꿈돌이'를 디자인한 디자인파크사를 선정했다. 이로부터 명칭을 새로 만들기 위한 조사 작업이 세계 11개국에서 실시되었다.

이 조사에서 LG란 이름은 세계 어느 나라에서나 통용될 수 있고 세계적 기업들과 경쟁할 수 있는 선명한 명칭으로 확인되었다.

또 심벌마크(미래의 얼굴)는 그룹의 경영이념인 '고객을 위한 가치창조와 인간존중 경영'에 잘 부합하며, 친근감과 함께 제품의 질이 우수하다는 조사 결과도 나왔다. 이 같은 추진 과정을 거쳐 1994년 11월, 정책위원회는 LG라는 명칭이 세계 어느 곳에서나 사용이 가능하고 부정적 요소가 없다는 평가에 따라 전 자매사에 적용하기로 최종 확정했다.

새로운 상징 '미래의 얼굴'

당시 랜도사가 준비한 심벌마크는 '미래의 얼굴(The Face of The Future)', '기술의 지평을 열고(Toward the Horizon)', '세계적 비전(Global Vision)' 등 세 가지였는데 첫 번째 제시안인 미래의 얼굴 안이 LG의 새로운 심벌로 선정되었다. 새 이름 LG와 함께 새로 제정한 심벌마크의 의미는 세계·미래·젊음·인간·기술 등 다섯 가지 개념과 정서를 포함할 뿐 아니라 경영이념인 '고객을 위한 가치창조, 인간존중의 경영'을 형상화한 것이었다. 즉, 심벌마크는 LG의 얼굴로서 세계 최고를 지향하고 힘이 넘치는 젊음과 새로운 기술에 끊임없이 도전하는 노력이 담긴 얼굴이며 또한 항상 마음속에 새기고 있는 세계 고객의 얼굴을 상징하는 것이었다. 또한, LG인의 땀과 정열의 결과로 만족해하고 인종과 국가를 초월한 세계인의 만족한 얼굴을 담고 있다.

한편, 명칭의 개정으로 자매사의 명칭도 전면 개정되었다. 자매사 가운데 이미 LG를 상호로 사용 중이거나 향후 합병을 예정한 회사를 제외한 27개 사 중 비상장사는 1월에, 상장사는 2월 중 주주총회 의결을 통해 상호를 개정했다. 이에 따라 럭키는 LG화학으로, 럭키금성 복지재단은 LG 복지재단으로, 금성사는 LG전자 등으로 바뀌었으며 호남정유는 합작 파트너인 칼텍스와의 의견 조정을 거쳐 1996년 5월부터 LG-Caltex 정유로 변경했다.

젊음, 세계화, 첨단 새 이미지

LG는 CI 제정에 따라 전체적인 홍보, 광고 전략의 기본 방향을 CI 변경을 성공적으로 알리고 세계성, 역동성, 도전성, 젊음 등의 새로운 이미지를 창출하며 자매사들에게 시너지 효과를 줄 수 있도록 한다는 것으로 설정했다.

따라서 1단계는 LG에 대한 인지도 제고, 2단계는 CI에 대한 친근감 강화에 두어 광고 및 홍보 활동을 전개했다. 1995년 1월 1일 자 중앙의 전 일간지 1면에 신년 인사와 함께 심벌마크와 미래의 얼굴이라는 명칭만을 제시, 호기심을 유발한 다음 3일 자부터는 '럭키금성이 LG로 바뀝니다'라는 메시지로 대대적인 CI 변경을 알리고 인지도 및 이해도 제고에 주력했다.

친근감을 높이기 위한 2단계에서는 일반 소비자에게 쉽게 접근하고 친숙해질 수 있도록 탤런트 김희애, 김혜수를 모델로 '사랑해요, LG' 광고를 제작했다. 특히 전파매체의 경우 '사랑해요, LG' 노래를 배경음악으로 활용해 부담 없이 전 국민의 입에 오를 만큼 친근감을 높이는데 주효했다.

이와 같은 광고활동을 전개한 후 광고효과를 측정하기 위해 일반 소비자 1,400명을 대상으로 설문 조사한 결과 LG 심벌에 대한 평가로서 인지도는 95.1%로 높게 나타났으며 심벌의 이미지 평가에서는 '미소 짓는 얼굴', '사람 얼굴'의 순으로 나타났다. 또한, CI 변경 후 LG의 이미지도 종전의 '전통성, 한국적, 보수적' 이미지에서 '젊음, 세계화, 첨단'의 이미지로의 변화가 이루어지고 있음이 확인되었다.

한편, 1995년 8월 1일 경영 전문지 '월간 현대경영'은 30대 그룹의 심벌마크 인지도, 국제성, 디자인, 기업이미지 등 4개 항목에 걸쳐 디자인 회사 대표 43명을 대상으로 실시한 설문조사를 통해 가장 인지도가 높고 국제화된 심벌마크로 LG 마크를 선정했다. 특히 그룹 이미지와 가장 일치되는 심벌로 많은 응답자가 LG 심벌마크를 추천했다. 이렇듯 1955년도는 LG 얼굴이 새로 변경되고 신임 구본무 회장의 취임에 따라 '21세기 초우량 기업'을 달성하기 위한 변화의 모습과 실천 의지를 보여준 한 해가 되었다.

48

비전의 깃발을 들어라

구자경 회장은 21세기를 향한 경영구상을 발표한 후 그룹 내에 전개되는 갖가지 양상을 보면서 '이 시대에 바람직한 경영자상은 어떤 것인가?'를 다시 한번 생각해 봤다. 구 회장은 그러면서 일본 최고의 경영인으로 추앙받다가 몇 해 전 작고한 도코 도시오(土光敏夫) 회장을 떠올렸다.

그는 평범한 엔지니어로 출발했으나 도산 직전의 도시바(東芝)를 일으켜 세워 회장이 되었는가 하면, 우리나라 전경련에 해당하는 경단련(経団連) 회장도 오랜 기간 역임해서 구 회장도 존경하는 인물 중의 한 사람이다. 특히 도코 회장은 스즈키(鈴木善幸), 나가소네(中曽根康弘) 두 총리의 부탁으로 임시 행정조사회 회장에 취임, 21세기를 대비한 국철(國鐵) 전전공사(電電公社)의 민영화를 비롯해 각종 행정개혁을 추진하면서 과감한 정책 단행으로 비대해진 정부의 군살을 빼는데 절대적인 기여를 하기도 했다.

평생 '생활은 낮게, 생각은 높게, 개인은 검소하게, 사회는 풍요롭게'라는 신조를 가지고 채소를 직접 가꾸며 한 달 생활비 5만 엔으로 생활하는 등 근검과 절약에 얽힌 일화도 많이 남겼다. 도쿄 근교에 지은 지 50년이 넘는 15평 규모의 낡은 목조건물에 살고 있던 그는 한번은 집에 '태양열 시스템'을 설치하기로 했다. 당시 '태양열 시스템'을 보급하기 위한 한 협회의 회장을 맡고 있는 터라 자신부터 솔선수범하겠다는 뜻에서였다.

그런데 이 시스템을 설치하러 온 기술자가 "제가 살펴보니 댁에는 설치할 수가 없겠습니다."라고 말하는 것이었다. 그래서 그 이유를 물으니, "집이 낡아서 온수기를 지붕에 설치하면 집이 무너집니다."라고 말했다.

또한, 그는 경영자로서는 최고의 위치에 오른 그날까지도 회사에 가장 일찍 출근하는가 하면 종이 한 장, 볼펜 한 자루도 헛되이 낭비하는 일이 없었다. 심지어 웬만한 메모는 반드시 이면지를 사용하여 그 이면지에 적힌 지시를 처음 받아 본 사람은 낙서나 잘못 전해진 종이 정도로 착각하는 경우도 많았다고 한다.

아무튼, 그는 근면과 절약을 최고의 가치로 여기는 전형적인 일본의 경영인이었다.

도코 회장의 이와 같은 근검절약의 생활은 전쟁의 폐허 위에서 일본을 오늘날과 같은 경제 대국으로 성장시키는 뿌리가 되었으며 이 번영을 후대에까지 지속시키려면 젊은이들이 허리띠를 졸라매야 한다는 교훈을 깨우쳐 주는 것이기도 했다.

일상 개인 생활과 경영자로서의 생활에 허물 한 점 남기지 않는 청렴한 인격자로서 만인의 추앙 속에 떠난 그는 우리에게 있어서도 당시의 바람직한 경영자상이 무엇인가를 깨우쳐주는 인물임에 틀림이 없다. 일반적으로 큰 조직에 몸담은 사람일수록 정해진 제도나 관행에 익숙해 있으므로 좀처럼 변화하려 하지 않는다. 상위직일수록 새로운 제도를 도입할 때 그것의 타당성을 인정하면서도 실제 행동에 있어서는 이미 익숙해 있는 기존의 틀을 은연중에 고수하려는 태도를 버리지 못하는 것이다.

이를 입증하듯이 지난 몇 년간 경영혁신에서 최대 걸림돌이 임원 층이라는 지적이 끊임없이 제기되었다. 물론 해마다 임원 층의 변화에 대한 평가가 나아지고는 있으나 일부 경영자들이 새로운 시대가 요구하는 경영자의 모습을 올바르게 인식하지 못하고 혁신의 사각지대에서 웅크리고 있는 모습을 볼 때 참으로 안타깝다. 지난 70여 년간에 걸친 민주주의, 사회주의 진영의 이념전쟁 결과가 그랬듯이 세상만사는 어차피 순리대로 돌아가게 마련이다. 이 거대한 변화의 물결은 잠깐 멈추게 하거나 속도를 완만하게 할 수 있을지 모르나 결코 인력으로는 거스를 수 없는 흐름이다. 시대가 바뀌고 경영환경이 이처럼 변하는데도 경영자가 과거의 모습에서 탈퇴하지 않으면 결국은 도태될 수밖에 없다.

구자경 회장은 '자율경영'의 성공 여부를 결정짓는 중요한 요소는 우수한 경영자의 확보로 봤다. 구 회장은 사원 개개인까지의 자율풍토 조성을 위해 사장과 임원의 권한과 책임부터 시급히 위양하라고 하니 일부 임원의 반응 중 가장 두드러진 것은 '관리를 하지 않으면 엉망이 될 텐데 어떻게 그냥 두고 보란 말인가? 우리는 그럼 무엇을 하란 말인가?' 하는 물음에 직면했다. 구 회장은 임원들 일부가 이러한 반응을 보인 것은 '할 일이 없게 만드니 그만두라는 말인가?'라고 오해해서라기보다는 자율경영체제가 확립되어 나의 상당한 권한이 아래로 위양 되면 그때 내가 해야 할 보다 가치 있는 일은 무엇일까를 깊이 고민하지 않았기 때문이라고 생각했다.

구 회장 자신도 처음에는 사장에게 모든 권한과 책임을 위양하고 나면 그래도 전보다 여유가 생기지 않겠는가라고 생각했다. 그러나 막상 자율경영하에서 회장이 해야 할 새로운 사명을 명확하게 규정해 놓고 그것을 열심히 하려다 보니 오히려 종전에 가졌던 여유마저 빼앗기고 말았다. 관여하는 일의 범위는 엄청나게 줄었는데도 회장의 하루 시간표는 빈틈없이 꽉 짜여 때로는 고통스러울 정도로 몸이 고달팠다. 하나에서 열까지 다 관여하고 결정하던 때는 어떤 일을 핑계삼아 건성으로 할 때도 있었다. 그때에는 주변에서도 워낙 바쁜 사람이라 그렇겠지 하며 이해도 해주었지만, 지금은 해야 할 일이 너무나 명백해서 게으름을 피울 수가 없게 되었다.

임원에게도 마찬가지로 자율경영 이전보다 관여하는 일의 범위는 줄지만, 이제 조금도 소홀히 할 수 없는 전략적으로 더욱 중요한 사명이 기다리고 있는 것이다.

이제 새로운 시대, 새로운 환경은 새로운 스타일의 리더를 요구한다. 인간의 생활이 예전과 비교할 수 없을 정도로 풍요로워지고 경제에 있어서만큼은 국경이 사라진 오늘날, 기업의 이익은 비용 절감이나 철저한 관리에서 나오는 것이 아니라 가치를 창출하는 데서 생겨나고 있기 때문이다.

독특하고 다양한 사업 전개로 유명한 일본 세이부세존(西武世尊) 그룹의 쓰츠미 세이지(堤淸二) 전 회장에게는 다소 엉뚱한 면이 있다. 그는 사람들에게 '꿈'을 판다.

가령 퀸 엘리자베스호 같은 호화 유람선을 임대해 하룻밤에 30만 엔 정도를 받고 낭만적인 선상 생활을 즐기게 한다. 이를 통해 누구나 한 번쯤은 소망하는 유람선을 타고 세계일주를 즐기는 꿈을 잠시나마 성취시켜 주는 것이다. 그런가 하면 골든 카드라는 것을 발행해서 회원들을 초대하여 성대한 크리스마스 파티를 여는데 상류층을 꿈꾸는 많은 사람에게 이 파티는 '특별의식'을 충족시켜 준다.

이처럼 그는 모든 사람들의 가슴속에 숨어있는 꿈을 끄집어내 그것을 실현해 주는 사업을 하는 사람이다. 그에 의하면 리더십의 근원은 '꿈', 꿈이다. 리더란 함께 일하는 모든 사람이 바라는 이상적인 목표, 신들린 듯 끌려들게 하는 꿈, 즉, 비전을 가지고 있는 사람이어야 한다는 것이다. 그래서 그의 주변에는 꿈과 야망을 가진 젊은 인재들이 몰려들고 또 그를 따른다고 한다.

나는 호화 유람선을 끌어들여 부자들을 상대로 파티 사업이나 해보자는 얘기가 하고 싶어서 이런 예를 드는 게 아니다. 이 시대의 리더는 현실적으로 실현 가능한 높은 목표와 꿈을 제시할 수 있는 능력을 갖추어야 한다는 점을 강조하고자 하는 것이다.

오늘날 단순히 먹고 살기 위해서 일하는 사람은 없을 것이다. 요즘 젊은이들에게 있어서 직장을 선택하는 가장 중요한 기준은 리더와 비전일 것이다. '저 회사에 들어가면 자기실현을 할 수 있겠다. 성취감을 맛볼 수 있겠다. 출세할 수 있겠다. 또는 저 사람 밑에서 열심히 배우면 나도 성공할 수 있겠다'라는 판단이 설 때 주저 없이 선택한다. 그래서 야망있고 더 나은 미래를 꿈꾸는 젊은이들은 막연히 규모가 큰 회사보다는 앞으로 발전 가능성이 높은 비전 있는 회사, 현재보다 훨씬 나은 일을 할 수 있겠다고 판단되는 리더 주위에 자연히 몰려들게 된다. 이런 젊은이들은 눈빛부터 다르다.

마찬가지로 비전 있는 회사는 조직 내에 활기가 가득 차 있다. '내가 어느 정도의 실적을 올리면 과장이 될 수 있고 어떤 자격을 갖추면 부장도 될 수 있다. 그리고 이 분야 최고 전문가가 되면 경영자도 될 수 있다. 21세기에 우리 회사가 업계에서 세계 최고가 될 수 있다'는 확실한 가능성이 보이기 때문이다.

이처럼 회사나 조직의 활력은 비전에서 생겨나고 이를 통해 개인의 목표도 달성된다. 이 비전은 그 회사나 조직의 리더가 제시해야 한다. 리더의 비전은 깃발과 같은 것이다. 그를 따르는 사람들에게 그 깃발만 따라가면 꿈꾸는 목적지에 도달할 수 있다는 믿음을 갖게 해주는 이정표이다. 오늘날의 경영에 있어서는 바로 이렇게 뚜렷한 비전을 가지고 한 방향으로 조직 구성원들의 생각을 모아 이끌고 나갈 수 있는 리더가 필요하다.

49

컨센서스(Concensus)의 힘

구자경 회장이 바라는 경영자가 갖추어야 할 첫 번째 조건은 조직 구성원의 생각을 한 곳으로 모아 비전을 세워서 제시하는 능력이다. 이것은 자율경영하에서는 왜 리더십이 중요한가? 하는 물음의 대답이기도 하다.

흔히 연구개발, 생산, 판매 등 회사 내 각 부문마다 어떻게 난관을 극복하고 경쟁력을 키워서 보다 많은 이익을 올릴 것인가에 대한 의견이 각기 달라서 경영자들이 어려움을 겪는 경우가 많은데 특히 자율경영하에서는 부문 간의 자율이 더욱 강화되기 때문에 이러한 현상은 더 두드러지기 쉽다.

연구개발 부문은 R&D에 집중투자하여 최고의 품질로 생활에 여유가 있는 중산층을 겨냥하고 생산 부문은 대량으로 싸게 만들어서 팔아야 한다고 주장할 것이다. 판매 부문도 나름대로 방안이 있을 텐데 가령 좋은 품질의 상품을 싸게 팔아야 한다는 생각일 것이다.

물론 각 부문 나름대로는 모두 좋은 생각들이지만 지금처럼 어려운 시기에는 한 방향으로 일치단결하여 대처해도 부족하다. 그런데도 부문마다 제각기 딴 생각을 갖고 저마다의 방향대로 나간다면 자율경영 이전보다 더 철저히 관리를 해도 부문 간, 조직 간 갈등은 더해만 갈 것이다. 그렇게 되면 이를 조정하기 위한 회의도 많아지고 부문별로 주장하는 투자비와 각종 경영지원을 사용하게 되어 돈은 돈대로 들어가는 데 반해 이익은 오히려 줄어들 것이다.

이러한 이치는 임원이 이끄는 조직이든 부장이 이끄는 조직이든 어디에서나 마찬가지로 적용된다. 그런데 리더는 조직 구성원의 생각을 한 곳으로 모아 모두가 함께 나아갈 방향을 정하되 그들로부터 '과연 우리가 경쟁에서 이길 수 있는 길이 이 길밖에 없구나. 나도 이 방향으로 따라가면 분명히 성공할 수 있겠구나.'라는 반응이 나올 수 있을 정도로 논리와 설득이 없으면 안 된다. 강압적으로 따를 것을 지시하면 한순간 흉내는 낼지 모르나 곧 방향 설정도 제대로 안 된 상태에서 무조건 따라오라고만 한다는 비난을 받게 될 것이다. 전횡과 독단은 리더십과 분명히 구별되어야 한다.

진정한 리더십은 아랫사람들이 리더의 뜻을 진정으로 이해하고 자발적으로 따르도록 하는 힘이다. 각 계열사의 인재개발위원회가 활성화되려면 제일 먼저 논의하고 결정해야 할 일이 그 회사의 '바람직한 인재상'인데 이 인재상은 계열사마다 제각기 다른 모습을 하고 있다.

럭키증권에서도 여느 회사처럼 회사가 추구하는 '바람직한 인재상'에 대해 우선적으로 논의했다. 위원회를 주재하면서 사장은 "이제부터 증권의 인재는 '조직에 의한 영업'을 하는 사람이 되어야겠습니다. 지금과 같이 지점장들이 지점을 옮길 때마다 특정 고객의 계좌를 끌고 다니는 관행은 지양해야 할 것입니다."라고 밝혔고 이러한 사장의 의지는 그 후 위원회가 개최될 때마다 거듭 강조되었다. 맞는 말이다.

　모두가 그런 건 아니지만 지점장이 평소 돈독한 관계를 유지해 온 굵직한 고객 몇 사람을 지점 이동 때마다 곶감처럼 빼서 데리고 다니니, 지점장 이동 때마다 회사 전체의 약정고는 변함이 없는데도 지점의 약정고는 큰 변화를 나타내는 것이었다. 그러다 보니 고객을 조직적으로 관리하는 일이 대단히 어렵게 되었다. 더욱 큰 문제는 증권업계의 생리를 잘 아는 지점장과 고객이 사장의 의견에 동조를 하지 않는 것이었다. 지점장들은 그들대로 '사장이 우리 업계의 경험이 없어서 저런 소리를 한다'고 하는가 하면 고객은 고객대로 '내가 이렇게 큰돈을 맡기는 건 그 사람을 믿기 때문이지 럭키증권하고 무슨 상관이 있느냐'는 것이었다. 이와 같은 사장과 지점장, 그리고 고객 간에 엄청난 인식의 차가 있다보니 리더십이 제대로 발휘될 수가 없었다.

　럭키증권 사장이 그렇게 자신의 의지를 거듭 강조한 것은 그 업계의 생리를 잘 모르면서 억지나 고집을 부린 것은 결코 아니었다. 당시 사장은 타 계열사에서 럭키증권으로 갓 옮긴 상황이었지만 부임하기 전에 나름대로 증권업계에 대해 상당히 연구를 했던 것이다. 그 사장은 선진증권 회사에 관한 많은 자료를 섭렵하고 일본업계의 경영자와 만나면서 증권회사는 반드시 '조직에 의한 영업'이 되어야 한다는 사실을 절감했던 것이다. 이러한 과정을 통해 그 사장은 한국증권업계가 '시장개방'을 앞두고 본격적으로 외국의 대형 회사와 경쟁을 벌여야 하는 한국의 증권회사들이 나아가야 할 바람직한 방향에 대해 나름대로 분명한 모습을 그렸고 다소 무리를 해서라도 사장 자신부터 강력한 개혁 의지를 보여야 한다고 생각한 것이다. 고객들도 개인의 서비스보다는 조직의 서비스를 신뢰해 럭키증권에 맡기면 그 누가 맡더라도 안심할 수 있는 풍토를 조성해야겠다는 것이 그의 각오였다.

그러나 지점장들과 고객의 오해는 깊어가고 이런 사태가 개선될 조짐이 보이지 않자 사장은 그룹에서 파견된 전문가와 실무팀을 주축으로 두 가지 측면에서 작업을 전개해 모두가 공감할 수 있는 합의점을 도출하기로 했다.

우선 한 가지는 '개인에 의한 영업' 방식이 회사와 고객에게 과연 유리한가 하는 것과 다른 하나는 '조직에 의한 영업' 방식에 대해 사원들의 생각은 과연 어떠한가에 대한 검증이었다.

실제로 회전율과 고객투자수익률의 상관관계를 분석해보니 둘 사이에 이렇다 할 상관관계가 없다는 사실이 확인되었다. 오히려 회전율보다 시황, 종목, 매매 시점을 어떻게 선택하느냐가 투자수익률을 좌우하였고 몇몇 지점장의 개인 서비스에 의해 관리된 고객의 경우에는 무리한 회전으로 회사 전체에 대한 불신감만 되레 높게 한 사례도 발견되었다. 또, 지점장들이 자신에 대한 실적평가를 의식해 관리하는 고객을 무리하게 확보하는 바람에 고객에 대한 서비스의 질이 오히려 떨어지는 경우도 있었다. 적정 수의 고객을 조직적이고 체계적으로 관리해야 고객이 만족할 수 있는 좋은 서비스를 제공할 수 있는 것이다. '고객을 위한 가치창조'를 실천하는 기업으로서 고객을 위한다는 것이 오히려 고객에게 피해를 준다면 말이 되겠는가.

또 특정인이 자기 고객의 자본회전율을 높여 실적을 올려야만 자기가 살아남을 수 있다는 생각에 대해서도 사원들의 의견은 상당히 비판적이었다. 주변에 재력이 있는 친지를 갖고 있는 일부 사원을 제외하고는 대부분의 사원들이 발로 뛰어다녀야 하기 때문에 사기 저하는 물론 실적에 대한 강박관념으로 상당한 피해의식을 느끼고 있다는 것이었다.

이런 결과가 도출되는 과정을 통해 많은 사원들이 사장의 주장에 공감하기 시작했다. 그 후부터는 회사의 신용을 믿고 선택하는 고객을 회사가 관리함으로써 보다 질 높고 다양한 서비스를 제공할 수 있다는 의식과 고객의 만족, 회사의 발전이 곧 개인의 발전이라는 인식도 확산되었다.

이러한 인식 전환을 바탕으로 사장은 개인의 서비스 수준만큼 조직의 서비스 수준을 높일 수 있도록 단계적으로 제도를 정비해 나갔다. 그래서 단기적으로는 개인에 의한 영업을 허용하되 단계적으로 정비된 제도에 따라 조직에 의한 영업으로 전환하자고 설득하여 결국 합의에 도달할 수 있었다. 모두가 수긍하고 상호 합의하에 일을 할 때 주인의식을 갖게 되고 신바람도 나는 것이다.

경영자에게는 많은 사람들이 반대하더라도 자신이 옳다고 생각하는 방향으로 조직을 이끌어나갈 수 있는 리더십이 반드시 필요하다. 또한, 반대하는 사람들과도 대화하고 진지하게 설득해서 그들이 따라올 수 있도록 컨센서스를 이뤄야 한다. 그런데 컨센서스라는 것은 대화를 자주하고 감성에 호소한다고 해서 얻어지는 것이 아니다.

럭키증권의 경우 사장이 수십 번을 얘기하고 임원회의에서도 누차 논의됐음에도 '사실이 확인되지 않은 상태'에서는 합의가 이루어지지 않았다. 결국, 정확한 현상 분석으로 사실 확인을 함으로써 모두가 수긍하고 확신할 수 있게 된 것이다.

대화하고 설득해서 합의하는 과정은 많은 시간과 노력을 요구하는 힘든 과정이다. 그러나 이런 과정을 거쳐 뜻과 힘을 한곳으로 모아야만 고객을 위한 최선의 결정을 내릴 수 있고 또 그것을 강력하게 실천해 나갈 수 있는 법이다. 나아갈 방향에 대해 구성원들이 서로 다른 생각을 하고 있다면 그것은 모래알과 같은 조직이다.

소련 군부의 쿠데타 직후 정부청사 건물 앞에 운집하여 쿠데타 반대 시위를 벌이던 소련 시민들의 용기는 실로 감동적이었다. 신문을 통해 식료품 가게 앞에 서서 몇 시간이고 기다리는 소련 시민의 무표정하고 지친 듯한 모습에 익숙해 있던 우리에게는 그때의 소련 시민이 보여준 용기가 과연 어디에서 나오는 것인지 의아하기조차 했다. 그러나 그 용기와 힘은 하나같이 '다시 공산주의로 돌아갈 수 없다'는 일체감에서 나왔던 것이다. 세계 최고의 군사력을 자랑하던 소련 군부도 이 성난 시민들의 '하나가 된 마음' 앞에서는 아무런 힘도 발휘하지 못했다. 뜻을 함께하면 이렇게 엄청난 힘을 갖게 되는 것이다. 이것이 바로 합의, 즉 컨센서스의 힘이다.

눈감고도 그릴 수 있는 비전

리더가 아무리 사실 확인을 통해 구성원의 뜻을 한데 모으고, 그 방향에 대한 논리와 설득력을 갖추었다 해도 일관성을 잃어버려서는 안 된다.

만약 럭키 사장이 "우리의 비전은 뒤퐁, P&G 등을 능가하는 것이다. 우리도 세계 최고의 제품을 만들어 비싸게 팔 수 있도록 고부가가치화를 위해 총력을 기울여야겠다."라고 결심하고 이에 걸맞게 품질, 기능, 디자인 등의 브랜드 이미지를 높이고 서비스 기능도 대폭 강화시키자고 강조했다고 하자. 하지만 이와 같이 방향은 정해졌어도 초기에는 아무래도 브랜드 이미지가 낮아 과도기를 겪게 마련이라 성급한 일부 사람들이 가격이 비싸서 안 팔린다고 하소연을 하자 갑자기 사장이 "비싸서 안 팔리면 싸게 대량으로 만들어 파시오."라고 지시했다면 어떻게 될까? 처음에는 돈이 들더라도 좋은 제품을 만들어 비싸게 팔자고 해놓고 어려운 문제가 생기니까 당장 싸게 만들어서 대량으로 팔자고 하는 것은 분명히 앞뒤가 맞지 않는 결정이다. 두 가지를 모두 할 도리는 없다.

이처럼 리더의 언행에 일관성이 없으면 대다수 구성원들은 혼란에 빠지고 동요하기 시작한다. 따라서 리더는 이끌어가고자 하는 방향을 분명히 해놓은 다음에는 말과 행동에 일관성이 있어야 한다. 어느 경우에나 일관성을 유지하려면 그것이 확고한 리더 자신의 생각일 때에만 가능하다. 스스로 경영자원의 제약을 고려하여 단계별, 일정별로 구체적인 실행 전략을 세우고 그 비전에 이르는 전 과정을 눈을 감고도 훤히 그려낼 수 있어야 한다.

가령 어느 초등학교의 보이스카우트 모임에서 지도교사가 "이번 여름 수련대회는 지리산에서 하겠다."라고 한다면 당장 "선생님. 지리산은 너무 높고 험하다던데요.", "길을 잃어버리면 어떻게 해요." 등등 대원들의 아우성이 대단할 것이다. 이때 만약 지도교사가 "하긴 그렇구나. 그러면 우리 안전한 실내 수영장에나 갈까?"하고 흔들린다면 그는 오히려 대원들로부터 신뢰를 잃고 말 것이다.

"지리산이 험하고 높긴 하지만 예로부터 삼신산(三神山)의 하나로 신성시해 온 산이다. 선생님이 여러 번 다녀왔기 때문에 내가 알려주는 안전수칙을 잘 지키면서 따라오면 보이스카우트로서 갖추어야 할 모험정신, 도전정신을 기르는 데 더할 나위 없이 좋은 곳이다. 그런데 이 산을 오르자면 체력이 필요하니 출발하기 1주일 전부터 매일 1시간씩 체력훈련과 산행 준비를 철저히 하자. 그리고 코스는 중산리에서 출발하여 천왕봉에서 야영하고 연하봉을 거쳐 세석산장에서 1박한다. 마지막 날은 노고단을 거쳐 화엄사로 내려가는데 산행 중의 일과는 자연보호 운동, 사생대회, 글짓기대회 및 각종 게임 등이다."라고 이번 산행의 의의와 일정을 자세히 설명하면서 의욕을 북돋운다면 대원들도 신뢰감을 갖게 되고 '선생님만 잘 따라가면 우리도 지리산을 오를 수 있겠구나.'하는 자신감에 넘쳐서 부푼 기대와 함께 그 날을 손꼽아 기다리며 각자 열심히 준비할 것이다.

회사에서도 마찬가지다. 경영자가 막연하게 '뒤퐁을 능가하겠다. 노무라 증권을 능가하겠다.'라고 하면서도 그 목표에 이르기까지의 실현 가능한 구체적인 계획을 제시하지 못하면 모두가 '허황된 꿈'을 꾸는 사람쯤으로 생각하게 되고 결국 경영자 자신도 정확한 방향을 잡지 못하여 흔들리게 될 것이다. 기업에서 지향하는 비전의 목표는 일상 경영활동으로도 충분히 달성가능한 수준이어서는 안된다. 초우량 기업이라는 보다 높은 수준의 목표를 지향하되 이것이 허황된 이야기가 되지 않도록 어떻게 실현해 나갈 것인가에 대한 구체적인 실행전략도 확립해야 한다. 그래야만 처음에는 허황된 꿈이나 불가능한 일로 생각했던 사원들도 한 해 두 해 목표에 가까워지는 것을 확인할 수 있게 되고 그때부터 모두가 그 꿈을 이룰 수 있다는 자신감을 갖게 되는 것이다. 따라서 리더는 비전에 이르는 전 과정을 눈을 감고도 그려낼 수 있어야 함은 물론 막힘없이 술술 이야기할 수 있어야 한다. 그래야 듣는 사람도 "정말 그렇게 되겠구나. 그러니 따라가자. 나도 무언가 하자."라고 생각하게 될 것이다. 이와 같이 비전은 강한 설득력을 가질 때 비로소 어떠한 난관에도 흔들리지 않고 일관성을 유지할 수 있다.

구자경 회장이 지난 3년간 많은 시간과 돈, 정성을 들여 '21세기를 향한 경영 구상'을 사장들과 만들어온 것도 바로 그룹 임직원 모두의 뜻과 생각을 한곳에 모아 일치단결하여 초지일관한 방향으로 나가고자 해서였다.

50

선두주자가 되기 위해
(21세기를 향한 경영 구상)

　구자경 회장은 1988년 11월에 '21세기를 향한 경영 구상'을 발표했다. 88서울올림픽이 개최되는 해였다. 1987년 10월부터 1년여의 작업 끝에 탄생한 청사진이었다.

　구자경 회장은 「럭키금성」을 인재가 풍부하면서도 수익성과 안정성을 겸비한 성장성 있는 세계 일류의 우량기업으로 키우고 앞으로 그룹의 사업을 세 가지 방향으로 전개하는 것으로 했다.

　모든 사업에는 그 사업을 성공시키기 위한 임계량(Critical Mass)이 있고 사업을 추진함에 있어 이 임계량의 확보는 가장 중요한 선결과제라고 구 회장은 생각해 오고 있다.

　가령 집중호우로 산기슭에 간신히 걸려있던 큰 바위가 밭 한가운데로 굴러 내려왔다고 하자. 밭갈이를 위해서는 이 바위를 치워야 하는데 지렛대를 대고 농부 한 사람이 아무리 힘을 써 밀었지만 끄떡도 하지 않는다. 큰아들, 작은아들을 불러 모아 모두 세 사람이 움직여 보았지만, 결과는 마찬가지다. 할 수 없이 옆집 농부를 청해 모두 네 사람이 힘을 합하니까 비로소 바위가 움직이기 시작했다. 결국, 지렛대를 이용해 이 바윗덩어리를 치우는 데 필요한 최소한의 네 사람이 바로 임계량이라는 것이다.

이와 같이 모든 사업에도 그 사업을 성공시키기 위한 최소한의 경영자원이 필요하며, 이 자원을 충분히 확보하여 투입할 수 있을 때 사업의 성공을 기약할 수 있는 것이다. 이 임계량을 확보할 수 없음에도 불구하고 경쟁사가 새로운 사업을 시작했다고 해서 덩달아 그 사업에 뛰어들었다가는 망하기 십상인 것이다.

그래서 우리는 새로이 진출하려는 사업에서 성공하기 위해 투입해야 할 임계량이 과연 얼마인가를 그 사업에서 이미 성공한 선진 기업의 사례를 분석해 본 일이 있는데 실로 엄청나게 컸다. 반도체의 경우도 그 한 예다. 그런데도 우리가 참여하고 싶은 신사업은 참으로 많다. 이 모든 사업에 대해 임계량을 확보한다는 것은 불가능하다. 따라서 그중에서 어떤 사업을 택하느냐 하는 판단과 선택한 사업에 대해서는 성공할 때까지 집중적으로 총력을 기울이는 것이 중요하다. 그렇기 때문에 경우에 따라서는 새로운 유망 사업이라 하더라도 포기하지 않으면 안 되는 것이다. 지금까지 새로운 사업에 대한 아이디어가 상당히 많이 제안되었는데 과연 이것들을 어떻게 할 것인가에 대해 의사결정을 하는 일이 가장 어려웠고 또 시간도 많이 걸린다.

구자경 회장은 이런 고민의 과정을 거쳐 선택해야 할 사업과 그 추진 방향에 대해 분명히 할 수 있었다. 앞에 이야기한 '21세기를 향한 경영 구상'이 바로 그것이다.

구 회장이 정한 방향의 첫째는 고객과의 관계를 강화하고 고객과 밀착된 사업을 중심으로 하되 제조업에서는 고객 중시의 하류 사업을 전개하는 것이다.

둘째는 세계 주요 시장에서 사업을 토착화해 나가는 것이고 셋째는 풍요로운 생활을 창조하고 제조업을 뒷받침하기 위해 정보, 금융, 유통개발 사업을 중심으로 3차산업을 본격화하는 것이다.

집토끼를 지킨다

구자경 회장은 '결국 남들이 무엇을 하든 우리는 우리의 길을 가자'라는 결정을 내렸다. 그래서 앞으로도 자동차산업, 항공, 우주산업 등에는 한눈을 팔지 않기로 했다. 최근 들어 대기업의 업종전문화에 관한 여러 논의가 있지만 구 회장은 그것을 대기업의 단순한 경제력집중 배제라는 윤리적 측면에서보다는 이제 전문화를 하지 않으면 살아남을 수 없다는 절박하고 불가피한 과제로 인식, 하루빨리 추진해야 한다고 생각했다.

업종전문화란 말은 어떤 한 사업에만 몰두해야 한다는 의미가 아니고 각자가 축적해 온 핵심기술을 중심으로 하여 그 관련 사업에 집중투자하고 전념한다는 뜻이다. 최상의 상품개발을 선도하고 있는 세계적인 기업들은 대부분 단일업종 또는 최소한의 업종에 주력하고 있다. 예컨대 회사 전체 매출액의 80% 이상이 단일 종목 내지는 상호 연관성을 갖는 2개 종목에서 나오고 있다. 세계 2위 제약회사인 머크사는 매출액의 84%가 제약에서, 캐논은 88%, 보잉은 89%, 토요타는 84%가 각각 자사의 주력사업에서 나오고 있다. 그리고 코닥사를 비롯하여 세계 굴지의 우량 기업들이 한결같이 업종을 최소화하여 그들이 잘할 수 있는 사업에만 집중하는 추세이다.

이와는 달리 섣부른 업종 다각화로 세계 일류의 지위가 흔들리고 있는 기업도 있다. 최근 미국 내 자동차 시장에서 빛을 잃어가고 있는 크라이슬러가 좋은 예다. 아이아코카 회장 주도하에 전개했던 항공, 방위산업으로의 다각화 전략은 본업인 자동차산업에 대한 투자를 위축시켜 자동차 사업에서의 경쟁력 약화는 물론 회사 전체의 경영악화를 가져오는 원인이 되었다.

구자경 회장은 1990년 11월에 세계 제1의 건설 엔지니어링 회사인 벡텔(Bechtel)의 회장과 기업전문화에 대한 소신을 서로 피력하는 기회를 가졌다. 그와의 대화에서 서로 일치하는 부분이 상당히 많아 마치 오랜 지기(知己)를 만난 듯 격려하고 의지를 북돋웠다.

벡텔사는 그 옛날 미국 대륙횡단 철도 공사를 시작으로 일어선 회사인데, 기차의 객차 칸을 집으로 삼고 그 속에서 가족과 생활하며 옮겨 다니는 등 갖은 고생으로 사업을 일으킨 벡텔 1세가 창업자이다. 그러나 후일 벡텔사는 후버댐 건설 등 토목 건축 분야에서 독보적인 위치를 확보하기에 이르렀고 2차대전 중에는 조선, 항공기제조 사업에도 참여했다. 벡텔 2세의 시대에 와서는 제조업을 중심으로 한 하드웨어 사업에 손을 댈 것인가, 아니면 엔지니어링 중심의 소프트웨어 사업에 전념할 것인가를 놓고 큰 고민을 하게 되었다. 그런데 결국은 그때까지 벡텔사가 하던 제조업 분야의 사업은 동업자였던 카이저에게 넘기고 벡텔사는 건설 엔지니어링만을 전문 분야로 삼아 오늘에 이르기까지 발전해 왔다. 이제 독자적인 하드웨어 사업은 그만두었지만 타 기업과 제휴하여 하청 또는 연합의 형태로 국제 규모의 건설 사업에 참여하고 있으며 기술력과 정보력 그리고 뛰어난 인재를 바탕으로 세계 제일의 건설 엔지니어링 회사의 위치를 차지하고 있다. 그러나 갈라져 나간 카이저는 특별히 경험도 없던 알루미늄과 철강 등 여러 사업을 무리하게 확장한데다 유능한 후계자를 길러내지 못했기 때문에 결국은 도산하고 말았다.

구 회장은 벡텔사는 고도의 전문성과 번득이는 창의력으로 회사 전체가 아주 활기에 넘쳐 있으며 최고경영자뿐 아니라 모든 사원들의 언행에서 전문가 다운 자신감을 읽을 수 있었다. 구 회장은 '21세기 럭키금성의 모습'도 바로 이런 것이면 하는 생각을 했다. 업종 전문화를 위해서는 선택한 특정 사업에 남보다 더 잘할 수 있는 경험과 노하우가 축적되어 있어야 하고 관련 사업에 모든 경영자원을 집중 투자해야 하지만 그에 앞서 임계량을 확보하지 않으면 안 된다는 것이 구자경 회장의 생각이다.

무기화되는 반도체

구자경 회장은 1991년 3월 일본의 히타치(日立)를 방문했다. 사장도 만나고 중앙연구소도 들러볼 기회를 가졌다. 히타치의 연구개발비는 1990년 우리 돈으로 2조 원이었다. 럭키금성이 1990년도 투입한 연구개발비는 4천 5백억 원이었다. 우리나라 1989년 전체 과학기술 투자 총액은 2조 7천억 원과 비교해 보면 그들의 연구개발에 대한 의지가 얼마나 높은 가를 알 수 있었다. 히타치의 연구개발 인력도 전 종업원의 16%를 차지하는 데 그중 박사만 9백 명에 이른다고 했다. 그들은 10년, 20년 후에야 상품화될 것으로 전망되는 미래 산업 분야까지 연구하고 있었으며 반도체 64메가 디램 기술도 세계 최초로 개발, 보유하고 있었다.

구자경 회장은 이러한 연구개발 투자 규모와 결과를 둘러보고 나서 "전자 분야는 도저히 자신이 없다. 화학은 도깨비 같아서 꾸준히 연구를 하다 보면 경우에 따라 세계 최초의 물질을 발명할 가능성도 있는데 도무지 전자는 아무리 노력해도 세계 우량 기업을 따라잡을 수 없을 것 같다."라고 히타치 중앙연구소장에게 말했다. 그 연구소장은 "우리도 25년 전에 AT&T나 IBM을 방문하고 똑같은 절망감을 가졌다. 그러나 분야를 좁혀서 연구 주제를 잘 선택하고 25년간 꾸준히 노력했더니 오늘날 미국을 앞지르는 부분도 많다."라고 격려를 해주었다.

반도체를 가리켜 '산업의 쌀'이라고 한다. 무한한 성장 잠재력을 갖고 있는 반도체 분야에서 히타치의 성공사례는 많은 것을 시사해 주었다. 반도체 사업을 하려면 실로 엄청난 투자를 해야 한다. 16메가 디램을 추가로 생산하려면 양산에 이르기까지 누계 투자 약 2조 원이 필요하다. 투자 규모에 걸맞게 가능성도 크지만 그만큼 위험 부담도 엄청나다. 이것은 결국 반도체 사업을 하기 위한 그 많은 투자 금액을 회수하는 기간이 불과 3년 내지 5년밖에 안 되며 이 기간 내에 투자한 만큼을 벌어들여야 다음번 투자를 할 수 있다는 것을 의미한다. 반도체 사업을 쉽게 포기할 수 없는 것은 바로 이 반도체가 갖는 전략적 가치 때문이다.

앞으로 전자제품은 반도체 덩어리가 되고 그 위험 부담이나 투자 규모, 기술 장벽 때문에 세계에서 반도체를 만드는 회사는 몇 남지 않게 된다. 그렇게 되면 반도체를 파는 기업은 돈을 벌 수 있고 반도체를 만들지 않고 TV나 VCR 등 최종제품만 만들어 파는 기업은 돈을 벌 수 없게 된다. 이렇게 중요한 반도체 사업이니만큼 하긴 해야겠는데 밑 빠진 독에 물 붓기 식으로 아무리 투자해도 전망이 불투명하니 만약 실패로 끝난다면 어쩌면 40여 년 동안 성장해 온 럭키금성이 존립의 위기에 봉착할 수도 있다. 모든 첨단 사업이 이와 같은 엄청난 투자를 요구하고 있다.

그러다 보니 이제 우량 기업에서도 여러 사업을 할 수 없게 되었다.

자신들이 잘할 수 있다고 판단되는 한 두 개 사업에서 세계 제일이 되겠다는 것은 가능하지만 많은 종류의 사업을 모두 잘해 내겠다는 욕심은 이제 버려야 하는 것이다. 결국, 이제부터는 단지 사업이 유망하냐 그렇지 않으냐의 판단만 가지고 참여 여부를 결정해서는 안 된다. 그렇기 때문에 경우에 따라서는 새로운 유망 사업이라 하더라도 포기하지 않으면 안 되는 것이다.

51

LG반도체는 「현대(그룹)」에 뺏긴 셈이오

독자들이여. 이제 구자경 2대 회장의 이야기는 거의 마지막 부분까지 왔다. 이 칼럼에서는 그가 70세 때 용단을 내려 구본무 3대 회장에게 모든 경영책무를 넘겨주고 경영 일선에서 물러나 천안 소재 연암축산원예대학에 기거하면서 버섯을 재배하거나 메주를 띄우면서 맛을 연구하는 자연인일 때 언론이 인터뷰한 내용을 다루려고 한다. 구자경 회장을 가장 가까이, 가장 꾸밈없이 관찰해 볼 수 있는 좋은 기회인 것이다.

다만 한가지 LG반도체 빅딜(Big Deal) 문제는 짚고 넘어가는 게 좋겠다. 구자경 회장은 그 인터뷰 첫마디에 "LG반도체 경영권을 현대그룹으로 넘긴 데 대해 현대하이닉스가 우리 반도체를 뺏어가려고 했을 무렵에는 LG반도체의 경영이 참 좋았다."라고 말했다.

구 회장은 "하이닉스가 LG반도체를 인수하고 나서 일년 반 동안 하이닉스 반도체에서 반도체를 개발해 수출한 적이 한 번도 없다. 하이닉스는 순전히 우리 것을 수출했고, 그걸로 재미를 봤다."라고 했다. "LG반도체 한 주(株)에 적어도 2만 5천 원은 받아야 되는 건데 2

만 천 원에 팔았으니까 뺏긴 셈."이라며 정권에 의해 강제로 빼앗겼음을 구 회장은 시인했다. 구자경 회장의 이 말을 우리가 더 실감하기 위해서는 반도체 사업 빅딜에 얽힌 역사를 들여다볼 필요가 있다.

1998년 IMF사태가 어느 정도 수습되자 국가적 차원에서 대그룹의 사업구조조정이 현안으로 대두되었다. 그 당시 반도체산업 판도는 삼성, 현대, LG 등 재계서열 1, 2, 3위가 모두 해당 사업을 가지고 있었다. 정부에서는 그중 하나를 통합, 두 개의 반도체업체가 남는 것으로 가닥을 잡았다. 이른바 빅딜이 대두된 것이다.

빅딜이란 대형사업의 맞교환이다. 경제계에서는 빅딜이란 1997년 발생한 외환위기 당시 1998년 국민의 정부가 추진한 정책을 말한다. 빅딜의 성공 사례로는 현대정공, 대우중공업, 한진중공업의 철도차량 생산 부문을 통합해 탄생한 한국철도차량(주)(현 현대로템)과 대한민국의 유일한 항공기업이자 방위산업체인 한국항공우주산업(KAI)이 있다.

빅딜정책의 실패 사례도 있다. 대표적인 것이 대우의 전자와 삼성의 자동차 사업 교환, LG반도체와 현대의 반도체 사업의 통합이다. 우리가 다루고 있는 것이 바로 이 경우인 것이다.

LG는 반대했으나 정부가 강압적으로 LG(구자경 회장)를 압박해 강제 매각을 유도했고 결국 현대그룹의 현대전자에 매각, 합병됐다. 그런데 현대전자는 2년 만에(2001년) 경영악화로 산업은행 관리 업체가 되어 사명이 하이닉스가 되었다. 하이닉스는 10년 후 다시 정상화 되어 새 주인을 찾다가 SK그룹이 인수해 현재의 SK하이닉스가 되었다.

구자경 회장이 인터뷰 첫마디에서 '뺏겼다'라는 표현을 쓴 것은 LG가 통합을 반대하자 정부는 LG그룹에 대한 신규 금융지원(대출)

을 전면 금지하는 압박정책을 펴 LG를 굴복시켰다. 뺏긴 거나 다름없었다.

다음은 언론과의 인터뷰 내용이다.

"최근 신문에 보도된 회장님의 근황 기사를 읽고 많은 사람들 사이에 회장님의 삶이 화제가 되고 있습니다. 어떻게 살고 계시는지 알고 싶어 불쑥 찾아왔습니다."

신문기사 이야기를 꺼내자 구 명예회장은

'그 기사 바람에 골치가 아프다'며 "내 주소만은 제발 밝히지 말아달라."고 했다. 그 이유가 궁금했다.

"내 주소가 알려지니까 도와달라고 찾아오는 사람이 너무 많아요. 회사가 부도날 지경이라며 살려달라고 꿇어앉아 사정하는 사람도 있고요, 연락도 없이 그냥 옵니다."

"사택 입구에 들어서면서 보니까 지키는 사람도 없는 것 같습니다."

"돈을 벌면 경비원이 필요하겠지만 돈을 못 버니까 경비원 쓸 형편이 안돼요."

"버섯 재배해서 돈 많이 번 것으로 알려져 있는데요."

"아직까지는 돈벌이가 안 되고 금년부터 좀 되겠지요."

구 명예회장은 꾸밈없이 말을 이어갔다.

"메주 만드느라 바쁩니다."

"난(蘭)도 많이 키우고 있다고 들었습니다."

"서양난은 대학에서 재배하고, 동양난은 내가 길렀어요. 내가 난을 시작할 무렵에는 희귀종 동양난은 값이 굉장히 좋았습니다. 한 촉에 100만 원짜리도 있었고요. 누가 장관이 되거나 감투 하나를 썼다

하면 동양난을 선물했는데, 이 동양난 시장이 갑자기 쇠퇴해 버렸습니다. 동양난을 가진 사람도 적어지고 소비가 안 되는 거예요. 입이 크고 무성한 난을 선호하지 특이하게 생기고 비싼 난은 선물을 안 해요. 비싼 난을 선물해 봤자 죽이는 경우가 많으니까요. 난을 해보니 도둑이 잦아요. 하룻밤 사 이에 좋은 난들을 몽땅 도적맞고 나니 이것도 하는 게 아니구나 싶어서 완전히 포기했습니다. 요즘은 메주 만드는 철이어서 내가 좀 바쁩니다."

집안 가득히 배어 있는 청국장 냄새는 구자경 명예회장이 손수 만든 메주가 재료였다. 메주는 사택에서 조금 떨어진 유리온실에서 건조되고 있다. 유리온실은 구 명예회장이 꽃이 크고 탐스러운 새로운 종(種)의 장미 재배를 시작할 때 지었다.

"장미 재배를 그만둔 후 유리 온실을 개조할 방법을 찾다 보니 이 근처에 메주공장이 있어요. 메주는 볕에 말려서 건조를 잘 시켜야 하는데 유리 온실은 통풍도 잘 되고, 햇볕도 좋아 메주 말리는 장소로는 최곱니다. 이곳 된장을 먹어본 사람들이 맛이 좋다고 난리예요. 여기저기서 자꾸만 더 달라고 해서 금년에는 좀 넉넉하게 만들고 있어요. 된장을 담아서 나눠 주고, 남는 게 있으면 골프장 같은 곳에 팝니다.

곤지암 골프장(LG그룹에서 경영)의 갈비 우거지국이 예전엔 참 맛이 좋았습니다. 진주집이라고 그 근처에 비빔밥 집이 있는데 거기 여사장에게서 메주 띄우는 비법을 배워서 된장을 직접 담으라고 내가 지시했습니다. 맛 좋은 된장을 풀어 놓은 우거지갈비탕이 그래서 인기가 있었습니다. 소문을 들은 안양 컨트리클럽에서 부장 한 사람과 주방장이 연락도 없이 주방에 쳐들어와서 비결을 가르쳐 달라고 하기에 비결은 된장에 있다고 가르쳐 주기도 했어요.

메주 만드는 일은 참 귀찮습니다. 귀찮으니까 곤지암 골프장에서도 나중엔 직접 만들지 않고 종교단체에서 만든 메주를 사다가 된장을 담았더니 옛 맛이 안 나요. 내가 주방장한테 「멸칫국물에 마른 새우와 마른 조개를 넣고 은근한 불에 오래 끓여라」고 시켰어요. 우동국물에는 미림(味淋, 찹쌀 지에밥에 소주, 누룩을 섞어 빚은 술)을 써야 제맛이 나는데 주방장이 그걸 몰라요. 미림(味淋)은 맛술인데 정종입니다. 정종을 넣으면 맛이 확 달라지거든요. 요즘 곤지암 골프장의 우동이나 오뎅은 맛이 참 좋아요.

맛있는 음식 이야기, 농사 이야기는 끝이 없었다.

"회장님은 농사를 직접 지은 적이 있습니까?"

"교사 시절 고향에서 좀 지었지요. 높은 산에 과수원을 하나 만들었는데, 지게나 리어카도 없는 시절에 지게 질 사람도 없고 해서 나무만 심고 포기한 일이 있습니다. 교편생활을 시작한 지 4개월 만에 광복이 되었어요. 광복이 되고 나서 농사를 지으려 하니까 우리가 땅 좀 갖고 있다고 해서 (건국준비위원회의) 인민위원회를 중심으로 똘똘 뭉쳐 도와주지를 않아요. 우리 형제들이 모두 나섰는데 농사일이 참 힘이 듭디다. 모를 심고 나면 허리가 끊어질 듯이 아프고, 벼를 베면 벼 이삭이 눈을 찌르는데 도와주는 사람은 하나도 없고... 이러다가는 안 되겠다 싶어서 농사를 포기하고 부산으로 나갔죠."

첫 직업은 보통학교 교사

"고향인 진양, 함양 쪽엔 옛날에 좌익들이 많았죠?"

"지리산 근처인 산청과 거창에 많았고 함양은 좀 덜 했습니다."

"좌우익 투쟁에 휩쓸리지 않았습니까?"

"좌익과 머슴들이 우리가 부자라고 농사짓는 데 협조를 안 해 줘요. 벼 베고, 보리 베는 일을 우리 형제들이 다 했어요."

"공산주의자는 절대 안 된다는 확신은 언제부터 하셨습니까?"

"광복 후 직접 상대를 해보니 알겠어요. 공산주의 세상이 되면 평등사회가 되고 아주 살기 좋은 사회가 될 거라고 했는데, 일 안 하고 어떻게 좋은 사회가 됩니까."

구자경 명예회장은 1925년 경남 진양군 지수면 송내리에서 LG그룹 창업주인 연암(蓮庵) 구인회(具仁會) 회장의 장남으로 태어났다. 진주고를 졸업하고 진주사범학교 강습과를 수료한 구 명예회장은 나이 스무 살 때 고향의 지수보통학교에 교사로 부임했다.

지수보통학교는 구 명예회장의 부친 故 구인회 회장과 삼성그룹 창업주 고 이병철(李秉喆) 회장이 나온 학교다. 효성그룹 창업주 고 조홍제(趙洪濟) 회장은 그곳에서 20리쯤 떨어진 경남 함안의 군북보통학교를 나왔다. 한국 기업사에 큰 족적을 남긴 이들 세 명은 1년에 한 번씩 소풍도 다니고, 축구도 같이 한 친구였다고 명예회장은 기억했다.

"지수면(面)은 지리산 인근의 험한 산골입니다. 그 일대의 유일한 학교가 지수보통학교인데 배를 타고 강을 건너는 나룻가에 있습니다. 의령 출신인 이병철 회장은 그분의 누님이 지수마을로 시집왔기 때문에 누님 집에서 기거하며 학교에 다니다가 일주일에 한 번씩 배를 타고 집으로 돌아가곤 했어요. 우리 선친이 6학년일 때 이병철 회장은 5학년이었답니다."

"재벌기업을 창업한 분 중에 경남 출신이 참 많은데 이유가 있습니까?"

"영남이 일본하고 가깝다 보니 앞서가는 것 아닙니까. 기질상 조금 앞서가는 것 같아요."

"지주에서 기업인으로 변신한 회장님 집안과 고 이병철 회장 집안은 비슷한 길을 걸어 온 것 같습니다."

"우리는 지주에서 포목 도매상을 거쳐 제조업으로 갔고, 이병철 회장 집안은 농촌에서 양조장을 하다가 제조업을 했지요. 우리 선친은 시골에서 협동조합을 만들어 이사장을 했습니다. 마산이나 진주에서 생선, 꿀, 설탕 같은 생활필수품을 싸게 사다가 매점에 차려 놓고 팔았습니다. 우리 마을이 부촌이니까 집집마다 통장이 있었어요. 매점에서 물건을 사면 각자의 통장에 사인을 했는데, 일년에 두 번, 추석과 설날에 결제를 했습니다. 결제는 잘되었습니다마는 큰 이익은 없었어요. 그걸 하면서 우리 선친은 「동아일보」 지국장도 하고 그랬죠. 조그만 장사라도 하고 나서 기업을 일으키면 성장 속도가 조금 빨라요. 장사를 어떻게 해야 한다는 것을 알기 때문입니다. 선친은 포목상도 하고, 운수업도 하다가 제조업을 시작했어요."

징용 면하려고 사범학교 진학

"진주고보 졸업 후 사범학교를 지망한 데는 특별한 동기가 있었습니까?"

"나는 일제(日帝) 징용 세댑니다. 그때는 사범학교 출신과 말 키우는 축산학과, 그리고 수의사, 법관, 공과계와 의대 출신에 한해 징용이 면제되었어요. 징용을 피하는 가장 쉬운 길이 사범학교 진학이었습니다. 그 시절엔 마을마다 학교를 못 다닌 무취학자가 상당히 많았습니다. 한 면에 최소한 50~60명쯤 되었지요. 사범학교 출신들에게 초등학교 교사 자격증을 주고, 교장 책임하에 무취학자들의 교육을 맡겼습니다. 일본말도 가르치곤 했지요. 사범학교 들어가서 4개월쯤 있으니까 사범학교 출신들에게는 징용 면제 혜택을 안 해준다는 말이 나왔어요. 대부분이 사범학교를 뛰쳐나갔는데, 나는 이왕 틀린 것, 기다리다 보면 뭔가 도움이 안 되겠느냐 싶어 계속 학교에 다녔어요. 시간이 되니까 소집영장이라는 것이 나옵디다. 1945년 8월 21일자로 마산 부대에 입대하게 되어 있었어요. 마산으로 가면 무조건 남방(南方)으로 징용 가기로 돼있었죠. 8월 7일에 영장을 받았는데 8월 15일에 광복이 되었습니다."

"지나 놓고 보면 사범학교 출신들이 정치, 군, 기업에 많이 들어가 우리나라를 만든 느낌이 듭니다. 박정희 대통령도 사범학교를 나와 군에 들어갔습니다. 김종필, 백선엽 같은 분들도 그렇고요."

"일제 말기까지만 해도 사범학교에는 관비가 많이 나왔습니다. 사범학교 재학 중에 내가 받은 장학금이 면장 월급보다도 많았으니까요. 교사 월급은 지서장보다 많고 면장과 거의 비슷했습니다. 대우가 그러니 교사들은 어디를 가도 대접받았죠. 그러니까 엘리트들이 사범학교로 몰렸습니다. 자질이 뛰어난 사람들이 교사가 되어 생활이 안정되니까 옆 눈 볼 여가 없이 맡은 일을 충실히 했어요. 사범학교 출신 중에 공부를 더 하고 싶은 사람들은 고등고시 시험에 참 많이 되었습니다.

"기록에 보니까 부산 사범학교에서도 교사 생활을 한 것으로 되어 있습니다."

"고향에서 1년 반쯤 교편생활을 하다가 부산으로 가서, 부산 사범학교 부속 국민학교에서 3년 정도 근무했습니다. 4년 반 동안 교사생활을 했지요."

"그 정도 교사 생활을 했다면 체취가 많이 남아 있을 것 같은데요."

"그때는 세상이 시끄러울 때 아닙니까. 고향에서는 교사 생활을 제대로 못 했습니다. 운동장에서 축구나 하고 부락 사람들과 어울렸지요."

"전문경영인(CEO)으로서 성공한 분들의 공통점은 교육자로서의 기능을 가지고 있다는 점입니다. 사람을 길러야 한다는 생각이 철저한 분들이 결국 성공하는 것 같은데요."

"글쎄요. 나는 잘 모르겠습니다."

구자경 명예회장이 교사로 있던 1947년, 그의 부친 구인회 씨는 화장품 럭키크림을 만드는 락희화학공업사(LG화학)를 설립, LG그룹의 역사를 열었다. 락희화학은 6.25전쟁 중인 1952년 국내 최초로 플라스틱산업에 뛰어들어 빗, 비눗갑, 칫솔, 식기류 등의 플라스틱 제품을 생산했고, 1954년에는 국내 최초의 치약을 개발, 치약 시장을 장악했다.

구자경 명예회장이 교사 생활을 접고 부친 회사에 들어간 것은 1950년으로, 락희화학 설립 3년후였다. 창업주 아들인 구자경 명예회장이 「창업 1세대」 혹은 「창업 1.5세대」로 대접받는 것은 일찍이 부친 사업에 합류했기 때문이다. 구자경 명예회장은 타계한 부친의 뒤를 이어 1970년 LG그룹 회장에 취임, 25년간 경영권을 행사했다.

나는 중노동부터 시작했다

"락희화학이 생활용품용 플라스틱 제품을 국내에서 최초로 개발한 데는 특별한 동기가 있습니까?"

"그 무렵 홍콩을 통해 플라스틱 빗과 담뱃갑, 비눗갑 등이 마구 밀수되었습니다. 플라스틱 제품을 처음 보니까 참 신기하데요. 제조과정을 알아보니 원가에 비해 무려 마흔다섯 배의 이익이 남는 것으로 계산되었습니다. 우리가 기계와 원료를 사서 제조하니까 서른다섯 배가 남더라고요. 돈을 거져 버는 겁니다. 밀수한 값보다 싸게 팔았지만 그때 많이 벌었고, 밀수도 방지했지요."

"회장님의 경영철학은 「밑바닥에서부터 경험하라. 작은 것부터 아껴라, 창의와 모험정신, 기업은 사람이다」는 것으로 소개돼 있는데 밑바닥 경험은 하셨습니까."

"나는 중노동부터 시작했어요."

"옛날 전경련 회장으로 계실 때 청와대에서 노태우 대통령과 기업인들이 회식하는 자리에서 무슨 말씀을 직설적으로 하셨다가 노 대통령과 서먹해진 적이 있었다면서요."

"참석자 모두가 술을 많이 마신 자리였어요. 내가 전경련 회장 자격으로 대통령 앞에서 말을 하게 되었는데, 단도직입적으로 서두를 시작해서 문제가 생겼어요. 내가 '여태까지의 정부는 직접선거를 안 했으니까 군사독재 정부고, 현 정부는'이라고 말하는 순간, (노태우 대통령이) '뭐라고' 하면서 화를 내고는 나가 버렸습니다. 그다음을 들어봐야 내 말의 진의를 알 것 아닙니까. 군사독재정부란 말을 하고 난 다음에 나는 '현 정부는 직접선거를 했으니까 정당한 정부다'라는 말을 하고자 했던 겁니다. 미처 뒷말을 하기도 전에 (노태우 대통령이) 벌떡 일어서서 나갔어요. 노태우 대통령은 자신이 군 출신이다 보니 내 말에 양심의 가책을 받은 것인지도 모르죠.

그 자리에서 내가 하고 싶었던 발언은 '전두환 대통령은 장충단 공원에서 당선된 대통령이지만 얼마나 강하게 나갔습니까. 공권력을 동원할 때는 동원하고 노조가 시끄럽게 하면 대항도 하고 그랬는데,

그야말로 직접선거를 통해서 선출된 노태우 대통령은 전두환 대통령 시절보다 더 강하게 나갈 수 있고 공권력을 동원할 때도 더 많이 강하게 할 수 있는 처지인데도 안 하니까 불만입니다'하는 것이었어요. 그런데 대통령이 나가 버리니까 말도 다 못하고 바로 파장이 되어 버렸죠."

"돌아와서 고민을 많이 했겠습니다."

"고민했죠. 그래서 (대통령의) 동서인 금진호(琴震鎬) 장관을 통해서 '내가 할 말을 다 못 했는데 끝까지 들어봐야 할 게 아니냐. 내 본뜻은 그게 아니다'라고 전했지요. 공권력을 동원할 땐 하고, 좀 강하게 나가 주시오 하는 소리를 한다는 게 그만 그렇게 되었어요.

그날은 굉장히 추웠어요. 이동막걸리를 곁들여 저녁을 먹고 나서 청와대 별관으로 자리를 옮겼는데, 전망이 참 좋은 방이었어요. 나는 처음 가봤소. 방이 어떻게 뜨끈뜨끈한지 들어서자마자 문을 열고 그랬죠. 술 먹은 상태에서 그 방에 들어가니까 모두 술에 취하고 말았지요."

"대통령을 포함해 몇 분이나 계셨는데요?"

"전체 회원들을 두 팀으로 나누어서 대통령과 저녁 회식을 했는데, 절반이 참석했으니까 열대여섯 명쯤 되었을 거요."

놀고먹는 사람을 없애는 게 개혁

"기업하는 많은 분들은 주로 노태우 대통령 때부터 노사(勞使)문제를 물렁하게 대처했다고 비판하는데, 노 대통령 입장에서 생각하면 민주화를 위해선 그 정도는 불가피하지 않았을까 하는 생각이 들지 않습니까?"

"그 말도 일리는 있어요. 그러나 데모를 마음대로 할 때 아닙니까. (대통령으로서) 할 일은 해야죠. 법을 엄격하게 집행할 때는 집행해야 하고요. 권위주의를 없앤다고 대통령이 가방 들고 다니는 것은 보기 흉해요."

"전경련 회장을 그만둔 것은 적성에도 안 맞고 해서 스스로 물러난 것이죠."

"그 무렵 우리(LG그룹)는 미국 맥킨지의 경영 진단을 받았습니다. 1987년 11월부터 경영 진단을 받고 1988년에 들면서 본격적인 대변혁을 시작했습니다. 구조조정이죠. 맥킨지에서 권고하는 대로 받아들였어요. 내가 전경련 회장을 계속하다가는 경영혁신을 못 하겠더라고요. 그래서 1989년에 회장을 그만 두었죠."

"그것이 결국은 LG그룹으로 하여금 IMF를 견뎌내게 한 힘이 되었겠네요?"

"놀고먹는 사람을 없애는 것부터 시작했습니다. 일가친척부터 먼저 정리했지요. 일가친척 중 실력이 없는 사장, 부사장, 전무는 다 정리했어요."

"쉽지 않았을 텐데요?"

"그렇죠. 나보다 어른들이고 처남들인데 자진해서 나가라고 했죠. 내가 하니까 더 쉽습디다. 젊은 사람이 나이 든 사람한테 '좀 나가 달라'고 하기가 편해요. 물러난 분들도 순수하게 받아들였고요. 경영 진단을 한 팀들이 그분들한테 경영상태를 꼬치꼬치 다 물었거든요. 그리고 전체 사원들의 여론을 수렴해, 이 회사는 무엇이 장점이고 무엇이 단점이라는 것을 완전히 파악해서 결점을 없애 나가는 데 주력했지요."

LG그룹 경영 혁신에 5년 걸렸다

"경영 진단을 받지 않은 기업이 없지만, 실천하기가 정말 힘든데 회장님은 실천을 하셨군요."

"경영 진단을 맡은 그 사람들이 나보고 그래요. '우리 진단 결과에 대해 회장님이 솔선수범해서 지도하면 성공하는 것이고 그렇지 않으면 실패합니다. 미국이나 일본의 경우에도 회장한테 8할의 책임이 있습니다. 대담하게 혁신할 각오를 갖고 솔선수범해서 모범을 보여줘야 합니다. 결단을 내려 주어야 합니다' 그래서 그렇게 하겠다고 했지요."

"경영혁신을 하는 데 몇 년이나 걸렸습니까?"

"1987년부터 실행에 옮겨서 딱 5년 걸렸습니다. 그걸 마치고 나서 회장 그만둘 각오를 했지요."

"그때 만약 경영혁신을 안 했더라면 오늘날의 LG는 어려웠다고 봅니까?"

"그렇다고 볼 수 있죠."

"LG그룹은 전체적으로 잘 돌아가고 있습니까?"

"계열사 모두가 이익이 너무 많이 났어요. 금리가 빠져 버리니까 (내려가니까) 재무구조도 참 좋고요. 옛날에는 부채비율이 300% 내지 250%쯤 되었는데 요즘은 150% 내지 30%로 줄고 빚이 거의 없는 계열사도 있어요. 이자가 싸니까 굉장히 재무구조가 좋아졌고 튼튼해졌어요."

"결과적으로는 IMF가 온 게 잘된 일이네요."

"경제에 큰 쇼크를 한 번 준 거죠. 정부 지원을 받는 식으로 인위적으로 해서는 안 되지요. 외부 압력에 의해서 바람이 부니까 생각이 달라진 겁니다."

"LG그룹의 경우 전자를 제외하면 소비재 산업이 주력이고 한국의 기간산업에 기여한 게 별로 없다는 지적이 있습니다."

"석유화학이 기간산업입니다. 정유, LG화학, 플라스틱 가공은 우리가 제일 먼저 시작했어요. 기간산업, 장치산업을 제일 먼저 시작한 기업이 LG이고 오히려 삼성이 나중에 시작했지요. 화학은 삼성이 우리보다 10년 늦어요."

"조선이나 자동차, 항공 산업에 혹은 관심을 두지 않았습니까?"

"기업마다 전문 분야가 있습니다. 이것저것 다 할 수는 없는 겁니다. 정유를 해서 납사를 분해하면 석유화학 제품이 나옵니다. 그래서 정유공장을 지었죠. 정유공장을 지으니까 원유 수송이 굉장히 많습니다. 수송이 많으니까 탱커나 배가 필요하고 그런 것을 취급하니까 보험이 필요해요. 보험을 남 주느니 우리가 하자고 해서 보험회사를 만들었고, 보험회사를 만드니까 돈이 생겨 증권회사를 만들고요. 그러다 보니 가지에 가지를 치고 해서 커 나갔죠. 우리가 하고 있는 사업들은 다 연관이 있습니다. 플라스틱 가공을 할 때 플라스틱 가공품이 잘 안 팔려서 전자부품을 하면 되겠다 싶어 전자부품을 하다가 전자공업으로 나갔습니다."

LG가 큰 것은 연구인력이 풍부했기 때문

"LG그룹에서 구상 중인 신규 업종이라면...?"

"연구소에서 개발하고 있는 게 두세 가지가 되는 모양입니다. 그것을 더 연구해서 20년 후에 쓸 것, 그리고 15년 후에 쓸 것을 선별 중에 있습니다. LCD(액정표시장치)라는 것은 20년 만에 개발한 것입니다. 벽걸이 TV인 PDP는 개발에 10년이 걸렸어요."

"회장님 적성은 이공계통입니까, 인문계통입니까?"

"이공계통입니다. 수치에 밝은 편은 아니고 탐구력이 딴 사람보다 많은 편이죠."

"우리나라는 지금 그 계통에 대한 지원자가 줄었을 뿐 아니라 사회에 나와도 푸대접을 받으니 굉장히 기피하는 분야가 되었습니다. 활성화할 대책은 없겠습니까?"

"신문에 보니까 고등고시제도를 없앤다는데 잘하는 것 같아요. 그래야 이공계가 숨을 좀 펴고 살지요. 같은 고등학교를 나와 머리 좋은 사람이 이공계를 갔는데 출세는 인문계가 더 많이 합니다. 장관까지 하고 돈도 더 벌어서 나옵니다. 이공계 출신은 회사나 연구소에 취직해서 돈도 많이 못 벌고요. 그래도 우리 그룹에선 사장을 지낸 사람은 이공계 출신이 훨씬 많아요."

"이공계를 특별히 우대해서 그렇습니까?"

"기술력에서 우수하니까 자연히 그렇게 돼요. 인문계는 경리나 영업 쪽에 배치되는데 영업도 기술이 있는 사람이 나아요."

"지금 중국이 잘 되는 이유가 이공계 출신들이 정권을 장악했기 때문이라고 합니다."

"LG가 이렇게 큰 것도 연구인력이 풍부했기 때문입니다. 특히 전자와 화학 분야가 그래요. 화학은 기술 개발에 그리 오랜 시간이 안 걸리는데 전자는 물건 하나 만드는 데 10년 혹은 20년이 걸립니다. 장래성이 있다고 생각되면 중간에 좌절하지 말고 계속 연구해서 결론을 내야지요."

"LG는 중국 시장에 굉장히 빨리 진출했죠?"

"중국 투자는 우리가 제일 많이 했어요. 천진, 장사, 상해에 진출해 있습니다."

"중국과 홍콩을 합칠 경우, 우리나라와의 교역량이 400억 달러로 미국보다 앞섭니다. 중국의 비중이 너무 커 버리니까 겁나는 느낌이 듭니다."

"우리는 그렇게 안 봅니다. 냉장고, 세탁기 같은 것은 중국이 곧 따라 올 것 같고, 중국산 냉장고가 한국에 들어온다는 소리가 나올 겁니다. 그러나 반도체라든지 LCD 같은 것은 중국이 우리를 따라오려면 상당한 시일이 걸릴 것 같고요. 컴퓨터도 시간이 좀 걸릴 겁니다. 중국은 컴퓨터에 들어가는 핵심 반도체를 전부 다 수입하고 있지요."

"LG그룹은 노사문제가 그렇게 심하지 않은 것으로 압니다."

"1987년과 1989년 두 번에 걸쳐 심하게 진통을 겪은 뒤에는 거의 없습니다."

"노사문제를 잘 해결한 데는 어떤 비결이 있습니까?"

"최고책임자를 부사장급으로 내세워 노무 관계만 전담하라고 했어요. 권한도 많이 주었고요. 노사책임자는 사원들 길흉사를 철저히 챙겼어요. 퇴근길엔 근로자들과 같이 술도 마시며 인간적으로 접근했지요."

"LG반도체는 현대로 넘어갔는데 요즘 현대하이닉스가 굉장히 어렵습니다. LG로선 결과적으로 잘한 선택인 것 같은데 혹시 LG그룹에서 반도체를 계속 가지고 있었으면 어떻게 되었을까요."

"모르겠습니다마는 현대하이닉스가 우리 반도체를 뺏어가려고 했을 무렵에는 LG반도체의 경영이 참 좋았습니다. 하이닉스가 LG반도체를 인수하고 나서 일년 반 동안에 하이닉스 자체에서 반도체를 개발해 수출한 적이 한 번도 없습니다. 하이닉스는 순전히 우리 것을 수출했고, 그걸로 재미를 봤죠."

그 기술과 연구소가 지속적으로 활성화되었더라면 지금처럼 악화되지는 않았을 겁니다. 활성화시키지를 못하니까 연구가 약했고, 개발도 안 되었고요. 우리 것을 뺏어 갈 때는 기술만 뺏으면 된다고 생각했을지 모르나, 기술자들이 이탈해 대만, 홍콩, 싱가포르로 가 버렸어요. 흩어진 기술자들을 다 모으지 못했습니다. 이것도 실패작이죠."

"고급 기술자들이 외국으로 나갔다면 우리나라로서도 대단한 손실이네요."

"손실이죠. 대만으로 많이 갔습니다. 요새 하도 메모리 반도체가 불황이니까 손실 관계를 따지면 우리가 잘 판 건지, 잘못 판 건지는 모르겠어요."

"LG반도체는 판 겁니까. 뺏긴 겁니까?"

"한 주에 적어도 2만 5000원은 받아야 되는 건데 2만 1000원에 팔았으니까 뺏긴 셈이죠."

회의는 아침에 하면 시간 낭비

"기업을 경영하다 보면 회사일 이외에 정치나 사회에서 요구하는 일에 시간을 많이 뺏기지 않습니까?"

"전자공업협회나 화학협회처럼 우리 일과 직접 관계가 있는 데는 돌아가면서 회장을 하는 거니까 안 할 수가 없고, 그 외 일은 일체 관여하지 못하게 합니다."

"기업은 전문경영인이 회사일에 얼마나 많은 시간을 쏟느냐는 게 참 중요하다고 생각합니다."

"그렇습니다. 그전에는 임원들하고 대화하는 시간이 없었는데 경영혁신을 하면서 매주 한 번씩 불러서 대화하고, 점심시간 혹은 저녁 시간에 회의를 했습니다."

"회의를 많이 하는 회사는 잘 안 된다고 하는 말이 있는데요."

"회의는 절대로 아침에 하면 안 됩니다. 그 귀중한 시간을 허비하면 안 되지요. 아침 회의는 완전히 낭비입니다. 점심시간이나 저녁에 작업을 마치고 나서 간단히 식사하면서 회의했습니다. 시간을 절약해야지요. 아침 회의는 월요일 외에는 안 됩니다. 요즘은 총 5일 근무니까 월요일 오전엔 꼭 회의를 해야지요. 내가 서울에 가도 월요일만 회사에 나가는데 오전에는 사장들이 나를 만나자는 소리를 안 합니다. 전부 회의를 하니까요. 점심시간에 점심 같이 먹고 오후에 모여서 얘기를 좀 하지요."

"그동안 경영을 하면서 특히 기억에 남는 부하들이 있을 것 아닙니까? 어떤 일을 하는 사람들이 기억에 많이 남습니까?"

"판단을 잘해야 합니다. 판단하기가 참 어려워요. 우리가 무선통신과 휴대폰 사업을 시작할 때 교환국과 기지국 시설만 개발하면 다른 것은 문제가 아니라고 생각했어요. 그때 휴대폰도 동시에 개발해야 되지 않느냐 하는 말이 있었는데 그것은 앞으로 중소기업의 몫이라고 해서 우리는 개발하지 않았습니다. 교환국과 기지국은 이번에 다 성공을 거두었습니다. CDMA(다중분할코드접속방식) 동기식 방식과 GSM(유럽 방식) 두 가지 방식이 모두 가능한 데는 세계에서 우리밖에 없습니다. 그러다 보니 휴대폰 생산에서 늦었습니다. 휴대폰이 지금은 반도체 수출보다 더 많습니다."

"LG에서 생산하는 휴대폰의 경우에도 물량이 모자랄 정도로 수출이 잘되고 있지 않습니까?"

"미국도 수출이 잘되고 브라질도 잘되고 남미가 특히 잘 돼요. 중국 수출도 대단하고요."

인사(人事) 원칙

"오너의 경우에는 중요한 결정을 혼자서 하는 경우가 많지 않으세요?"

"초창기에는 우리 선친하고 윗대 형제분들이 결정했지요. 내가 그룹 회장이 된 후에는 전문경영인과 의논하고 전문경영인의 결정에 따랐어요."

"아주 성공적인 결정을 했다고 생각나는 게 있으십니까?"

"여태까지 잘된 것은 모두 성공적인 결정이죠. 전자 제품 가운데 PDP와 LCD 기술은 일본보다 앞섭니다. PDP의 경우도 일본의 산요, 히다치, 도시바 등은 우리한테 일괄해서 주문해 갑니다. 그 분야의 반도체 칩을 우리가 제일 먼저 개발했거든요. 경쟁을 하고 싶지만 칩을 만들기 전에는 경쟁력이 없으니까 OEM(주문자 표시 방식)으로 한꺼번에 주문하고 있지요."

"인사에는 어떤 원칙이 있었습니까?"

"재직 중에 이익을 얼마나 많이 냈느냐, 업적이 어느 정도냐 하는 것을 제일 먼저 보고, 그다음은 자기가 물러날 때를 대비해 후계자를 양성했느냐 안 했느냐는 점을 보았습니다. 후계자가 없으면 자기를 못 내보낼 것으로 생각하고 후계자를 양성 안 하는 사람이 더러 있습니다."

"아주 중요한 말씀입니다."

"그런 사람은 경고를 하고, 그래도 후계자를 양성 안 하면 빨리 내보내야죠. 자기 욕심대로 하려고 하는 사람이니까요."

"우리 민족은 동업이 잘 안 된다고 합니다. 그러나 LG그룹 경우 구씨와 허씨 두 집안이 오랫동안 별문제 없이 기업을 경영해 온 것은 정말 대단한 것 같습니다."

"주변에서 하도 감시를 많이 하고, 무서워서 그랬지요."

"기록에 보면, 두 집안이 사업을 시작할 때 허씨 집안에서는 돈을 대고, 구씨 집안에서는 경영을 맡는 걸로 약조했다고 하는데요."

"그게 아니고 우리 선친이 트럭운수업을 시작할 때 허씨네의 제일 어른되는 분이 우리 선친에게 돈을 좀 투자하고 싶다고 하면서 대신 자기 아들을 맡아서 훈련도 시키고, 교육도 좀 시켜달라고 했어요. 그 아들이 우리 집안에 장가온 허준구(許準九) 회장인데, 작년에 돌아가셨죠. 그렇게 했는데 나중에 이쪽(구씨)이 잘 되니까 저쪽(허씨)에서 자꾸 논 팔아 더 증자했어요. 그 후 그쪽(허씨) 형제들이 많이 들어왔어요. 우리 집안에서는 전부 받아주었습니다."

구씨, 허씨 계열 분리한다

"집안에 문제가 생기면 어떤 식으로 해결한다는 원칙 같은 것은 없었습니까?"

"처음부터 재산이 구분되어 있으니까, 그 이상의 무리한 요구는 하지 않지요. 늘 감투가 문제되었습니다. 누구는 사장이 되었는데 왜 나는 사장을 시켜주지 않느냐 하는 것인데, 그런 것은 어른들이 평가해서 하는 거니까요."

"집안 간에 문제가 생기면 투서하든지 검찰에 고발하든지 언론에 정보를 제공하든지 해서 문제를 외부로 가져가 복잡하게 만드는데 LG에는 그런 게 없었던 것 같습니다."

"모르겠습니다. 과거에는 부자(父子)간에도 청와대에 고발하고 투서를 하던데 우리는 그런 게 없었습니다."

"이견(異見)이 있으면 대화를 통해서 해결하는 전통이 있는 모양이죠?"

"대가족이니까 가족회의에서 어른들이 결정했지요."

"가족회의라는 공식 모임이 있었습니까."

"공식 모임은 없고요. 경축사가 있을 때라든지 喪(상)을 당한다든지 할 때 모이고, 제삿날이나 시제날에 자연스럽게 모이지요."

"LG그룹은 지금의 그룹 형태로 계속 갈 것인지, 아니면 계열 분리를 할 생각입니까?"

"계열 분리를 해야죠. 우리 가족이 너무 많아요. 구(具)가도 많고, 허(許)씨도 많아요. 딸은 없고 전부 다 아들만 많이 낳아 가지고 다 관리하려면 골치가 참 아파요. 내가 여기서 말은 못 하지만 참 골치 아픕니다.

그래도 어쩝니까. 다 잘 살 수는 없는 것이고요. 여태까지 우리가 부분적으로 계열 분리를 해 왔지만 이대로 나가면 불평불만이 쌓여서 망할 때 한목에 망합니다. 계열 분리를 해서 각자 기업을 경영하다 보면 망할 사람은 망할 것이고, 잘하는 사람은 잘하니까 더 큰 힘이 생기고 저력이 생기지요.

일부에서는 그냥 이대로 밀고 나가면 좋지 않느냐 하는 이야기도 하지만 계열 분리에 불만이 없더만요. 반대하는 사람도 없고요. 계열 분리를 해서 허씨 것부터 먼저 분리하고, 그러면 허씨들은 그걸 가져가 숙질간에 나누겠지요. 우리 숙부 형제들은 숙부 형제들 몫대로, 내 동생들은 그들 몫만큼 다 떼 줄 겁니다. 지분이 제일 큰 사람이 큰 기업을 맡고, 그다음으로 자본력이 큰 사람이 그다음 큰 것을 맡을 겁니다."

"언론에 보도된 걸 보면 전자, 통신, 화학, 금융은 구씨가 맡고, 허씨는 건설, 유통, 정유를 맡는다고 하는데요?"

"그렇게 될 겁니다."

"분리하는 데 걸리는 시간은 어느 정도로 예상합니까?"

"LG전선, LG칼텍스 가스, 극동가스 등 4개는 내년 말(인터뷰 시점을 기준으로 하면 2003년 말 : 편집자 주(注))부터 시작해서 내후년(2004년) 3월에는 경영권이 완전히 넘어갈 것 같고요."

"LG그룹이란 명칭은 어떻게 됩니까?"

"LG라는 명칭은 다 그대로 씁니다. LG라는 이미지를 손상하는 사고가 나면 해당 기업은 LG란 이름을 더는 못 쓰고 그만한 보상을 하도록 할 것입니다."

"LG그룹의 10년 후 모습을 그려 주시겠습니까?"

"기업을 맡은 사람 나름일 겁니다. LG화학이나 LG증권 등은 동요도 없고, 으레 전문경영인이 할 것이기 때문에 큰 변화가 없을 것이라는 인식을 가진 것 같아요."

경쟁자가 있어야 발전한다

"우리나라에서 대기업을 창업한 분들의 공통점이 원칙주의자라는 것입니다. 어떤 부분은 절대로 양보하지 않는, 그런 고집이 있기 때문에 큰 기업을 만든 것 같습니다. 회장님의 고집이랄까. 원칙이라면 무엇입니까?"

"저는 고집이 없어요."

"그룹 회장들은 자기 나름대로 왕국을 가지고 있기 때문에 서로 만나면 경쟁심이 생기죠?"

"그런 건 있습니다. 이동통신이나 석유화학에서도 라이벌 의식이 있죠. 싸울 땐 싸우고 좋아할 땐 좋아해야죠. 그런 일이 있으면 회장들끼리는 모른 척하고 실무는 사장들한테 맡겨야죠."

"삼성전자하고 LG전자가 숙적인데 두 회사가 경쟁을 한 결과 우리나라의 전자산업 전체가 발전한 것 아닙니까?"

"경쟁하면서 발전하는 것이죠. LG전자의 경쟁력도 강한 경쟁자가 있으니까 나온 겁니다. 경쟁에서 지면 죽는다. 그러니 우리도 하자는 그 정신이죠."

"원래는 금성사가 1위를 하다가 삼성전자에 역전당했죠?"

"삼성전자는 우리보다 10년 늦게 생겼습니다. 역전이라고 하면 이상하지만 매출액이 역전된 것은 1987년 금성사에서 3개월간 파업하던 무렵이었어요. 1989년에 또 4개월인가 파업이 있으면서 또 당했고요. 요새 와서는 백색가전(가정용 가전제품)은 우리가 우위에 있지만 반도체 매출이 워낙 크니까 저쪽이 매출액에서 앞서요."

"역전되었을 때는 잠이 안 왔겠습니다."

"노동조합에 늘 이야기합니다. 너희들이 그때 파업을 안 했으면 역전이 안 되었을 텐데, 파업 두 번 하는 바람에 역전이 되었다고요. 파업하면 안 되는 줄을 이제는 알고 있어요."

요즘은 정치자금 달라고 안 해요

"대한민국이 이렇게 잘살게 되고, 큰소리를 치게 된 것이 기업인들, 특히 창업 기업인들의 역할 때문이었습니다. 굉장히 높게 평가해야 할 부분인데 사회적으로 대우도 못 받고, 평가도 못 받고 있습니다. 억울한 생각은 안 드십니까?"

"기업인들 중에서도 정치하는 기업인이 있고, 정부 돈을 정치적으로 융자받아 가지고 해외로 도망가는 기업인들이 있었습니다. 별별 기업인이 다 있습니다. 자유당 때부터 정치자금 많이 내고, 은행 돈 많이 빌려 기업한 사람들 가운데 한 사람도 성공한 사람이 없습니다. 다 망했습니다."

"언제쯤부터 우리 기업도 정치권의 눈치를 안 보게 될까요?"

"정치 세력이 약해져야 되는데, 그게 언제 약해지겠습니까? 허허허."

"정치 세력이 약해지는 것보다 기업이 먼저 깨끗하면 되지 않겠습니까?"

"깨끗해진다고 되겠습니까. 정치권이 잘 해야지요."

"시간이 갈수록 기업이 정치권의 눈치를 적게 보는 방향으로 가는 것 아닙니까?"

"그렇습니다. 차츰차츰 되겠지요. 이재형(李載瀅, 대림산업 이준용(李埈鎔) 회장의 부친) 씨가 전두환 대통령 때는 협조를 많이 하고 국회의장도 지냈는데 노태우 대통령이 되고 나서는 적극적으로 협조를 안 했습니다. 노태우 대통령 취임식 자리에 이재형 씨가 참석하지 않았어요. 요게 괘씸하다고 해서 이재형 씨가 경기도 안양의 선산을 팔아서 아파트 개발할 때 세금을 왕창 물려 쫄딱 망했지요. 요즘 확실히 달라진 것은 정치자금을 달라고 하지 않아요."

"그룹 회장들이 전두환, 노태우 대통령에게 정치자금을 준 것은 김영삼 정부 시절의 검찰 수사에서 드러났습니다. 회장님의 경우 김영삼 정부와 그 후 김대중 정부 시절에도 정치 자금을 냈습니까?"

"정당 후원금은 조금씩은 다 있죠. 여당에도 있고 야당에도 있고,

조금씩은 다 해야 합니다."

"이른바 정치자금이란 명목으로 빼앗긴 돈은 대충 어느 정도 되겠습니까. 몇백억은 넘지 않습니까?"

"뺏긴 적은 없고, 자진해서 조금 주었죠. 몇백억 원 정도 주었으면 회사가 망하라고요?"

"김대중 대통령 시절에 들어와서 이런 것은 달라진 것 아닙니까. 옛날에는 재벌 회장들이 앞장서서 정부 쪽에 로비하고 이권을 배분하는 역할을 했는데 김대중 정부 들어와서는 그런 게 없어졌죠. 빅딜은 예외인지 모르지만요. LG반도체도 그래서 당한 것 아닙니까."

"좌우간 대북(對北) 정책에 협조하는 기업체에는 돈이 많이 나가고, 빅딜할 때도 유리했던 것 같습니다."

"LG도 북한에 투자하는 게 있습니까?"

"TV 조립 조금 하고 있죠. 중국이 북한보다 더 인건비가 싸고 편해요."

"북한과의 사업에서 돈은 법니까?"

"돈은 무슨 돈을 법니까. 아직은 적잖습니다."

"북한엔 갔다 오셨습니까?"

"안 갔다 왔습니다."

"김대중 대통령으로부터 북(北)에 투자하라는 부탁을 받은 적은 없습니까?"

"없습니다."

"북한이 나름대로 경제 개혁을 시작하는 모양인데 어떻게 될 것 같습니까?"

"경제 개혁이 되겠습니까? 안 될 겁니다. 신의주나 개성을 개방해서 개발한다지만 자본주의가 어떤 것인지를 알아야 합니다. 그들은 자본주의를 모르는 것 같아요. 신의주는 중국 압력 때문에 어려울 것이고, 개성 공단은 위치상 괜찮긴 하지만 인건비를 어느 정도 싸게 하는가에 달렸어요. 북한의 임금이 싼 게 아니에요. 운임도 참 비쌉니다."

박정희(朴正熙) 대통령을 존경한다

"국내외 기업인 중에서 회장님이 특별히 높게 평가하는 분이 있습니까?"
"나보고 뽑으라면 박정희 대통령이지요."
"박(朴) 대통령의 어떤 점을 높이 평가합니까?"
"결단력, 그리고 장래를 내다보는 예견력이지요. 박 대통령이 아니었다면 우리나라가 이렇게 발전했겠습니까. 부정 축재했다고 벌금 물린 그 돈으로 공장 짓고, 시설 투자하고, 국가에 봉사하라고 한 분입니다."
"특히 8.3 동결조치가 기업에 큰 도움이 되었지요."
"그것이 기업을 살린 겁니다. IMF 때문에 금리가 크게 떨어지니까 기업의 재무구조가 다 좋아졌습니다. 참 좋아졌습니다. 웬만한 기업은 다 살아났습니다. 부채비율이 높은 그야말로 형편없는 기업만 망하고 자연 도태되었어요. 그 당시 정치권에 유착돼 은행 돈 빌려 쓴 사람은 망해 버렸죠."
"박 대통령이 살아 계실 때 기업하는 분들은 든든한 빽이 있다는 느낌을 받았겠습니다."
"그 시절엔 조그만 공장 하나만 지어도 박 대통령이 반드시 참석하고 격려했습니다. 그 후에도 '잘 되느냐'고 꼭 확인하곤 했지요."

"박 대통령과 오랫동안 이야기를 나눠 본 적이 있습니까?"

"없습니다."

"회장님은 사실상 창업주 세대인데 창업주 중에 생존해 계신 분이 거의 없습니다."

"이동찬(李東燦. 코오롱그룹 회장) 씨, 신격호(辛格浩, 롯데그룹 회장) 씨 정도가 남았죠. 신격호 회장은 전에는 몇 번 만나고 했는데, 요새는 서울에 와도 왔다는 소리를 안 하고, 내가 회사에 안 나가니까 연락이 안 되네요."

"재벌 창업주 중에서는 어떤 분하고 제일 친합니까?"

"전경련에 나가면 다 친해야 되죠. 골프 모임은 김상홍(金相鴻) 삼양사 회장과 친해요."

"고 이병철 회장은 어떻게 평가하십니까?"

"판단력이 참 좋은 분이지요."

"이병철 회장은 사업 면에서 회장님과 라이벌이지 않습니까?"

"이병철 회장은 일본에 자주 가고, 일본 경제인들하고 자주 접촉하니까 앞으로 경제가 어떻게 될 것이고, 세계정세가 어떻게 된다는 데 대해서 선견지명이 있었던 것 같아요. 우리 선친(구인회 회장)하고는 사이가 참 좋았습니다. 사돈 되기 전에 우리 선친과 만나서는 '이 사람아, 부동산 사놓으면 좋네'라고 했어요."

2세들은 창업자보다 더 대담한 투자

"고 정주영(鄭周永) 명예회장과의 관계는 어땠습니까?"

"특별한 관계는 없죠. 정주영 회장은 자유당 때부터 쭉 여당하고 손잡았어요. 전경련 회장을 하고 나서 자기가 그만둘 때에는 나한테 넘겨야 되겠다 싶으니까 나하고 친하게 지내려고 했지요. 나한테 호감을 갖고 일을 하는데 내가 반대할 일은 없고 해서 자연히 자주 만나서 얘기도 하고 그랬어요."

"현대그룹이 굉장히 어려움에 처해 있는데, 이유는 어디에 있다고 봅니까?"

"정치적으로 무모하게 달려든 거죠. 말하자면 과거 사고방식으로 접근했습니다. 현대자동차, 현대중공업, 현대백화점 등은 좋은 회사지요."

"대우 김우중(金宇中) 회장에 대해서는 어떻게 평가합니까?"

"말만 하면 은행에서 척척 융자를 해주니 자기 맘대로 돈을 썼습니다. 기업인이 그런 쪽에 신경을 쓰기 시작하면 기업을 키우는 데는 정신을 못 차리죠. 사업한다고 은행 돈을 많이 빌려 썼고 이자 갚는 것도 보통 일이 아닌데 어쨌든 김우중 회장은 이자는 갚아 나갔어요."

"쌍용그룹은 왜 망했다고 보세요?"

"힘에 부치는 자동차에 너무 무모한 투자를 했어요. 요즘 쌍용자동차가 인기가 좋아요. 이자를 갚을 수 있는 뒷심만 있었더라면 지금은 돈을 벌었을 것입니다."

"재벌 2세로 넘어가서 잘 유지되고 있는 기업이 그렇게 많지 않은 것 같습니다."

"2세들은 확실히 창업자보다는 대담하게 투자를 합니다."

"창업주 입장에선 2세들 경영이 위태롭게 느껴지는 경우가 많죠."

"창업주들은 요리도 생각하고, 조리도 생각하며 신중에 신중을 기하는데, 2세들은 대담하게 달려들지요. IMF 이후엔 대담한 투자를 못 합니다. 은행융자도 옛날같이 쉽지가 않습니다. 신용도와 재무구조를 파악하고 나서 담보가 확실하면 돈을 줍니다."

"회장님은 아들 구본무(具本茂) 회장한테 여러 가지 주의를 시키겠습니다."

"주의를 줘도 본인이 하기에 달려있죠."

"재벌 2세들한테 충고를 한다면 어떤 것을 제일 먼저 강조하겠습니까?"

"너무 과욕을 부리면 안 됩니다. 자기 아버지가 죽고 나서 적어도 7, 8년은 수성(守成)을 해야지요. 알고 난 후에 판단력이 생겼을 때 그때 투자를 해야지요."

"우리 경제에 제2의 IMF 위기가 올 것이라는 견해가 있는데 어떻게 생각합니까?"

"그런 위기는 안 오지 않나 싶습니다. 수출이 활발해지고 있고, 무역수지도 차츰 나아지고 있어요. 관광을 많이 가고, 유학을 많이 보내기 때문에 무역외수지가 좀 염려가 되지만, 무역수지가 좋지 않으면 국민들이 자제할 것입니다. 금반지까지 내놓은 우리 국민 아닙니까."

"주(週) 5일 근무제에 대해서는 어떻게 생각합니까?"

"아직은 시기상조입니다. 중국의 강택민(江澤民) 주석이 우리 대통령을 만난 자리에서, 중국은 주 5일제를 한다고 자랑했습니다. 중국 갔다 온 우리 대통령이 중국에서도 주 5일제를 하니까 우리도 연구해 보라고 지시했다는데 아랫사람들이 무조건 지시대로 하면 어찌합니까. 중국은 노는 사람들이 많이 있으니까 총 5일제를 하면 그만큼 고용이 많아집니다. 그러나 우리는 사람이 모자라서 외국 노동자들이 수없이 들어와 있는데 거기에 주 5일제를 해버리면 어떻게 됩니까. 말도 아닌 짓이에요.

문제는 노동자들 압력에 못 이긴 거죠. 은행은 주인이 없습니다. 한국에 진출한 외국 은행은 5일제를 안 하고 싶은데 국내 은행이 전부 다 그러니까 할 수 없이 따라가고… 그렇게 되면 일을 못 해요. 손병두(孫炳斗) 부회장이 전경련을 대신해서 고군분투하고 있습니다."

"젊은 사람들의 반미(反美) 감정은 어떻게 보세요?"

"걱정입니다. 뒤에서 선동하는 배후가 있는 것 같아요."

"일본 경제는 어떻게 될 것으로 보십니까?"

"정말 어려울 겁니다. 일본 은행은 옛날 우리나라 은행과 비슷해요. 정치적으로 연결돼 있는데 그걸 해소 못 하면 애를 먹을 거예요. 빚을 탕감해 주려면 국유화할 도리밖에 없지요.

일본 전자회사인 히다치와 NEC가 우리하고 밀접한 관계가 있어요. 한 10년 전부터 1년에 한 번씩 임원들, 그리고 연구진들끼리 회의를 합니다. 이 미팅에서 서로 정보를 교환했는데 일본 사람들 얘기가, '너무 일찍 한국에 기술을 주었다'는 겁니다."

데모는 한강 백사장에서 해야지요

"우리 기업이 경쟁력을 계속 유지해 가기 위해서는 기업인이 해야 할 일이 있고, 관료가 해야 할 말이 있는 것 같은데요?"

"과거와 같은 일들을 기업이나 공무원이나 정치인이 안 해야지요. 새출발하는 각오로 일해야 합니다."

"차기 정부에 부탁할 말은 없으십니까?"

"새 정부는 공권력을 동원할 때는 동원해야죠. 너무 이렇게 하면 안 됩니다. 일요일만 되면 서울 시내를 통과하기가 힘듭니다. 한 시간도 더 걸려요. 일요일만 되면 데모하니까요. 종로 거리는 데모 거리지, 종로 거리가 아닙니다. 서울역도 그렇고요. 법대로 집행해 주어야 죠.

　미국은 교통이 혼잡한 지역엔 시위를 못 하도록 아예 허가를 해주지 않아요. 미국에 가보면 피켓 들고 데모하는 사람이 있는데, 자꾸 움직입니다. 한 군데에 서 있으면 교통에 방해된다고 경찰이 잡아가니까 자꾸 움직이는 거예요. 왜 우리는 하필이면 가장 복잡한 장소에서 데모를 하도록 내버려 두는지 모르겠어요. 한강 백사장 같은 넓은 곳에서 맘대로 하도록 해야죠. 시위대가 절대로 차도로는 못 나오게 해야 합니다."

　"여기처럼 서울에서 멀리 떨어져 있으면 경제도 멀리서 객관적으로 넓게 볼 수가 있지 않겠습니까?"

　"넓게 못 봅니다. 정보가 늦어요. 오히려 좁게 보이죠."

　"구체적인 회사 경영에 대해서는 신경을 안 쓰시죠?"

　"안 씁니다."

　"회장님은 요즘 생활이 지금까지의 생애 중에서 제일 기분 좋은 때인 것 같습니다."

　"그렇습니다. 제일 편하고 운동도 제일 많이 합니다."

　"넥타이 맬 일이 일주일에 몇 번 정도 됩니까?"

　"일주일에 하룹니다. 일요일에 서울 올라가 월요일에 한 번 딱 매고 오후에는 넥타이 풀고 내려옵니다."

　"잔병은 없으십니까?"

　"없습니다. 어쩌다 술을 과음하면 장(腸)이 탈 나죠. 이제는 술도 저울에 달아서 커피잔으로 한 번에 석 잔 이상은 안 먹어요. 낮에 두 잔, 저녁에 자기 전에 석 잔, 밥 먹을 때 석 잔을 먹고, 담배는 안 피우고요. 늙지도 않는다는 소리를 더러 들어요."

노래는 음치

"잠은 하루에 몇 시간 정도를…?"

"저녁 아홉 시에 자고 새벽 두 시경에 일어나 화장실에 한 번 갑니다. 다시 또 잠이 드는데, 금년에 들면서 완전히 달라요. 한 번 깨면 잠이 안 옵니다."

"잠이 안 오면 뭘 하십니까?"

"누워서 공상을 하지요. 버섯 생각, 메주 생각, 내일은 뭘 할까 하는 온갖 공상을 하다가 아침 일곱 시에 일어납니다."

"독서도 하십니까?"

"독서는 이제 틀렸어요. 눈이 침침하고 눈이 아파서 못 해요. 신문은 큰 돋보기를 가지고 읽지요."

"인터넷은 하십니까?"

"주가나 좀 찾아보고 하지요."

"작년에 회혼례(回婚禮, 결혼 60주년 기념잔치)를 가지셨죠. 몇 살에 결혼하셨습니까?"

"열여덟이죠. 징용 가기 전에 어른들이 자식이나 보고 가라고 일찍 장가보냈지요. 영장 받을 때는 애가 하나 있었습니다. 큰놈(구본무 회장)이죠."

"60년 동안 같이 살면 부부는 서로 닮는다고 하는데요."

"오래 살았으니까 재미도 없고 그렇지요."

"어떤 친구보다도 가장 친밀하게 터놓고 지낼 수 있는 유일한 분이 부인 아닙니까?"

"나이가 드니까 여자는 자식 말만 들어요. 자식 비위 맞추지, 내 비위 맞추려는 생각을 안 해요."

"집에 와보니 회장님은 사치하는 것을 싫어하는 것 같습니다. 집안도 수수하고 구두도 국산 같은데요."

"기성화가 발에 맞고 편해요."

"지갑에는 평소 얼마큼 넣고 다니십니까?"

"카드하고 1만 원짜리 댓(다섯가량) 장. 100원짜리 몇 개 정도죠. 카드는 돈 1000만 원쯤 쓸 수 있습니다."

"운전면허는 가지고 계십니까?"

"전에 가지고 있다가 한 번 사고 나서 없앴습니다."

"노래는 좋아하십니까?"

"피아노는 조금 쳤는데 노래는 전혀 안 돼요. 음칩니다. 교사 시절에도 음악은 안 가르쳤어요. 사범대학 부속 학교에는 노래 전공 선생이 있었기 때문에 노래할 생각을 전혀 안 했죠. 환갑잔치 자리에서 나는 노래를 못 불렀어요. 칠순 때 가서 처음으로 노래 하나를 배워서 불렀어요. 「가는 세월」입니다. 희수(喜壽, 77회 생일) 때는 「만남」이라는 노래를 하나 더 배워서 불렀어요."

"혈액형은 어떻게 됩니까?"

"B형입니다. 일제시대 때는 엉터리로 조사해서 O형이었어요. B형은 사업이나 영업을 잘한다고 이야기해요."

"요즘 어느 분야에 가장 관심이 많으십니까."

"정치에 관심을 안 가질 수가 없네요."

제3부

21세기 일등 LG를 추구하는 LG WAY

52

구본무 회장과 LG 시대 개막

　구본무 회장은 1995년 2월 22일 그룹 창립 48주년을 기해 제3대 회장으로 취임했다. 그의 나이 50세 때 일이다. 아버지이자 2대 회장인 구자경 회장으로부터 경영진을 승계받았다. 구자경 회장이 본인의 소신과 결정으로 현직에 건강하게 재임하는데도 경영 승계를 단행한 것은 하나의 용단으로 평가된다.

　우리 재계는 경영권이 대를 이어 승계될 때마다 가족, 형제 사이에 분쟁이 있어 왔다. LG그룹의 경영권 승계는 재계의 그런 이전투구식 분쟁과는 거리가 먼 아름다운 전통을 이어오고 있다. 구자경 회장이 구인회 창업회장으로부터 승계를 받았을 때도 많은 형제·자식들이 있었지만 평화롭게 이어졌다. 창업회장의 인화(人和)를 중시한 철학과도 유관할 것이다. 그룹의 전통, 구(具) 씨 가문의 장자(長子)가 이어받아야 한다는 규범도 작용했을 것이다.

　구본무 회장은 우리나라가 해방되던 해인 1945년 경남 진양군 지수면에서 구인회 창업회장의 장손이자 구자경 회장과 하정임 여사 사이에서 4남 2녀 중 장남으로 태어났다. 소학교(현 초등학교) 교사였던 부친으로부터 엄격한 규율과 예의범절, 가족 간의 화합과 형제 간의 우애 등을 배우며 자랐다. 연세대 재학 시절 육군 현역으로 입대하여 병장으로 만기 전역한 후 미국으로 유학, 미국 애슐랜드대학에서 경영학을 전공하고 클리블랜드 주립대학교에서 경영학 석사학위를 받았다. 1975년 럭키(현 럭키화학) 심사과장으로 입사하여 첫 근무를 시작한 이후 영업·심사·수출·기획 등의 업무를 거치며 20여 년간 차곡차곡 실무 경험을 쌓았다. 나름대로 혹독한 경영 수업을 했다. 오너 일가라 하더라도 경영 수련과 철저하게 능력을 검증받는 기간을 거쳐야만 경영자로 성장할 수 있는 LG가(家)의 전통에 따른 것이다.

소탈한 성격을 지닌 구본무 회장은 사업에서만큼은 집념의 승부사 기질을 보여준다. 뚝심과 끈기는 90년대 초반 국내에서 불모지였던 2차전지 사업에 과감히 뛰어들어 20년 넘게 끈기 있게 연구개발 투자를 지속한 데서 그의 승부사 기질은 잘 드러난다.

2차전지란 한 번 사용한 후에도 충전을 통해 재사용이 가능한 전지를 말한다. 오늘날 LG그룹의 2차전지 사업 '엔솔'의 기반을 다진 것이다. 2차전지 사업은 오래도록 성과가 나오지 않았고 2005년에도 2,000억 원의 손실이 발생한 2차전지에 대해 주위에서는 사업을 접자는 얘기까지 나왔다. 구본무 회장은 어려움을 겪어야 미래가 있다며 끈질기게 주변을 설득했다. 우리는 여기서 그의 조부 구인회 창업회장이 금성사 설립 초기 경영 위기에 처해 있을 때 주변의 만류를 뿌리치고 밀고 나갔던 사실을 기억해 볼 수 있다. 구본무 회장은 직원들을 격려하였고 투자를 이어가 결국 LG화학을 전기차 배터리 사업에서 글로벌 1위 선도기업으로 이끌어 내었다.

2003년 3월에는 국내 대기업 최초의 지주회사 체제 전환이나

2005년 허(許) 씨 일가와의 계열 분리에서 구본무 회장은 남다른 결단력을 발휘했다. 이 점은 대단한 결정이었고 재계에 신선한 충격을 주었다.

1947년 구인회 회장이 부산에서 사업을 시작할 때 고향 승산마을의 대부호(만석꾼)였던 허만정 옹이 구인회 사장을 찾아와 그의 둘째 아들 허준구를 맡기면서 투자도 제안해 구·허씨 동업이 시작된 지 58년 만의 일이었다. 구·허씨는 그동안 아무 불협화음 없이 동업해온 것이다.

당시만 해도 전례가 없던 지주회사 체제 전환은 성공을 장담하기 어려운 모험이었다. 하지만 경영 투명성과 사업 경쟁력, 주주 및 기업가치 향상을 위한 올바른 방향이라는 판단이 서자 한 치의 흔들림 없이 추진하여 성공시켰다.

이를 통해 LG는 그룹 총수가 모든 것을 결정하는 구시대적 체제를 청산하고 각 계열사 최고 경영진들이 합의를 통해 자율적으로 사업을 운영하는 책임 경영의 토대를 마련할 수 있었다. 57년간 3대에 걸쳐 유지되어온 구·허씨의 성공적 동업이 아름답게 마무리될 수 있었던 것도 원칙을 지키되 배려와 양보를 결단한 구본무 회장의 리더십 덕분이었다.

구본무 회장은 사업을 대할 때와는 달리 사람을 만날 때는 항상 진솔하게 열린 소통을 추구했다. 누구를 만나도 먼저 악수를 청하였고 분위기를 부드럽게 만들기 위한 가벼운 이야기를 먼저 꺼내곤 한다. 언제나 '나'는 이라 하지 않고 '저'는 이라며 자신을 낮췄으며 사석이라도 아랫사람을 하대하는 일이 결코 없었다. 상대방의 지위고하를 막론하고 약속 시간보다 항상 20분 먼저 가서 기다리는 것이 원칙이었고 이를 어기는 법이 없었다.

한 개인으로 구본무 회장은 조류(鳥類)를 사랑한 것으로 유명하다. 그는 한국에도 일반인들이 쉽게 볼 수 있는 세계적인 조류도감이 있으면 좋겠다는 생각으로 2000년 LG 상록재단을 통해 '한국의 새'라는 책을 발간하기도 했다. 국내 최초의 그림으로 된 조류도감이었다. 1996년 구 회장이 밤섬을 관찰하다가 천연기념물 흰꼬리수리가 물고기를 낚아채는 장면을 최초로 발견한 일화는 유명하다. 천연기념물 323호 황조롱이가 트윈타워에 보금자리를 마련했다는 말을 전해 듣고는 특별한 보호령을 내리기도 했다.

구본무 회장은 '야구광'으로도 알려져 있다. 그는 1990년 LG트윈스를 창단하고 17년간 구단주로 활약했다. 평소 야구장을 자주 찾아 시간을 보내기도 했다.

LG에너지솔루션

구본무 회장(당시 그룹 부회장)은 1992년 영국 출장 중 영국 원자력연구소(AEA)에서 반복 충전해서 여러 번 쓸 수 있는 2차전지를 처음 접하고 2차전지가 LG의 새로운 성장동력이 될 수 있겠다고 생각했다. 그는 2차전지의 샘플을 AEA에서 가져와 당시 럭키금속과 공동연구개발 협약을 맺고 연구를 시작했다. 고난의 여정이 시작되었다.

1997년 노트북, PC 등에 쓰이는 소형 전지의 시험생산에 처음으로 성공했으며 1999년에는 국내 최초로 리튬이온 전지 양산에 성공했다. 2001년 11월 IMF 구제금융의 여파로 사업구조조정이 국가경제정책의 일환이 되자 2차전지 사업은 위기에 봉착했다. LG의 중요 계열사 최고경영자들이 모인 자리에서 10년 가까이 투자돼 왔는데도 성과가 없는 사업을 계속 끌고 가는 것은 무리라는 주장이 나왔다. 이에 구본무 회장은 이야기를 다 듣고 난 뒤에 논의를 마무리하는 자리에서 다음과 같은 말로 사업을 계속 진행시켰다.

"포기하지 말고 길게 보고 투자와 연구개발에 더욱 집중해야 합니다. 그동안 전지사업을 추진해오면서 쌓은 노하우도 있고, 저는 LG화학이 계속하는 것이 맞다고 생각합니다. 꼭 성공할 수 있다는 확신을 가지고 다시 시작합시다."

이후 LG화학은 원형·각형·폴리머 3개 형태의 리튬이온 배터리를 대표 제품으로 하여 세계 최초로 스텝 배터리, 다양한 형태의 스마트 기기에 최적화된 헥사곤 배터리, 배터리로 인한 공간 제약이 없는 선 형태의 와이어 배터리 등을 개발해냈다.

소형 전지에서 시작한 전지사업은 자동차 전지, 에너지저장장치(ESS) 전지까지 시장을 넓혔고 2007년 현대 보타(아반떼), 2009년 GM의 전기차 올 배터리 공급업체로 선정된 이래 포드, 아우디, 다임러, 르노, 볼보 등과도 공급계약을 맺었다. 2009년 충북 청주시 오창, 2010년 미국 미시간주 홀랜드, 2014년 유럽 폴란드 전기차 배터리 공장 기공에 나서며 본격적인 양산체제에 돌입했다.

2020년 10월 30일 LG화학의 임시총회로 전자사업본부 분사가 확정되었고 2020년 12월 1일 자로 LG화학으로부터 물적 분할이 되어 새로 설립된 LG그룹의 배터리 사업 법인이 되었다. LG화학이 지분 100%를 보유하고 있으나 IPO 등의 외부투자유치를 검토하고 있어 LG화학의 지분율은 조금씩 축소될 전망이다.

또한, 2020년 12월 GM과 전기차 합작법인 '얼티엄셀즈'를 설립했다. 2021년 9월 현대자동차그룹과 인도네시아 배터리셀 합작 공장을 착공했다. 2021년 12월 1일 한국 거래소의 코스피 상장 예비심사를 통과했고 확정 공모가는 30만 원이 되었다. 공모가 기준 시가총액은 70조 2,000억 원으로 삼성전자와 SK하이닉스를 이은 코스피 3위에 이르고 이로 인해 LG그룹이 SK그룹을 밀어내고 2위를 차지할 거라는 예측도 나오고 있다.

2022년 1월 14일 LG에너지솔루션은 수요 예측에서 기관 주문액이 1경 5,203조 원으로 예측되었고 이는 유가증권시장 IPO 역사상 최고치이다. 2022년 1월 18일 일반청약 첫날 33조 원이 몰리며 역대 기록을 경신했으며, 다음날 기존 최고기록인 SK아이테크놀러지의 81조 원을 한참 넘어선 114조 원의 증거금을 달성했다.

2022년 1월 27일 유가증권시장에 상장되었다. 상장 당일 시초가 59만 7천 원에서 15.4%가 하락한 50만 5천 원에 거래를 마쳤으며 이는 공모가 30만 원에 대비해서는 68.3% 상승한 가격이었다. 종가 기준 시가총액은 118조 2,000억 원으로 코스피 시총 2위에 올라 LG그룹 내 1위를 기록하게 되었다. 이로 인해 그룹 합산 시총에서도 LG그룹이 SK그룹을 제치고 2위가 되었다.

2022년 3월 스텔란티스와 전기차 배터리 합작법인인 Next Star Energy를 설립했다. 2022년 8월 혼다와 미국 합작법인 설립 계약을 체결했다. 2023년 1분기 연구개발비를 2,262억원을 투자했는데 846억 원 투자하는 SK보다는 높지만 3,088억 원을 투자하는 삼성 SDI보다는 낮다.

2023년 SNE리서치 집계에 따르면 올해 1분기 세계 전기차 배터리 시장에서 1,2위를 중국 CATL과 BYD가 각각 시장점유율 35%와 16%로 기록하고 있다. 기존 2위 자리에서 한 단계 내려온 LG에너지솔루션의 총 배터리 사용량은 지난해 같은 기간보다 37% 늘었지만, BYD의 사용량이 무려 115% 급등하면서 추월당했다. 이어 파나

소닉이 점유율 9%로 4위를 유지했고 SK온이 5%로 5위, 삼성 SDI가 4.9%로 6위에 자리하고 있다.

  한 기업인의 장래를 내다보는 아이디어와 이를 현실로 실현하는 집념이 결국 국가의 미래 먹거리를 마련하게 된다는 것을 우리는 현실로 보고 있는 것이다.

53

구본무 회장 어록

구본무 회장은 많은 어록을 남겼다. 그가 꿈꾼 LG, LG를 글로벌 대기업으로 키우려고 한 의지를 엿볼 수 있다. 그뿐만 아니라, 그의 어록에는 경영이념인 '고객을 위한 가치 창조와 인간존중'이 배어있다.

"먼저 사업구조 고도화의 속도를 더욱 높여 반드시 변화된 모습을 보여주어야 합니다. 특히 LG의 70년을 이룬 근간인 제조와 R&D를 철저히 혁신하여 주력사업을 쇄신하고 미래 성장 사업을 제대로 육성해야 하겠습니다. 아울러 혼란스럽게 변하는 글로벌 사업 환경에 능동적으로 대응하기 위해 경영시스템을 제대로 혁신해야 합니다. 끝으로 창업정신을 고취하고 더욱 살려 국민과 사회로부터 더 한층 신뢰와 존경을 받는 기업이 되어야 할 것입니다."

(LG 창립 70주년 기념식)

"공정하고 강한 경쟁을 통해 배출된 전문경영인들이 전적으로 권한과 책임을 가지고 경영에 전념할 수 있도록 자율경영 체제를 더욱 굳건히 정착시키고 최고의 인재들이 가장 자유롭게 능력과 창의를 펼칠 수 있도록 하여 세계에서 가장 근무하고 싶어하는 진정한 초우량 기업을 실현해 나갈 것입니다."

(1995년 회장 취임사에서)

구본무 회장은 1995년 2월 22일 창업 48주년을 맞아 LG의 제3대 회장으로 취임했다. 구자경 회장이 용퇴한 데 따른 국내 대기업의 무고 승계였다. 당시 구씨와 허씨 원로 경영인들도 동반 은퇴함으로써 신임 회장을 비롯한 젊은 경영진이 소신 있게 경영활동을 할 수 있도록 배려했다.

구본무 회장의 취임 일성은 "21세기 초우량 LG를 실현할 'LG Way' 선포였다. LG Way는 고객을 위한 가치 창조, 인간존중의 경영이라는 기본 경영이념을 위해 구본무 회장이 취임 이래 줄곧 강조해 온 '일등 LG'와 '정도경영'이 결합된 LG만의 고유한 경영철학이다.

LG Way의 바탕이 된 경영이념 '고객을 위한 가치 창조'와 '인간존중의 경영'은 구자경 회장이 구인회 창업회장의 창업정신이자 럭키금성그룹의 정신적 모토였던 '인화단결, 연구개발, 개척 정신'을 시대 변화에 맞게 재정립한 것이다. LG 인의 모든 행동은 항상 '고객에게 어떤 가치를 줄 수 있느냐'에 두어야 한다는 것에서 출발해야 하며 자신의 업무에서 자기 주동성을 가지고 창의력을 발휘하며 일할 때 진정한 의미의 고객가치를 실현할 수 있다는 것이 핵심이다.

구본무 회장이 LG Way를 선포하면서 새롭게 강조한 '일등 LG'는 자신의 사업 분야에서 고객에게 지속적으로 차별화된 가치를 제공함으로써 글로벌 경쟁에서 우위를 확보하고 이를 통해 지속적으로 시장을 선도해나가겠다는 의지이다. LG의 임직원들이 각자의 사업영역에서 누구도 넘볼 수 없는 리더가 되고자 하는 열망을 품고 업무에 임하기를 바랐던 것이다.

> "일등 LG란 말은 사업 분야에서 우리가 아니면 할 수 없는, 다시 말해 고객가치 측면에서 타의 추종을 불허하는 제품과 서비스를 창출한다는 뜻입니다."
>
> (2009년 임원 세미나)

2009년 임원 세미나에서 이와 함께 강조된 '정도경영'은 정정당당한 경쟁과 원칙에 기반한 투명 경영을 통해 달성된 일등 LG라야 진정한 의미가 있다는 점에서 반드시 준수해야 할 실천 지침적인 요소다. 구본무 회장의 강한 의지와 신념을 보인 정도경영은 시간이 지날수록 LG의 임직원들이 사업과 업무를 수행하는 행동 방식의 기본과 원칙으로 자리매김했다.

> "우리가 추구하는 '일등'은 결코 단기 성과에 만족하는 근시안적인 일등이 아닙니다. 50년, 100년 동안 지속하는 일등이 되어야 하며, 이는 정도경영(正道經營)을 통해서만 완성되는 것입니다."
>
> (2003년 임원 세미나에서)

우리는 여기에서 정도(正道)라는 사전적 의미를 음미하고 갈 필요를 느낀다. 정도란 곧은 마음과 진실되고 바른 행동이다.

구본무 회장은 재임 기간을 통틀어 제조업의 본질인 기술력 확보에 매진한 현장 중심의 경영자다. '시장을 선도할 핵심 원천 기술을 개발하라'는 메시지를 재임 기간 내내 일관되게 전파하였으며 신제품은 직접 써보고 만져보며 궁금한 점을 물어보는 등 연구개발과 제품화 역량에 커다란 관심을 가졌다.

취임 후 매년 '연구개발 성과 보고회'와 '연구개발상 시상식'에 참여하여 기술 개발을 독려했다. 구본무 회장의 이런 신념은 LG가 R&D 투자에 지속성과 일관성을 유지해 온 원동력이 되었다.

> "R&D는 LG가 일등기업으로 도약할 수 있는 힘의 원천입니다. 날로 격화되는 글로벌 경쟁에서 선진 기업의 파상공세와 후발 기업의 맹렬한 추격을 극복할 수 있는 근본적 해법은 R&D에 있습니다."
>
> (2008년 3월 12일, 연구개발 성과 보고 회의)

구본무 회장은 R&D를 중요하게 여긴 만큼 우수한 R&D 인재를 확보하는 데 팔을 걷어붙였다. 국적이나 학력, 성별에 관계 없이 사업에 필요한 인재가 있는 곳이라면 어디라도 먼저 찾아가야 한다는 평소의 신념을 적극적이고 지속적으로 실행했다. 국내외 우수 인재 영입을 위해 2012년 처음 시작된 LG테크노컨퍼런스에 단 한 차례도 거르지 않고 직접 전면에 나섰다.

2013년 5월 당시에는 방미 경제사절단으로 참가하느라 이전에 LG테크노컨퍼런스에서 만난 대학원생들과 만나기로 한 약속을 지키기 어려워진 상황이 발생했다. 그러나 이틀에 걸쳐 빡빡한 일정을 모두 마친 구본무 회장은 피곤한 몸도 아랑곳하지 않고 현지 숙소에 들르지 않고 곧바로 공항으로 향했다. 바로 귀국하는 비행기를 타면 학생들과 만나기로 한 약속을 지킬 수 있기 때문이었다.

> "경영 여건이 어려워질수록 경쟁력 확보의 핵심이 되는 우수 인재 확보와 연구개발에 대한 투자는 더욱 과감히 집중하여 나가야 합니다."
>
> (1996년 9월, 임원 세미나)

2018년 서울 마곡 산업단지에 문을 연 '융복합 단지 LG사이언스파크'는 R&D를 통해 미래를 준비함으로써 영속하는 LG의 토대를 이루겠다는 구본무 회장의 신념이 실체적으로 구현된 현장이다. 4조 원을 투자하여 4년여 만에 축구장 24개 크기인 17만여m² 부지에 연구시설 20개 동으로 이루어진 국내 최대 규모의 융복합 연구단지가 완성된 것이다.

LG사이언스파크는 R&D 인재 2만 3천여 명이 해외 유수 기업 및 벤처, 스타트업과의 오픈 이노베이션을 통해 시장 선도 제품과 미래 먹거리를 발굴하는 첨단 R&D 메카이다. 특히 전자, 화학, 통신 등 LG가 수행하는 여러 사업영역 간 융복합 연구에 최적화된 연결과 소통의 공간으로 지어져 LG R&D의 지평을 한 차원 높일 것이다.

> "세계시장을 선도할 수 있는 상품 창출을 위해서는 R&D가 필수적이고 R&D 인재들이 즐겁게 일하는 분위기를 만들어야 합니다. 마곡에 대규모 융복합 R&D단지를 만들고 있고 그곳에 최상의 시설, 그리고 즐겁게 일하는 분위기를 조성할 것입니다."
>
> (2015년 2월 23일, LG테크노컨퍼런스)

구본무 회장은 우수 인재와 만나는 행사에 참석할 때마다 한 사람 한 사람의 손을 일일이 잡으며 "여러분이 LG에 오신다면 한사람, 한 사람을 소중한 자산으로 여길 것."이라고 간곡하게 진심을 전한다. 구본무 회장의 이러한 인재관은 우리나라 최초로 대졸사원 공채를 실시하면서 천하의 인재들과 함께 일하게 되었다며 기쁨을 감추지 못했던 구인회 창업회장의 젊은 인재 사랑 DNA가 고스란히 전해 졌음을 보여준다. "좋은 인재를 뽑으려면 유비(劉備)가 삼고초려(三顧草廬)하는 것처럼 CEO가 직접 찾아가서라도 데려와야 합니다. 좋은 인재가 있다면 회장이라도 직접 찾아가겠습니다."

　삼고초려란 인재를 맞아들이기 위하여 참을성 있게 노력한다는 뜻으로 중국 삼국시대 촉한의 유비가 융중에 기거하던 제갈량을 얻기 위해 몸소 제갈량의 초가집에 세 번이나 찾아간 고사를 말한다. 구본무 회장은 취임 해인 1995년부터 대학생 해외 탐방 프로그램인 '글로벌 챌린저'를 실시하도록 했다. 대학생들의 창의적 발상과 탐구에 대한 열정을 응원하고 세계를 향한 도전 의식을 격려했다.

　2004년부터는 탐방 결과가 뛰어난 팀의 멤버들에게 LG 입사 자격을 부여하여 인재 발굴의 통로로도 활용했다. LG의 인재 중시 철학은 '성과주의'에 기반을 두고 있다. 이는 성과에 상응하는 차별적인 보상이 능동적 조직 분위기를 만들고 개인의 잠재력을 최대한 발휘하도록 만든다는 신념이 반영된 것이다. 이는 탁월한 능력과 업적을 보여준 우수 R&D 인재에겐 파격적인 처우를 제공하도록 한 데서도 나타난다. 성과주의가 실제적 제도로 운영되도록 우수 인재를 발탁하여 승진시키고 R&D 인재가 연구에만 전념할 수 있도록 임원급 이상 대우를 보장하는 '연구 전문위원' 제도도 만들었다.

　2008년 글로벌 금융위기의 암운이 짙게 드리워지며 제2의 IMF가 올 것이라 예측되던 시기 구본무 회장은 계열사 사장들과 회의에서 "당장 어렵다고 사람을 내보내면 안 된다."라며 인재를 길게 보고 쓸 것을 주문했다. 1997년 외환위기 때 대규모 구조조정을 겪어야 했던 아픔을 되풀이하지 않겠다는 의지가 강했기 때문이었다. 미래지향적인 인재관과 사람에 대한 강한 믿음이 있었던 것이다.

　구본무 회장은 LG가 진정한 글로벌 기업으로 우뚝 서기 위해서는 사업 체질을 근본적으로 바꿔야 한다고 생각했다.

　1999년부터 다양한 영역에서 영위하던 사업들에 대해 업종을 단순화, 전문화하는 작업이 시작되었다. 계열 분리를 통해 금융, 전선, 정유, 건설, 유통 등의 사업 분야를 정리하고 전자, 화학, 통신서비스 영역을 중심으로 하는 사업 포트폴리오를 구축한 것이다.

"지금 씨를 뿌리지 않으면 3년, 5년 후를 기대할 수 없습니다. 확신과 용기를 가지고 과감하게 미래에 투자해야 합니다."

(2012년 신년사)

이후 20여 년간 '전자, 화학, 통신서비스'의 3각 편대를 앞세워 글로벌 LG를 위한 구본무 회장의 노력은 쉼 없이 지속되었다. 어떤 시장과 경쟁 상황에서도 지속 성장이 가능한 사업구조 고도화를 핵심 과제로 내세우며 한발 앞서 미래 성장의 씨앗을 육성하는 것은 물론, 보다 효율적인 사업 수행을 위한 프로세스와 시스템 구축에도 힘을 기울였다.

"세상의 빠른 변화를 제대로 파악하고 적극적으로 미래를 준비합시다. 자동차 부품과 신에너지 분야처럼 성장의 가능성을 봤다면 자원을 집중해 과감히 치고 나가 남보다 먼저 시장을 선점해야 할 것입니다. 이렇게 해야만 우리의 사업구조가 어떤 시장과 경쟁 상황에서도 지속 가능할 수 있습니다."

(2016년 신년사)

사업구조 고도화와 성장 산업의 선택에 있어 '고객가치'와 '기술'이라는 LG의 DNA는 변함없는 기준이 되었다. 구본무 회장은 자동차 부품, 에너지, OLED 등 차세대 디스플레이, 인공지능/5G, 그린·레드 바이오 등 5개 사업을 LG의 미래를 준비하는 성장 사업으로 정하고 남다른 관심과 애정을 드러냈다.

"남들이 생각하지 못한 길을 개척한다는 각오로 우리의 사업구조와 사업 방식을 근본적으로 바꾸어야 합니다. 사업구조와 시스템을 제대로 혁신하여 LG가 어떤 환경변화에도 100년을 넘어 영속하는 기업이 될 수 있도록 토대를 만듭시다."

(2017년 신년사)

2000년대 후반부터 구본무 회장은 직접 자동차 부품 분야를 미래 성장 사업으로 선정하고 계열사별 강점을 바탕으로 전문 분야를 육성하도록 했다. LG화학의 전기차 배터리 세계 1위 경쟁력을 바탕으로 LG전자가 전기차 부품 및 인포테인먼트 부품, LG디스플레이가 차량용 디스플레이, LG이노텍이 차량용 모터와 센서, 카메라 모듈, LG하우스가 경량화 부품과 자동차 원단 등을 맡는 등 차세대 자동차산업을 위한 각종 부품과 솔루션 개발에 관련된 계열사가 서로 협력하며 나서게 했다.

에너지 분야에서도 친환경 에너지의 생산(태양광)부터 저장(ESS, 에너지 저장장치), 효율적 사용 및 관리(EMS, 에너지 관리 시스템)에 이르는 '토탈 에너지 솔루션'을 확보하고 에너지 신산업시장의 공략을 가속화 하고 있다. 또한, 대형 LCD 디스플레이로 세계 1위를 차지한 2009년부터 구본무 회장은 미래 디스플레이 시장 선점을 위해 OLED 등 차세대 디스플레이 사업 개발을 독려했다. 그 결과 2013년 LG디스플레이가 세계 최초로 55인치 대형 OLED 패널 양산에 성공하였고 뒤이어 LG전자가 세계 최초로 55인치 OLED TV를 출시하는 등 차세대 디스플레이 시장을 선도했다.

구본무 회장은 4차 산업혁명이라는 거대한 변화의 물결이 일자 인공지능(AI)과 사물인터넷(IoT) 등 신기술에 적극 대응을 준비했다. LG전자의 '인공지능 가전', LG유플러스의 IoT 종합 솔루션 사업 및

5G 핵심 서비스 사업, LG CNS의 빅데이터 분석 및 그린바이오 국내 1위 기업 '팜한농' 인수를 통해 본격적인 시동을 걸었다.

LG 의인(義人)상 제정

구본무 회장은 LG가 사회와 함께 성장하는 기업이어야 한다는 점을 강조하며 사회를 위해 기업이 할 수 있는 일들을 찾아 책무를 다하는 일에 늘 적극적이었다. 특히 국가와 사회 정의를 위해 희생한 의인에게는 기업이 사회적 책임으로 보답해야 한다는 지론을 지니고 있었다. 이러한 기업가로서의 사회적 책임 의식은 일제 치하에서 위험을 무릅쓰고 독립운동 자금을 지원했던 구인회 창업회장의 민족의식과도 그 뿌리가 맞닿아 있었다.

우리는 여기서 구인회 회장이 진주에서 포목상을 하고 있을 때 독립운동가 안희재 선생에게 거금 일만원(壹萬圓)을 엄혹한 일제의 감시 속에서도 지원했던 것을 떠올릴 수 있다.

> "기업은 국민과 사회로부터 인정과 신뢰를 얻지 못하면 영속할 수 없습니다. 우리가 하는 활동 하나하나가 더 나은 고객의 삶을 만든다는 사명감으로 임해야 합니다."
>
> (2017년 신년사)

구본무 회장은 2015년 국가와 사회 정의를 위해 자신을 희생한 의인에게 기업이 사회적 책임으로 보답하겠다는 'LG 의인상'을 제정했다. 사실 구본무 회장은 훨씬 이전부터 사회에 희생하고 봉사한 사람들과 투철한 책임감이나 시민의식을 보여주어 사회의 귀감이 된 사람들을 찾아 위로하고 지원했다. 이러한 노력이 보다 실질적으로 이어지고 사회적 울림의 폭을 조금 더 넓히기 위해 공식화한 것이다.

2017년 강원도 철원에서 발생한 총기 사고로 목숨을 잃은 병사의 아버지가 자식을 잃은 비통함 속에서도 "빗나간 탄환을 어느 병사가 쐈는지 밝히거나 처벌하는 것을 절대 원하지 않는다."라고 밝힌 바 있다. 구본무 회장은 "자식을 잃은 큰 슬픔 속에서도 가해자가 받게 될 심적 타격과 그 부모의 마음까지 헤아린 사려 깊음에 감동한다."며 깊은 배려심과 의로운 마음을 우리 사회가 함께 생각해보는 계기가 되기를 바라는 뜻으로 사재(私財)를 전달하기도 했다.

북한군이 매설한 지뢰 폭발로 다리를 잃은 군 장병들이나 세월호 사고 현장의 지원 활동을 마치고 복귀하다 헬기 추락으로 순직한 소방관 유족들에게도 같은 마음으로 위로했다.

구본무 회장은 후대에 의미 있는 자연 유산을 남기고 싶어 했다. 그는 LG상록재단을 통해 경기도 곤지암 일대에 생태수목원 '화담(和談)숲'을 조성했다. 화담숲은 2006년 4월 경기도 광주시 도척면 도웅리에 조성되었다. 약 5만 평 규모다. 대중들에게 자연 속 힐링 공간을 제공하고 자연환경 보존에 대한 인식을 확산하겠다는 의지였다. 화담숲은 구본무 회장의 의지에 따라 반딧불이, 원앙, 남생이 등 사라져가는 토종 동식물의 복원을 위한 연구의 장으로도, 자연생태계와 수목의 체계적인 연구에도 기여하고 있다.

구본무 회장은 세계적인 멸종위기종인 황새 복원 사업 등 조류복원 사업에도 적극적이었고 2000년 LG상록재단을 통해 한반도에서 관찰된 조류 450여 종을 망라한 조류도감 '한국의 새'를 발간했다. LG상록재단은 자연과 인간이 조화를 이룰 때만이 참 생명이 살아갈 수 있다는 신념을 담아 1997년 12월에 설립되었다. 국내 10대 그룹 최초로 설립된 민간 환경 재단이다.

54

구자경 명예 회장 별세

우리는 다시 한번 LG그룹 창업 세대의 부음 소식을 접할 수밖에 없다. LG그룹 2대 회장으로 1970년부터 1995년까지 25년간 그룹을 이끌어온 구자경 회장은 2019년 12월 14일 오전 10시 숙환으로 타계했다. 향년 94세였다. 장례는 고인과 유족들의 뜻에 따라 가족장으로 최대한 조용하고 차분하게 진행되었다. LG그룹은 '유족들이 온전히 고인을 추모할 수 있도록 별도의 조문과 조화를 사양한다'며 빈소와 발인 등 구체적인 장례 일정도 외부에 알리지 않기로 했다고 밝혔다.

1925년생인 구 명예회장은 LG 창업주인 고(故) 구인회 회장의 장남으로 45세 때인 1970년부터 LG그룹 2대 회장을 지냈다. 진주사범을 졸업한 구자경 명예회장은 진주사범학교를 졸업하고 부산 사범학교 교사로 재직 중이던 1950년, 부친의 부름을 받아 그룹의 모회사인 락희화학공업사(현 LG화학) 이사로 취임하면서 그룹 경영에 참여했다. 구인회 창업회장이 1969년 별세함에 따라 구 명예회장은 1970년 LG그룹 회장을 맡아 25년간 그룹 총수를 지냈다. 1987-

1988년 사이 전국경제인연합회 회장도 역임했다. 검정 뿔테 안경에 억센 경상도 사투리가 트레이드 마크인 구 명예회장은 안정과 내실을 중시하는 경영 스타일로 유명했다.

고인이 이끌던 LG는 '보수적 기업'의 대명사로 불렸고 대기업의 부침이 심했던 전두환, 노태우 정권 때도 특혜나 이권과 관련해 잡음을 일으킨 사례가 거의 없었다.

1970년 회장으로 취임할 당시 그룹은 럭키와 금성사, 호남정유 등 8개 사에 연간 매출액은 2백 70억 수준이었다. 구 명예회장은 한국 경제의 고도성장기 때 범한화재보험과 국제증권(럭키증권), 부산투자금융, 한국중공업 군포공장, 한국광업제련 등을 인수했고, 럭키석유화학(1978년), 금성반도체(1979년), 금성일렉트론(1989년) 등을 설립하는 등 외형을 불렸다.

구 명예회장은 70세이던 1995년 '21세기를 위해서는 젊고 도전적인 인재들이 그룹을 이끌어나가야 한다'며 장남 구본무 회장에게 그룹을 넘겨주었다. 구 명예회장이 경영에서 물러날 당시 LG는 30여 개 계열사에 매출액 38조 원의 재계 3위 그룹으로 성장했다. 구 명예회장은 그룹을 세계적인 기업으로 성장시키고자 연구개발을 통한 신기술 확보에 주력해 회장 재임 기간에 설립한 국내외 연구소만 70여 개에 이른다.

구 명예회장은 해외 진출에도 적극적으로 나서 중국과 동남아시아, 동유럽, 미주 지역에 LG전자와 LG화학의 해외 공장 건설을 추진해 그룹이 글로벌 기업으로 도약하는 발판을 마련했다. 구 명예회장은 특히 전문경영인에게 경영의 권한을 이양하고 이들이 소신껏 일할 수 있게 하는 '자율경영 체제'를 그룹에 확립했다.

고인은 경영일선에서 물러난 뒤에는 교육 활동과 공익재단을 통한 사회공헌 활동에 전념했다. 또한, 충남 천안에 있는 천안연암대학 인근 농장에 머물면서 된장과 청국장, 만두 등 전통 고유 음식의 맛을 재현하는 데 힘을 쏟았다. 구 명예회장은 슬하에 타계한 구본무 LG 회장과 구본능 희성그룹 회장, 구본준 LG 부회장, 구본식 희성그룹 부회장 등 6남매를 두었다.

구본무 회장 타계

구본무 회장은 재임 기간 20여 년만에 그룹 외형을 5배로 성장시켰다. 1994년 말 30조 원이던 그룹 매출액이 2017년 기준 약 160조 원에 달했다. 그것도 GS, LS, LIG 등을 계열 분리하면서도 얻어 낸 결실이다.

매년 전체 성과의 60% 이상을 해외에서 거둘 정도로 LG는 세계 속에 우뚝 섰다. 해외 200여 개 현지법인과 70여 개 해외지사의 약 8만 5천 명을 포함한 전체 임직원만도 22만 명을 넘는다.

취임 이후 한순간도 쉼 없이 LG호(號)의 키를 굳게 잡고 파고를 헤쳐 온 선장 구본무 회장의 건강에 이상 신호가 나타난 것은 2017년 봄이었다. 20년이 넘도록 그 누구보다 큰 책임감으로 힘든 싸움을 이어온 탓일까? 건강검진에서 뇌종양이 발견된 것이다. 그의 조부 구인회 창업회장도 뇌종양으로 세상을 떠난 것을 감안하면 기이한 일치였다.

　구본무 회장은 수술과 치료로 1년여 간 투병하면서도 웃음을 잃지 않았다. 구본무 회장은 갑작스러운 상태 악화로 입원하여 주위를 안타깝게 했다. 서울대 부속 병원에 입원해 있는 동안 면회를 일체 허용하지 않았다. 주변의 쾌유 바람도 무색하게 2018년 5월 20일 오전 9시 52분께 가족이 지켜보는 가운데 평화롭게 영원히 잠들었다. 그의 나이 73세였다.

　그는 불교 신자였고 아호는 화담(和談)이었다. 구본무 회장은 장례를 비공개로 해달라고 했다. 평소 남에게 폐를 끼치는 것을 싫어한 성품에서 나온 선택이었다. 가족장으로 치러져 화장한 후 곤지암 인근의 화담숲에 수목장으로 진행되었다. 화담숲은 본인이 조성한 곳이었다.

55

구광모 4세 경영시대

LG그룹은 구광모 신임 회장을 선임함으로써 4세 경영시대를 열었다. 2018년 6월 29일 여의도 LG트윈타워에서 주주총회를 열고 구광모 LG전자 상무를 ㈜LG 사내이사로 선임하는 안을 통과시켰다. ㈜LG는 이어 이사회를 열고 그를 대표이사 회장에 선출했다.

재계나 일반에서는 회장직을 공석으로 두는 것은 맞지 않는다는 결론을 내리고 구광모 대표이사 회장 체제로 직행한 것이다. 구 신임 회장은 이사회에서 "LG가 쌓아온 고객가치 창조, 인간존중, 정도(正道) 경영이라는 자산을 승계, 발전시키고 변화가 필요한 부분은 개선하여 장기적인 관점에서 성장 기반을 구축하는 데 최선을 다하겠다."라며 회장으로서 첫 소감을 밝혔다.

전문경영인의 자율, 책임경영

구광모 신임 회장은 1978년 1월생으로 이제 만 40세(취임 당시)이다. 70개 계열사, 매출 160조 원(2017년 기준), 자산 123조 원, 국내 외에서 21만 명의 직원을 거느린 재계 4위 LG그룹이 그의 어깨에 지워진 것이다. 1949년 구인회 창업주가 락희화학공업사를 세울 때 나이가 만 40세였다.

LG 안팎에서는 젊은 구광모 신임 회장이 경영 전면에 나서더라도 그룹 총수가 전문경영인의 도움을 받아 그룹의 미래를 설계하고 전문경영인이 자율, 책임경영을 하는 LG만의 경영방식이 크게 달라지지 않을 것으로 예상한다.

앞으로 지주사인 ㈜LG는 신임 회장과 하현회 대표이사 겸 최고운영책임자(COO)가 각자 대표 체제로 운영한다. 여기에 조성진(LG전자), 한상범(LG디스플레이), 차석용(LG생활건강), 권영수(LG유플러스), 박진수(LG화학) 등 핵심 계열사 전문경영인 부회장이 보좌하는 방식으로 운영될 것이다. 부회장 6명의 평균 연령은 63세이다. LG는 지배구조의 모범으로 지주회사 지배구조를 이어가고 전문경영인에 의한 계열사 책임경영 체제를 앞으로도 유지, 강화할 것으로 보인다.

구광모 회장의 역할

LG그룹은 구자경 명예회장, 구본무 전 회장까지 장자(長子) 승계 원칙을 지켜왔다. 이 때문에 LG그룹은 다른 대기업과는 달리 2세, 3세 승계나 이후 그룹 경영 과정에서 가족 간 다툼이 거의 없었다는 점에서 국민의 호감을 받아오고 있다. 구 신임 회장 역시 이런 전통에 따라 LG그룹을 이어받은 것이다. 사내, 사외이사 7명이 참석한 ㈜LG 이사회에선 회장 선임에 대해 이견이 없었다. 법적 책임을 지는 사내 등기이사 선임이 된 상황에서 부회장이나 회장 직급은 크게 의미가 없다는 것이다. LG의 가족회의에서도 회장으로 뜻이 모여졌다. LG 고위 임원은 "마크롱 프랑스 대통령처럼 40대 리더가 많다."라며 경영 승계에 대한 부정적 여론이 있을 수 있지만 반대로 책임지는 모습을 보여주기 위해 회장직이 적절하다고 전했다.

구광모 신임 회장은 별도의 취임식 없이 업무를 시작했다. 그의 조용하고 겸손한 태도가 묻어난다. 구 신임 회장 집무실은 여의도 트윈타워 동관 30층에 마련되었다. 넓이는 구본무 전 회장의 절반 규모다. 구본무 전 회장의 사무실은 당분간 보존하는 것으로 결정되었다.

구광모 회장이 처한 경영환경은 녹록치 않다. LG전자 모바일 사업은 스마트폰 사업 철수설이 나올 정도로 경쟁력이 떨어져 있다. LG디스플레이는 주력 제품인 액정표시장치(LCD) 사업에서 중국과의 경쟁에서 밀리며 지난 1분기(2018년) 6년 만에 적자로 돌아섰다. B2C(기업과 소비자 간 거래)에 쏠린 수익 구조에서 벗어나 상대적으로 규모가 큰 B2B(기업 간 거래) 사업을 개척하는 일이 시급하다는 지적이 있다.

재계 관계자는 '4차산업 혁명의 흐름 속에서 글로벌 경쟁에서 살아남기 위해 발 빠르게 신성장동력을 발굴하고 사업 효율화를 꾀하는 게 구광모 회장에게 주어진 과제'라고 진단했다.

한편, 그룹 경영을 맡아온 구본준 부회장의 독립도 조만간 가시화될 것으로 전망되고 있다. 구본준 부회장은 구광모 회장의 숙부이다. 구씨 가문의 전통이나 이런 2세, 3세 회장 때의 전통으로 보면 구본준 부회장은 조카인 구광모 회장에게 길을 터주고 계열 분리할 것으로 보인다. LG 고위 관계자는 "구본준 회장은 오늘(구광모 회장 취임) 이후 LG그룹 경영 일선에서 완전히 물러나며 연말 임원인사에서 퇴임하게 된다."라고 전했다.

구광모 회장

서울 경북초, 영동고를 거쳐 미국 로체스터 공대를 졸업했다. 28세 때인 2006년 LG전자 재경 부문 대리로 입사했다. 이후 LG전자 HE사업본부 부장(2013년), ㈜LG 시너지팀 상무(2015년), LG전자 B2B 사업본부 ID(정보디스플레이) 사업부장을 거쳤다. 정식으로 경영 수업을 받은 지 올해(2018년)로 12년째이다. 특히 ㈜LG 상무로 승진한 뒤로는 그룹의 주력 사업을 폭넓게 챙기며 경영권 승계를 준비해왔다.

구광모 ㈜LG 회장 2021년 신년사

LG 가족 여러분, 안녕하십니까. 새해 복 많이 받으세요. 먼저, 코로나로 어려운 상황에서도 흔들림 없이 최선을 다해 주신 여러분께 진심으로 감사하다는 말씀을 드립니다.

2년 전, 저는 앞으로 LG가 나아갈 방향이 역시 '고객'에 있다는 말씀을 드렸습니다. 과거 70년이 넘는 긴 시간 동안 오늘의 LG를 만들어준 근간이자, LG의 미래를 결정짓는 것도 결국 '고객'이기 때문입니다.

그 뒤로 우리는 'LG만의 고객가치'를 실천하기 위한 여정을 시작했고, 지난해에는 그 출발점으로 고객 Pain Point(불만 사항)를 자주 들었습니다. 그리고 그 과정에서 이 일이 '고객가치 실현'의 가장 기본적이고 앞으로 끊임없이 해야 할 소중한 일이라는 것을 다시 한번 느꼈습니다.

오늘은 이렇게 시작한 변화의 바탕 위에 LG의 고객가치를 어떻게 한 단계 더 높일지, 우리의 실천에 무엇을 더하면 좋을지 함께 생각해 보는 시간을 가지려 합니다.

사람들의 생활방식이 더욱 개인화되고 소비패턴 또한 훨씬 빠르게 변하고 있습니다. 그만큼 고객 요구를 맞추기가 점점 어려워지고 그 안에 숨겨진 마음을 읽는 것이 더욱 중요해졌습니다. 그동안 우리가 고객 'Pain Point(고객이 불편해하는 지점)'에 집중했다면 이제는 이를 넘어 고객을 더 세밀히 이해하고 마음속 열망을 찾아야 합니다. 그리고 이것을 현실로 만들어 고객 감동을 키워갈 때입니다. 그렇게 하려면 먼저 고객에 대한 마이크로 세그멘테이션부터 시작해야 합니다.

지금부터는 이 얘기를 더 해보겠습니다. 먼저 고객을 하나의 평균적인 집단으로 보지 않고 훨씬 촘촘히 쪼개서 봐야 합니다. 그렇게 세분화된 고객별로 각각의 '니즈(Needs, 필요, 요구)'를 깊고 구체적으로 파악하는 것입니다. 평범하고 보편적 니즈가 아니라 고객을 완벽하게 만족시킬 수 있는 그런 니즈를 찾아야 합니다.

이를 위해서는 고객의 경험 여정을 세밀히 이해하고 라이프스타일부터 가치관까지 고객의 삶에 더 깊이 공감해야 합니다. 만약 기업이 고객이라면 그 회사가 남들과 다르게 고민하는 것이 무엇인지, 진정 무엇을 목표로 하는지 알 수 있어야 합니다. 그것이 바로 우리가 가져야 할 '고객 인사이트(Insight : 사물이나 현상을 꿰뚫어 보는 능력)'라 생각합니다.

고객 인사이트가 생겨났다면 이제는 이것을 어떻게 구체적인 가치로 제품/서비스에 반영할지 넓고 다양하게 방법을 고민해야 합니다. 이때 AI/빅데이터 같은 디지털 기술이 분명 큰 도움이 될 것입니다.

이렇게 기존의 틀과 방식을 넘는 새로운 시도가 작지만 차이를 만들고 비로소 고객 감동을 완성한다고 생각합니다. 그 순간 고객은 LG에 열광하는 팬이 되어 항상 LG와 함께하며 입소문도 내주실 것입니다. 그렇게 더 많은 고객에게 감동을 확산하며 팬층을 두텁게 만드는 것입니다.

지금까지 말씀드린 이 모든 일에 가장 필요한 것은 고객 감동을 향한 집요한 마음입니다. 고객이 감동하고 열광할 때까지는 절대 타협하지 않겠다는 집요함으로 작은 것 하나부터 정성스레 만들어 간다면 좋겠습니다.

저는 작년 한 해 여러 현장을 돌아보며 우리 LG인들의 충분한 잠재력을 확인했습니다. 이 잠재력이 이 일을 지치지 않고 계속하게 하는 자신감이 될 것이라 확신합니다.

고객을 세밀히 이해하고 감동을 완성해 LG의 팬으로 만드는 일, 2021년은 고객과 더 공감하고 고객을 열광시키는 한 해를 만듭니다. 올해도 '고객의 마음으로 실천'은 계속됩니다.

56

구광모 회장의 새 틀의 성장 전략 ABC
(인공지능 A, 바이오 B, 클린테크 C)

구광모 회장은 2023년 6월 29일 회장 취임 5주년을 맞는다. 지난 5년간은 내실, 성장 두 마리 토끼를 다 잡았다는 평가를 받는다.

구 회장은 인재들과 자주 만난다. 구본무 선대회장의 '인재사랑' 원칙을 잇기 위해서다. 구 회장은 선대회장이 중시했던 '고객'도 강조한다. 지난 5년간 신년사의 공통 주제가 '고객'이었을 정도다. 구 회장은 선대회장이 만든 'LG 의인(義人)상' 대상을 확대해 '장기 선행' 시민까지 발굴해 시상하고 있다.

구광모 회장은 2018년 8월 취임하면서 "앞으로 지주사는 사업 포트폴리오 관리에 역량을 집중하겠다."고 강조했다. 이후 그가 실행한 것이 '스마트폰 철수'였다. 이것은 대단한 용기가 요구되는 사안이었다. LG의 스마트폰 사업은 삼성의 갤럭시와 경쟁하면서 출발했지만 23분기 동안 연속 적자를 기록했다. 구 회장은 2019-2020년 연료전지, 수처리, 전자 결재 등 비주력사업도 청산했다.

구광모 회장은 10년 이후 LG를 책임질 수 있는 AI, 바이오, 클린테크와 같은 사업들이 미래의 성장동력이 될 수 있도록 많은 시간을 할애해 공을 들이고 있다.

구 회장은 그룹 차원의 AI 연구 허브로 설립된 LG AI 연구원, 바이오 분야 연구개발이 한창인 충북 오송 LG화학 생명과학본부, 클린테크 관련 기술을 연구하는 마곡 LG화학 R&D 연구소 등을 잇달아 방문하며 미래 사업을 직접 챙기고 있다.

LG는 2020년 설립한 LG AI 연구원을 중심으로 AI 기술 경쟁력 강화에 힘쓰고 있다. LG AI 연구원은 미시간대(미국) - 서울대 - 토론토 대(캐나다) 등과 공동연구를 진행하며 글로벌 난제를 해결하기 위해 초거대 AI 분야 투자에 속도를 내고 있다. 초거대 AI는 대용량 연산이 가능한 컴퓨터 인프라를 기반으로 대규모 데이터를 스스로 학습해 인간처럼 사고, 학습, 판단할 수 있는 AI를 말한다.

LG AI 연구원이 2021년 말 공개한 초거대 AI '엑사원(EXAONE)'은 AI 개발가가 아니어도 쉽고 간편하게 초거대 AI를 활용할 수 있도록 3대 서비스 플랫폼(유니버스, 아틀리에, 디스커버리)을 개발했다.

엑사원 유니버스(Universe)는 초거대 언어모델 기반 플랫폼으로 인간처럼 자연스러운 질의응답과 대화가 가능하고 텍스트를 분류하고 생성하는 AI를 누구나 쉽게 개발할 수 있도록 했다.

엑사원 아틀리에(Atelier)는 텍스트와 이미지 간 양방향 생성이 가능한 멀티모달 기술을 탑재한 플랫폼으로 인간과 AI가 협업해 세상에 없던 창조적 디자인을 생성할 수 있도록 돕는다.

엑사원 디스커버리(Discovery)는 논문, 특허 등 전문 문헌의 텍스트뿐만 아니라 수식과 표, 이미지까지 스스로 학습해 데이터베이스화함으로써 인류가 쌓아온 지식을 활용해 세상의 난제를 해결할 수 있도록 돕는 플랫폼이다.

현재 LG 엑사원은 6,000억 개 이상의 말뭉치, 언어와 이미지가 결합된 고해상도 이미지 3억 5,000만 장을 학습했다. 또, 여러 기업과 협업하며 IT, 금융, 제조, 통신, 의료 등 다양한 분야의 산업 데이터까지 학습하며 다른 초거대 AI 모델과는 차별화된 경쟁력을 확보해 나가고 있다.

LG는 바이오 분야에서 세포 치료제와 같은 최신 기술을 활용해 암이나 대사질환(비만, 당뇨 등)과 같은 질병을 정복하는 혁신 신약 개발에 주력하고 있다. 혁신 신약은 비교적 개발 기간이 길어 단기간에 성과를 거두기는 어렵지만, 미래를 위해 꼭 필요한 일이라는 확신을 가지고 미래 투자를 이어가고 있다. LG화학 생명과학본부는 4개 팀과 40여 명의 연구인력을 갖춘 '세포 치료제 TF' 조직을 가동했다. 살아있는 세포를 활용해 암을 치료하는 세포 치료제는 최근 의약품 시장에서 가장 주목받는 기술로 연평균 50%의 성장이 예상되는 미래 바이오 기술이다. 제3세대 바이오 의약품으로 '꿈의 항암제'라고도 불린다.

2023년 1월 LG화학이 미국의 아베오파마슈티컬스(AVEO Phamaceuticals)를 인수 합병한 것 역시 미래 혁신 신약개발의 실행력을 높이기 위한 행보이다. 아베오는 임상개발, 허가, 영업, 마케팅 등 글로벌 항암 시장에 특화된 역량을 보유하고 있다.

LG는 아베오 인수를 통해 글로벌 'Top30' 제약회사로 도전해 나갈 수 있는 동력을 확보했다는 평가다. 구광모 회장은 2022년 연말 오송 LG화학 생명과학본부를 찾아 실행력을 높이기 위한 역량강화에 주력해달라고 당부했다.

LG는 클린테크 분야에서 ①바이오 소재를 활용한 친환경 플라스틱 ②폐 플라스틱 및 폐 배터리 재활용 기술 ③신재생 에너지 기반의 탄소 저감기술 강화에 우선적으로 투자를 이어가고 있다. LG는 클린테크 분야를 집중육성해 최근 전 세계적으로 탄소중립에 대한 인식이 강화되는 것에 대응하고 기업의 사회적 책임을 다하는 동시에 미래세대에 안전하고 깨끗한 세상을 물려주기 위해 노력하고 있다. LG는 친환경 클린테크 기술을 선제적으로 확보해 탄소 저감을 고민하는 고객사에 예상을 뛰어넘는 고객가치를 제공할 수 있을 것으로 내다보고 있다.

LG는 사업 포트폴리오의 '선택과 집중' 전략에 따라 비핵심/부진 사업을 매각하거나 축소하고 OLED, 배터리, 자동차 전장 등에 성장 동력을 강화했다.

여기서 우리는 자동차 전장(電裝) 부문에 주목할 필요가 있다. 세계의 자동차 시장은 종래의 내연기관차에서 전기차로 전환하고 있고 전기차는 미래의 주력차가 될 것이 틀림없다. 이런 흐름 속에서 차 내부에 포함되는 부품도 전자장치가 늘어날 수밖에 없다. 부가가치 면에서 전자장치가 차 전체의 우위를 점할 수도 있다.

전자장치의 속성 때문에 LG전자는 이 부문에서 앞선 위치다. 경쟁업체들이 이 부문에 사활을 걸고 있다. 구광모 회장이 이 부문에 관심을 집중시키고 있는 것은 LG의 성장패턴을 바꿀 수 있는 매우 좋은 현상이다. 자동차 전장 사업 성장 가능성은 무궁무진하다.

구광모 회장이 LX그룹 계열 분리까지 했는데도 LG그룹의 지난해 (2022년) 매출(190조 원)은 구 회장 취임 전인 2017년보다 29% 늘었다. 자산은 171조 원으로 39% 늘고, 시가총액은 257조 원으로 3배로 뛰었다. LG그룹은 배터리(LG에너지솔루션)와 전장 사업이라는 보석을 가지고 있다. 미래는 밝다.

백 인 호

매일경제 편집국장,
MBN 대표이사,
YTN 사장,
광주일보 사장 역임

〈저서〉
장편소설『삼성오디세이아』
『현대오디세이아』
『자동차왕 정몽구 오디세이아』
『SK 오디세이아』

LG 오디세이아

펴 낸 날	2023년 9월 15일
	2023년 10월 17일 2쇄
지 은 이	백인호
펴 낸 이	박상영
펴 낸 곳	도서출판 정음서원
주 소	서울특별시 관악구 서원7길 24, 102호
전 화	02-877-3038
팩 스	02-6008-9469
신고번호	제 2010-000028 호
신고일자	2010년 4월 8일
I S B N	979-11-982605-2-9 03320
정 가	19,000원

ⓒ백인호, 2023

※ 이 책은 저작권법에 의해 보호를 받는 저작물이므로 저작권자의 서면 허락 없이는 무단 전재 및 복제를 할 수 없습니다. (이메일: qqtalk38@naver.com)

※ 잘못된 책은 바꾸어 드립니다.